Revista de Direito Tributário 119

MALHEIROS EDITORES

Revista de Direito Tributário

Publicada sob os auspícios do
Instituto Geraldo Ataliba – IDEPE – Instituto Internacional de Direito Público e Empresarial

ISS 0102-7956

REVISTA DE DIREITO TRIBUTÁRIO
Publicação trimestral de
MALHEIROS EDITORES LTDA.
Rua Paes de Araújo, 29, 17º andar, conj. 171
CEP 04531-940 – São Paulo, SP – Brasil
Tel. (11) 3078-7205
Fax. (11) 3168-5495
Diretor responsável: Álvaro Malheiros
Diretora: Suzana Fleury Malheiros

Assinaturas e comercialização:
CATAVENTO DISTRIBUIDORA
DE LIVROS S.A.
Rua Conselheiro Ramalho, 928
CEP 01325-000 – São Paulo, SP – Brasil
Tel. (11) 3289-0811 – Fax. (11) 3251-3756
Supervisão Gráfica: Vânia Lúcia Amato
Editoração Eletrônica: PC Editorial Ltda.
Impressão: Paym Gráfica e Editora Ltda.

SUMÁRIO

ABERTURA 12
Maria Leonor Leite Vieira

CONFERÊNCIA: OS TRIBUTOS E A FEDERAÇÃO QUE DEVE SER 15
Paulo de Barros Carvalho

ICMS 22
Salette Nascimento – Presidente

– **Incentivos Fiscais e Direito de Crédito** 22
Roque Antônio Carrazza

– **Exigência Antecipada do ICMS no Ingresso de Mercadorias Adquiridas de Outro Estado** 27
Alcides Jorge Costa

– **Tributação de Serviços de Comunicação** 29
José Eduardo Soares de Melo

– **Guerra Fiscal e Federalismo** 33
Estevão Horvath

IMPOSTO SOBRE A RENDA 39
Luiz Marcelo Pinheiro Fins – Presidente

– **Amortização do Ágio – Visão Atual do CARF** 39
José Antônio Minatel

– **Tratados Internacionais e a Tributação dos Resultados Auferidos no Exterior** 49
José Artur Lima Gonçalves

– **Preços de Transferência – Nova Sistemática de Controle** 55
Paulo Ayres Barreto

– **Compensação de Prejuízos Fiscais – Questões Controvertidas** 60
José Henrique Longo

– **Negócios Jurídicos Indiretos e Simulação** 65
Ricardo Mariz de Oliveira

ISS 71
Elizabeth Nazar Carrazza – Presidente

– **ISS em Operações de *Leasing*, Base de Cálculo e Local da Prestação** 72
Aires Fernandino Barreto

– **Industrialização por Encomenda** 76
Fabiana Del Padre Tomé

– **Importação e Exportação de Serviços** 82
Betina Treiger Grupenmacher

– **Tributos Municipais e Meio Ambiente** 88
Regina Helena Costa

PROCESSO JUDICIAL I 102
Consuelo Yoshida – Presidente

– **Medida Cautelar Fiscal** 102
Maria Rita Ferragut

– **Garantias – Penhora *On Line* – Código de Processo Civil *Versus* Lei de Execução Fiscal** 110
Paulo César Conrado

– **Responsabilidade Tributária de Terceiros e seus Impactos nas Execuções Fiscais** 114
Juliana Furtado Costa Araújo

PROCESSO JUDICIAL II 122
Valdir de Oliveira Rocha – Presidente

– **Mutação Jurisprudencial e Modulação de Efeitos** 123
Misabel de Abreu Machado Derzi

– **Lei de Transparência e Sigilo Fiscal** 125
Eurico de Santi

OFICINA: PROCESSO ADMINISTRATIVO – PARTE 1 132
Walter Carlos Cardoso Henrique – Coordenador

Paulo Campilongo

Natanael Martins

PAULO FERNANDO SOUTO MAIOR BORGES
ROBERTO QUIROGA MOSQUERA

OFICINA: PROCESSO JUDICIAL 155
CARLA DE LOURDES GONÇALVES – Coordenadora
TÁREK MOYSÉS MOUSSALLEM
CRISTIANO CARVALHO
RENATO LOPES BECHO

TAXAS E CONTRIBUIÇÕES 180
ÂNGELA MARIA DA MOTTA PACHECO – Coordenadora

– **Contribuições Previdenciárias: Base de Cálculo** 180
HELGA KLUG DOIN VIEIRA

– **PIS e COFINS: Direito de Crédito, Conceito de Insumo, Crédito sobre o Frete, Aproveitamento Proporcional e Limites Temporais para sua Utilização** 185
TÁCIO LACERDA GAMA

– **Receita e Ingresso: Distinções e Incidência de PIS e COFINS** 191
CLÉLIO CHIESA

– **Taxa de Fiscalização de Recursos Minerais** 196
OCTÁVIO BULCÃO

PROCESSO ADMINISTRATIVO – PARTE 1 200
KAREN JUREIDINI – Coordenadora

– **Nova Feição do Processo Administrativo Fiscal** 200
EDUARDO DOMINGOS BOTTALLO

– **ISS – Retenção na Fonte – Invasão de Competência e Guerra Fiscal** 203
EUTÁLIO PORTO

– **Súmula Vinculante, Jurisprudência Dominante, Matéria Constitucional e os Limites à Atuação dos Tribunais Administrativos** 208
HELENO TAVEIRA TORRES

– **Questões Controvertidas de Compensação Tributária** 214
MARY ELBE QUEIROZ

DIREITO CONCORRENCIAL E PENAL TRIBUTÁRIO 219
ANNA EMÍLIA CORDELLI ALVES – Coordenadora

– **Direito Concorrencial e Tributação – O Papel do CADE** 219
Celso Campilongo

– **Crimes Contra a Ordem Tributária – Questões Controvertidas** 223
Renato Stanziola Vieira

– **Sanções Tributárias – Dosimetria – Discricionariedade ou Vinculação** 228
Robson Maia Lins

– **Responsabilidade do Estado e de seus Agentes por Danos Causados ao Contribuinte – Crime de Excesso de Exação** 232
Fábio Soares de Melo

CONFERÊNCIA DE ENCERRAMENTO 241
José Eduardo Soares de Melo

Instituto Geraldo Ataliba – IDEPE
Instituto Internacional de Direito Público e Empresarial

XXVI CONGRESSO BRASILEIRO DE DIREITO TRIBUTÁRIO

Hotel Maksoud Plaza
São Paulo

17, 18 e 19 de outubro de 2012

Presidente do Congresso
MARIA LEONOR LEITE VIEIRA

Presidente de Honra
AIRES FERNANDINO BARRETO

XXVI CONGRESSO BRASILEIRO DE DIREITO TRIBUTÁRIO

TRIBUTAÇÃO E FEDERALISMO

17 a 19 de outubro de 2012
Hotel Maksoud Plaza
São Paulo

17 de outubro de 2012 – Primeiro Dia

ABERTURA

Maria Leonor Leite Vieira

Conferência
OS TRIBUTOS
E A FEDERAÇÃO QUE DEVE SER

Paulo de Barros Carvalho

Mesas
1. ICMS

Salette Nascimento – Presidente

Incentivos Fiscais e Direito de Crédito

Roque Antônio Carrazza

Exigência Antecipada do ICMS no Ingresso de Mercadorias Adquiridas de outro Estado

Alcides Jorge Costa

Tributação de Serviços de Comunicação

José Eduardo Soares de Melo

Guerra Fiscal e Federalismo

Estevão Horvath

2. IMPOSTO SOBRE A RENDA

Luiz Marcelo Pinheiro Fins – Presidente

Amortização do Ágio – Visão Atual do CARF

José Antônio Minatel

Tratados Internacionais e a Tributação dos Resultados Auferidos no Exterior

José Artur Lima Gonçalves

Preços de Transferência – Nova Sistemática de Controle

Paulo Ayres Barreto

Compensação de Prejuízos Fiscais – Questões Controvertidas

José Henrique Longo

Negócios Jurídicos Indiretos e Simulação

Ricardo Mariz de Oliveira

3. ISS

Elizabeth Nazar Carrazza – Presidente

ISS em Operações de *Leasing*, Base de Cálculo e Local da Prestação

Aires Fernandino Barreto

Industrialização por Encomenda

Fabiana Del Padre Tomé

Importação e Exportação de Serviços

Betina Treiger Grupenmacher

Tributos Municipais e Meio Ambiente

Regina Helena Costa

ABERTURA

Maria Leonor Leite Vieira – Bom dia a todos. Eu os convido, antes de mais nada, para ouvirmos o Hino Nacional. E, em seguida, faremos o início do congresso. Por favor.

(*Execução do Hino Nacional*)

Maria Leonor Leite Vieira – Senhores congressistas, aqui estamos, mais uma vez, para mais uma etapa nas nossas discussões acerca do Direito Tributário, que o Instituto Geraldo Ataliba, Instituto Internacional de Direito Público e Empresarial, faz, há mais de 30 anos. Senhores presidentes de honra, professor Paulo de Barros Carvalho, doutor Eduardo Bottallo; senhoras autoridades, desembargadora Salette Nascimento, vice-presidente do Tribunal Regional Federal; senhores desembargadores estaduais, Luiz Edmundo Marrey Uint, Vanderley Frederighi – que há muitos anos nos acompanha; senhores professores, Roque Carrazza, José Eduardo Soares de Melo, professora Elizabeth Nazar Carrazza, professora Eliana Bertachini, professora Mary Elbe, professora Betina. E tantos outros, que estão aqui nos acompanhando. Peço licença para não mencionar cada um.

Senhor vice-presidente, meu grande amigo Estevão Horvath; senhores professores, diretores do IDEPE, professor Paulo Aires Barreto, professora Fabiana Tomé, Maria Rita Ferragut e Fábio Soares de Melo, que me acompanham nessa mesa de abertura dos trabalhos deste congresso – e outros, que eu vejo que estão chegando neste recinto, agora. Mais uma vez, estamos aqui para obedecer a um compromisso assumido, há mais de 30 anos, por um grupo de professores, encabeçados por Geraldo Ataliba, Paulo de Barros Carvalho, Eduardo Bottallo, Ayres Barreto – só para citar os mais antigos, que realmente participaram da criação do Instituto. E, o fazemos a cada ano, não porque tenhamos perdido a crença no Poder Judiciário, perdido a crença na Justiça. Mas o fazemos a cada ano, justamente porque cremos nelas. Justamente por isso é que discutimos o Direito, a legislação, a doutrina, a jurisprudência – enfim, a linguagem do Direito. E, por isso, nós temos viva esta vontade de Justiça, essa crença na Justiça. Estamos todos aqui, hoje, abandonando nossos afazeres do dia a dia – ou que fazeres, como preferem os professores Paulo de Barros Carvalho e Roque Carrazza, atentos cuidadores do vernáculo.

Mas, deixando essa vida atribulada para, justamente aprimorar nossos conhecimentos, aprofundar nossos conhecimentos, discutindo cada ponto, cada item. E que sempre são renovados. Vejam, por exemplo, alguns temas que nunca foram discutidos aqui, no Congresso do IDEPE – eu vou seguir, mais ou menos, a sequência dessas datas: A amortização de ágio, suspensão da exigibilidade do crédito tributário em casos de repercussão geral e em casos de sobrestamento por conta de repercussão geral, Direito Concorrencial e tributação, responsabilidade do Estado e de seus agentes por danos causados ao contribuinte, crime de excesso de exação. E vejam como, realmente, o Direito é dinâmico. E que exige que nós todos estejamos atualizados, atentos, para acompanhar essa sequência, essa criatividade na área do Direito Tributário. E, criatividade, doutor Oswaldo – meu amigo, professor Oswaldo – criatividade, tanto do lado dos contribuintes quanto do lado do legislador, para defender os direitos de cada qual. Mas aqui estamos nós, para fazermos Ciência, para estudarmos a Ciência, para estudarmos a linguagem do Direito.

Mas, antes de qualquer coisa, eu preciso também trazer aqui uma informação para conhecimento de todos. De presidente do Congresso, o excelentíssimo senhor ministro Carlos Ayres Brito passa a ser nosso homenageado *in absente*, pois que não poderá ausentar-se de Brasília, nestes dias, para acompanhar o desenvolvimento dos trabalhos, o que já é de conhecimento de todos – ou, pelo menos, pressuposto por todos.

Mas o Instituto assume o compromisso de levar ao conhecimento do senhor ministro – e com ele já foi assumido esse compromisso – os resultados desses estudos e o Instituto envidará esforços para que, no próximo Congresso, em 2013, o XXVII Congresso, possamos contar com a participação de Sua Excelência que, em diversas oportunidades – e aqueles que acompanham os congressos há tantos anos, vejo alguns que sempre estão aqui conosco, sabem que ele já esteve aqui em inúmeras oportunidades – como professor de Direito Constitucional que é –, para abrilhantar o evento idealizado pelo seu grande amigo Geraldo Ataliba.

Em 1984 – professor Roque –, quando eu cursava o mestrado, eu ganhei um livro de um colega de sala e um grande amigo, daqueles amigos que não se perdem no tempo, daqueles amigos que a qualquer hora a gente pode conversar, que qualquer coisa pode ser conversada. E esse meu amigo me fez uma simpática e atenta dedicatória: "Leonor: A poesia vai fundo no tecido da vida e na alma da gente, tornando-se uma luminosa via de humanização e transcendência. Um abraço carinhoso, em 11 de outubro de 1984." O livro, professor? *Um lugar chamado luz*. O autor, o ministro Carlos Ayres Brito. De onde retiro um poema que eu acho que cabe muito bem nessas reflexões que vamos fazer aqui nesses dias, com as adaptações adequadas. E eu tenho o livro em minha mesa, mas agora eu tenho a transcrição aqui. *Intemporal*, se chama esse poema. "Feliz é o rio que procura sua foz e a encontra. E, depois de encontrá-la, não a perde mais. E não a perde mais porque renova, a todo o tempo, a emoção da procura, a alegria do encontro. Por isso, o rio é sempre novo. E feliz, sempre."

Esse livro foi editado naquele ano, em 1984 pela Secretaria de Cultura do Estado de Sergipe, de onde é o ministro. Então, com essa provocação, justamente trazida de um escrito de tanto tempo do nosso homenageado, é que convoco a todos para, nestes dias e nesta alegria do encontro, voltarmos nossos olhos para a ciência do Direito. E, antes de dar início a esses trabalhos, eu quero convidar os professores, diretores do Instituto para prestarem uma sincera e simples homenagem aos nossos presidentes de honra, entregando a eles uma placa comemorativa para o Instituto – é de muita importância para o Instituto – pelos ensinamentos do Direito que eles nos trazem. Não só do Direito, mas do ensinamento de vida que eles nos trazem e que eles nos passam a cada dia. A professora Fabiana Tomé, por favor, vai entregar para o professor Paulo de Barros Carvalho. Professor Fábio Soares de Melo para entregá-la ao nosso querido professor Eduardo Bottallo. A professora Maria Rita fará a entrega para o professor Ayres Barreto, outro presidente de honra, à tarde, quando ele estará aqui conosco.

Então, para iniciarmos os trabalhos, vamos ouvir – doutora Salette – a conferência do professor emérito e titular da PUC e da USP, membro da comissão de notáveis nomeada pelo presidente do Senado, José Sarney, para a revisão do Pacto Federativo. Membro da Academia Brasileira de Filosofia, coordenador de pós-graduação em Direito da PUC, autor de vários livros editados no Brasil e no Exterior, sendo o último *A guerra fiscal – reflexões sobre a concessão de benefícios no âmbito de ICMS*, obra conjunta com o professor emérito do Mackenzie, professor Ives Gandra Martins, lançado há poucos dias pela Editora Noeses e que será lançado também hoje, no final da tarde, com alguns outros livros que nomearemos mais adiante. O Professor Paulo de Barros Carvalho, que falará sobre os tributos e a federação que deve ser. Vamos começar nossos trabalhos.

Conferência

OS TRIBUTOS E A FEDERAÇÃO QUE DEVE SER

Paulo de Barros Carvalho

– Bom dia a todos. Senhora presidente do Instituto Geraldo Ataliba, Instituto Internacional de Direito Público e Empresarial; ilustríssimas personalidades sentadas à mesa diretora dos trabalhos, em particular o meu colega, presidente de honra, Eduardo Bottallo; ilustríssimos senhores congressistas; é com renovado prazer que iniciamos o XXVI Congresso Brasileiro de Direito Tributário. Nós que vivemos o início do Instituto Internacional de Direito Público Empresarial, que participamos das emoções de fundação dessa – naquela época – aventura do professor Geraldo Ataliba, com todo o seu prestígio nacional e internacional, vemos que o Instituto frutificou. Os congressos se sucederam e nós estamos, hoje, no XXVI Congresso Brasileiro de Direito Tributário. Os temas tem sido variados, tem sido temas que correspondem, muitas vezes, ao momento da realidade jurídica nacional. E, desta vez, aquele que me coube é o dos tributos e a Federação que deve ser. Vejam, que responsabilidade tratar da Federação que deve ser.

Eu confesso que, na Comissão do Pacto Federativo, há um membro oculto. Esse membro oculto é o professor Roque Antônio Carrazza. Porque a todo instante eu o consulto, eu ligo para o professor Roque e ele discorre, às vezes, por um tempo bem largo sobre as vicissitudes da Federação Brasileira, sobre as distorções da Federação Brasileira. E isso é um alento porque eu confesso, sempre, que aquilo que eu tenho encontrado no seio da Comissão é uma visão distorcida, é uma visão estranha para nós, do Direito, para nós juristas, uma vez que eles desvinculam a União dos estados e dos municípios. A União fica como uma entidade superior, cheia de, como se diria, cheia de direitos. Mas nós poderíamos dizer, em termos jurídicos, também cheia de direitos porque a sua competência é mais ampla do que aquela dos estados, do que aquelas dos municípios, credora que é de importâncias vultosas perante os estados e perante os municípios. A União absorveu a dívida dos estados e dos municípios e passou a ser ela, União, credora desses estados e desses municípios. Esses contratos são, muitas vezes, impagáveis. Já foram feitos cálculos e mais cálculos. E essa é uma das reivindicações do presidente do Senado, pedindo que reestudássemos as condições desse contrato da dívida dos estados para com a União. Deixemos para lá os municípios por enquanto, para resolver o problema dos estados.

Eu já estou ingressando no âmago dos trabalhos da comissão que deveria entregar o documento pronto e acabado hoje à tarde, às 15 horas. Estava marcada a solenidade de entrega do trabalho, já que estamos discutindo há seis meses e hoje seria o grande dia. Todavia, em função de uma viagem do presidente Sarney, ficou adiada para o dia 30. Eu farei algumas considerações a respeito desse trabalho, se bem que não devo entrar – em homenagem à ética das nossas manifestações – não devo entrar em minúcias, nem adiantar particularidades desse documento. Gostaria, entretanto, de justificar o título *Os Tributos e a Federação Que Deve Ser*.

O ser humano, na turbulenta vida social, trava contato com aquilo que vê, com aquilo que o envolve, com aquilo que, para os seus olhos, é a realidade. E pensa naquela realidade ideal. Como *deveria ser* esta realidade que eu estou vendo, este mundo em que vivo? Neste exato momento nasce – como diz o filólogo e filósofo português Álvaro Ribeiro – neste exato momento nasce o dever ser. O dever ser fica nesse intervalo entre o que é e o que nós gostaríamos que ele fosse, o que nós gostaríamos que ele se tornasse. E é exatamente esse o tema do qual tratamos, isto é, os tributos, o sistema tributário nacional e a tributação que deve ser. Não a que é. Porque a que é representa uma visão distorcida da concepção de Federação Brasileira. Vejam que o Brasil era um Estado unitário, de estrutura unitária. Nós tínhamos, no tempo do Império, a sede – onde ficava a corte – e as províncias. Até que foi proclamada a República, em 1989. E, já na Constituição de 1991, se instaurou a Federação Brasileira. Por quê? Porque o Estado unitário como era, com aquela estrutura, não poderia dar conta das complexidades de um imenso território como é o do Brasil. A simples divisão em províncias e as dificuldades de locomoção, de comunicação, faziam por recomendar insistentemente uma Federação com autonomia recíproca das unidades federadas e tratadas de uma forma igualitária. E assim foi concebida a Federação. A União indissolúvel dos estados. E aí se diz, pomposamente, sobre a égide da Constituição, uma vez que esta União indissolúvel tem a sua convivência regida única e exclusivamente pelo texto condicional que a instituiu.

Ora, o que acontece? Com o passar do tempo, em função das modificações sociais, políticas e econômicas, foi ocorrendo historicamente, o fortalecimento da União em detrimento dos estados e dos municípios. Às vezes, esse fortalecimento se deu de forma natural. Outras vezes, porém, foi acelerado. Quem é que pode dizer, ignorar, que houve um *lobby* fortíssimo a favor da União, contra as teses dos estados e as teses municipalistas na constituinte de 1988? Nós sabemos que houve.

O art. 146 da Constituição é prova eloquente desta afirmação. Havia uma dúvida sobre a amplitude interpretativa da expressão "normas gerais de Direito Tributário". Porque na Constituição de 67, com a redação da Emenda n. 1/69, se dizia: "A lei complementar estabelecerá normas gerais de Direito Tributário, disporá sobre conflitos de competência entre União, estados, Distrito Federal e municípios e regulará as limitações constitucionais ao poder de tributar". Surgiram logo duas correntes. Uma, dizendo que caberia à União editar normas gerais de Direito Tributário e, além disso, regular as limitações e dispor sobre conflitos de competência. O professor Geraldo Ataliba chamava essa corrente de uma interpretação singelamente literal do texto. Ao mesmo tempo em que advertia: O Brasil é uma Federação. Nele há a autonomia dos municípios. E, portanto o legislador não estipularia uma delicada divisão das competências tributárias entre as três pessoas políticas de Direito Constitucional Interno – União, estados, Distrito Federal e municípios – para, depois conceder a União à possibilidade de legislar sobre o que ela quisesse. Mas não está dito legislar sobre o que ela quisesse. Sim, mas o que são normas gerais de Direito Tributário?

O professor Alcides Jorge Costa, que defende essa tese, confessa honestamente – como lhe é peculiar – confessa que até hoje não descobriu o que são normas gerais de Direito Tributário. Alguns dizem: Bom, são aquelas que tratam genericamente do Direito Tributário. Mas isso é não dizer nada. É uma redundância. Então, continua sem conteúdo, normas gerais de Direito Tributário. Uma norma sobre o lançamento, é norma geral de Direito Tributário? Sim. Sobre alíquota, também. Sobre crédito tributário e obrigação tributária, etc. O professor Geraldo Ataliba, então, rejeitava – com aquela veemência que o seu modo particularíssimo de ser e de existir costumava fazer. Com toda veemência, certamente batendo com força na mesa, ele dizia, não. "Normas gerais de Direito Tributário" tem um conteúdo que bem delimita esses poderes que foram dados pelo legislador da Constituição. E esse conteúdo é formado por normas gerais, que seriam aquelas que dispõem sobre conflitos de competência entre as entidades tributantes – União, estados, Distrito Federal e municípios – e, além disso, regulam as limitações constitucionais ao poder de tributar.

Ora, em vista disso, ele outorgava um conteúdo bem demarcado, bem definido às normas gerais de Direito Tributário. E essa lei complementar a que se referia o artigo – se não me engano – 18, § 1º, da Constituição de 1967, com a redação da Emenda n. 1/69, deveria ser lido assim: *lei complementar estabelecerá normas gerais de Direito Tributário para dispor sobre conflitos e competência e regular limitações constitucionais ao poder de tributar*. Ele disse, muito bem. Com essa pequena alteração, nós respeitamos o sistema e prestigiamos as instituições básicas do nosso ordenamento, quais sejam a Federação e autonomia dos municípios. Assim dizia o professor Geraldo Ataliba.

Entretanto, uma porção considerável da doutrina continuou trabalhando com aquelas três funções da lei complementar: estabelecer normas gerais, dispor sobre conflitos e regular limitações. Ora, vejam que curioso. Surgiu, então – sempre há aqueles que aparecem para dar nomes às coisas e para sugerir classificações, no mínimo, esquisitas – a referência a duas "uma dicotômica e outra tricotômica." Até hoje, esta proposição é afirmada. Mas onde está a proposição dicotômica? Seria do professor Geraldo Ataliba, do professor Souto Maior Borges, do professor Roque Carrazza, etc. E a tricotômica? A tricotômica é aquela que favorecia a União com a possibilidade de ditar normas gerais. Muito bem. Analisando em termos lógicos, não se sustenta essa divisão entre dicotômica e tricotômica. Porque uma diz respeito à lei complementar. A lei complementar tem três funções para a doutrina – que o professor Geraldo Ataliba chamava de doutrina bem comportada do Direito Tributário Brasileiro. Tem três funções: dispor sobre conflitos; regular limitações e estabelecer normas gerais de Direito Tributário. Agora, a tese que nós desposávamos tinha uma só função para a lei complementar: Estabelecer normas gerais de Direito Tributário. Só que, o conteúdo de normas gerais de Direito Tributário seria dispor sobre conflitos e regular limitações. Então haveria uma corrente tricotômica e uma corrente *monotômica*, se quiserem falar assim. A doutrina é, muitas vezes, apressada ao dar nome, ao ingressar por essas classificações, definições, etc.

Nesse entretempo, anunciou-se a Constituinte de 1988 e a União se preparou para fazer um grande *lobby* para seu fortalecimento. E isso foi feito. O art. 146 diz – de maneira bem clara – o seguinte: cabe à lei complementar – para que tudo ficasse bem claro: "I – Dispor sobre conflitos de competência, em matéria tributária, entre União, os estados, Distrito Federal e os municípios. II – Regular as limitações constitucionais ao poder de tributar. III – Estabelecer normas gerais em matéria de legislação tributária, especialmente sobre ...". E, aí, vem todo o Direito Tributário. Eu até brinco, às vezes dizendo: especialmente sobre tudo. Porque vejam, o que sobra? Definição de tributos e suas espécies, bem como em relação aos impostos discriminados nessa condição; dos respectivos fatos geradores, bases de cálculo e contribuintes; obrigação, lançamento, crédito, prescrição e decadência tributários.

E eu tenho perguntando insistentemente o seguinte: Que entidade poderia ser cogitada no Direito Tributário e que não estivesse contida nesse rol? Alguns já tentaram alíquotas. Não – mas, alíquotas? Como é que eu faço? Como é que eu calculo o crédito tributário? Como é que eu faço o lançamento? Naturalmente é conjugando a base cálculo com a alíquota. Ai me disseram: Bom mas e isso e aquilo? E nenhuma delas escapava desse rol contundente que o legislador estabeleceu. Então vejam, realmente, a União saiu muito fortalecida com o advento do art. 146 da Constituição atual. De modo que a chamada corrente tricotômica acabou prevalecendo. Só que, foram com tanta sede ao pote, que se tornou impossível estabelecer normas gerais, especialmente sobre tudo, todo o Direito Tributário. Isso quer dizer, insistentemente, que o termo "normas gerais de Direito Tributário", para essa corrente, para os adeptos dessa linha de pensamento, continua um campo semântico ainda sem qualquer tipo de limitação.

Pois bem. A União se fortaleceu nisso. Esse é um mero exemplo no Direito Tributário, no Direito Constitucional, no Direito Tributário. Mas a União se fortaleceu com uma ampliação considerável das suas faixas de competência. A União se tornou toda poderosa. E a esse aumento da sua competência tributária, acrescentou-se um aumento em termos econômicos. Porque, com a instituição das contribuições – que a União não tem que dar nada, nem satisfação a ninguém – arrecada aquele mundo de dinheiro e não deve fazer repasses, repartindo os recursos com estados e municípios. E em termos políticos, seja em si mesmo o lado político, seja em função do fortalecimento jurídico e econômico. Vejam que a União foi se tornando toda poderosa, a ponto de desequilibrar, de uma forma ameaçadora, o chamado Pacto Federativo. Eu anotei, desde logo, que era contrário à expressão Pacto Federativo, porque a Federação nasce com a Constituição. A Federação já nasce com a implantação de uma ordem jurídica. Nasce à ordem jurídica e, com ela, a Federação. Não houve momento que pudesse ser qualificado como o de estudo e depois de aprovação, de um Pacto Federativo.

De qualquer maneira, a União foi se distanciando. Num determinado instante, absorveu a dívida dos municípios e do estados, e tornou-se credora deles. São Paulo, falo do município, é a cidade campeã em termos de dívida para com a União. Mas isso é apenas uma observação de passagem, porque o que eu quero dizer é outra coisa. Isso causou uma distorção muito forte na Federação Brasileira. Qual é o estado que ousaria, nessas condições, dissentir do – vamos chamar assim – Poder Central, do Governo Federal? É claro que isso tem suas repercussões políticas. Não é por outras razões que os governos vêm se sucedendo, em termos federais, e vem pressionando estados e municípios, em termos políticos. A Federação, então, está desconjuntada. Os governadores correm para a "casa dos governadores", o Senado, onde têm, paritariamente, o mesmo número de representantes, os senadores. E, lá, vão queixar-se ao Presidente do Senado. E foram queixar-se, inicialmente, pedindo uma reforma tributária. Até que viram que reforma tributária nenhuma tem condições de sair no Brasil, dada à complexidade da nossa ordem jurídica, das dificuldades do nosso sistema condicional tributário, que é rígido. E tratou, como disse o professor Geraldo Ataliba, fartamente a matéria tributária, imprimindo essa rigidez no próprio sistema constitucional tributário. Então, reforma tributária, o governo Fernando Henrique Cardoso tentou no primeiro termo e tentou no segundo. O governo Lula anunciou para o primeiro mandato, anunciou para o segundo. E a presidente Dilma, mais sabiamente, disse: "Não, não adianta mesmo fazer reforma tributária. Temos que atacar pontos. E tentar resolver esses pontos".

Foi por isso que o presidente Sarney pediu que essa comissão se detivesse em quatro pontos. Um deles, tudo aquilo que está dando problemas mais graves e iminentes para a vida da Federação Brasileira. Primeiro, a guerra fiscal do ICMS, que está, digamos assim, uma guerra mesmo, uma grande confusão: os estados desrespeitando-se mutuamente, fazendo sucessivas retaliações, enquanto o Supremo decide repetidamente, mas as suas decisões sem eficácia, porque são contornadas por expedientes que os estados levam a cabo. Depois, o Fundo de Participação dos Estados, que o Supremo decidiu que a aquela divisão de 85% para Norte, Nordeste, Centro-Oeste e 15% para Sul e Sudeste, não atendia aos reclamos da normalização socioeconômica, da regularização, do equilíbrio socioeconômico das regiões do Brasil. E que o Congresso tratasse, até o fim do ano de oferecer um novo critério, mais consentâneo com o texto constitucional. Então ele pediu que déssemos prioridade, preeminência a esse ponto, o Fundo de Participação dos Estados. E nós, então, fizemos um estudo que está sendo entregue e que deverá ser aprovado até o fim do ano, porque o Supremo ameaçou, sob pena de não haver os repasses, de não haver a transferência dos valores. Esse é um ponto. Outro, os *royalties*, mais precisamente à divisão dos valores correspondentes aos *royalties* do petróleo. Os estados estão brigando, digladiando-se, disputando – e às vezes de forma pouco leal – a participação nesse bolo, que é um montante substancioso. O Estado do Rio de Janeiro não gosta nem que se toque nesse assunto, porque eles vem explorando e arrecadando importâncias significativas da parte do petróleo. Mas esse é outro ponto.

Então nós temos três aqui. O quarto seria a renegociação da dívida dos estados e municípios. Porque como é que poderiam eles conviver com a União nessa situação de débito? O devedor, atolado em dívidas, negociando politicamente, negociando juridicamente, com o credor. Que negociação será essa? Então a Federação Brasileira está quebrada. Eu dizia, num *workshop* que o IDEPE mesmo idealizou, exatamente o que estou dizendo e depois, o meu prezado amigo, o Bernardo Appy, disse: "Mas, se a União não tivesse absorvido a dívida dos estados e municípios, os estados estariam falidos". Aí, eu percebi bem essa dissociação que eles fazem da União, com relação aos estados e aos municípios. Vamos falar só dos estados, para simplificar. Eu disse: "Bom, se os Estados estivessem falidos, a União estaria falida. Porque a União não é um nome isolado. É União dos estados. A União Indissolúvel dos estados brasileiros e do Distrito Federal. Então, se os estados estivessem falidos, a União estaria falida. São uma coisa só, no final das contas". Essas repartições que o Direito, sabiamente, foi construindo, existem para facilitar a convivência entre essas entidades políticas e não para provocar uma dissociação desse porte.

Eu percebi bem porque também eles estão falando, com insistência, em entidades *subnacionais*. Eu sei que o professor Roque fica até arrepiado em chamar os estados e municípios de entidades subnacionais. E eles falam com uma tranquilidade muito grande, naturalmente, os economistas, os técnicos, que não são obrigados a conhecer o Direito. Eu reconheço isso. Mas eles passaram a dizer "a entidade nacional" – que é a União e, depois, "as entidades subnacionais". Eu disse, de onde foram tirar essas palavras? Não existe isso, sob qualquer ângulo que queiramos analisar.

E assim seguiu, a comissão dando alguns passos interessantes. E eu posso dizer que, com relação à guerra fiscal, haverá passos fortes, passos decisivos, inclusive com a proposta de tipificação penal de certo procedimentos de autoridades administrativas. Existe uma série de providências. Tende-se para a unanimidade, com possibilidade de maioria em alguns casos, nas decisões concessivas de incentivos, isenções e benefícios fiscais.

Há de existir uma unidade. Mas não uma unidade absoluta, como pretendia o

Estado de São Paulo. Uma unidade, uma unanimidade que seja um pouco mitigada. Que permita algumas situações que atendem à realidade e à experiência nacional. Assim está posto o trabalho dessa comissão, que foi um passo – está sendo um passo muito importante. Muito importante, porque eu já fiquei decepcionado – e, aqui, o professor Bottallo ficou, também, que participou da comissão, do estatuto do contribuinte, o professor Roque. Nós temos um estudo sério, um estudo atilado, condensando os princípios constitucionais que interessavam, que protegiam os contribuintes, numa lei complementar, num anteprojeto de lei complementar. E esse anteprojeto ingressou na Câmara e ficou parado e está parado há muitos anos. Se não me engano, uns 14 anos, por aí. E nunca mais... Bom, mereceu, depois de uma semana, o nome de Estatuto do Sonegador. Começa por aí, passaram a chamar de Estatuto do Sonegador. E não havia nada disso, eram apenas os direitos e garantias dos contribuintes, segundo o texto constitucional brasileiro. Nós ficamos meio frustrados, ou melhor, bem frustrados com esse desfecho.

No presente caso, estamos mais otimistas porque o Presidente do Senado, que nos encomendou os estudos, garantiu-nos que os tramites serão, na medida do possível, facilitados, para que tudo possa ser apreciado a seu tempo.

Eu quero dizer que a Federação que queremos é não uma Federação *pura*, porque não existe esse conceito de Federação pura. A Federação é sempre historicamente condicionada. E o Brasil, com a experiência jurídica, econômica e política que passou e que passa, está desenhando o *seu* modelo de Federação. Mas há um ponto em que ela deixa de ser Federação. Ela passa a tender para um Estado unitário. O Brasil já foi um Estado unitário. Instalou-se a Federação e, depois, houve movimentos que determinaram, mediante uma força centrípeta, que os poderem fossem se concentrando novamente nas mãos da União. E é, nesse exato momento, o que ocorre o que está ocorrendo. Com efeitos diretos no campo da tributação.

A Federação que queremos é uma Federação em que os estados e municípios possam dialogar de igual para igual com a União. Os estados possam, debaixo, naturalmente, das instituições jurídicas, pautar sua conduta, sua trajetória, segundo os grandes princípios constitucionais que estão norteando a todos nós.

E, desse modo, o processo de positivação do Direito dar-se-á com – assim espero – a aplicação desses princípios grandiosos, os grandes princípios constitucionais tributários. Aliás, dentre esses princípios, se nós formos avaliar bem, veremos que os dois mais importantes, penso eu, são a Federação e a República. A Federação e a República estruturam a ordem jurídica brasileira. Depois vem outros, naturalmente importantíssimos. Mas, em termos estruturais, a Federação e a República. E é preservando a Federação e a República que nós abriremos caminho para respeitar a igualdade, a justiça, a segurança jurídica e todos aqueles demais princípio pelos quais lutamos e pelos quais tanto escrevemos, falamos e ensinamos.

Eu quero dizer a todos os senhores que esse congresso marca um momento importantíssimo para a comunidade jurídico-tributária brasileira. Esse congresso é um momento de reflexão sobre um instante em que vivemos. E todos sabem que o momento em que vivemos é um tempo de indefinição. Indefinição nesse campo do chamado Pacto Federativo, mas incerteza em outros campos, também, com questões relevantíssimas que estão sendo discutidas. Este passa a ser, então, um momento em que, com a ciência do Direito, nós tomamos posição perante problemas de política do Direito. Porque a política do Direito é aquela que diz como o Direito deve ser para ser mais justo, para ser mais racional, para ser mais equitativo. Então, trazendo a nossa experiência e trazendo a nossa ciência, nós podemos propor medidas, ou, ao menos, tomar consciência de que medidas deve ser propostas.

Eu quero agradecer imensamente a atenção de todos os senhores, cumprimentar a direção do Instituto Geraldo Ataliba, fazendo sempre, evocando sempre a memória do grande Geraldo Ataliba, que foi mestre de todos nós e que estaria satisfeitíssimo de estar aqui hoje, para poder, com toda a sua eloquência, com toda a sua retórica, lutar pelos grandes valores nacionais.

Muito obrigado.

1. ICMS

Salette Nascimento – *[Truncado na gravação]* iniciaremos os nossos trabalhos, com o eminente professor Roque Antônio Carrazza, que discorrerá sobre incentivos fiscais e direito de crédito. Sua Excelência é professor e doutor em Direito pela Pontifícia Universidade Católica de São Paulo. É professor titular da cadeira de Direito Tributário da Faculdade de Direito da Pontifícia Universidade Católica de São Paulo; chefe do Departamento de Relações Tributárias Econômicas e Comerciais da mesma faculdade; coordenador do Programa de Pós-Graduação em Direito. É autor de inúmeras obras, entre elas apenas algumas: *Curso de Direito Constitucional Tributário*, já em sua 28ª edição – que é a nossa "bíblia", do operador do Direito. Também *ICMS*, *Imposto sobre a Renda* e tantos outros. E sem mais, não querendo tomar o tempo, já com a palavra, o eminente professor.

Incentivos Fiscais e Direito de Crédito

Roque Antônio Carrazza – *1.* Bom dia a todos. É uma grande honra, para mim, participar deste XXVI Congresso Brasileiro de Direito Tributário que, como todos concordam, é o "pai" de todos os congressos de Direito Tributário, em nosso País. E minha honra é redobrada por integrar essa mesa de debates, sob a presidência da Desembargadora Federal Salette Nascimento e ao lado dos Professores Estevão Horvath, Alcides Jorge Costa e José Eduardo Soares de Melo, grandes amigos e eminentes juristas, que muito estimo e admiro.

Sempre a propósito, é com satisfação que registro que, para grande alegria de todos nós, o Professor José Eduardo Soares de Melo acaba de conquistar, por concurso – brilhantemente, como não poderia deixar de ser –, o cargo de professor titular da cadeira de Direito Tributário da Faculdade de Direito da Pontifícia Universidade Católica de São Paulo. Receba, de público, Professor José Eduardo, meus efusivos cumprimentos.

Antes de começar a minha fala propriamente dita, peço vênia para fazer duas saudações especiais. A primeira, ao Professor Ayres Barreto que, voluntariamente, deixou a presidência do Instituto Geraldo Ataliba – IDEPE, depois de havê-lo liderado, com proficiência, por mais de vinte anos. E, a segunda saudação, à professora Maria Leonor Leite Vieira, nova presidente do Instituto, a quem desejo uma gestão igualmente marcada pelo bom êxito.

2. Muito bem. Conforme anunciado, fui incumbido, dentro do tema geral ICMS, de falar-lhes sobre incentivos fiscais e aproveitamento de créditos.

Indo logo ao ponto, lembro que a Constituição Federal não criou nenhum tributo, mas deu competências para que as pessoas políticas, querendo, venham a fazê-lo. Ela também classificou os tributos em espécies e subespécies. Fez mais: traçou a regra matriz (o arquétipo, a norma padrão de incidência) das várias espécies e subespécies tributárias.

Noutros falares mais técnicos, a Constituição Federal, direta ou indiretamente, indicou a *hipótese de incidência possível*, o *sujeito ativo possível*, o *sujeito passivo possível*, a *base de cálculo possível* e, em termos mais genéricos, até mesmo a *alíquota possível* de cada imposto, de cada taxa, de cada contribuição.

Ora, isso vincula as pessoas políticas. Assim – e já me aproximando do tema central – quando os Estados-membros e o Distrito Federal criam o ICMS, em seus vários núcleos de incidência, não criam, nem podem criar, qualquer tributo, apenas tendo o cuidado de pespegar-lhe esse rótulo (ICMS). Não. Quando os Estados-membros e o Distrito Federal criam o ICMS, devem fazê-lo, olhos fitos na Constituição Federal, mais especificamente em seu art. 155, II, e nos §§ 2º a 5º deste mesmo artigo. O que estou pretendendo significar é que a legislação complementar de regência – mormente a Lei Complementar 24, de 1975, e a Lei Complementar 87, de 1996 – deve ser interpretada e aplicada em sintonia com estes ditames constitucionais.

3. Avançando o raciocínio, o ICMS, na verdade, não passa de uma sigla, que serve para designar pelo menos cinco impostos diferentes; a saber: o imposto sobre operações mercantis; o imposto sobre prestações onerosas de serviços de transporte interestadual ou intermunicipal; o imposto sobre prestações onerosas de serviços de comunicação; o imposto sobre a importação, a circulação, a distribuição e o consumo de lubrificantes e combustíveis líquidos e gasosos e de energia elétrica; e, o imposto sobre a extração, a circulação, a distribuição e o consumo de minerais. São impostos diferentes, exatamente porque têm hipóteses de incidência e bases de cálculo diferentes.

Ninguém da área jurídico-tributária ignora que o que distingue um tributo do outro não é a denominação que recebe, nem, tampouco, a destinação do produto de sua arrecadação. Não. O que distingue um tributo do outro é sua hipótese de incidência, confirmada por sua base de cálculo, como, de resto, didaticamente estabelece o art. 4º do Código Tributário Nacional.

Uma coisa, no entanto, é certa: todos esses ICMS possuem um núcleo central comum, pelo que devem obedecer aos mesmos princípios constitucionais, entre os quais sobreleva o princípio da não cumulatividade, veiculado no art. 155, § 2º, incisos I e II, da Lei Maior.

4. Não vou maçá-los com obviedades, até porque sei que os colegas congressistas são estudiosos no assunto. Mesmo assim, eu me permito recordar, meteoricamente, que, pelo princípio da não cumulatividade do ICMS, é assegurada ao contribuinte, em cada operação ou prestação, uma dedução correspondente ao montante de imposto devido, nas operações ou prestações anteriormente realizadas. A quantia a ser desembolsada pelo contribuinte, a título de ICMS, é o resultado de uma subtração, que tem, *por minuendo*, o total devido e, por *subtraendo* a soma dos créditos acumulados nas operações ou prestações anteriores, tributadas ou tributáveis por meio de ICMS.

Podemos afirmar, pois, parafraseando o Mestre Geraldo Ataliba, que o ICMS tem duas moedas de pagamento: a moeda comum (a moeda de curso forçado, a moeda corrente, atualmente o Real) e os créditos. Quê créditos? Os créditos provenientes das operações ou prestações anteriormente realizadas, que podem, até, não ter resultado no efetivo recolhimento do ICMS. De fato, como, de longa data, ensina o eminente Professor Alcides Jorge Costa, basta, para que estas operações ou prestações gerem créditos, que tenham sido *tributáveis*, vale dizer, passíveis de tributação por meio de ICMS.

4.1 Há exceções ao princípio da não cumulatividade do ICMS? Há. Onde estão? Na Constituição Federal. E nem poderia ser de outro modo, pois, na medida em que o princípio da não cumulatividade do ICMS tem sede constitucional, eventuais exceções a esse postulado só poderiam estar, mesmo, insertas na Constituição Federal.

Pois bem, as exceções ao princípio da não cumulatividade do ICMS são duas: a isenção e a não incidência, que, diga-se de passagem, podem cair por terra, se a legislação dispuser em sentido contrário. O assunto vem regulado no art. 155, § 2º, II, alíneas *a* e *b*, da Constituição Federal, que estabelece que a isenção ou não incidência, salvo determinação em contrário da legislação, não implicará crédito de ICMS para compensação com o montante de tributo devido nas operações ou prestações seguintes, e acarretará a anulação do crédito relativo às operações ou prestações anteriores.

É importante termos presente que não há, em nosso sistema constitucional tributário, uma terceira exceção ao princípio da não cumulatividade do ICMS. Chega-se a essa conclusão por meio da interpretação, *a contrario sensu*, do art. 155, § 2º, inciso II, alínea *a*, da nossa Lei Suprema. De fato, "se a isenção ou não incidência, salvo determinação em contrário da legislação, não implicará crédito para compensação com o montante devido nas operações ou prestações seguintes", segue-se que, em todas as demais hipóteses, haverá direito de crédito. Inclusive quando, em operações ou prestações interestaduais, forem concedidos incentivos não respaldados em convênio, ou seja, ao arrepio do disposto no art. 155, § 2º, inciso XII, alínea *g*, da Constituição.

Vamos desenvolver, um pouco melhor, esse raciocínio.

5. É ponto pacífico que o ICMS é um imposto de feições nacionais, ou se preferirmos, de vocação nacional. Nesse particular, ele muito se assemelha ao IVA europeu, ao imposto sobre valor agregado.

Aliás, atualmente, o IVA é mais do um imposto nacional; é um imposto internacional, já que é cobrado em toda a comunidade europeia.

E, no entanto, como todos sabemos, o ICMS, no Brasil, é um imposto regional ou, em linguagem mais técnica, um imposto instituído e cobrado pelos Estados-membros e, em seu território, também, pelo Distrito Federal.

Não é a toa que, quando os tributaristas estrangeiros nos visitam e tomam conhecimento de que o IVA brasileiro – assim eles chamam o nosso ICMS – é um tributo cobrado pelas Províncias – assim eles chamam os nossos Estados-membros e o Distrito Federal –, eles se surpreendem. Tanto que, invariavelmente indagam: "Mas isso não gera conflitos?" Adaptando a pergunta à nossa realidade jurídica, o que eles querem saber é se o caráter regional do ICMS não provoca a *guerra fiscal* entre as Unidades Federadas.

Quando inquirido a respeito, sempre começo por dar uma resposta técnica: "Não, porque a Constituição Federal, em seu art. 155, § 2º, inciso XII, alínea *g*, estabelece que isenções, incentivos e benefícios fiscais, em matéria de ICMS, só são válidos se advierem de convênios, celebrados e ratificados por todos os Estados-membros, mais o Distrito Federal". Mais: quando a ocasião é propícia, acrescento que a edição de tais convênios encontra-se minuciosamente disciplinada na Lei Complementar 24/75 e na Lei Complementar 87/96 (a *Lei Kandir*).

Ocorre, porém, que os tributaristas estrangeiros quase nunca se satisfazem com a minha resposta técnica. Pragmáticos, querem saber se o sistema funciona na prática. E aí sou obrigado a admitir que não. Não funciona – explico – porque muitos Estados-membros e o próprio Distrito Federal, para atraírem investimentos industriais e comerciais aos seus territórios, concedem unilateralmente, ou seja, ao arrepio de convênios, toda sorte de benefícios e incentivos de ICMS.

Agora sou eu que indago: "O que fazem as Unidades Federadas que se sentem prejudicadas com tais condutas?" Se me permitem a expressão, "*fazem justiça pelas próprias mãos*". Pura e simplesmente glosam os créditos obtidos nas unidades federadas que conceberam unilateralmente benefícios e incentivos de ICMS.

Essa conduta, no entanto, é, segundo penso, totalmente inconstitucional.

Se não, vejamos.

6. Sempre que há uma operação ou uma prestação interestadual tributável por meio de ICMS, e a Unidade Federada de origem (Estado-membro ou Distrito Federal) concede uma vantagem fiscal sem apoio em convênio, há quatro pessoas a serem consideradas.

A primeira: a Unidade Federada de origem, isto é, a que concede a vantagem, sem estar para tanto autorizada em convênio, unanimemente aprovado por todas as demais Unidades Federadas interessadas.

A segunda pessoa: o contribuinte da Unidade Federada de origem, que é alcançado por esse benefício.

A terceira pessoa: o contribuinte da Unidade Federada de destino, que adquire a mercadoria ou frui o serviço, e tem a operação ou a prestação interestadual devidamente documentada, em nota fiscal, ou, se preferirmos, em nota fiscal idônea.

E, a quarta pessoa: a Unidade Federada de destino, que glosa esses créditos, por entendê-los irregularmente obtidos.

Torno a indagar: "Essa quarta pessoa, juridicamente falando, anda bem?"

6.1 Sem embargo de respeitáveis opiniões em sentido contrário, entendo que não. Anda muito mal, opera fora das raias da Constituição.

E nem se diga que o art. 8º da Lei Complementar 24/75 dá supedâneo à conduta da Unidade Federada de destino. Apenas para reavivar nossa memória, permito-me observar que este dispositivo em outras palavras estabelece, que, sempre que houver uma operação ou uma prestação interestadual e sempre que, na Unidade Federada de origem, tiverem sido concedidos, sem apoio em convênio, isenções, incentivos ou benefícios fiscais, em matéria de ICMS, a Unidade Federada de destino tem o direito não só de glosar os créditos assim obtidos, como de cobrar a diferença de tributo, do contribuinte desta pessoa política (da Unidade Federada de destino).

Ocorre que o art. 8º da Lei Complementar 24/75 não foi recepcionado pela Constituição Federal de 1988.

6.2 Não quero maçá-los com teorizações, mas é útil recordar que, quando, num dado Estado, uma nova Constituição entra em vigor, todas as leis, decretos, portarias, enfim, todos os atos normativos existentes passam por um verdadeiro teste: o *teste da constitucionalidade*. Os atos normativos que são aprovados, porque rimam com a ordem constitucional adventícia, são *recepcionados*. Daí o nome *recepção*. Pelo contrário, os atos normativos que entram em choque com a nova Constituição, são postos em oblívio, caducam, perdem *fundamento de validade*.

Foi o que, a meu ver, aconteceu com o art. 8º da Lei Complementar 24/75.

6.3 De fato, a Constituição não prevê essa impossibilidade de aproveitamento de créditos de ICMS. Como há pouco referi, somente a isenção e a não incidência não implicam crédito para compensação com o montante de ICMS devido nas operações ou prestações seguintes. E, ainda assim, desde que não haja lei dispondo em sentido contrário.

De modo que, o art. 8º da Lei Complementar 24/75 não abona a conduta fazendária em tela de discussão.

7. Ademais, muitas vezes, as vantagens unilateralmente concedidas por uma Unidade Federada tipificam aquilo que a doutrina chama de *benesses de infraestrutura*: um *crédito presumido*, um financiamento para o pagamento do ICMS devido (financiamento esse, concebido, não raro, por um banco estadual), um financiamento para aquisição de bens a serem integrados ao ativo fixo do estabelecimento do contribuinte, e assim por diante.

Anoto que, para o Professor José Souto Maior Borges, as *benesses de infraestrutura* não passam de *incentivos financeiros extratributários*, que, como tais, independem de convênios para serem concedidos.

Portanto, para o consagrado mestre, podem ser concedidos unilateralmente, por lei ordinária local (lei ordinária do Estado-membro ou lei ordinária do Distrito Federal).

Como veem os colegas congressistas, há bons argumentos para se sustentar que *benesses de infraestrutura*, embora tenham por pano de fundo o ICMS, afastam a possibilidade jurídica de glosa de créditos.

8. De qualquer modo, mesmo havendo isenções, incentivos ou benefícios de ICMS irregularmente concedidos na Unidade Federada de origem, o contribuinte de boa-fé que adquire, alhures, mercadorias ou nela frui de um serviço de transporte transmunicipal ou de um serviço de comunicação, tem o pleno direito ao aproveitamento de créditos, junto à Unidade Federada de destino.

A boa fé do contribuinte, até por uma questão de segurança jurídica, não pode ser burlada. Dito de modo afirmativo, a Unidade Federada de destino não tem o direito de realizar a glosa dos referidos créditos de ICMS.

Outro entendimento implicaria *enriquecimento sem causa* da Unidade Federada de destino, que estaria invadindo a competência tributária da Unidade Federada de origem e se locupletando de um ICMS que, afinal, não lhe é devido. Por outro lado, imporia (inconstitucionalmente), ao contribuinte da Unidade Federada de destino, o ônus de suportar os efeitos deletérios da *guerra fiscal*.

9. Ainda a respeito, tenho para mim que a glosa de créditos faz com que o Executivo açambarque uma função que é privativa do Judiciário, qual seja, a de levar a efeito o controle da constitucionalidade de isenções, incentivos e benefícios fiscais, em matéria de ICMS.

10. Acresce notar que tal glosa de créditos tipifica violação manifesta ao *princípio da segurança jurídica*, que, como é sabido e consabido, visa a dar estabilidade às relações intersubjetivas, garantindo o que se convencionou chamar de *certeza do passado*.

Tentarei ser mais claro: o contribuinte que tem em mãos uma nota fiscal formalmente em ordem, não pode ver negado o direito de aproveitar os créditos de ICMS. Deveras, a nota fiscal é um verdadeiro título de crédito, que o contribuinte lança em sua escrita. O ICMS destacado na nota fiscal é moeda de pagamento do tributo em questão.

11. Mas, então, como ficam os problemas emergentes da guerra fiscal?

Problemas emergentes da guerra fiscal, problemas que envolvem unidades federadas, devem ser solvidos perante o Supremo Tribunal Federal, nos termos do art. 102, inciso I, alínea *f*, da Constituição Federal.

Aliás, o Regimento Interno do Supremo Tribunal Federal prevê uma ação própria para isso: é a *ação civil originária*, disciplinada nos arts. 247 e seguintes deste diploma normativo.

O que não se pode admitir é que a Unidade Federada de destino transforme o seu contribuinte em sua *longa manus,* e o compila a levar a efeito o controle da constitucionalidade das isenções, dos incentivos e dos benefícios fiscais concedidos por outra Unidade Federada.

12. Evidentemente, quando o Supremo Tribunal Federal declara inconstitucionais essas isenções, benefícios e incentivos, o direito de crédito desaparece.

Desaparece, porém, para o futuro. Definitivamente, o contribuinte da Unidade Federada de destino não pode ser compelido a estornar os créditos de ICMS que, nas circunstâncias em tela, aproveitou.

Mas, mesmo para o contribuinte da Unidade Federada de origem, o passado tem que ser esquecido. E isso por uma razão muito simples: ele se valeu da presunção de constitucionalidade das leis e atos normativos em geral, que só cede passo diante de decisão judicial.

Vamos nos colocar no lugar do contribuinte da Unidade Federada de origem: ele sabe que existe uma lei local, que lhe dá uma vantagem de ICMS. Como bom negociante, aproveita essa vantagem, que, afinal de contas, está na lei. Lei – insisto – que goza de presunção de constitucionalidade. Como é que ele pode ser apenado com uma cobrança serôdia do ICMS, porque, muito depois, o Supremo Tribunal Federal declarou essa vantagem inconstitucional? Não vejo como.

De mais a mais, não nos esqueçamos de que, normalmente, as Unidades Federadas de origem não concedem a vantagem de ICMS de mão beijada. Não. Impõem o preenchimento de requisitos e condições que oneram o contribuinte (construir uma unidade fabril, gerar mais de mil empregos, construir casas populares etc.).

Ora, o contribuinte que, de boa fé, cumpre esses encargos, ganha o direito adquirido de ver preservada a vantagem fiscal já fruída, ainda que o Supremo Tribunal Federal acabe por declará-la inconstitucional. A inconstitucionalidade, no caso, somente poderá produzir efeitos *ex nunc*.

O ideal seria, até, sempre em homenagem ao princípio da segurança jurídica, que mesmo uma decisão dando pela inconstitucionalidade da isenção, do incentivo ou do benefício fiscal, em matéria de ICMS, tivesse efeitos prospectivos ou, mesmo, diferidos. Tudo para que o contribuinte não se veja colhido de surpresa, e continue a acreditar nas instituições.

13. Concluo, Senhora Presidente. Lutando para que essas ideias prevaleçam, estaremos contribuindo para reforçar o primado do princípio da não cumulatividade do ICMS, para assegurar sempre mais a pujança do Estado Democrático de Direito, com seu corolário de proteção à segurança jurídica dos contribuintes, e, sem sobra de dúvida, para aprimorar a tão almejada justiça fiscal.

Renovando os meus cumprimentos à Professora Maria Leonor Leite Vieira e aos organizadores desse XXVI Congresso Brasileiro de Direito Tributário, que se prenuncia empolgante, a julgar pela magnífica conferência de abertura, proferida pelo eminente Professor Paulo de Barros Carvalho, agradeço a todos a gentileza de me terem ouvido. Obrigado. *[Palmas prolongadas]*

Salette Nascimento – Cumprimento o professor Roque Antônio Carrazza pela sua primorosa palestra. Começamos muito bem os nossos trabalhos. Em sequência, nos brindará com a palestra sobre exigência antecipada do ICMS no ingresso de mercadorias adquiridas de outro estado, o estimado professor doutor Alcides Jorge Costa. Sua Excelência, doutor em Direito pela Universidade de São Paulo, foi professor titular de Direito Tributário na mesma universidade; é professor de curso de Pós-Graduação na Faculdade de Direito da Universidade Presbiteriana Mackenzie, autor de inúmeras obras clássicas de Direito Tributário. Sem mais, eu passo a palavra à Sua Excelência.

Exigência Antecipada do ICMS no Ingresso de Mercadorias Adquiridas de Outro Estado

Alcides Jorge Costa – Primeiro, quero apresentar meus cumprimentos a todos os presentes e, em segundo lugar, saudar os meus companheiros de mesa. Como um congresso admite sempre debates – e é uma função do congresso –, eu me permito sair um pouquinho daquilo que me foi atribuído, e discordar do professor Carrazza, no que provavelmente, eu estarei errado – eu quero advertir desde já. Ele diz que os incentivos fiscais não podem ser glosados pelo estado de destino. Só que, a Constituição permite o direito de crédito do imposto cobrado na operação ou operações anteriores. E o imposto cobrado, no caso, exclui os incentivos, porque os incentivos não são pagos. Por isso é que é incentivo. Então, o estado de destino está simplesmente aplicando a Constituição, quando permite o crédito do imposto que foi cobrado. Não aquele que não foi cobrado. Parece-me perfeitamente normal que isso ocorra sem necessidade de passar pela declaração de inconstitucionalidade do Supremo Tribunal Federal. Só quero trazer isso ao debate porque um congresso, como eu disse, é um lugar de debate de ideias.

A mim compete falar sobre exigência antecipada do ICM, no ingresso de mercadorias adquiras de outro estado. Bom, eu lembro o art. 152 da Constituição, que proíbe aos estados, a todos eles e, obviamente ao Distrito Federal, fazerem distinção quanto à origem e destino de mercadorias e serviços. Se existe a cobrança na entrada do estado, em vez de ser a cobrança quando a mercadoria é vendida, lá na frente, é claro que existe uma discriminação quanto à origem. Porque, normalmente, se paga na saída. Pagar quando entra no estado é inconstitucional. Mais ainda, esta é uma prática que parece que o Brasil não sai do Brasil Colonial. No Brasil Colonial, eram muito frequentes os impostos cobrados na passagem de um lugar para outro. E até, quando foi feita a reforma tributária de 1965, eu ouvi de um dos membros da comissão que a propôs, que a elaborou, que tinham feito um levantamento desse tipo de imposto. E ficaram espantados, àquela altura, com o volume desses tipos de impostos, que eram cobrados simplesmente pela passagem de uma fronteira. É claro que isto não tem cabimento e, como eu disse, ofende o art. 152 da Constituição Federal. Por outro lado, é muito frequente, nesta famosa e inesquecível substituição tributária para frente, que é apenas a forma de transformar um imposto, por natureza multifásica, em monofásico, em nome da facilidade de cobrança. Se é tão difícil cobrar esse imposto, que se instale de uma vez um imposto monofásico e estamos conversados. As dificuldades não serão pequenas, dado que o imposto monofásico perfeito é o do varejo. Mas, se eu falar isso em público, os secretários da Fazenda têm um desmaio, do susto que levam, pela dificuldade de controlar o varejo. Então, isto é muito frequente na substituição tributária para a frente. Se passa de um estado para o outro, um estado tem a substituição tributária e o outro não tem, e nem tem o protocolo, é muito frequente cobrarem na entrada. E isto é inadmissível. Aliás, esta substituição tributária para frente – e fala-se também para trás e concomitante – eu já propus que falassem também na substituição tributária para cima e para baixo, para fechar todos os quadrantes. Mas, até agora não fui ouvido.

Então, esta substituição é a transformação do imposto, por natureza multifásica, em imposto monofásico. Até aí tudo bem. Só que, a base de cálculo do que vem para a frente, é meramente estimada. Fala-se muito que fazem pesquisa e não sei o quê. Agora, tem uma consequência, quanto à constitucionalidade. Fala-se na média dos preços. Pois bem. Se eu puser a cabeça de alguém no forno e os pés no congelador, a média está ótima. Agora, vamos tomar um exemplo de uma substituição para a frente muito antiga, que é a da cerveja. É evidente que se eu fizer a média, uma cerveja, num restaurante de luxo, vai cobrar muito mais caro que no mercado ou no botequim da periferia. Então, o que acontece? Quem toma uma cerveja no restaurante de luxo, está arcando com um imposto cuja alíquota real é inferior à nominal. Quem vai comprar no mercado ou toma no botequim da periferia, acontece exatamente o contrário. Vai pagar um imposto a uma alíquota real maior que a nominal. E ai, como é que ficamos com o princípio da capacidade contributiva? Onde é que vai parar? Eu nem quero entrar nesse princípio porque, sem querer fazer trocadilho tolo, virou o fim da picada, no Brasil, pelo que acontece, tudo o que acontece etc. Então, essa cobrança, já a substituição tributária, já é, em minha opinião, inconstitucional.

Infelizmente o Supremo a declarou constitucional, não atentando para este problema do preço final e o problema que daí surge, e que é contrário ao princípio da capacidade contributiva. Mas, de qualquer forma, é muito comum nessa substituição para frente haver a cobrança na passagem da fronteira. E, em outras ocasiões, também. E isto é, definitivamente, inconstitucional. Como existe, por exemplo, um caso em Santa Catarina, que o imposto de transporte de um produto originário de outro estado só é creditável se o imposto já tiver sido pago. O que, na minha opinião, é inconstitucional, porque a Constituição fala que dá direito ao crédito o imposto cobrado. E, de resto, se alguém não paga o imposto, eu comprador, se os documentos vieram etc. o que é que eu tenho com isto? Então esta exigência de Santa Catarina, que ó permite o crédito do transporte começado no outro estado se houver a prova de que o imposto foi pago. Agora, isto é também, inconstitucional, a meu ver, porque a Constituição dá o direito de crédito para o imposto cobrado, que é o que realmente acontece. A fiscalização, se pega alguém sonegando imposto e se as notas foram emitidas etc. ou se, alguém não pagando imposto, não vai correr atrás dos compradores para cobrar-lhes multa, dizendo que o crédito está indevido, porque o imposto não foi pago.

Então, vejam, é também, com este direito de crédito – olha, este imposto, no Brasil, virou uma bagunça tremenda. Ninguém sabe mais a quantas anda. Os incentivos fiscais são produto da regra do destino – ou melhor, da origem. Se fossem do destino, não aconteceria nada disso. Mas é difícil de implantar. Em segundo lugar, pouco se chama a atenção para o fato de esses incentivos prejudicarem a livre concorrência – e muito. Aliás, eu cito que, a propósito, há um alentado parecer do CAT, de 1999, dizendo exatamente isto, que estes incentivos são prejudiciais à livre concorrência. Então, vejam que, a respeito da cobrança do imposto na passagem de um estado para o outro, em resumo, não há muito a dizer, pela simples razão de que basta invocar o art. 152 da Constituição, que veda a distinção de qualquer espécie, tendo por base a origem ou o destino das mercadorias, para concluir que isto é inconstitucional Eu creio que, a respeito da matéria, não há muito mais a dizer, pelo quê agradeço a atenção dos senhores. Muito obrigado.

Salette Nascimento – Cumprimento o professor Alcides Jorge Costa pela sua brilhante palestra. É matemática difícil e nos dá toda a complexidade da substituição tributária, vista à luz do art. 152 da Constituição Federal. Eu cumprimento Sua Excelência e agradeço. Em sequência, o eminente professor José Eduardo Soares de Melo discorrerá sobre tributação de serviços de comunicação. Sua Excelência é membro de inúmeras bancas examinadoras de concursos, de mestrado e doutorado, professor do IDEP, IBET, cursos de especialização e pós-graduação em vários estados; autor de inúmeras prestigiosas obras, entre as quais eu saliento *Imposto sobre Produtos Industrializados – O IPI na Constituição*, *Contribuições Sociais no Sistema Tributário*, *Curso de Direito Tributário* e tantas outras. Não querendo tomar mais o tempo, para ouvir Sua Excelência, então, com a palavra, o professor José Eduardo Soares de Melo.

Tributação de Serviços de Comunicação

José Eduardo Soares de Melo – Bom dia a todos! Em primeiro lugar, quero agradecer o honroso convite formulado pelo IDEPE, para mais uma vez tratar de tema sobre o Direito Tributário. Cumprimento a todos, na pessoa da Presidente e Doutora Maria Leonor Leite Vieira.

O ICMS/Comunicação é um tema que ainda se encontra em formação e compreende temática árida. Nesta questão identifico uma alentada doutrina primorosa, do Professor Roque Antônio Carrazza e alguma jurisprudência que se encontra em formação no âmbito do Superior Tribunal de Justiça. O meu objetivo nesse curto espaço de tempo é demonstrar as características, os pressupostos, a incidência do ICMS sobre a prestação de serviços de comunicação para, subsequentemente, tratar rapidamente da legislação vigente, que anda um pouco em descompasso com a doutrina e também com a jurisprudência do STJ.

Ressalto que devemos estar atentos aos pressupostos jurídicos, na medida em que qualquer estudo do Direito Tributário deve adotar um critério, um fundamento e uma diretriz. Seguindo as pegadas do Professor Geraldo Ataliba, há mais de 30 anos, quando tratamos de um imposto, estamos diante de um negócio jurídico, de um contrato que vincula todas as pessoas (duas ou mais), que participam da relação jurídica tributária.

Toda pauta de competências dos arts. 153, 155 e 156 da Constituição Federal de 1988, onde se encontram arrolados os impostos, permitem vislumbrar a questão relativa ao negócio jurídico. É evidente que não se tributa o "serviço prestado consigo mesmo", apenas se pode entender que ocorre incidência do tributo (fato gerador, obrigação de lançar, escriturar e recolher o tributo) quando estamos diante da figura de um "prestador" e de um "tomador do serviço". E é claro que, dentro da distinção clássica, elaborada pelos Professores Geraldo Ataliba e Cléber Giardino, na década de 80, verificamos que se enquadra no âmbito do Direito Civil, como uma "obrigação de fazer". A clássica divisão da "obrigação de dar" ou da "obrigação de fazer" é primorosa no sentido de facilitar a todos que militamos no âmbito do Direito Tributário.

Se, *de um lado*, tratamos de venda de mercadorias (operações mercantis) constitui uma "obrigação de dar" e, *de outro lado*, cogitamos da prestação de serviços de transporte ou, no caso sob exame, prestação de serviços de comunicação, é evidente que estamos diante de uma "obrigação de fazer".

O Código Civil, na condição de significativo diploma a ser considerado no âmbito tributário, não define e não conceitua, mas sabemos que a prestação de serviços, a "obrigação de fazer", é aquela que tem como "atividade-fim", como a característica principal, a prestação de uma utilidade, de uma comodidade, que pode ser traduzida em um bem corpóreo (ou não).

E, evidentemente, um caráter oneroso. Por quê? Porque o próprio Texto Constitucional de 1988, a Lei Complementar n. 87/96 não determinam a incidência sobre "prestações gratuitas". Observo, neste momento, uma colocação de caráter prático: a televisão aberta. As televisões abertas, por exemplo, a Rede Globo, a TV Cultura, o SBT e a Rede TV, se apenas ligarmos nossos aparelhos, evidentemente não haverá incidência do ICMS/Comunicação, na medida em que a "Lei Geral das Telecomunicações" estabelece quais são os serviços de telecomunicação que não têm "caráter oneroso" e que não devem ser objeto de qualquer remuneração. Importante distinguir, como há muito tempo fez o Professor Celso Antônio Bandeira de Mello, entre o "regime de direito privado" e o "regime de direito público". Tratamos de uma prestação serviço de caráter particular, embora em uma das pontas, ou seja, quem presta o serviço, muitas vezes seja uma concessionária de serviço público, na realidade, existem condições, muitas vezes, na prestação de serviço (notadamente quando as duas pontas têm a natureza privada), de seguir os princípios do art. 170 da Constituição Federal de 1988, os princípios de atividade econômica, basicamente, a liberdade de contratar e, também, a autonomia da vontade e fixação do preço.

Da mesma forma, devemos pensar o seguinte: será que toda e qualquer comunicação pode ser considerada como fato gerador do ICMS? Aqui se encontra à Doutora Betina Trieger Grupenmacher que defendeu brilhantemente uma questão jurídica (a qual fora acolhida pelo

Superior Tribunal de Justiça), acerca da comunicação realizada por "banners" e por *outdoors*. Evidentemente, em São Paulo existem colocações de âmbitos diferentes, seja pelo Tribunal de Impostos e Taxas (TIT) da Secretaria de Negócios da Fazenda do Estado de São Paulo, seja pelo Tribunal de Justiça. As empresas são contratadas para realizar um "banner" ou um *outdoor* e recebem uma remuneração, sendo que, muitas vezes, o Estado, no caso o Estado do Paraná, entende que se trata de um "serviço de comunicação", como se tivéssemos "conversando" com aquele *outdoor*. Atualmente referida questão está totalmente superada, porque a própria Lei Complementar n. 116/2003, em um dos seus incisos, na imensa lista de serviços tributáveis pelo ISS, trata da "comunicação visual". No meu ponto de vista, deveríamos afastar aquela comunicação que tem um conteúdo específico, que eu aponto, que é o caso "das aulas ministradas pelos professores". Se alguém "vender aula", de forma remunerada, evidentemente que não deverá recolher o ICMS/Comunicação, porque presta um "serviço de ensino" e de caráter específico. Da mesma forma, se é contratada uma banda de música e todos nós participamos cantando, e quem contratou remunera aquele prestador de serviços, estar-se-á diante de atuação no âmbito das diversões públicas, de forma que esse consiste no primeiro passo para entendermos que "não é qualquer comunicação que pode configurar fato gerador do ICMS".

É evidente que uma questão fundamental consiste na ocorrência da "relação comunicativa", como o Professor Roque Antônio Carrazza pontua muito bem, ou apenas a "simples transmissão" da comunicação. É da essência também, no meu ponto de vista, que para que possa ser exigido o ICMS comunicação, se revela imprescindível a possibilidade de haver comunicação, caso típico dos "serviços de telefonia". Da mesma forma, os elementos que participam dessa comunicação (emissor, mensagem, canal e receptor), apresentam uma importância. Mas somente com a existência destes aspectos, não entendo ser possível pensar em "obrigação tributária".

A Lei Complementar n. 87/96, "Estatuto Nacional do ICMS", contém um conceito e uma definição que me parece extremamente ampla e que, de certa forma, o Superior Tribunal de Justiça tem solucionado e afastado do âmbito de incidência. Quando a lei complementar fala em "geração, emissão e recepção", devemos verificar que a linha jurisprudencial tem se pautado no sentido de entender que não há ICMS comunicação nos meros "atos preparatórios", na disponibilidade dos equipamentos. A "Lei Geral das Telecomunicações" apresenta uma lista imensa de atividades de prestações de serviços que favorecem nosso estudo. Podemos até entender, sem fazer qualquer interpretação, que a circunstância daqueles serviços estarem listados na "Lei Geral das Telecomunicações" parte de uma presunção ou de um pressuposto que caracteriza essa figura tributária.

Telefonia. Verifiquei uma jurisprudência do Superior Tribunal de Justiça que trata de inadimplência e furto de sinal (clonagem). O caso de inadimplência, evidentemente, ocorre quando aquela empresa que presta o serviço de telefonia (fato gerador do ICMS) não recebe os respectivos pagamentos do preço dos serviços. Então, muitas vezes, se apresenta a seguinte assertiva: "Não deve pagar o tributo." No entanto, sabemos que a obrigação tributária foi realizada e todos os elementos da hipótese de incidência se encontram concretizados, ou seja, o tributo é devido não pelo fato de haver o recebimento do preço por parte do tomador do serviço, mas sim pela circunstância da realização do fato gerador. Com relação ao "furto de sinal" ("gato"), tenho certa dúvida, porque se a empresa de telefonia – ou se é o Estado, no caso – cobra o ICMS em razão de comunicação, é evidente que não houve "negócio jurídico" e não poder-se-ia exigir, no meu ponto de vista, da operadora de telefonia, por um serviço que não foi realizado. Aludida figura é um tanto quanto problemática, mas, enfim, tenho obrigação de trazer ao conhecimento de vocês. Quem vai ao Exterior e utiliza seu aparelho móvel celular e pergunta se o serviço de "roaming" está funcionando ou não. Nesta situação estamos tratando de serviços de ligações telefônicas internacionais. Nestas ligações internacionais, existe a participação da operadora estrangeira, da operadora nacional e, evidentemente, o meu objetivo aqui não foi examinar essa figura tão complexa, mas tão somente, mostrar que nas ligações internacionais ocorre o fato gerador do ICMS, restando saber apenas quem deve pagar, quem é o contribuinte, se a operadora repassa valores ou aquela que disponibiliza os serviços.

A "televisão aberta" é uma televisão gratuita (não é remunerada), por uma definição da "Lei Geral das Telecomunicações", de forma que não poderíamos cogitar da incidência do imposto. Por sua vez, a "televisão a cabo", embora existam opiniões ao contrário (Superior Tribunal de Justiça entendeu que, embora não se "converse" com a televisão há remuneração pelos anúncios, razão pela qual caberia a incidência do imposto). É evidente que consiste em uma Decisão da Primeira Turma, em determinado Acórdão de 2005 (não tenho conhecimento acerca da existência de jurisprudência mais recente).

Essas duas outras figuras, que são os fenômenos em si, as atividades singulares da telecomunicação, a "banda larga", o serviço de "televisão via satélite", também têm sido entendidos pelo Superior Tribunal de Justiça como suscetíveis de incidência do ICMS. O Superior Tribunal de Justiça tem, como mencionei no início da minha exposição, se pautado no sentido de que a mera disponibilização dos equipamentos que são colocados ou as atividades preparatórias, não constituem "prestação de serviços". Mencionamos, por exemplo, a produção de programas de televisão. Aliás, é muito curioso, porque se a televisão aberta não paga ICMS, porque não há o caráter oneroso, a produção do programa de televisão tem outra conotação, uma outra singularidade. Não é nem prestação de serviço de comunicação. A questão também do "provedor de acesso à internet" suscitou uma discussão muito acirrada no Superior Tribunal de Justiça, porque essa figura é relacionada na "Lei Geral das Telecomunicações", sendo que se encontra escrito que o provedor de acesso presta um serviço de valor adicionado, não presta um serviço de telecomunicação. Contudo, o Superior Tribunal de Justiça, durante algum tempo, tinha uma divisão de pensamento. Uma das Turmas entendia que não, que realmente o provedor presta um serviço pertinente à telecomunicação e teria que pagar o ICMS. Já outra Turma entendia que o provedor de acesso é aquela pessoa como se tivesse a chave de uma biblioteca digital. Ele é que criaria as condições para que nós pudéssemos acessar a internet, que não é de ninguém, que é de todo mundo. E, finalmente, vingou essa postura da Súmula n. 334, que não há incidência. Recordo que alguns anos atrás, participei de um Congresso em Florianópolis, um congresso de fiscais onde se discutia a "lista de serviços". Perguntei para um dos organizadores que fazia parte daquela Entidade, por que naquela lista de serviços anexa à Lei Complementar n. 116/03, onde se encontrão todas as atividades que se possa imaginar, não se teria inserido o serviço de provedor de acesso a internet? Um determinado fiscal informou que estavam acreditando que o Superior Tribunal de Justiça fosse decidir pela incidência do ICMS. Então, isso significa, até dentro de fundamentos do STJ, que mais adiante essa "lista de serviços" possa ate ser alterada para incluir aludida atividade.

Habilitação de celular. A habilitação tem um custo, mas também não é prestação de serviço. É como se fosse um cadastro, como se fossem atividades que aquela operadora realiza para que possa vir a prestar o serviço. Mas se eu tiver a habilitação e por acaso esquecer, for furtado o celular ou eu o perder, não tem que pagar ICMS nenhum. Há também aqui a figura da *lan house*. Se me dirijo a um determinado estabelecimento em que existem vários computadores à minha disposição, é evidente que o titular, o dono, o proprietário, o empresário, não está prestando nenhum serviço de comunicação. Ele cede aqueles equipamentos, locando o seu espaço para que possamos nos deliciar pela internet com os computadores, afastando a questão da incidência do ICMS.

Há também uma figura muito complexa, que é o denominado "gerenciamento de rede", ou seja, existem atividades que são da essência do serviço de telecomunicação e outros que são serviços paralelos, prestados pela própria operadora, o intitulado "outsourcing", que é o gerenciamento de rede, atividade um tanto quanto complexa, mas que qualquer um pode prestar e que não é privativo e nem de competência da operadora de telecomunicações.

Encerrando o Professor Roque Antônio Carrazza tratou muito bem da questão da não cumulatividade, e temos na Lei Complementar n. 87/96, com as suas alterações, uma situação muito curiosa. O contribuinte do ICMS, seja o produtor, o industrial, o comerciante, o prestador de serviço de comunicação, consome a energia elétrica. E, dessa forma, terá o direito ao crédito do imposto. Só que, a Lei Complementar, através das suas modificações, entendeu que apenas se pode apropriar como crédito a empresa que também se dedica a atividades de energia elétrica, ou que seja, também, uma empresa industrial. O Superior Tribunal de Justiça decidiu que a empresa de telefonia que consome energia elétrica, embora não esteja listada que seja uma típica prestadora de serviço, por força do Decreto n. 640/42, promove o processo industrial. Então, esse é sempre o cuidado que nós temos que ter e acho que esse é o grande objetivo do congresso, refletir sobre essas questões tributárias e sempre estar evoluindo nos nossos estudos.

Muito obrigado.

Salette Nascimento – *[Truncado na gravação]* e livre-docente pela Universidade de São Paulo; é procurador do Estado de São Paulo, autor de inúmeros livros, dentre os quais destacarei *Lançamento Tributário e Autolançamento*, *Princípio do Não Confisco em Direito Tributário*, coautor, em diversas outras obras. Sem mais, eu passo a palavra a Sua Excelência.

Guerra Fiscal e Federalismo

Estevão Horvath – Bom dia a todos; quase boa tarde já, não é? Cumprimento os colegas congressistas em primeiro lugar e, depois, os ilustres membros desta mesa, na pessoa da desembargadora Salette Nascimento. Para mim, é uma honra e uma responsabilidade muito grande participar deste painel, especialmente na presença de todos os professores que aqui são – sempre foram e são meus mestres. E, na verdade, é quase uma temeridade eu tratar desse assunto, sobre a guerra fiscal a ver com federalismo, depois da palestra do professor Paulo de Barros Carvalho, e com a presença de ilustres federalistas aqui, nesta mesa. Mas, de qualquer forma, na verdade, o que se pretende, num congresso, como já foi acentuado aqui, é incentivar o debate. Então, eu vou relembrar certos pressupostos, certas coisas que já foram ditas, certos pontos obscuros e polêmicos dessa questão da guerra fiscal, já que nós estamos aqui em um painel mais voltado ao ICMS.

Em primeiro lugar, eu queria relembrar o que é óbvio – às vezes, o óbvio precisa ser relembrado e ressaltado – que o fato de o Brasil ser uma Federação é uma característica fundamental do nosso Estado. Quer dizer, principalmente no que se refere ao Direito Público, ao assim chamado Direito Público, o fato de o Brasil ser federação tem implicações notáveis, em todos os campos. E, no Direito Tributário, especialmente. E nós vemos diariamente, diuturnamente, problemas que surgem, são levados à apreciação do Judiciário, decorrentes, direta ou, às vezes, muito sub-repticiamente, ao fato de o Brasil constituir-se numa Federação. Por exemplo, o tema *Classificação de Tributos, Espécies Tributárias*, não teria relevância – ou praticamente não teria quase relevância – em um outro país, um país de cunho unitário. Porque ali o legislador central legisla e, quando os entes assim chamados menores podem fazer alguma coisa, é porque o legislador central assim permitiu; isso excetuando-se pontuais previsões constitucionais porventura existentes em sentido contrário, é claro.

No Brasil, sendo uma Federação, quem determina o que cada um desses entes federados pode fazer é só a Constituição. Quer dizer, é uma das características predominantes em qualquer Federação o fato de que tenha que haver uma rígida distribuição de competências em todos os campos, competências materiais e competências legislativas, entre as quais a mais importante, ou, no que nos interessa aqui ressaltar, é a competência tributária, a competência para criar, por meio de lei, como diz o professor Roque, descrevendo pormenorizadamente os elementos essenciais de cada tributo. Então, a espécie tributária é importantíssima para se saber se o legislador daquela pessoa política agiu de acordo com os limites fixados pela Constituição, em função de o Brasil ser uma Federação. A ideia de Federação implica sempre uma descentralização administrativa – e uma descentralização política também.

E o que nós vemos no Brasil, como foi também ressaltado pelo professor Paulo de Barros Carvalho, é que, tradicionalmente, historicamente, nós temos uma prevalência, de fato, da União sobre os demais entes federados. Então, quer dizer, o peso da União é sempre mais forte, a balança pende mais para um lado (o da União), na repartição de competências. Com a Constituição de 88, pretendeu-se – pelo menos era uma grita geral, vamos dizer assim, da sociedade, da maior parte da sociedade – que houvesse uma repartição mais equitativa de competências e de recursos, obviamente, de tarefas entre todos os entes federados, não somente a União. Isso, em alguns pontos, aconteceu. Embora a União tenha ficado ainda com a parte do Leão. O *lobby* da União prevaleceu e, em matéria tributária, tome-se como exemplo o art. 146 da Constituição, que veio para dizer como se fosse algo parecido com: "Aqueles que entendiam que lei complementar em matéria tributária tinha duas funções, que esqueçam isso, que guardem seus escritos, porque eu estou dizendo que a lei complementar tem todas as funções, que é para dizer praticamente tudo em matéria de normas gerais – seja lá isso o que quiser dizer – em Direito Tributário."

E, ao contrário de outras federações, que surgem de um movimento periférico para formar o ente central, a Federação brasileira foi o contrário. Ela veio do centro e se espalhou pela periferia. Ou seja, o Brasil, de um Estado unitário até o final do Segundo Império, passou a ser, por decreto, como é costume acontecer em muitas situações no Brasil – tentar acabar a inflação por decreto e coisas do gênero – a Federação brasileira nasceu por decreto. Eu fui procurar o Decreto Número Um, da República, de 15 de novembro de 1889. Ele diz: "(...). Proclama provisoriamente e decreta como forma de governo na Nação Brasileira, a República Federativa e estabelece as normas pelas quais os estados se devem reger" – pelas quais devem se reger os Estados federais. Aí, diz o art. 1º: "Fica proclamada provisoriamente e decretada como forma de governo da Nação Brasileira a República Federativa". E o art. 2º: "As províncias do Brasil, reunidas pelo laço da Federação, ficam constituindo os Estados Unidos do Brasil". Então, a nossa Federação nasceu por decreto. É por esta razão, também, que eu acho que isso justifica, em muitos aspectos, o tipo de Federação que nós temos.

E cada Federação, no mundo, é diferente da outra, embora existam uns elementos similares, que são comuns a todas as federações. A nossa Federação, como já salientou também, em algum momento, o professor Souto Maior Borges, é a Federação que foi constituída pela Constituição. Talvez não seja – e creio eu que, para a maioria, não é – a Federação ideal, que todos gostariam, mas é a Federação tal qual foi posta na nossa Constituição. Hoje em dia, prevalece a ideia do chamado cooperativismo federativo, ou seja, que os diversos entes que compõem a Federação – no caso brasileiro, incluindo, devidamente ou não, os municípios – eles acabam tendo que colaborar, pelo menos do ponto de vista jurídico-constitucional, para o desenvolvimento nacional, realizando suas tarefas em forma de cooperação entre si. Não é o que exatamente acaba acontecendo em muitas situações, mas é o que parece que a Constituição deseja.

No que tange ao ICMS, nós temos a peculiaridade de ele ser um tipo de imposto que, em outros países, têm caráter central, é sempre cobrado pelo Estado central, quando se trata de uma Federação, ele é cobrado pelo Estado central; quando é Estado unitário, não tem que se falar nisso, não é? No Brasil, ele foi deixado para os Estados-membros e para o Distrito Federal, o que já causa espécie em juristas estrangeiros que passam a conhecer a nossa realidade jurídica, e não resistem em perguntar: e como é que isso funciona? É difícil de saber como é que pode funcionar em um sistema federativo com 27 legislações diferentes. E nós vemos como funciona. De um jeito ou de outro, acaba funcionando, mas a cada dia tapando-se um buraco aqui, outro ali, puxando o cobertor daqui para esticar mais para lá. E assim as coisas vão se processando.

O ICMS, até em matéria de competência tributária, como foi bem acentuado pela doutrina, é peculiar. De fato, diz o que eu denomino de "melhor doutrina" que uma das características da competência tributária é a sua facultatividade. Apesar e sem embargo do que diga a Lei de Responsabilidade Fiscal, nos arts. 11 e 14, a competência tributária é, como regra, facultativa. A única exceção seria justamente o ICMS. Por quê? Provavelmente, a razão de fundo é exatamente a de que esse tipo de imposto deveria ser um imposto do ente central. Já que ele foi deixado para os entes federados, então tem que haver uma comunicação entre esses entes para evitar uma balbúrdia maior ainda do que, talvez, pudesse existir, caso não houvesse essa intercomunicação. Aí foi que, por exemplo, para outros tributos não se exige uma lei de fora (heterônoma), qualquer outro tipo de lei – a não ser a lei da pessoa política competente para criar, por exemplo, uma isenção ou um incentivo fiscal – para o ICMS, a Constituição disse que – no artigo já mencionado aqui, o 155, § 2º, inciso XII, letra 'g', que a lei complementar deliberará a forma pela qual os estados tratarão de conceder incentivos fiscais, isenções e tal. E essa lei complementar, é hoje a Lei Complementar 24/75, que foi recepcionada, pelo menos na sua função precípua de regular esta forma de convênio, não talvez o conteúdo, mas a sua forma. Achei muito interessante esse debate que se instaurou, quando o professor Roque Carrazza invocou o art. 8º da Lei Complementar 24/75, dizendo que ele seria inconstitucional, até porque não teria sido recepcionado pela Constituição de 88. E o professor Alcides Jorge Costa, invocando um dispositivo ou outro da Constituição, disse que a Constituição se refere, quando fala da não cumulatividade, à cobrança do tributo, o que não haveria, nessas situações de crédito concedido indevidamente.

Seja lá como for – porque eu acho que isso é uma matéria de debate e é para reflexão de todos nós (acatar um posicionamento ou outro ou algum, eventualmente, intermediário) – o fato é que, se nós entendermos que a Constituição deve valer – e, como dizia o professor Geraldo Ataliba, a Constituição não é simplesmente um cardápio colocado à disposição do freguês, para ver se ele escolhe aquele prato ou outro; ela obriga. Quer dizer, a Constituição determina, a Constituição é a Lei Maior do País. Todo mundo sabe disso. No entanto, na hora de aplicá-la, às vezes parece que outros interesses ou outros pensamentos prevalecem. Se a Constituição diz que Estados só podem conceder incentivos, benefícios fiscais, isenções de ICMS na forma prevista por uma lei complementar, no art. 155 da Constituição e essa lei complementar já prevê como os Estados têm que se reunir e como eles vão deliberar pela concessão desses benefícios. Em não procedendo dessa forma, não é possível conceder benefícios. Então, quer dizer, antes da Constituição de 88, desde a Lei Complementar 24/75, pelo menos, – e depois da Constituição de 88 também – esses benefícios simplesmente, do ponto de vista jurídico, estritamente jurídico, não podiam, não podem e, enquanto não mudar a Constituição (ou a Lei Complementar 24/75), não poderão ser concedidos por nenhum Estado. Entendo perfeitamente, reconheço que existem razões de cunho social e econômico muito fortes que motivam essa competitividade entre os estados. Até porque, como se diz algumas vezes, por uma questão de sobrevivência de certos Estados. O Estado, concedendo – vou utilizar isso em sentido amplo – benefícios fiscais, em detrimento de outro que não o concede, para atrair empresas para o seu território, cria uma situação de iniquidade, além de ilegalidade, mas invoca razões de sua própria sobrevivência.

Outros já dizem exatamente o contrário: "Não. A concessão de benefícios, além de ser danosa, como foi já mencionado aqui, à livre concorrência das empresas, ela também significa uma demonstração de poder das grandes empresas". Aí já vem uma linha, vamos dizer assim, talvez até se possa dizer ideológica, dizendo: "Não. As grandes empresas conseguem esses benefícios fiscais." Então, quer dizer, essa linha, é contrária até à própria concessão de qualquer incentivo, alegando exatamente que isso é uma amostra do poder das grandes empresas. O fato é que eu reconheço, pelo menos, na atualidade, um decréscimo grande do poder do Estado, em todos os âmbitos, em todos os campos de atuação. O que tradicionalmente sempre foi de imposição do Estado, hoje em dia, talvez, a não ser no Estado autoritário xiita, não acontece mais no mundo de hoje. Então, existem entidades da sociedade corporativistas, comerciais e mercantis, em um sentido amplo, ou sociais mesmo, da sociedade civil, que coexistem com o Estado e exercem, de alguma maneira, um poder, no mínimo de pressão, muito grande. E nós vemos isso acontecer na chamada guerra fiscal, até entre Estados. Quer dizer, imaginar-se uma competição entre particulares, pessoas físicas, dependendo da profissão que exerçam, empresas competindo, é uma coisa absolutamente natural, especialmente em um sistema que, no fundo, tem um veio capitalista. Isso é absolutamente natural. Agora, o que eu não consigo vislumbrar como natural é a competitividade entre entes da Federação. E, como ressaltou o professor Paulo, eu tinha ouvido essa observação que ele fez hoje, quando o Estado vai à bancarrota, se for, para citar o exemplo que ele referiu, não é o Estado que está indo à bancarrota. A União também vai junto, porque a União é exatamente a união dos estados. Ou seja, União, estados e municípios são o poder público, são o Estado. Quer dizer, o Estado foi assim concebido para funcionar, talvez em um território grande como é o nosso País, para funcionar mais facilmente, para ter uma operacionalização em todos os sentidos mais fluída, mais fácil, foi organizado como uma Federação. Mas é o Estado. Pergunte para o cidadão: interessa – o exemplo que, às vezes, me ocorre – quem esteja prestando o serviço de saúde? Quem está precisando ser atendido em uma urgência médica, interessa à pessoa se ela está indo para um hospital municipal, federal, estadual ou distrital? É óbvio que não. É um hospital público que é mantido por alguém por uma divisão administrativa feita pela Constituição, porque foi o sistema de Estado, o tipo de Estado que se escolheu para funcionar no nosso País.

Então, me soa, sempre me soou muito forte e chocante essa competitividade entre os estados. E eu sempre pensava, até muitos anos atrás, como é possível haver, de fato, a concessão de benefícios fiscais sem autorização por convênio interestadual – como determina a Constituição – e não acontecer nada. Lembro-me perfeitamente – e isso já vai fazer pelo menos quase 20 anos, o Estado de São Paulo sofreu um mandado de segurança movido pelo Estado do Espírito Santo, contra a glosa de créditos naquela época, daquele regime de financiamento incentivado que há no Espírito Santo. E só para mencionar uma das alegações do Estado do Espírito Santo para justificar este proceder: "Ah, mas nós já temos isso há quase ou mais de 20 anos." Mais ou menos como se dizendo: "Olha, se é inconstitucional, é inconstitucional há 20 anos. Então, já caducou a inconstitucionalidade. Não se fala mais em inconstitucionalidade." E isso me chocou mais ainda. Ou seja, o que eu quero dizer, no final das contas, a mensagem que eu queria passar, que alguém que compartilhasse essa minha angústia pudesse me ajudar, é a seguinte: ou se respeita a Constituição, ou não se respeita a Constituição ou se muda a Constituição. O Supremo Tribunal Federal, depois de um certo tempo – já tinha decidido isso pontualmente – resolveu, em uma enxurrada, decretar a inconstitucionalidade de inúmeros dispositivos de leis estaduais, por não terem obedecido as regras da Lei Complementar 24 na formação de convênio para a concessão de benefícios. Ainda assim, alguns Estados, em seguida, elaboraram outras leis mascarando, com outras palavras, o mesmo conteúdo que havia anteriormente e fato é que não me parece possível isso simplesmente ficar impune. E mais: refletir no bolso do cidadão contribuinte. Quer dizer, a Lei Complementar 24 prevê, sim, a possibilidade de o Estado tomar providências no caso de haver um incentivo fiscal concedido sem o procedimento firmado pela Lei Complementar 24/75.

Agora, eu pergunto: nesse ponto, seria constitucional essa medida de qualquer Estado, que atingisse o contribuinte, em si? Parece-me que a medida judicial, constitucionalmente prevista, sem nenhum tipo de possibilidade de alegação de inconstitucionalidade, seria o Estado que se sente afetado entrar com uma ação de inconstitucionalidade, perante o Supremo Tribunal Federal. E esta decisão do Supremo Tribunal Federal não pode ser outra, a não ser pela inconstitucionalidade, prevalecer e ser respeitada. Isso produz efeitos para o contribuinte, quer dizer, pode ser que ele soubesse – no mais das vezes, provavelmente, ele sabe – que foi um benefício concedido sem obediência aos requisitos constitucionais. Agora, o cidadão comum, o comerciante, o industrial, ele não é obrigado a saber dos pormenores constitucionais e constitucionais-tributários que dizem que o Estado só poderia ter feito aquela lei caso ele tivesse participado de uma assembleia, de um convênio em que se tivesse acordado pela possibilidade de se fazer aquela lei concedendo aquele benefício. A presunção, me parece, é de que tenha havido boa fé. Há uma lei que o cidadão tem que seguir. E ele está seguindo aquela lei, não podendo ser apenado por outro ente da Federação que, simplesmente por questões administrativas e federativas, é deslocado. Quer dizer, não é mais o Estado 'x', é o Estado 'y'. Ainda é o Estado brasileiro, seja uma Federação, seja não Federação, é o Estado brasileiro.

Vejam que eu só trouxe a título de exemplo, a lei paulista que trata do ICMS, que é a Lei 6.374/89, ela diz, no art. 112:

"Sempre que outro Estado ou o Distrito Federal conceder benefícios fiscais ou financeiros, dos quais resulte redução ou eliminação, direta ou indireta, do respectivo ônus tributário, com inobservância de disposições da legislação federal que regula a celebração de acordos exigidos para tal fim e sem que haja aplicação das sanções nela prevista, o Poder Executivo poderá adotar as medidas necessárias à proteção da economia do Estado." Por mais retórico que seja esse dispositivo, ele também está certo. O Estado está se defendendo com relação a atitudes inconstitucionais de outro Estado. Agora, daí a poder afetar o contribuinte vai uma longa distância. Afinal, aqui se tem o "cidadão-contribuinte". Por que eu faço questão de frisar isso? Porque, antes de ser contribuinte, ele é um cidadão. Não me parece que seja possível acontecer o que está acontecendo.

Agora, então, o que se pode fazer? E o que se pode fazer, obviamente melhor do que eu, essa comissão criada pelo Senado Federal, da qual participa o professor Paulo de Barros Carvalho, o professor Ives Gandra, está em via de propor alguma solução, algumas sugestões na solução de vários desses problemas que nós comentamos aqui. Mas talvez uma proposta fosse o que já se fala por aí: acabar com a necessidade de unanimidade na autorização pelo CONFAZ – embora o professor Ives Gandra entenda que isso seria inconstitucional – por exemplo. E instituir de vez o IVA no Brasil, quer dizer, centralizar de vez. E não sei, em termos constitucionais, não tenho certeza absoluta de que isso seria uma providência constitucionalmente aceita sem maiores dúvidas. Ou, no final das contas – e/ou, na verdade – propor ou tentar imaginar uma possível compensação para estados que perdessem com isso. A exemplo do que foi feito com a chamada Lei Kandir, essa Lei Complementar 87/96, trazer alguma compensação para estados que perdessem, para possibilitar uma reforma tributária nesse ponto, para tornar pelo menos mais racional ou menos irracional o nosso ICMS.

Como vimos, eu só trouxe algumas reflexões e repeti alguns problemas e propus algumas soluções que também não são originais. Mas como isso é para debate, para meditação, acho que é válido em um congresso e agradeço a atenção de todos. Obrigado.

IMPOSTO SOBRE A RENDA

Luiz Marcelo Pinheiro Fins – Boa tarde a todos. Vamos iniciar agora o painel das 14 horas com uma mesa aqui composta por eminentes juristas do mais alto renome, onde será concedido o período de 25 minutos para cada um discorrer sobre os temas. E, diante disso, o primeiro palestrante a se manifestar é o doutor José Antônio Minatel, mestre e doutor em Direito Tributário pela PUC-SP; professor de Direito Tributário na Faculdade de Direito, também da PUC; e a honra que é dada aí para a sua exposição, para o tema amortização do ágio, tema trazido aí também com a visão atual do CARF e toda a polêmica que temos acerca deste assunto.

Amortização do Ágio – Visão Atual do CARF

José Antônio Minatel – Boa tarde a todos. Em primeiro lugar, quero agradecer à direção do Instituto Geraldo Ataliba pelo convite, pela oportunidade de participar de mais um congresso deste respeitado instituto. Quero cumprimentar meus colegas de mesa, na pessoa do presidente doutor Luís Marcelo, em nome de quem reverencio os demais palestrantes, todos destacados juristas e dos quais sou eterno discípulo, pois considero todos meus professores.

O tema que me foi confiado está relacionado com a figura do ágio e a sua amortização para efeito fiscal. Evidente que, para falar sobre esse tema em um painel de pouco mais de 20, ou 25 minutos, é preciso concentrar o foco em algumas peculiaridades, ainda mais que o objetivo da inserção do tema nesse painel, segundo a programação proposta, consiste em trazer a visão atual do Conselho Administrativo de Recursos Fiscais/CARF, órgão responsável pelos julgamentos dos conflitos tributários, entre Fisco e contribuinte, na esfera administrativa.

Bem, como não sei se todos estão familiarizados com esse tema – assim como se têm conhecimento sobre a figura e natureza do ágio –, em rápida passagem pretendo localizá-lo no ordenamento jurídico, demonstrando em que operações surge o ágio, como aparece e qual a sua específica natureza, para em seguida tratar da sua amortização.

Vou direto ao art. 20 do Decreto-lei 1.598/77, que está consolidado no art. 385 do atual Regulamento do Imposto sobre a Renda, aprovado pelo Decreto n. 3.000/99 (RIR/99). Esse dispositivo diz que o contribuinte que avaliar investimento em sociedade coligada ou controlada pelo valor de patrimônio líquido deve – por ocasião da aquisição da participação societária – desdobrar o valor do custo do investimento, dele destacando a parcela que corresponde ao patrimônio líquido da pessoa jurídica investida, assim como a parcela que corresponde ao eventual ágio ou deságio.

Portanto, surge o ágio – ou melhor, pode surgir – na hipótese de um investimento para aquisição de participação societária em outra empresa, momento em que esse valor investido deve ser confrontado com o patrimônio líquido da empresa investida. Por exemplo, tratando-se de investimento que implica aquisição de 100% do capital da empresa investida, é preciso saber o que significa esse custo de aquisição do investimento em relação ao patrimônio da empresa onde está sendo alocado o investimento. Assim, há necessidade de comparação entre o valor total do investimento *versus* o patrimônio líquido da empresa investida, aparecendo o ágio quando se desembolsa uma mais-valia, ou seja, o investidor está pagando mais do que corresponde ao seu investimento no patrimônio líquido da investida.

O valor dessa mais-valia (ágio) é que deve ser desdobrado, para figurar em separado do valor do investimento que corresponde ao exato valor do patrimônio (PL) da investida, nos termos da lei já indicada. Determinado o valor do ágio, exige também a referida norma que, no mesmo momento da aquisição, seja igualmente investigado qual o fundamento econômico dessa mais-valia, ou seja, qual a causa determinante para que o investidor decida pagar, pela participação societária adquirida, um valor maior do que lhe corresponde no patrimônio da investida. Qual seria essa motivação?

Anote-se que, já no momento da aquisição do investimento deve a empresa investidora destacar, nos seus registros contábeis, o fundamento econômico atribuído para o valor do ágio. Essa mais-valia pode ter como fundamento econômico o atual valor de mercado dos bens do ativo da empresa investida (RIR/99 – inciso I do § 2º do art. 385), sabidamente escriturados por valores inferiores aos valores reais e, por isso, o investidor estará pagando valor maior porque conhece o conjunto desses bens e seus atuais valores. Noutra hipótese, o valor do ágio pode estar representado pela perspectiva de rentabilidade futura do investimento (RIR/99 – inciso II do § 2º do art. 385), quando se antevê a possibilidade de nova dinâmica operacional, ou ampliação dos negócios da empresa investida, ou ainda quando se aposta que aquela "unidade geradora de caixa" – expressão atualmente utilizada – possa trazer resultados positivos em novos patamares no futuro. Por último, o pagamento da mais-valia poderia estar relacionado com valores que o balanço patrimonial da investida não espelha, como exemplo, a existência de bens intangíveis de titularidade da investida (marcas, patentes, fundo de comércio), ou outras razões econômicas (RIR/99 – inciso III do § 2º do art. 385).

Com essas notas prévias, localizado no ordenamento jurídico como aparece o ágio e a obrigatoriedade para que seja identificado o seu fundamento econômico, passo ao tratamento tributário atualmente em vigor. Começam aqui os questionamentos e, seguramente, a razão para que o tema tenha sido incluído para debates e reflexões neste prestigiado conclave. Para tanto, é preciso focar no comando da norma tributária, analisando as controvérsias e questionamentos que hoje são levados ao Conselho Administrativo de Recursos Fiscais/CARF.

A Lei n. 9.532/97, sabidamente na perspectiva de facilitar o processo de privatização de alguns serviços públicos, atribuiu tratamento tributário específico para o valor do ágio, tendo em conta a sua fundamentação econômica. Vejamos a atual redação do art. 7º da Lei 9.532/97, que é a matriz legal do art. 386 do RIR/99:

> Art. 7º. A pessoa jurídica que absorver patrimônio de outra, em virtude de incorporação, fusão ou cisão, na qual detenha participação societária adquirida com ágio ou deságio, apurado segundo o disposto no art. 20 do Decreto-lei n. 1.598, de 26 de dezembro de 1977: I – deverá registrar o valor do ágio ou deságio cujo fundamento seja o de que trata a alínea "a" do § 2º do art. 20 do Decreto-lei n. 1.598, de 1977, em contrapartida à conta que registre o bem ou direito que lhe deu causa; II – deverá registrar o valor do ágio cujo fundamento seja o de que trata a alínea "c" do § 2º do art. 20 do Decreto-lei n. 1.598, de 1977, em contrapartida a conta de ativo permanente, não sujeita a amortização; III – poderá amortizar o valor do ágio cujo fundamento seja o de que trata a alínea "b" do § 2º do art. 20 do Decreto-lei n. 1.598, de

1977, nos balanços correspondentes à apuração de lucro real, levantados posteriormente à incorporação, fusão ou cisão, à razão de um sessenta avos, no máximo, para cada mês do período de apuração; IV – deverá amortizar o valor do deságio cujo fundamento seja o de que trata a alínea "b" do § 2º do art. 20 do Decreto-lei n. 1.598, de 1977, nos balanços correspondentes à apuração de lucro real, levantados durante os cinco anos-calendários subsequentes à incorporação, fusão ou cisão, à razão de 1/60 (um sessenta avos), no mínimo, para cada mês do período de apuração.

O regramento do tratamento fiscal parece lógico, pois nas hipóteses dos incisos I e II (mais-valia dos ativos) o valor do ágio inicialmente apurado agrega-se ao correspondente valor do ativo que lhe deu causa, se houver posterior absorção do patrimônio de uma empresa por outra, ou seja, quando o patrimônio da investida vem para dentro da investidora ou, na hipótese reversa, quando o patrimônio da investidora desloca-se e vai para dentro do patrimônio da sociedade investida. Sim, isso é possível, pois a própria Lei n. 9.532/97, no seu art. 8º, admite que esse processo de absorção do patrimônio possa se dar na ordem direta (investidora incorporando a investida), ou na ordem indireta (investida absorvendo o patrimônio da investidora).

Por outro lado, após a absorção do patrimônio de uma empresa pela outra, admite a lei tributária o aproveitamento fiscal do valor do ágio mediante dedutibilidade na apuração da base de cálculo do IRPJ e da CSLL nos próximos 60 meses, desde que o valor do ágio esteja fundamentado em "expectativa de rentabilidade futura" (inciso III).

Qual será a lógica para esse tratamento tributário? Sim, ainda que muitos não enxerguem, há uma correlação lógica para esse aproveitamento fiscal, pois com a incorporação ou fusão desaparece o investimento em terceiro. Não sendo possível conceber investimento em si próprio, pela junção numa única unidade patrimonial, é preciso que seja realizada a baixa dos valores anteriormente ali registrados (investimento + ágio), que serão substituídos pelo patrimônio absorvido. Configurando o valor do ágio por expectativa de rentabilidade futura um excedente ao valor do patrimônio absorvido, esse acréscimo passa a representar um custo previamente incorrido para fazer face às futuras receitas operacionais da empresa, das quais se espera lucratividade. Dessa configuração de custo assumido para obtenção de futuras receitas é que decorre o fundamento para a sua dedutibilidade.

Vejam que, enquanto nos inciso I e II o mandamento para registro em conta patrimonial é imperativo ("deverá"), a dedutibilidade prevista no inciso III representa faculdade ("poderá").[1] Aqui residem os maiores conflitos entre Fisco e contribuinte, em que pese a existência de norma clara que assegura a dedutibilidade. A intolerância da administração tributária é tanta que, quando me dei conta do tema que me foi confiado, fiquei pensando se ainda estaria vigente esse regime tributário no dia da realização deste painel aqui nesse congresso, pois são conhecidos os movimentos do Fisco para acabar com essa dedutibilidade e hoje poderíamos estar diante de nova produção legislativa, veiculada até mesmo por meio de medida provisória – cuja minuta andou circulando nesses últimos dias. Assim, não se desconhece que a Secretaria da Receita Federal de há muito tempo pressiona para que se acabe com esse mecanismo de amortização fiscal do ágio, afirmando que se trata de incentivo de caráter pernicioso, utilizado por grandes conglomerados econômicos e por investidores internacionais que tiram proveito desse mecanismo, em detrimento dos pequenos investidores nacionais.

1. "Poderá amortizar o valor do ágio cujo fundamento seja o de que trata a alínea 'b' do § 2º do art. 20 do Decreto-lei n. 1.598, de 1977, nos balanços correspondentes à apuração de lucro real, levantados posteriormente à incorporação, fusão ou cisão, à razão de um sessenta avos, no máximo, para cada mês do período de apuração".

No entanto, não mudou o cenário legislativo, pois a noticiada medida provisória ainda não foi editada e a minuta que circulou – a que tive acesso – não acaba com a amortização fiscal do ágio. A meu ver, em prevalecendo o novo texto proposto, teríamos mais uma daquelas normas antielisivas, ou antiabusivas, contendo novos mecanismos para quantificar e qualificar o valor do ágio, assim como novo prazo para aproveitamento que será maior do que o atualmente em vigor. O que tranquiliza, nesse primeiro momento, é que a iniciativa da proposta não acaba com a possibilidade da amortização do ágio por rentabilidade futura, como se tem amplamente divulgado.

Quais são os principais questionamentos hoje existentes em relação a esse tema? As controvérsias já levadas ao Tribunal Administrativo (CARF), normalmente, estão relacionadas à fundamentação do ágio em rentabilidade futura, sua demonstração e formalidades para comprová-lo. Como se comprova que uma determinada mais-valia paga na aquisição de investimento se qualifica como ágio por expectativa de rentabilidade futura, e não como mais-valia dos ativos da investida?

Evidente que essa demonstração deve respeitar a melhor forma para ser exteriorizada em cada caso, com base em documentos, pareceres e laudos de profissionais especializados. De pronto, é bom reforçar que laudo não é simples palpite. Nessas condições, perfeitamente questionável a apuração e a dedutibilidade de ágio para empresas que se valeram unicamente de verdadeiros "palpites" para concluir que o valor do ágio está fundamentado em rentabilidade futura. Por outro lado, não se pode desqualificar laudos que adotam metodologias científicas para fazer projeções do investimento, que avaliam a empresa no passado e também a sua continuidade projetada para o futuro, ainda que essa continuidade futura possa não estar atrelada unicamente ao passado.

Também não se deve desprezar outras variáveis, pois nessas operações é regra aparecer um novo investidor, com capacidade para novos aportes financeiros, assim como com diferentes enfoques e perspectivas de dar uma nova roupagem ou nova dimensão na pessoa jurídica investida. Então, é pertinente que se exija laudo para essa demonstração, que pode estar baseado nesses projetos. Todavia, não pode o Fisco desqualificar o laudo concebido no passado, pelo confronto com os resultados alcançados no futuro, ou simplesmente pelo insucesso comprovado nos períodos em que a rentabilidade foi projetada.

Assiste-se, também, no CARF, questionamentos sobre prazos que tem o Fisco para que possa investigar essas operações. Passando rapidamente por algumas ementas de julgados administrativos, pode-se identificar, numa ordem cronológica, três eventos ou três momentos diferentes para essa investigação. O primeiro momento tem a ver com a aquisição da participação societária. O que deve ser considerado como fundamental para se demonstrar o ágio no momento da aquisição? Claro, a existência de documentos e laudos, demonstrando a correlação entre o valor investido e o valor que lhe corresponde no patrimônio da investida, assim como o fundamento econômico dessa mais-valia.

Documentada essa operação, passa-se para o momento dois. Não basta adquirir investimento com ágio documentado e demonstrado. O aproveitamento fiscal do ágio ainda depende de evento futuro e incerto, qual seja, a necessidade de junção dessas diferentes fontes do investimento, a investidora e a fonte onde foram realizados os investimentos, mediante absorção do patrimônio – linguagem da lei – para concentrar numa única fonte geradora. Para tanto, são conhecidos os processos de cisão, incorporação ou fusão de sociedades, sendo que os instrumentos mais utilizados são os da incorporação e fusão das pessoas jurídicas.

Concluída essa absorção numa única fonte geradora, chega-se à etapa número três que tem a ver com o momento adequado para o aproveitamento fiscal do ágio, à razão de 1/60 por mês, na forma da lei. O que pode acontecer? Nessa cronologia, imaginemos que a empresa está se valendo do aproveitamento fiscal do ágio em 2008, que é resultado da aquisição do investimento que se deu em 1998, portanto, há dez anos atrás. O questionamento que tem sido levado ao CARF tem a ver com a resposta à seguinte pergunta: Pode o Fisco, em 2008, voltar no tempo e questionar a quantificação do ágio lá atrás, ou refutar o laudo de avaliação produzido em 1998, investigando se na época atendia ou não os requisitos exigidos? Isso tem a ver com um dos primeiros julgados que vou aqui mencionar, para mostrar logo o posicionamento do CARF nessa matéria. Eis a ementa:

> Auditoria fiscal – Período de apuração atingido pela decadência para constituição de crédito tributário – Verificação de fatos, operações, registros e elementos patrimoniais com *repercussão tributária futura* – Possibilidade – Limitações. O Fisco pode verificar fatos, operações e documentos, passíveis de registros contábeis e fiscais, devidamente escriturados ou não, em períodos de apuração atingidos pela decadência, em face de comprovada repercussão no futuro, qual seja: na apuração de lucro liquido ou real de períodos não atingidos pela decadência.
>
> (...). Essa possibilidade delimita-se pelos seus próprios fins, pois, os ajustes decorrentes desse procedimento *não podem implicar em alterações nos resultados tributáveis daqueles períodos decaídos, mas sim nos posteriores*. (...).
>
> Amortização do ágio efetivamente pago na aquisição societária – Premissas. As premissas básicas para amortização de ágio, com fulcro nos art. 7º, inciso III, e 8º da Lei 9.532 de 1997, são: i) o efetivo pagamento do custo total de aquisição, inclusive o ágio; ii) a realização das operações originais entre partes não ligadas; iii) seja demonstrada a lisura na avaliação da empresa adquirida, bem como a expectativa de rentabilidade futura.[2]

Este acórdão da Quarta Câmara, Segunda Turma, da Primeira Seção, está relacionado exatamente com o prazo para o Fisco investigar, sendo relevante que se tenha presente aquela cronologia aqui retratada em três momentos. Na sua defesa, questionava o contribuinte o decurso do prazo para fiscalizar pela decadência, alegando que o Fisco não poderia, como naquele meu exemplo, em 2008, pedir que a empresa apresentasse os documentos de 1998, porque lá em 1998 é que foi realizada a aquisição do investimento, lá é que foi produzido o laudo, lá é que foi demonstrado o fundamento econômico do ágio.

No entanto, como se vê da ementa transcrita, decidiu o Conselho que o Fisco pode verificar fatos, operações e documentos contábeis e fiscais, devidamente escriturados ou não, ocorridos em períodos de apuração já atingidos pela decadência, em face dos efeitos que repercutem no futuro.

Na legislação tributária em vigor há regra[3] com esse exato comando, obrigando a manutenção de documentos relacionados com fatos que projetem efeitos para exercícios futuros, sendo fundamental o conhecimento do fato na origem para que se possa avaliar e validar os futuros efeitos. Contudo, a esse pretexto não pode o Fisco – e o Conselho deixou isso pontuado – promover alterações nos resultados daqueles períodos já atingidos pela decadência. Ou seja, ainda que se possa voltar em 1998 e solicitar documentos da operação, examinar o laudo, não pode o Fisco desqualificar o fundamento econômico do laudo alegando que não se presta para aquele efeito. Igualmente, não pode o Fisco questionar as bases de cálculo em que houve a amortização do ágio em períodos que já estão decaídos.

2. **Acórdão** n 140200.993 – 4ª Câmara/2ª Turma – **Processo** 10469.721944/2010-51 (caso Cosern).

3. Lei n. 9.430, de 1996. "Art. 37. Os comprovantes da escrituração da pessoa jurídica, relativos a fatos que repercutam em lançamentos contábeis de exercícios futuros, serão conservados até que se opere a decadência do direito de a Fazenda Pública constituir os créditos tributários relativos a esses exercícios".

Todavia, para os períodos futuros, em que ainda pode o Fisco examinar a composição da base de cálculo, admite o Conselho a possibilidade de examinar o laudo produzido em 1998, questionando seus efeitos na composição de bases de cálculo em períodos passíveis de fiscalização.

Voltando ao cerne do nosso tema, na parte final da ementa do acórdão anteriormente transcrito estão firmadas premissas para amortização do ágio na perspectiva de rentabilidade futura. Destaco logo a primeira: a existência de "efetivo pagamento do custo de aquisição, inclusive o ágio". Esse é um tema com grande questionamento atualmente no CARF. Há pronunciamentos convergentes de outras turmas de julgamento, afirmando que o ágio só tem a sua dedutibilidade assegurada se houver investimento em que haja pagamento, em que o investidor aloque recursos financeiros. Com isso, em prevalecendo essa linha restrita de interpretação, não estaria legitimada a dedutibilidade quando o investidor aportar outros bens, ou outros investimentos para adquirir nova participação societária, como na hipótese de subscrição de novas ações, ou na hipótese em que ocorre permuta de participações societárias.

No entanto, nos exemplos aqui mencionados não se pode falar em posicionamentos convergentes da jurisprudência administrativa, pois há turmas de julgamento que se posicionam pela necessidade de que seja demonstrada a efetiva aquisição, ainda que não haja pagamento em dinheiro. A prova da aquisição é, sim, necessária, lembrando que aquisição não se faz somente mediante contrato de compra e venda. A aquisição é negócio jurídico que pode ser viabilizado de outra forma, que não só a compra e venda.

Outra premissa que se destaca da comentada ementa é a "realização de operações originais entre partes não ligadas". Com isso, afasta-se o chamado "ágio interno", ou ainda o "ágio de si mesmo", nas operações entabuladas entre partes relacionadas. Aqui a investigação deve ser aprofundada em cada caso, pois não parece possível a singular desqualificação do ágio pela simples constatação de vínculo entre as empresas, ainda que decorrente de mera coligação, mas sem controle. Todavia, o questionamento do Fisco ganha maior envergadura quando se investiga a razão de pagamento de ágio para aquisição de investimento em empresa já sob controle da investidora, hipótese em que esse "custo adicional" poderia ser rotulado de "desnecessário" e, nessa condição, alcançado pela regra geral de indedutibilidade, prevista no art. 299 do RIR/99.

Deixa-se de avançar na análise da terceira premissa colocada na ementa do mesmo acórdão, relacionada com a "lisura na avaliação da empresa adquirida, bem como a expectativa de rentabilidade futura", uma vez que será objeto de análise no contexto de outros julgados.

Outro questionamento levado ao CARF tem a ver com a utilização de "empresa veículo", hipótese em que a investidora aporta recursos em empresa especialmente constituída para tal finalidade, ou seja, para que essa nova empresa faça o investimento adquirindo a participação societária que está sendo negociada. É preciso cautela, pois essa prática passou a ser quase uma necessidade nessas operações, visto que o modelo idealizado para aproveitamento do ágio exige que uma das empresas seja absorvida (fusão ou incorporação) pela outra, com a consequente baixa do investimento detido por uma delas no capital da outra.

Nesse contexto, a utilização de empresa veículo para aproveitamento fiscal do ágio é sempre possível, como decorrência lógica da necessidade de extinção de uma delas pela incorporação ou fusão. Assim, essa acusação isolada do Fisco tem sido rechaçada nos julgamentos do CARF, com poucas exceções em julgados diferenciados onde se discute a hipótese de simulação.

Eis ementa de acórdão que retrata essa linha de entendimento:

Ementa: (...) Incorporação de sociedade – Amortização de ágio – Arts. 7º e 8º da Lei n. 9.532/97 – Planejamento fiscal inoponível ao Fisco – Inocorrência. No contexto do programa de privatização das empresas de telecomunicações, regrado pelas Leis 9.472/97 e 9.494/97, e pelo Decreto n. 2.546/97, a efetivação da reorganização de que tratam os arts. 7º e 8º da Lei n. 9.532/97, *mediante a utilização de empresa-veículo*, desde que dessa utilização não tenha resultado aparecimento de novo ágio, não resulta economia de tributos diferente da que seria obtida sem a utilização da empresa veículo e, por conseguinte, não pode ser qualificada de planejamento fiscal inoponível ao Fisco.[4]

Nesse julgado, conhecido como "caso Telemar", definiu a Turma de Julgamento que a amortização do ágio não poderia ser rotulada de planejamento fiscal inoponível ao Fisco, uma vez que as operações foram realizadas no contexto do programa de privatizações das empresas de telecomunicações, em procedimentos regrados pelas específicas leis e decreto que as regulamenta, como aparecem na ementa aqui referida.

Foi afastada a tese do Fisco de que o investimento não foi direto, mas por meio de uma "empresa veículo" que depois veio a desaparecer, hipótese que, ao ver do Fisco, contaminaria a dedutibilidade do ágio. A amortização do ágio foi convalidada nesse julgamento, ainda que a aquisição do investimento tenha se dado mediante a utilização da chamada "empresa veículo".

Prevaleceu a assertiva de que o negócio jurídico foi realizado dentro de um processo licitatório, em que havia prova da efetiva aquisição da participação societária. Mais ainda, ficou demonstrado que o ágio estava efetivamente fundamentado na expectativa de rentabilidade futura, ainda que não consumada no patamar projetado, que foi matéria também colocada como objeção pelo Fisco. Afirmou o julgamento que esse incentivo fiscal poderia ter sido aproveitado, independentemente da utilização da mencionada empresa veículo, além de terem sido observadas todas as demais normas, inclusive as da CVM e da Anatel. Por consequência, não prevaleceu o auto de infração lavrado pelo Fisco, visto que o ágio foi amortizado exatamente dentro dos quadrantes fixados pela legislação tributária e no período de tempo fixado na lei.

Em outro julgado, posicionou-se o CARF pela dedutibilidade do ágio calculado na aquisição de participação societária, em que se avaliou a acusação de "abuso de direito" pela incorporação às avessas.[5] É comum, nessas autuações, que o Fisco venha agravar a multa aplicada, sob a acusação de abuso de direito, quer seja pela utilização de "empresa veículo", quer seja por entender que se está diante de abusivo planejamento tributário que não poderia ser oponível ao Fisco. Vejam que, no caso sob exame, estava em jogo a acusação de abuso de direito, porque entendia o Fisco que, além de utilizar "empresa veículo", ocorreu a hipótese da empresa investida absorver a empresa investidora, na chamada incorporação indireta ou incorporação às avessas. E, nessa hipótese, manifestou-se o Conselho Administrativo de Recursos Fiscais que a incorporação às avessas não ofende o ordenamento jurídico. Pelo contrário, afirmou que não há abuso nesse procedimento, pois o art. 8º da Lei 9.532/97 prevê exatamente essa hipótese e deixa claro que o ágio pode ser aproveitado, ainda que a investida seja aquela que venha a incorporar a investidora.

Nesse julgado, examinou-se também a consistência de documento, demonstrativo ou laudo que contemple a metodologia para avaliação do investimento, assim como indicação dos ativos adquiridos em função dos quais se espera a projetada rentabilidade futura, prova documental que sustenta a natureza atribuída ao valor do ágio e que assegura o aproveitamento fiscal no prazo fixado na lei.

4. **Acórdão 1301.000711** – Processo 18471.000999/2005-29 (caso Telemar).

5. Acórdão 120100.689 – 2ª Câmara/1ª Turma – Processo 19647.010151/2007-83 (caso Celpe)

Vejam essa tendência, do Conselho, de sempre examinar se é caso de ágio interno, ou não se trata de ágio interno. Tanto que essa hipótese não era e se fez questão de deixar registrado no voto e na ementa, visto que o valor do ágio apurado na aquisição da CELP foi transmitido às demais empresas pelo mesmo valor.

Passo para outro acórdão que retrata o caso conhecido como "DASA", também julgado pelo Conselho em Turma de Câmara baixa, o que significa pronunciamento ainda não definitivo, com possibilidade de reexame pela Câmara Superior de Recursos Fiscais.

> *Ementa:* Ágio na aquisição de participações acionárias – Amortização – Vinculação a fundamento econômico específico – Rentabilidade futura.
>
> A legislação (§ 3º do art. 20 do Decreto-lei n. 1.598/77) exige do contribuinte, na hipótese de pagamento de ágio em vista de rentabilidade futura, *esteja o fundamento econômico indicado em demonstração específica, arquivada na escrituração.*
>
> (...).
>
> As pessoas jurídicas podem, sem qualquer restrição, procederem ao pagamento de ágio na aquisição de participações acionárias (procedimento corrente, inclusive), estando autorizadas a procederem à amortização do ágio com base na expectativa de *rentabilidade futura, não se exigindo a concretização desta.*
>
> Recurso voluntário provido.[6]

Examina-se, neste caso, a exigência da legislação tributária de que o fundamento do ágio por rentabilidade futura esteja documentado por demonstração específica, além de indicado na escrituração da empresa. Assim documentado, afirma-se que as pessoas jurídicas podem, sem qualquer restrição, proceder ao pagamento de ágio na aquisição de participações acionárias – "procedimento corrente", registra o acórdão na sua ementa. Por outro lado, afirma-se também que a autorização para proceder à amortização do ágio com base na expectativa de rentabilidade futura não fica na dependência de concretização da rentabilidade projetada.

Questionava o Fisco que essa empresa fazia aproveitamento fiscal do ágio com base em laudo de avaliação que estipulava projeção de determinada rentabilidade futura que não restou confirmada. Não se consumando a rentabilidade projetada no laudo, acusa o Fisco que não era verdadeiro o laudo formalizado lá atrás, no ano da aquisição do investimento.

Equivoca-se o Fisco, pois laudo é estimativa, é projeção de rentabilidade esperada e não certeza. Laudo é projeção de eventos futuros e incertos, com indicação de expectativas em razão das variáveis valorizadas, com adoção de metodologia que deve ser adequada à finalidade pretendida. Poder-se-ia, eventualmente, questionar a metodologia, ou mesmo as variáveis consideradas. O que não parece razoável é o Fisco, três anos depois, desqualificar o laudo pelo fato de a empresa não ter alcançado a rentabilidade ali projetada.

Outro julgado da Primeira Câmara, Terceira Turma do CARF, cuja ementa chama a atenção para a expressão: "ágio de si mesmo" e "abuso de direito".

> Encargo de amortização de ágio gerado com utilização de sociedade-veículo – *Ágio de si mesmo – Abuso de direito.*
>
> O ágio gerado em operações societárias, para ser eficaz perante o Fisco, deve decorrer de atos econômicos efetivamente existentes. A *geração de ágio de forma interna,* ou seja, dentro do mesmo grupo econômico, sem a alteração do controle das sociedades envolvidas, sem qualquer desembolso e com a utilização de empresa inativa ou de curta duração (sociedade veículo) constitui prova da artificialidade do ágio e torna inválida sua amortização.[7]

6. **Acórdão** 110300.630 – 1ª Câmara/3ª Turma – **Processo** 10882.002482/2006-10 (caso DASA).

7. **Acórdão 1103.00501** – 1ª Câmara/3ª Turma – Processo 10980.017128/2008-35 (caso Center Automóveis).

Trata-se do "caso Center Automóveis", talvez de conhecimento da maioria dos presentes neste congresso. O ágio gerado em operações societárias, para ser oponível perante o Fisco, deve decorrer de atos econômicos efetivamente existentes. Afirma o acórdão que a geração de ágio de forma interna, ou seja, dentro do mesmo grupo econômico, sem alteração do controle das sociedades envolvidas, sem qualquer desembolso financeiro ou em bens, com utilização de pessoa jurídica inativa ou de curta duração – sociedade veículo – constitui prova do artificialismo na configuração do ágio e torna inválida a sua amortização.

Como se vê, a ementa traz vários pontos relevantes que poderiam ser aqui destacados. Ágio de si mesmo, ágio interno, são referências abertas para se concluir pela artificialidade da operação, que no caso restou confirmada pela falta de fundamentação para a teórica operação, além de inexistência de qualquer mutação patrimonial, ou negocial, depois da absorção do patrimônio pela empresa investida. Nessa hipótese, o Conselho Administrativo de Recursos Fiscais rechaçou a possibilidade de amortização do ágio, mantendo integralmente a autuação levada a cabo pelo Fisco.

Prevaleceu a glosa do Fisco ante a artificialidade da operação. Nesse tema do ágio interno, parece prudente destacar que o ágio interno, por si só, não pode ser óbice para o seu aproveitamento, ante a possibilidade desse tipo de ágio ser encontrado em novas configurações ou reorganizações societárias dentro do grupo econômico, quando dessa reorganização resulte, ou uma alocação diferenciada desses investimentos, ou na mudança, eventualmente, de controle de uma das empresas do grupo, ou na nova preponderância de administração de um grupo em detrimento do outro, mas que haja uma sensível mutação. A reorganização dentro do grupo não necessariamente precisa ocorrer por valores patrimoniais, pelo que pode, sim, ser apurado o ágio e, sendo efetivo, com plena dedutibilidade assegurada.

Com isso, é preciso separar o chamado ágio de si mesmo ou efetivo ágio interno, do chamado "ágio criado". Ágio criado não se sustenta!. Em dois casos que me foram colocados para análise quando do questionamento do Fisco, confesso que fiquei com dificuldade de levar adiante a defesa da posição adotada pela empresa, exatamente pela falta de consistência da operação. Hoje, vejo que há alguns abusos em torno do tema, abusos praticados por arrojados contribuintes que insistem em buscar sustentação para o tal "ágio criado". Sem mudança nenhuma, sem nova configuração, absolutamente nada, do dia para a noite – isso acontece em realmente dois dias, uma semana –, faz-se a alocação teórica de investimento em uma empresa e que, depois, desaparece e tudo vira uma só dentro daquela perspectiva, mas não mudou nada do que era antes, a configuração é a mesma, o controle é o mesmo, a alocação dos investimentos continua da mesma forma. Não muda nada, absolutamente nada. É o chamado "ágio criado" que, a meu ver, deve ser combatido, porque revela abuso.

Quando o tema é o abuso, é preciso registrar que há abuso também do Fisco. É costumeiro o abuso do Fisco que, diante do menor indício de que a operação possa ter configurado um planejamento tributário, traz o Fisco o tema do planejamento tributário para desconsiderar os efeitos fiscais dos negócios jurídicos praticados, sob a fundamentação de que não é adequada a conduta que visa a redução da carga tributária e, portanto, inoponível ao Fisco. Nesse sentido, esse abuso do Fisco também deve ser rechaçado.

Como o meu tempo já está esgotado, quero ainda dar destaque a uma declaração de voto do Conselheiro Marcos Takata, no mesmo julgado já referido perante o CARF, no ponto em que faz essa diferenciação entre o "ágio criado" e "o ágio interno", mostrando a possibilidade de existência de legítimo "ágio interno", com os seguintes exemplos:

Exemplo 1 – aumento de capital por um dos acionistas (com ágio), sem subscrição pelo outro, para evitar diluição injustificada da participação ao outro acionista;

Exemplo 2 – Investimento em PJ deficitária, com PL negativo, acreditando na capacidade de recuperação e de rentabilidade da empresa.[8]

Por último, ainda que como simples notícia sem maiores comentários, trazer a informação sobre outro julgado do CARF relacionado com o tema do "ágio interno", já conhecido como caso Gerdau, que foi examinado também pelo Conselho Administrativo de Recursos Fiscais, deliberando a Turma Julgadora pelo cancelamento do auto de infração lavrado pelo Fisco, por maioria de votos. Destaco da ementa o ponto relacionado ao tema:

Ágio interno. A circunstância da operação ser praticada por empresas do mesmo grupo econômico não descaracteriza o ágio, cujos efeitos fiscais decorrem da legislação fiscal. A distinção entre ágio surgido em operação entre empresas do grupo (denominado de ágio interno) e aquele surgido em operações entre empresas sem vínculo, não é relevante para fins fiscais.[9]

O pronunciamento do CARF afasta o mito do "ágio interno", retratando hipótese de grande reestruturação de grupo de empresas, onde ficou demonstrada, com fundamentos econômicos e laudos comprobatórios, a nova configuração da empresa depois da reorganização implementada. Diante da efetividade da operação, foi reconhecida a legitimidade no aproveitamento fiscal do ágio, deliberando a Turma de Julgamento que o rótulo de "ágio interno", por si só, não é fundamento para que o Fisco venha glosar a dedutibilidade da amortização do ágio. É preciso investigar.

Poder-se-ia ainda aludir a novo questionamento que estaria relacionado com as últimas alterações processadas na lei societária, pela Lei 11.638 de 2007, que agora obriga a avaliação do patrimônio a valor justo, que faz menção ao teste de recuperabilidade dos ativos *(impairment)* e outras alterações pontuais que refletem nas demonstrações financeiras das companhias. Que efeitos teriam na configuração do ágio?

Seguramente, esses efeitos ainda não estão sendo examinados pelo CARF, porque a nova Lei 11.638, de 2007, não estava vigente na época em que ocorreram os fatos questionados pelo Fisco e que hoje estão sendo examinados pelo Tribunal Administrativo. No entanto, já é possível antever questionamento sobre um novo valor a ser atribuído ao ágio, seguramente em montante menor do que aquele que seria apurado pelas regras contábeis vigentes anteriormente, em razão da necessária atualização dos ativos a valor justo pela nova lei.

Em resumo, nesse tema de amortização do ágio, o Conselho tem examinado caso a caso. E, a meu ver, é prudente e adequada essa forma de avaliação, devendo os órgãos de julgamento levar adiante essa linha de investigar as operações caso a caso. Adverte-se, todavia, que não se pode esquecer que esse exame individual da operação deve ser efetivado sob a perspectiva do conteúdo da norma jurídica que dá tratamento fiscal ao ágio. Com efeito, a sabedoria da regra que assegura a amortização fiscal dessa mais-valia está em enxergar o ágio, por rentabilidade futura, como custo do investidor, na perspectiva de encargo incorrido com o objetivo de geração de novas receitas com lucratividade esperada no futuro. Atende, inclusive, ao preceito contábil da competência, com o necessário emparelhamento da totalidade dos custos com as receitas futuras propiciadas pelo investimento inicial gravado com ágio.

Agradeço ao presidente e a todos os presentes pela paciência e atenção dispensada. Muito obrigado!

8. **Acórdão 1103.00501** – 1ª Câmara/3ª Turma – Processo 10980.017128/2008-35 (caso Center Automóveis).

9. **Acórdão 1101-00.708** : 1ª Câmara/1ª Turma – Processo 10680.724392/2010-28 (Caso Gerdau).

Luiz Marcelo Pinheiro Fins – Agradecemos ao doutor Minatel e, também, um ponto de especial destaque, na perspectiva de que temos a possibilidade da mudança da legislação que trata do ágio, a importância das entidades de classe do setor empresarial, para que esse importante tema e que mantém a competitividade das empresas, não seja excluído. E é por tal razão que, como bem demonstrado, caso a caso deve ser analisado e os excessos devem ser adequadamente tratados. Com essas palavras, vou dar aqui a palavra para o doutor José Artur Lima Gonçalves, mestre e doutor em Direito Tributário pela Pontifícia Universidade Católica, com o tema tratados internacionais e a tributação dos resultados auferidos no Exterior, tema também da maior complexidade e litigiosidade, hoje existente.

Tratados Internacionais e a Tributação dos Resultados Auferidos no Exterior

José Artur Lima Gonçalves – Obrigado, senhor presidente. Eu agradeço à organização do congresso, ao Instituto Geraldo Ataliba, na pessoa da doutora Maria Leonor Vieira, o convite que me foi dirigido para conversar com os colegas a respeito deste tema, dos Tratados Internacionais e a Tributação dos Resultados Auferidos no Exterior. Saúdo os integrantes da mesa, na pessoa do presidente, doutor Luiz Marcelo. Esta matéria não é nova, mas tem sido tão mal tratada pelos operadores do Direito, tanto no plano administrativo quanto na esfera judicial, que parece que está a merecer uma recapitulação de premissas. E já que a técnica está na moda, eu vou propor que a gente faça isso aos pedaços. O primeiro pedaço seria uma recordação das normas de Direito Positivo aplicável e, em um segundo pedaço, faremos uma abordagem dos desdobramentos pragmáticos da questão. Para iniciar esta análise, eu proponho que façamos um sobrevoo, para recapitular as normas aplicáveis, que já são conhecidas de todos aqui, mas que temos que relembrá-las, pois elas disciplinam a apuração dos resultados auferidos no Exterior para fins de apuração do Imposto sobre a Renda. E, em seguida, recordaremos ou analisaremos o teor de algumas normas do Modelo OCDE, que compõe um padrão uniforme para a redação de tratados destinados a evitar a dupla tributação internacional da renda.

O governo adotou, recentemente – readotou – a opção de prescrever tributação em bases universais, o chamado *world wide income*, segundo a qual todos os ingressos são relevantes para a identificação e apuração da renda das entidades aqui domiciliadas, independentemente do local em que esse ingresso seja produzido. Em outras palavras, todo o ingresso, vindo de qualquer lugar do planeta, deve ser considerado para fins de apuração e quantificação da renda da entidade empresarial aqui domiciliada. Essa previsão está no art. 25 da lei federal 9.249 que, como vocês podem ler no slide de apresentação, diz que os lucros, rendimentos e ganhos de capital auferidos no exterior serão computados na determinação do lucro real das pessoas jurídicas correspondente ao balanço levantado em 31 de dezembro de cada ano. Em seguida, foi editada a lei federal 9.532/97, que também, em seu art. 1º, prevê que os lucros auferidos no Exterior, por intermédio de filiais, sucursais, controladas ou coligadas serão adicionados ao lucro líquido, para determinação do lucro real correspondente ao balanço – em que tiverem sido disponibilizados para a pessoa jurídica domiciliada no Brasil. Até aqui, não tem nenhum problema, nenhuma dificuldade. Adotada a opção de tributar os ingressos em bases universais, se e quando verificados esses ingressos, quando disponibilizados, devem ser desconsiderados para aferir a existência e quantificar essa renda.

Todavia, em 2001, surge a MP 2.158, em sua versão 35, já famosa, que tem aquele famigerado art. 74, do qual consta que para fim de determinação da base de cálculo do IR, os lucros auferidos por controlada ou coligada no exterior serão considerados disponibilizados para controladora no Brasil na data do balanço em que tiverem sido apurados, na forma do regulamento. Esta previsão pretendeu encontrar fundamento de validade no art. 43 do Código Tributário Nacional com as modificações introduzidas pela Lei Complementar 104/01. Este artigo prevê que o imposto, de competência da União, tem como fato gerador a aquisição da disponibilidade econômica ou jurídica de renda, proventos etc. E a LC 104 trouxe este § 2º, que diz que, na hipótese de receita ou rendimento oriundos do Exterior, a lei estabelecerá as condições e momento em que se dará a disponibilidade para fins de incidência do imposto referido neste artigo. Com base neste § 2º, a MP 2.158 entendeu que poderia inventar, arbitrariamente, hipóteses de consideração de ocorrência de disponibilidade de ingresso, ainda que de modo totalmente desvinculado da realidade econômica subjacente e da capacidade econômica do contribuinte.

Pois bem, quanto a essa questão da impossibilidade de consideração de resultados de controladas e coligadas domiciliadas no exterior antes da competente disponibilização da controladora domiciliada no Brasil, já foi objeto de espetaculares trabalhos de todas as pessoas sérias que estudam a matéria, inclusive vários dos integrantes desta mesa, que possuem acalentados trabalhos publicados demonstrando a impossibilidade desta tributação.

Sem pretender aprofundar o tema hoje, fica evidente o problema se entendermos que a lei não cria disponibilidade onde não houver elementos mínimos na realidade econômica subjacente que a caracterize.

A lei não cria a disponibilidade, ela fornece elementos para a sua identificação. Da mesma forma, a lei não cria a capacidade contributiva. A lei oferece predicados a serem identificados para que a capacidade contributiva seja reconhecida. Em matéria de tributos não vinculados, os impostos, a atributividade característica ao direito encontra um limite intransponível na observância do princípio da capacidade contributiva, na sua expressão mais contundente que é a capacidade econômica do contribuinte, como determina expressamente a Constituição Federal no seu art. 145, parágrafo único, que, como todos sabem, dispõe que sempre que possível os impostos terão caráter pessoal e serão graduados segundo a capacidade econômica do contribuinte.

Mas voltemos à nossa preocupação de hoje.

Neste momento interessa-nos, mais de perto, a relação entre estas normas e os tratados para evitar a dupla tributação internacional da renda.

Para tanto, recordaremos o teor de algumas normas do modelo OCDE, que como se sabe é o padrão sugerido pela OCDE como base para ajudar a padronização da redação de tratados destinados a evitar a dupla tributação internacional da renda, modelo este que, com uma ou outra adaptação, serve de exemplo do conteúdo da maioria dos tratados celebrados pelo Brasil.

Em primeiro lugar, impõe-se entender como o modelo OCDE trata a figura do sujeito passivo, o que faz nos seguintes termos:

> **Art. 4º. Residente**
>
> 1. Para efeitos da Convenção, a expressão "residente de um Estado contratante" significa qualquer pessoa que, por virtude da legislação desse Estado, está aí sujeita a imposto devido ao seu domicílio, à sua residência, ...
>
> (...).
>
> 3. Quando, em virtude do disposto no n. 1, uma pessoa, que não seja uma pessoa singular, for residente de ambos os Estados contratantes, será considerada residente apenas do Estado em que estiver situada a sua direção efetiva. (...).

Em seguida, devemos recordar o que determinam os arts. 7º e 10 da convenção modelo OCDE.

O art. 7º trata de lucros, dispondo o seguinte:

> **Art. 7º. Lucros das empresas**
>
> 1. Os lucros de uma empresa de um Estado contratante só podem ser tributados nesse Estado, a não ser que a empresa exerça a sua atividade no outro Estado contratante por meio de um estabelecimento estável aí situado. Se a empresa exercer a sua atividade deste modo, os seus lucros podem ser tributados no outro Estado, mas unicamente na medida em que forem imputáveis a esse estabelecimento estável. (...).

O art. 10, por sua vez, disciplina o instituto dos dividendos, nos seguintes termos:

> **Art. 10. Dividendos**
>
> 1. Os dividendos pagos por uma sociedade residente de um Estado contratante a um residente do outro Estado contratante podem ser tributados nesse outro Estado.
>
> (...).
>
> 3. O termo "dividendos" usado neste artigo significa os rendimentos provenientes de ações, ... assim como os rendimentos derivados de outras partes sociais sujeitos ao mesmo regime fiscal que os rendimentos de ações pela legislação do Estado de que é residente a sociedade que os distribui.
>
> 4. O disposto nos ns. 1 e 2 não é aplicável se o beneficiário efetivo dos dividendos, residente de um Estado contratante, exercer atividade no outro Estado contratante de que é residente a sociedade que paga os dividendos, através de um seu estabelecimento estável relativamente a qual participação geradora dos dividendos estiver efetivamente ligada. Neste caso, são aplicáveis as disposições do art. 7º. (...).

Recordados estes enunciados, resta, somente, relembrar que o art. 98 do CTN determina que:

> Art. 98. Os tratados e as convenções internacionais revogam ou modificam a legislação tributária interna, e serão observados pela que lhes sobrevenha.

É, portanto, necessário buscar a compatibilidade das disposições das normas internas com as normas dos tratados.

Pois bem, o que tem acontecido nesta matéria?

Se confrontarmos o comando contido no art. 74 da MP 2.158 com as normas do Modelo OCDE, verificamos que existe um conflito.

Como visto, a MP pretende "inventar" disponibilidade ao dizer: "Para fins de determinação da base de cálculo do IR ... os lucros auferidos por controlada ... no exterior *serão considerados disponibilizados* para a controladora ou coligada no Brasil na data do balanço em que tiverem sido apurados, na forma do regulamento".

O sentido desta norma é pretender dizer que o resultado ainda não distribuído ou sequer disponibilizado pela entidade que o produziu deve ser considerado como ingresso do contribuinte domiciliado no Brasil.

Recordemos o que diz o art. 7º do Modelo OCDE: "Os lucros de uma empresa de um Estado contratante só podem ser tributados nesse Estado, a não ser que a empresa exerça a sua atividade no outro Estado contratante por meio de um estabelecimento estável aí situado".

A proposição descritiva possível desta regra seria a seguinte:

Os lucros percebidos por uma empresa domiciliada em um Estado com o qual o Brasil mantenha tratado para evitar a bitributação internacional da renda somente podem ser tributados neste outro Estado (com o qual o Brasil mantenha tratado para evitar a bitributação).

Desta forma, por exemplo, tomemos o caso da Espanha, país com o qual o Brasil mantem tratado para evitar a bitributação internacional da renda.

Se uma empresa domiciliada na Espanha é controlada por uma empresa domiciliada no Brasil, os lucros percebidos pela empresa domiciliada na Espanha só podem ser tributados pela Espanha (que é o Estado onde está domiciliada a empresa que percebe o lucro).

O tratado só permite que o Estado Brasileiro tenha alguma pretensão tributária originada na empresa domiciliada na Espanha quando estivermos diante de dividendos a serem distribuídos por esta empresa domiciliada na Espanha.

Relembremos o que diz o art. 10 do Modelo OCDE:

> Os dividendos pagos por uma sociedade residente de um Estado contratante a um residente do outro Estado contratante podem ser tributados nesse outro Estado.
>
> O termo "dividendos" usado neste artigo significa os rendimentos provenientes de ações, ... assim como os rendimentos derivados de outras partes sociais sujeitos ao mesmo regime fiscal que os rendimentos de ações pela legislação do Estado de que é residente a sociedade que os distribui. (...).

Não é preciso ser muito astuto para perceber que a pretensão fiscal do Estado Brasileiro só poderá nascer validamente a partir do instante em que ocorrer a disponibilização do resultado da empresa domiciliada no outro Estado contratante. É o que a norma do Modelo OCDE chama de "dividendos pagos".

No nosso exemplo, somente quando ocorrer a disponibilização do dividendo pela sociedade domiciliada na Espanha é que a pretensão Brasileira poderá ter lugar.

Antes da deliberação societária que atribua destino aos lucros da empresa, estes lucros só pertencem à própria empresa que os auferiu.

Os lucros permanecem no patrimônio líquido da empresa, até deliberação societária atinente à sua eventual distribuição. Qualquer estudante de direito ou de contabilidade sabe que as contas do patrimônio líquido (capital social, lucros etc.) não são exigíveis pelo sócio, pelo simples fato de que a sua disponibilidade depende de deliberação societária a respeito.

Desta forma, quando a famigerada MP 2.158 diz, candidamente, que os lucros da empresa domiciliada no exterior "serão considerados disponibilizados ... na data do balanço no qual tiverem sido apurados", o que ela está fazendo é subverter as normas dos tratados celebrados pelo Brasil.

Ao pretender inventar a disponibilidade do lucro que ainda está no patrimônio líquido da empresa domiciliada no outro Estado, a MP pretende transformar a *realidade econômica, societária e contábil* que é submetida ao art. 7º do Modelo OCDE na realidade submetida ao art. 10 do mesmo Modelo.

Deveras, quando o Modelo OCDE, *por um lado*, define o que é lucro e cria a regime jurídico a ele aplicável, e, *por outro lado*, define o que é dividendo, criando o regime jurídico a ele aplicável, ele está estruturando um tratado, a partir de uma lógica sistemática interna própria.

Se o Estado Brasileiro celebra um tratado para evitar a dupla tributação internacional da renda, utilizando o Modelo OCDE, o Brasil fica subordinado às disposições do tratado assim celebrado e à sua coerência interna de sentido, inerente à sistemática do tratado.

A legislação interna posterior ao tratado celebrado deve-lhe respeito, até que o tratado seja validamente denunciado (como aconteceu há poucos anos com o tratado Brasil-Alemanha).

Não pode, portanto, norma interna (no caso, a MP 2.158) qualificar "lucros" como se fossem "dividendos", pretendendo alterar o regime jurídico daqueles (os lucros) para aplicar-lhes o regime jurídico dos dividendos.

Pois bem, recordadas as normas aplicáveis ao assunto, vejamos como tem se comportado a nossa jurisprudência sobre o tema.

Para exemplificar a problemática, elegemos duas decisões administrativas e uma decisão judicial.

Vejamos este acórdão administrativo, de 2006:

> Controlada na Espanha – Lucros a partir de 2001 – MP 2.158-34/2001 – Tratado internacional. O art. 74 da MP 2.158-34 estabeleceu a presunção absoluta (ficção) de que o lucro auferido por controlada no exterior deve ser considerado distribuído à Controladora no Brasil em 31 de dezembro de cada ano.
>
> *O tratado entre Brasil e Espanha não afasta a incidência de tributação por empresa sediada no Brasil relativamente ao lucro de empresa espanhola considerado distribuído*. (Acórdão n. 108-08.765, de 23.3.2006)

Nesta decisão, entendeu-se que a partir da edição da patológica MP 2.158, seria possível afastar-se a determinação do art. 7º do Modelo OCDE. E ainda por cima, a decisão fundamenta seu raciocínio no fato de que a MP estabeleceu uma *ficção* de distribuição do lucro, aceitando isso como algo válido. Nada mais lamentável.

Bastaria que a MP "batizasse" como dividendo o que é lucro da empresa no exterior, para que ficaria afastado o art. 7º do Modelo OCDE. *Tudo não passaria de um joguinho de palavras*.

Vejamos agora outro acórdão administrativo, este de 2008:

> Lucros auferidos por intermédio de coligadas e controladas no exterior. Na vigência das Leis ns. 9.249/95 e Lei 9.532/97, o fato gerador era representado pelo pagamento ou crédito (conforme definido na IN n. 38/96 e na Lei n. 9.532/97), e o que tributavam eram os dividendos. A partir da MP 2.158-35/2001, a tributação independe de pagamento ou crédito (ainda que presumidos), passando a incidir sobre os lucros apurados, e não mais sobre dividendos.
>
> Lucros oriundos de investimento na Espanha. Nos termos da Convenção destinada a evitar a dupla tributação e prevenir a evasão fiscal em matéria de Imposto sobre a Renda entre Brasil e a Espanha, promulgada pelo Decreto n. 76.975, de 1976, em se tratando de lucros apurados pela sociedade residente na Espanha e que não sejam atribuíveis a estabelecimento permanente situado no Brasil, não pode haver tributação no Brasil.

Nesta decisão, a matéria é abordada com serenidade, reconhecendo-se a prevalência das disposições do tratado internacional para evitar a dupla tributação internacional da renda.

Reconheceu-se que, com a MP 2.158, a tributação passou a incidir sobre os lucros da empresa domiciliada no exterior e não mais sobre os dividendos distribuídos, o que não é possível nos casos de países com os quais o Brasil mantenha tratado nos moldes do Modelo OCDE.

Finalmente, e mais preocupante, veja-se a decisão judicial que tomamos como exemplo, proferida pelo TRF da 2ª Região, que diz o seguinte:

> 1. O fundamento de validade da alteração introduzida pelo art. 74 da MP n. 2.158-34/2001 decorre da Lei Complementar n. 104/2001, que acrescentou o § 2º ao art. 43 do CTN, estabelecendo que, na hipótese de receita ou rendimento oriundos do exterior, a lei estabelecerá as condições e o momento em que se dará a sua disponibilidade, para fins de incidência do imposto de renda. O fato de o art. 74 da MP remeter ao regulamento a forma como será executada a lei não acarreta violação ao princípio da legalidade.
>
> 2. Não há qualquer ofensa ao conceito de aquisição de renda eleito pela legislação supra transcrita, uma vez que, com a apuração dos lucros na sociedade controlada, a pessoa jurídica controladora adquire imediatamente a disponibilidade econômica da renda que se incorpora ao seu patrimônio, acrescentando-lhe valor. Adquire, ainda, a disponibilidade jurídica da renda, pois terá título jurídico para pleitear e defender o direito relativo a essa renda, de modo que não há como sustentar que a apuração de lucro na sociedade controlada tem reflexos imediatos no patrimônio da controladora.
>
> 3. Na sistemática da Lei n. 6.404/76, o lucro da sociedade controlada já deveria ser registrado no balanço patrimonial da sociedade controladora (art. 248, III, alínea "a"), chamado de método de equivalência patrimonial, método contábil utilizado na apuração dos lucros dos investimentos relevantes de coligadas ou controladas cuja aplicação é obrigatória para todas as pessoas jurídicas tributadas pelo lucro real e que realizem tais espécies de investimento.

4. Logo, com relação à tributação, a lei pode, de forma absolutamente legítima, estabelecer critérios quanto ao que seja a disponibilidade do lucro e o momento em que pode ser considerada essa disponibilidade.

(...).

6. Inexiste violação aos tratados internacionais para evitar a dupla tributação, que adotam como parâmetro a Convenção Modelo da OCDE, que dispõe: "os lucros de uma empresa de um Estado Contratante só são tributáveis nesse Estado", uma vez que esta hipótese trata da competência tributária exclusiva do Estado onde estiver sediada empresa controlada quanto aos resultados por ela produzidos.

7. Na hipótese dos autos, a situação é diversa, ou seja, versa sobre a possibilidade de o Estado Brasileiro tributar o lucro auferido no exterior por empresa brasileira. Vale dizer, a União pode exigir o imposto de renda sobre os lucros que empresas brasileiras auferem no território nacional ou no exterior. Mas não pode exigir imposto de renda sobre os resultados obtidos pela empresa controlada sediada no exterior. Destarte, a regra do tratado e o art. 98 do CTN são inaplicáveis ao caso.

A quantidade de equívocos encontrados nesta decisão judicial é enorme e merece cuidadosa análise. Vejamos.

Existem basicamente quatro pontos a serem observados.

O primeiro é o equívoco de pretender afirmar que a partir da alteração do art. 43 do CTN, pela LC 104, a lei ordinária poderá fazer o que bem entender em termos de definir a disponibilidade de ingressos.

Esta é uma limitação dos modelos teóricos que entendem que o conteúdo do conceito de renda nasce na lei, sem nenhuma parametração constitucional.

Sustentar que a atual redação do art. 43 do CTN permite *inventar* disponibilidade significa que a lei que cria a norma de tributação pode tributar patrimônio a pretexto de tributar a renda.

Para os que, como eu, acham que o legislador ordinário encontra um mínimo de delimitação constitucional para tributar a renda, sendo inviável o desprezo pelos eventos que acabarão por manifestar a capacidade econômica, trata-se de absoluto absurdo, verdadeiro sem sentido normativo.

O segundo ponto que merece atenção é a afirmação de que, com a apuração dos lucros na sociedade controlada a controladora adquiriria imediatamente a disponibilidade econômica da renda.

Trata-se de despropósito tão grande que não mereceria maior atenção, não fosse decisão de tribunal federal.

É tão absurda esta afirmação, que só podemos entender que foi emitida em absoluta ignorância das coisas das empresas e das normas jurídicas que disciplinam o funcionamento das sociedades.

Em nenhum canto do ordenamento jurídico brasileiro encontra-se, nem de longe, fundamento para a afirmação de que o resultado da controlada gera aquisição imediata de disponibilidade econômica para o controlador. Não merece mais comentários esta despropositada e gratuita afirmação.

O terceiro aspecto pretende abordar (também sem conhecimento técnico de causa) o fenômeno da equivalência patrimonial, insinuando que o efeito da equivalência corresponde a disponibilidade econômica.

Aqui também deve existir apenas ignorância. Desde sua introdução na legislação brasileira, o método de equivalência tem a finalidade de permitir o reconhecimento contábil das variações econômicas havidas nas controladas, dando transparência ao balanço da controladora. E desde *sempre* seus efeitos foram considerados isentos. Aliás, é o que continua a acontecer: determinação expressa de isenção, pelo conjunto de normas que esta própria decisão judicial pretende aplicar.

Então, ainda que pudesse ocorrer o efeito que pretende o tribunal, deveria ele reconhecer que o próprio conjunto de regras que ele está aplicando prescreve isenção à hipótese.

Finalmente, ao referir aos tratados internacionais, a decisão faz confusão entre os lucros das empresas domiciliadas no exterior com os lucros das empresas domiciliadas no Brasil. Toma uns pelos outros, afastando indevidamente a aplicação do tratado.

Como os colegas podem ver, a matéria poderia ser tratada de maneira simples e objetiva, não fosse o açodamento da pretensão de tributar a renda onde ela simplesmente não existe.

A ânsia arrecadatória cria este tipo de perplexidade.

Altera-se o CTN para dizer que a lei pode inventar disponibilidade; a MP inventa a disponibilidade, e os tribunais estão indecisos na sua obrigação de resistir a estas pretensões espúrias que, no caso dos tratados internacionais, ainda colocam o Brasil em situação delicada perante as nações com as quais celebrou tratados.

Eram estas as minhas observações.

Agradeço novamente a organização do Congresso e o privilégio de poder compor esta mesa, com colegas tão ilustres.

Muito obrigado.

Luiz Marcelo Pinheiro Fins – Gostaria de passar aqui, agora, a palavra, para o tema preços de transferência – nova sistemática de controle, para o doutor Paulo Ayres Barreto, que é formado pela Universidade de São Paulo, mestre e doutor em Direito Tributário pela Pontifícia Universidade Católica e professor também do IBDT, professor da Fundação Getúlio Vargas, com uma extensa experiência também como advogado em matéria doutrinária.

Preços de Transferência – Nova Sistemática de Controle

Paulo Ayres Barreto – Boa tarde a todos. Quero cumprimentar o presidente da mesa, doutor Luiz Marcelo Pinheiro Fins, de quem privo da amizade há 15 anos, desde os tempos do curso de especialização em Direito Tributário da Pontifícia Universidade Católica de São Paulo. Meus Colegas de mesa, Ricardo Mariz de Oliveira, José Artur Lima Gonçalves, José Henrique Longo e José Antônio Minatel, minhas senhoras e meus senhores. O tema que me foi conferido é o dos preços de transferência. Um tema sempre árido, complexo e que, para ser abordado, em 20, 25 minutos, exige que alguns cortes sejam feitos para que uma mensagem que tenha começo, meio e fim possa ser transmitida aos congressistas.

Qual é a ideia da exposição? Pontuar ligeiramente o tema, de uma perspectiva genérica. Farei referência a algumas alterações importantes que sobre ele existiram no último ano e terminarei a minha exposição com uma proposta de interpretação de toda a legislação que rege os preços de transferência, que difere um pouco daquela que usualmente se tem visto na doutrina em relação a este tema. É uma proposta até certo ponto ousada, mas acredito que eventos dessa natureza tenham exatamente esse objetivo. Genericamente, sob a designação de preços de transferência temos, em verdade, um cotejo de preço de bens tangíveis ou intangíveis, estabelecidos em transações de cunho internacional entre partes vinculadas com aqueles preços que teriam sido praticados se não houvesse o vínculo entre as partes contratantes. Tal comparação é realizada com o fito de identificar e submeter à tributação a transferência indireta de lucros. Quais são os requisitos mínimos exigidos: (i) pessoas vinculadas; (ii) domiciliadas em diferentes países, (iii) com preço distinto daquele que se estabeleceria em uma operação entre partes não vinculadas e (iv) uma vantagem fiscal para uma das partes. Grandes inquietações estão por trás desse assunto. O professor José Artur Lima Gonçalves acabou de falar sobre o conceito de renda. Rigorosamente, estamos falando da base de cálculo do Imposto sobre a Renda. Portanto, a interpretação dessa matéria deverá ter em conta, sempre, a existência de um conceito constitucional de Imposto de Renda, como defende o professor José Artur. Temos na legislação de preços de transferência uma cláusula antielisiva de caráter específico. Nesse sentido parece-nos que o contribuinte, nessa sistemática, em relação ao Imposto sobre a Renda, tem sido alcançado pelo mais diferente influxo de feixes normativos de caráter antielisivo, no IR, tais como – preços de transferência, subcapitalização, tributação dos lucros no Exterior, tributação do resultado da equivalência patrimonial. Quando nada disso resolve o problema do Fisco, invoca tratar-se de planejamento tributário inoponível, abuso de forma de Direito, falta de propósito negocial e uma série de outras questões que o professor Ricardo Mariz de Oliveira tratou com a usual propriedade e competência

A justificar as medidas legislativas que versam sobre preços de transferência surge sempre especificamente olhando para a legislação tributária, o tema da praticabilidade. E, aqui, um grande incômodo de minha parte. Tenho a sensação de que, no Brasil, em nome da eficiência administrativa e em nome da praticabilidade, nós temos cedido – quando digo nós temos, eu digo a doutrina, a jurisprudência – muito fortemente em garantias que são extremamente caras ao contribuinte. Em nome desses propalados princípios, direitos e garantias constitucionais assegurados ao contribuinte brasileiro estão sendo mitigados, deixados de lado e menosprezados para dar espaço a uma tributação cada vez mais efetiva nos vários tributos, nos vários campos do Direito Tributário.

Quais são as inovações trazidas pela Lei 12.715 de 2012 e que eu gostaria de trabalhar com os senhores? Primeiro, altera os percentuais das margens de lucro que foram estabelecidas inicialmente pela legislação de regência dos preços de transferência. E, aqui, é um ponto importante. Diferentemente do que fez o mundo inteiro, o Brasil inovou nessa matéria ou criou o seu regramento diferente de tudo aquilo que vinha sendo praticado mundo afora. Já se disse muitas vezes que tudo aquilo que se tem apenas no Brasil e não é jabuticaba, não costuma ser bom. Talvez aqui, a gente tenha um exemplo dessa circunstância. A nossa legislação realmente trilhou o caminho fácil das presunções. E fixar margens de lucro em negócios internacionais, que têm uma complexidade enorme, em que cada produto tem uma realidade diferente, em que cada país tem um tratamento próprio para aquela mercadoria, para aquele segmento de mercado, é algo que enseja muitas dificuldades. E, talvez, a evidência maior dessas dificuldades seja a constante alteração dessas margens de lucro. Em outras palavras, estamos, desde 1996 – a grosso modo, há 16 anos – tentando achar as margens de lucro ideais para regrar preços de transferência. E essas margens de lucro ideais simplesmente não existem. E, por isso, elas são mudadas a todo momento. Tivemos margens de 20, 60, 30, 35, agora 20, 30 e 40. E claramente, com a sua aplicação, nós temos duas situações em que nenhuma delas é ideal. Alguns contribuintes serão altamente beneficiados por essas margens e outros serão altamente prejudicados. Em uma situação perdemos a possibilidade de arrecadar tributos. Na outra situação, estamos exigindo Imposto sobre a Renda onde renda não há.

E aí, então, ficamos tentando acertar essas margens de lucro, criando presunções. E presunções, em matéria tributária, é outro tema que merece sempre extremo cuidado. O professor Ataliba, com a sua didática, costumava dizer ou repetir o adágio popular de que onde há fumaça, há fogo. Mas ele lembrava que, por vezes, não é isso que se passa. Quem um dia já pôde ver a Esquadrilha da Fumaça sabe que, por detrás da fumaça, por vezes há uma máquina que a produz. E isso ocorre com as presunções. Quando eu presumo renda, essa renda pode efetivamente existir como pode não existir. E esse é um ponto central para a minha conclusão ao final, em relação à sistemática de controle dos preços de transferência. Entendo eu que nós não podemos tributar, a título de Imposto sobre a Renda, uma renda que seja meramente presumida e que, ao fim ao cabo, não se consume, não se realize.

Uma rápida passagem por essas margens de lucro que oscilam de 60 a 20%, com foco no tema do método chamado PRL, onde surgem os maiores problemas em relação à margem, exatamente porque, em algum momento, ela subiu a 60% evidencia distorção enorme em relação à aplicação desse método em operações realizadas com importação de produtos. A previsão normativa desse percentual gerava a seguinte inconsistência: era melhor para o contribuinte importar o produto finalizado do que trazer matéria-prima e industrializar, transformar, manipular essa matéria-prima no Brasil. Ou seja, uma legislação que exporta emprego, que não incentiva a produção interna, me parece descompassada com as diretrizes de nosso ordenamento jurídico, Por exemplo, uma margem de lucro que aparentemente era de 60% mas, pela fórmula de cálculo adotada, chegava a 150% do lucro conforme o professor Luís Eduardo Schoueri impede a industrialização no Brasil.

O tema tem sido submetido ao tribunal administrativo e ao Judiciário. No tribunal administrativo, infelizmente, a identificação de uma inequívoca ilegalidade não tem sido reconhecida. Na última semana, eu estava no CARF, o professor Ricardo estava lá também, assistindo ao mesmo julgamento sobre essa matéria, e o procurador fazia uma estatística, de que estava a 16 a 1 para o Fisco, em relação a julgamentos nessa temática. Não fui conferir, mas acredito que seja verdade.

Trago aqui a posição do Tribunal Regional Federal da Terceira Região, com dois votos. Um, no sentido favorável ao contribuinte, entendendo que efetivamente há ofensa ao princípio da legalidade, a instrução normativa desborda o limite legal, cria um novo sistema de cálculo em inequívoca ofensa a esse princípio. E um segundo acórdão, da relatoria do desembargador federal Carlos Murta, que trilha o entendimento contrário, entendendo que a instrução normativa poderia ter interpretado, entre aspas, a lei, como o fez.

Eu quero crer que se esse tipo de entendimento continuar prevalecendo no Judiciário, pouco relevo terá, daqui para diante, o nosso aclamado, prestigiado, consagrado princípio da legalidade em matéria tributária. Talvez a prova inequívoca de que há um problema nessa dualidade de lei e instrução normativa e a nova legislação. Aquilo que estava na instrução normativa foi inserido na lei. Então, eu espero que se mais não for, essa nova legislação, que tem uma série de problemas, resolva, pelo menos para o passado, essa questão da dualidade entre lei e instrução normativa.

Que outros problemas ou questões relevantes traz a Lei 12.715 de 2002? Ela cria dois novos métodos. Um método chamado PCI e outro chamado PECEX, métodos que olham para a importação e exportação e que tomam em conta, para utilização de preços de comparação, preços parâmetro, as cotações de *commodities* em bolsas de mercadoria. E aí começaram a surgir as dúvidas dos contribuintes. O que é *commodity*? O que é uma bolsa internacionalmente reconhecida? Meu produto é *commodity* ou não é *commodity*? É uma regra mandatória ou eu tenho a possibilidade de aplicar outras regras? Qual é a razão dessa inserção de novos métodos? Parece que a justificativa da Receita Federal seria a seguinte: os exportadores, genericamente, usavam um dos métodos previstos na legislação, custo mais lucro e, com esse método, conseguiam deixar fora do Brasil uma razoável margem de lucro sem que isso brigasse com a legislação de preços de transferência. Afastando esse método e olhando para a cotação de bolsas internacionais, eu teria uma tributação, aqui no Brasil, desse resultado que estaria ficando fora do País. Os mais otimistas dizem que isso é um primeiro passo para que possa haver um abrandamento do tema anterior, tributação dos lucros no Exterior. Os mais pessimistas, como eu, acreditam que não.

O fato é que questões importantes surgem. O que é *commodity*? *Commodity*, para alguns, é bem de valor agregado reduzido. Para outros, é bem negociado em bolsa de mercadoria. E há, ainda, quem defenda que é um produto básico, homogêneo, de amplo consumo e pode ser produzido ou negociado por uma ampla gama de empresas.

A questão é delicada porque se eu tomar, por exemplo, suco de laranja – e o faço, porque trabalhei muitos e muitos anos no setor exportador de suco de laranja – eu tenho a seguinte situação: Há uma bolsa que cota o produto em Nova York. Portanto, inequívoca a legitimidade dessa bolsa, reconhecida internacionalmente. Acontece que suco de laranja é vendido pelos exportadores do Brasil muito fortemente na Europa, na Ásia, genericamente, e nos Estados Unidos é até pouco relevante. Os preços na Europa, no Japão, são totalmente diferentes daqueles praticados nos Estados Unidos. Como eu fico? Tenho que usar a Bolsa de Nova York como parâmetro ou tenho que me curvar a uma realidade outra que é a realidade do mercado que não olha muito fortemente para essa bolsa de mercadorias? Como ficamos em relação a esse produto? É *commodity*, deve seguir Nova York ou eu tenho que ir buscar o efetivo preço de mercado da minha mercadoria?

O que são bolsas representativas? Mais do que isso, a legislação fala que eu devo tomar a cotação de bolsa mas eu tenho que identificar o chamado prêmio diário para aquele produto no mercado internacional. E essa informação não é dada pela bolsa. Essa informação é uma informação que eu tenho que colher, tenho que buscar nas corretoras. E, portanto, não é singelo, diariamente, saber qual era o prêmio do café, do suco de laranja, do minério de ferro praticado no mercado. E, aí, eu lembro da necessidade do chamado legislador coerente. Ou seja, o legislador é livre para escolher os mecanismos que ele quer para a legislação – mas quando ele adota uma linha de atuação, ele deveria ser coerente com essa linha de atuação. Portanto, se ele está buscando praticabilidade, margens, ele está trilhando o caminho de simplificação, afastando o que faz o mundo todo, que procura o chamado preço parâmetro/ideal. Ou seja, o preço de mercado dia a dia. Então, será que eu estou desdizendo a minha linha inicial, ao ir buscar o prêmio diariamente para cada *commodity*, em cada operação? Será que, então, o caminho melhor não era buscar esse preço de mercado para todos os produtos, genericamente falando, e aplicar essa regra, que é a regra da OCDE, que é a regra praticada no Estados Unidos, para preços de transferência? Será que o nosso legislador está sendo coerente?

Eu caminho aqui para o encerramento, lembrando apenas que também não há o *safe harbor* dos 90%, que a gente chama de *safe harbor*, nesses dois métodos. Ou seja, mais uma vez, eu me afasto da praticidade e passo a ter que controlar todas as operações, não havendo um rol, um grupo de operações que não valeria a pena controlar, porque elas estão muito próximas, em termos de pactuação de preços. E também com todas as implicações e dificuldades de se buscar essas informações diárias sobre prêmio de cada produto, informações sobre frete, sobre seguro e assim por diante.

Nos juros, eu também tenho uma mudança importante. Anteriormente, prevaleceria os juros pactuados pelas empresas se o contrato estivesse registrado no Banco Central do Brasil. Hoje, essa regra foi suprimida. A regra geral é de que eu preciso cumprir o *Libor + 3*, senão não há atendimento da legislação de preços de transferência. Enfim, uma série de mudanças que, de uma certa forma, traz dificuldades para a grande maioria dos contribuintes, no que se refere ao controle desses preços.

Eu comecei dizendo que ia apresentar uma proposta de releitura, de reinterpretação dessa legislação como um todo, mesmo com a inserção desses dois novos métodos, o método de controle dos preços cotados em bolsas internacionais na exportação e na importação. Que caminho é esse? Que síntese que eu procuro fazer do tema? Vejam bem, se nós estamos falando sobre Imposto sobre a Renda, se eu só posso tributar efetivo acréscimo patrimonial; se, por uma questão de praticidade, de eficiência administrativa, se por força da Receita Federal ter apenas 20 ou 30 fiscais para controlar preços de transferência em relação a todos os contribuintes brasileiros, se criar presunções resolve ou melhora a vida do Fisco em relação a esse controle, ótimo. A legislação brasileira, o ordenamento jurídico brasileiro até se conformaria com essa circunstância e com essa prescrição normativa, desde que eu, contribuinte, se não estivesse confortável com um dos métodos previstos na legislação, pudesse produzir a prova de que não transacionei em condições de favorecimento com uma parte relacionada. Transacionei com essa parte relacionada os estritos níveis, parâmetros e padrões de mercado. Vale dizer: os métodos seriam meras presunções relativas de facilitação da vida de Fisco e contribuinte, sempre que o contribuinte trilhasse o caminho de um dos métodos. Mas esses métodos seriam meramente sugestivos. O contribuinte teria um caminho mais tranquilo se optasse por um dos métodos, mas teria o lídimo direito de provar, por qualquer outro mecanismo de prova e direito admitido, que não transacionou em condições de favorecimento com uma parte relacionada, vendendo os seus produtos em preços de mercado. Se o fizer, se produzir uma boa prova, ainda que ela não esteja contemplada em um dos métodos previstos na legislação, o seu Direito haveria de ser resguardado em observância ao conceito de renda, capacidade contributiva e assim por diante.

Em síntese, a legislação sobre preços de transferência, introduzida pela Lei 9.430, traz menção às regras adotadas pelos países integrantes da Convenção Modelo da OCDE, que são regras que olham exatamente para esse parâmetro do não favoritismo, o preço não favorecido – expressão do professor Brandão Machado. Segundo, a aplicação estrita dos métodos estabelecidos pela lei, provoca, a nosso ver, inconstitucionalidade da lei. E, para que a gente não trilhe o caminho fácil da inconstitucionalidade, o caminho de tornar a legislação conforme a Constituição é entender esses métodos como meramente sugestivos. A única forma de admitir a constitucionalidade do diploma normativo implica reconhecer o caráter sugestivo de seus métodos, admitindo-se outros mecanismos de prova encenadores da conduta do favorecimento em operações internacionais entre partes ligadas. É a mensagem que eu gostaria de propor à reflexão dos senhores, sabendo que ela não deflui da literalidade da lei – ao contrário, a lei diz: "Olha, o PCI, o PECEX, não tem opção, se você estiver na regra do jogo, se for *commodity*, você tem que adotar esse método" – e já era (a regra anterior em relação aos demais métodos – mas se nós não ousarmos um pouco, o congresso fica muito sem graça, sem sentido. Eu acho que essa é a nossa missão aqui. Agradeço a atenção de todos.

Luiz Marcelo Pinheiro Fins – Parabéns ao doutor Paulo, a exposição reflete muito bem a dificuldade que os contribuintes, principalmente aqueles que trabalham em *commodities*, a dificuldade que está tendo para a aplicação da norma, já que o mercado de *commodities* é uma realidade por produto e tem toda a sua especificidade de negócio, que tem que ser alcançada para que não se tribute aquilo que não é venda. Colocadas essas palavras, gostaria também de passar aqui a exposição para o doutor José Henrique Longo, mestre em Direito Tributário pela PUC, ilustre advogado e para o tema que lhe foi escolhido, vai tratar sobre compensação de prejuízos fiscais, questões controvertidas.

Compensação de Prejuízos Fiscais – Questões Controvertidas

José Henrique Longo – Senhoras e senhores, boa tarde. Inicialmente, quero agradecer à direção do Instituto Geraldo Ataliba pelo convite que me foi feito, para tratar deste tema de compensação de prejuízo fiscal, questões controvertidas. Dessas questões controvertidas, eu escolhi três aspectos, todos decorrentes de manifestações da jurisprudência no ano de 2009 que veremos que são atuais até hoje. Para falar de prejuízo fiscal, não há como fazê-lo sem falar de renda. Esperava eu me apoiar aqui nos meus professores, José Artur e Paulo Ayres para falar sobre a renda, mas eles foram muito rápidos, por conta do tempo. E eu o farei também rapidamente, para conseguir atingir a aproximação do tema prejuízo.

A Constituição Federal, ao estabelecer a competência para a União Federal para instituir tributação do Imposto sobre a Renda, ela não só indicou qual seria o aspecto material dessa hipótese de incidência, mas também passou um recado dizendo o que não é renda e proventos de qualquer natureza. Não é renda e proventos de qualquer natureza o capital, o patrimônio, a doação, a circulação de mercadoria e tantas outras coisas que a repartição de competência indicou para outras pessoas jurídicas de Direito Público ou mesmo para a União, porém, como outro tributo. E nós encontramos na legislação complementar, a definição do que é renda e proventos de qualquer natureza no art. 43 do Código Tributário Nacional. E, lá, vemos que a renda é o produto do trabalho ou do capital, ou da combinação de ambos. E proventos de qualquer natureza, os acréscimos patrimoniais não compreendidos no inciso anterior. E essa definição de proventos de qualquer natureza dá a mensagem de que renda sempre é acréscimo patrimonial, como já disseram aqui os meus colegas que me precederam. E o Supremo Tribunal Federal também já reconheceu isso após a Constituição de 88, em julgamento do Recurso Extraordinário 117.887, relatoria do ministro Carlos Veloso, onde afirmou textualmente que só há renda se houver acréscimo patrimonial.

Pois bem, se renda é acréscimo patrimonial, para identificar esse acréscimo patrimonial é necessário fazer uma comparação. Toda vez que nós falamos que é mais, menos, cresceu, diminuiu, nós precisamos ter um parâmetro. Por exemplo: o Longo ficou mais careca. A gente está comparando com uma situação anterior, com o meu passado. E, aqui, não é diferente. Obrigatoriamente, faz-se uma comparação. E, para fazer a comparação do patrimônio, o legislador ordinário é obrigado a fazer um corte temporal e identificar um determinado período e é nesse período que se apurará o acréscimo patrimonial.

Então, esse período, compreendido por esses dois cortes temporais, ele nada mais é do que uma ferramenta, um instrumento que o legislador ordinário se utiliza, para identificar esse acréscimo patrimonial. A lei ordinária estabeleceu no passado períodos mensais, semestrais ou anuais e, atualmente, a legislação estabelece um período trimestral para o contribuinte, tendo ele a opção de fazer a apuração anual. Mas o importante é que, independentemente da extensão do período – mensal, trimestral, semestral, anual – não pode ser desrespeitada a norma constitucional nem a do CTN, porque aqui nós estamos falando de lei ordinária – de apurar o acréscimo patrimonial. E o acréscimo patrimonial tem que ser visto de acordo com o dinamismo do resultado da atividade empresarial. E o prejuízo aparece quando, em um determinado período de apuração, ocorrem mais custos, despesas, desembolsos, gastos, do que receitas geradas por esse desembolso. E, às vezes, em função do tamanho desse período, muito curto, as receitas geradas num período são decorrentes de investimentos, despesas e custos do período anterior. Então, não há como dissociar um período do outro, fazendo compartimentos estanques de apuração de renda.

Por isso é que se fala que o prejuízo, na verdade, compõe a própria base de cálculo. Ele não é um benefício que se dá para o contribuinte, não é uma benesse do legislador. É, efetivamente, a apuração da base de cálculo do Imposto sobre a Renda. Portanto, se tiver havido um prejuízo, em um determinado período, o resultado positivo do período seguinte será considerado recuperação patrimonial e, depois de recuperado o patrimônio anteriormente existente, é que o acréscimo patrimonial será considerado base de cálculo do Imposto sobre a Renda.

Eu fiz aqui um gráfico para demonstrar o que eu acabei de falar. Vamos imaginar que uma pessoa jurídica tenha, no período um, um determinado patrimônio e esse patrimônio foi tributado até esse período um. Então, nós podemos pressupor que a projeção desse patrimônio ao longo do tempo não deve ser tributado novamente, porque só o acréscimo patrimonial é que deve ser tributado. Vamos imaginar que o período dois, essa mesma pessoa jurídica experimentou um acréscimo patrimonial. Então, essa diferença é uma renda nova que deve ser tributada no período dois. Aqui vemos a projeção desse patrimônio ao longo do tempo e não pode ser tributada novamente. No período três houve um resultado negativo, portanto, um decréscimo patrimonial. E apurou um prejuízo fiscal, portanto. No período quatro, houve resultado positivo, porém ainda está em fase de recomposição de patrimônio. Não pode haver tributação desse resultado positivo do período. E, no período cinco, houve um excelente resultado, em que nós encontramos aqui uma parte de recuperação patrimonial, que já havia sido tributada naquele P2, e uma parcela de renda tributável que deve ser tributada no período cinco. E, aí, a projeção desse patrimônio, para não ser tributado novamente. E é assim que deve ser entendida a sistemática do Imposto sobre a Renda.

A legislação ordinária, ao longo do tempo, criou diversos tipos de limite para o aproveitamento do prejuízo, desde os anos 40, do século passado, onde havia uma limitação de tempo, com três anos. Depois passou-se para quatro anos. E limitação conforme o lucro, que é o que nós temos hoje, a tal da trava, com limite de 30%.

O Decreto-lei 2.341 de 1987 proíbe o aproveitamento pela sucessora dos prejuízos da empresa incorporada, se houver alteração substancial na companhia; ou seja, alteração de controle e ramo de atividade – sem haver maiores informações do que seria ramo de atividade, mas isso não é o caso de discutirmos agora – entre a apuração do prejuízo e o aproveitamento. E, ainda, de acordo com a origem: prejuízo não operacional, decorrente do Exterior e decorrente de renda variável.

Agora, eu trago as questões controvertidas para os senhores. A primeira delas é o julgamento que ocorreu em março de 2009, no Supremo Tribunal Federal, no Recurso Extraordinário 344.994. Na verdade, nesse recurso extraordinário apreciou-se apenas a questão do princípio da anterioridade, porque a medida provisória 812, que foi convertida posteriormente na Lei 8.981, foi publicada em 31 de dezembro de 94, que era um sábado, com pretensão de já ter eficácia no dia seguinte, primeiro de janeiro de 95. Então, esse foi um aspecto apreciado. E o outro era o respeito ao direito adquirido. O contribuinte pretendia que fosse aplicada a norma vigente à época da apuração do prejuízo.

Pois bem, o relator do caso era o ministro Marco Aurélio, que deu provimento com base na ofensa ao princípio da anterioridade. Diz ele textualmente que aconteceu um verdadeiro drible procedimental, ao publicar-se no jornal que, na verdade, só circula segunda-feira, mas com data de sábado.

Após o voto do ministro Marco Aurélio, o então presidente do Supremo Tribunal Federal, ministro Nelson Jobim, fez uma explicação para os demais ministros no sentido de que a compensação de prejuízo é um benefício fiscal. E isso porque, como o período de apuração era anual, então tudo aquilo que estivesse fora do período não deveria ser considerado. E, se, por acaso, o legislador houver concedido perdas anteriores, isso deve ser considerado um benefício fiscal e, portanto, não corresponde a direito adquirido.

O voto a seguinte foi do ministro Eros Grau, designado relator para o caso e em não mais do que duas linhas negou o provimento. Posteriormente, houve um voto vista, da ministra Ellen Grace. E eu transcrevo aqui para os senhores a ementa desse acórdão, que diz, no item 1, o seguinte: "O direito ao abatimento dos prejuízos fiscais acumulados em exercícios anteriores, é expressivo de benefício fiscal em favor do contribuinte, instrumento de política tributária que pode ser revista pelo Estado; ausência de direito adquirido." Ora, afirmar-se na ementa que isso é um benefício fiscal para dizer que não há direito adquirido é absolutamente irrelevante. Mesmo o outro argumento, que seria o do princípio da anterioridade, também não há nenhuma relação com essa interpretação da explicação do presidente de que é um benefício fiscal. E nós vimos que não é um benefício fiscal. Essa decisão é uma nódoa no ordenamento do Direito Tributário Brasileiro, porque essa afirmação traz reflexos em casos de compensação de prejuízo em outras situações em que se quer argumentar a dedução e uma determinada despesa porque o imposto incide sobre a renda e não sobre a receita. E, aí, vem o argumento de que o Supremo Tribunal Federal entendeu que as deduções são benefícios fiscais e que o legislador ordinário pode, sim, determinar que a renda é outra coisa, que não efetivamente a renda no conceito constitucional.

A segunda questão controvertida que eu trago é a trava na extinção da pessoa jurídica, um julgamento da Câmara Superior de Recursos Fiscais, também no ano de 2009. Pela jurisprudência anterior, decisões que vinham desde o ano de 2001 com Acórdão 108-6.682 – no qual eu tive a oportunidade de participar como julgador, ao lado do José Antônio Minatel, ele, sim, um verdadeiro professor sobre Imposto sobre a Renda, como vocês perceberam – confirmado repetidamente, inclusive pela Câmara Superior de Recursos Fiscais, no sentido de que a trava não se aplica na última declaração de rendimentos da empresa incorporada.

Resumidamente, qual era o motivo da trava? A incorporação, como eu falei, representava um dos limites do prejuízo: a incorporadora não pode aproveitar os prejuízos da empresa incorporada. Ocorre que a trava de prejuízo, na verdade, tem como pressuposto a possibilidade do contribuinte continuar aproveitando o saldo de prejuízo. Então, a trava é apenas o quê? Um mecanismo para que a União tenha um fluxo de caixa garantido daquele contribuinte. Ainda que esteja em fase de recuperação patrimonial, ele adianta o Imposto sobre a Renda. Não vamos entrar aqui se isso é empréstimo compulsório ou se o contribuinte possui capacidade contributiva, não é o caso neste momento.

Então, a interpretação nesse acórdão, depois confirmado diversas vezes, foi no sentido de que era uma exceção e que, para esses casos, era possível a compensação integral do prejuízo.

Pois bem, em outubro de 2009, pelo voto de qualidade, a Câmara Superior de Recursos Fiscais entendeu o contrário. E a então relatora, que é amiga minha e do Minatel, colega nossa daquele primeiro acórdão, mudou de ideia e fundamentou sua nova decisão no simples argumento de que não há previsão legal que permita a compensação integral e também não há direito adquirido (notem que isso não era o fundamento para as decisões até então). O Decreto-lei 2.341 proíbe o aproveitamento pela sucessora. A compensação de prejuízos é um benefício fiscal e pode ser revisto pelo legislador ordinário (aqui o efeito nocivo daquela decisão do Supremo Tribunal Federal).

E, ainda, que o art. 111 do CTN impõe interpretação restritiva de benefício fiscal. Esses são os fundamentos para essa decisão da Câmara Superior de Recursos Fiscais. Ora, em primeiro lugar, o STF, naquela decisão que eu mencionei, julgou apenas o direito adquirido e a anterioridade. Não entrou nesse detalhe. Então, não há porque se basear na posição do Supremo Tribunal Federal para a apreciação desse caso.

O plenário do Supremo ainda irá julgar a trava. Por incrível que pareça, a Medida Provisória 812 é de 1994, e estamos aguardando há quase 20 anos essa decisão, sendo que se espera que o Supremo aprecie a capacidade contributiva, empréstimo compulsório e confisco. Os argumentos a respeito da constitucionalidade da trava de 30%.

Mas é bom dizer que o outro recurso extraordinário e este aqui não atingem essa discussão da trava no caso de incorporação. Mas o que precisa ser repisado é que a vida da empresa não é naquele mês, não é naquele trimestre, não é naquele ano. A vida da empresa é contínua e os cortes temporais se fazem apenas para conseguir fazer o dimensionamento do acréscimo patrimonial. Não pode ser esquecido o passado. A consideração de prejuízo fiscal não é um benefício, é efetivamente a apuração de acréscimo patrimonial. E mais, o art. 111 do CTN determina a interpretação literal para o caso de isenção e não para benefício fiscal, caso a compensação de prejuízo fosse assim considerada.

E para não deixar dúvida do que eu falo, a motivação do legislador quando criou a trava, confirma a intenção. Vamos à exposição de motivos da Medida Provisória 812, para a sua conversão na Lei 8.981, em que diz expressamente o seguinte: "A limitação de 30% garante uma parcela expressiva de arrecadação sem retirar do contribuinte o direito de compensar". Então, aqui, a premissa de que pode se fazer a trava com a perspectiva de que o contribuinte aproveitará o saldo de prejuízo no futuro. Esse é um pressuposto, uma premissa para imposição da trava de 30%. Portanto, daí, aquele raciocínio que se usava até então e que, nos casos de incorporação, fusão ou cisão, por um lado nós temos a proibição objetiva da sucessora aproveitar o prejuízo da empresa incorporada – Decreto-lei 2.341, art. 33 – e, por outro lado, existe a trava com objetivo expresso de garantir um fluxo de entradas para a União Federal. Então, combinando esses dois comandos, é que se interpretava no sentido de que é possível o aproveitamento integral na compensação de prejuízo, na última declaração daquele contribuinte para não se retirar o direito de apurar corretamente a renda.

E o último tema que eu trago é o de postergação. A postergação – para quem não está afeito a esse termo, geralmente utilizado para Imposto de Renda apenas – ocorre quando há apropriação em período equivocado de uma receita, de uma despesa ou de uma dedução. E o art. 6º do Decreto-lei 1.598, onde se define como se apura o lucro real, estabelece no § 6º, o seguinte: "o lançamento de diferença de imposto com fundamento e inexatidão quanto a período base de competência, de receitas, rendimentos ou deduções, será feito pelo valor líquido". Eu destaquei esses dois trechos aqui, em primeiro lugar para dizer que é um lançamento – lançamento de ofício, neste caso aqui. E será feito pelo valor líquido, ou seja, tem que se computar o que foi pago a mais em um período posterior, que deveria ter sido pago em um determinado período que está sendo investigado. E, ainda, apurar a correção monetária e os juros. À época, havia correção monetária no sistema. Então, também era para prever a incidência de juros.

Pois bem, em dezembro de 2009, a primeira turma da Câmara Superior de Recursos Fiscais, com a Súmula 36 decidiu:

"A inobservância do limite legal de 30% para a compensação de prejuízo fiscal ou bases negativas da CSL, quando comprovado pelo sujeito passivo que o tributo que deixou de ser pago em razão dessas compensações o foi em período posterior, caracteriza postergação do pagamento do Imposto de Renda e da Contribuição Social, o que implica em excluir da exigência a parcela paga posteriormente".

A jurisprudência anterior era no sentido de que o lançamento estava incorreto. E por que o lançamento estava incorreto? Voltemos para o § 6º do art. 6º do Decreto-lei 1.598. Lá diz que o lançamento será feito pelo valor líquido (ou seja considera-se que o prejuízo do fisco é apenas o destempo do pagamento, o que implica basicamente os juros de mora). E o que fez o fiscal no lançamento de ofício? Ele calculou o lançamento pelo valor bruto, com exigência do IRPJ, multa e juros. Não considerou o eventual pagamento do Imposto sobre a Renda nos períodos seguintes. Ele verificou o desrespeito à trava de 30% e cobrou o imposto e Contribuição Social sobre aquele valor indevidamente compensado.

A lei determina fazer o lançamento pelo valor líquido. E o § 7º do mesmo artigo diz que o disposto nesse § 6º não exclui a cobrança de correção monetária e juros de mora. Sim, sem dúvida, porque se o contribuinte pagou a destempo, incidem os juros, ao menos, no nosso caso atual. E quando há um lançamento bruto, o que é que vai acontecer se desconsiderar uma parcela apenas que foi recolhida depois? Vai desconsiderar o valor nominal. Deveria então o fiscal fazer o seguinte: imputar naquela parcela recolhida posteriormente, uma parte como valor principal do imposto da Contribuição Social, e uma parte de juros. Isso não é feito no julgamento e nem é determinado pela Súmula 36 do CARF.

Então, em relação a essa Súmula 36, ficam as seguintes perguntas: É uma denúncia espontânea? O contribuinte fez uma denúncia espontânea? Ele denunciou a sua infração e recolheu o tributo com juros? Pode o julgador administrativo inovar o lançamento ou, como se diz nos bastidores, salvar o lançamento? Aquele lançamento pelo valor bruto pode ser ajustado pelo julgador, com apuração do valor líquido? Tem ele esse poder? Obedece esse procedimento aos §§ 6º e 7º do art. 6º do Decreto-lei 1.598? E, o mais importante, foi respeitado o direito de defesa do contribuinte? Se, em última instância, no último julgamento do processo administrativo, é definido isso – aos 45 do segundo tempo, alterou-se o lançamento bruto para lançamento líquido – o contribuinte não terá oportunidade de defesa. Ora, se é um novo lançamento, se está reajustando ou ajustando – ou inovando, melhor dizendo – o lançamento, então deveria o contribuinte ter o direito de se defender. Para todas essas perguntas, a resposta é um sonoro não. Não foi respeitado nada disso.

Bem, senhores, eu trouxe aqui três assuntos coincidentemente decorrentes de manifestação dos órgãos de julgamento no ano 2009, mas percebe-se que eles são ainda atualíssimos, muito importantes. Aquele, do Supremo Tribunal Federal, me parece que não foi dada a devida importância, mas haverá a oportunidade de um novo julgamento e eu tenho convicção de que será homenageada a Constituição, será homenageado também o Código Tributário Nacional, que dá suporte e auxílio à interpretação. E, porque não dizer, será homenageado o instituto do Imposto sobre a Renda e o seu conceito de renda e proventos de qualquer natureza, previsto na Constituição. Muito obrigado.

Luiz Marcelo Pinheiro Fins – Agradecemos aqui ao doutor José Henrique Longo e, agora, é passar a palavra ao doutor Ricardo Mariz de Oliveira, cuja apresentação, a par da estima que já temos por ele, poderia definir, em poucas palavras, como um dos nossos grandes mestres em Direito Tributário e excepcional advogado, para o tema negócios jurídicos indiretos e simulação.

Negócios Jurídicos Indiretos e Simulação

Ricardo Mariz de Oliveira – Boa tarde a todos. Cumprimento a mesa e, presidente, muito obrigado. Sou eternamente grato por ter me dado a palavra. Pensei que tinha esquecido de mim. Felizmente, foram quatro apresentações de mestres e, logo, o tempo passou muito rapidamente. Mas eu pensei que tinha esquecido de mim. Estamos já no horário da professora Elizabeth Carrazza. Eu vou tentar ser rápido, objetivo e prático. Há poucos dias, umas duas semanas atrás, eu estava participando de um evento na Faculdade de Direito do Largo São Francisco, onde se discutia planejamento tributário. E eu sustentei lá as minhas ideias sobre a questão, que são bastante conhecidas. E critiquei uma postura que foi mencionada pelo professor Minatel, da famigerada inoponibilidade ao Fisco. Eu critiquei porque fazia parte do painel uma ex-conselheira do antigo Conselho de Contribuintes, de muito prestígio, muito culta, muito respeitada, muito estimada, mas que cansou de julgar casos dizendo que tudo poderia estar muito bem perante o Direito Civil, perante o Direito Privado, mas não valeria perante o Fisco porque seria inoponível ao Fisco, que é o maior absurdo, a maior teratologia, que já se manifestou aqui no nosso País, e que, infelizmente, foi repetido em inúmeros acórdãos.

Logo a seguir, estava participando do painel um mestre e doutor em Direito que, de uma certa forma contestando a minha apresentação e também a do professor Roberto Quiroga, disse que não tínhamos que considerar as categorias do Direito Civil. Que nós teríamos que chegar a uma conclusão, se o procedimento seria abusivo ou não abusivo. Eu fiquei pensando, de lá até aqui – e já são quase 15 dias ou mais de 15 dias –, mas como é que eu vou determinar se é abusivo ou não é abusivo? Qual é o referencial que eu tenho? Qual é o elemento de comunicação entre o contribuinte e o fiscal, e como o tribunal vai julgar os pleitos dos dois? Qual o referencial? É o achismo? Eu acho que é abuso, eu acho que não é. Nós temos que ter alguns parâmetros, temos que ter alguns conceitos. Simulação e negócios jurídicos indiretos estão exatamente nesta posição, na questão do planejamento tributário. Amanhã haverá uma oficina sobre planejamento tributário. O que eu vou falar aqui é um aperitivo para o dia de amanhã. Eu vou ser, como disse, muito breve e objetivo, recorrendo a dois acórdãos, um do Supremo Tribunal Federal e outro do CARF, que são de uma importância extraordinária – contêm um extraordinário elemento didático. Não interessa muito o julgamento que foi proferido nos dois casos. Interessa subtrair deles esse conteúdo didático para a compreensão dessas figuras da simulação e do negócio jurídico indireto. É sempre importante lembrar aqui, retomando o que eu mencionei, que eu não posso achar que há um abuso no planejamento tributário. Eu tenho que verificar é se o que a empresa fez está de acordo com a lei. No mínimo, por uma questão de respeito ao princípio da legalidade. Mas também porque eu tenho que levar em conta que o Direito Tributário age num ambiente onde existe densidade econômica, patrimônio, alienação, doação, enfim, um ambiente pré-legislado pelo Direito Privado, pela razão muito simples de que, se eu tenho um patrimônio e quero aumentar o meu patrimônio, se eu tenho um bem e quero vender o meu bem, antes de eu pensar que tributo vai incidir, eu tenho que recorrer a alguma categoria do Direito Privado, de modo que o contribuinte constrói o fato gerador, aplicando o seu patrimônio de um jeito ou de outro, ou não constrói o fato gerador.

É como diz o professor Luciano da Silva Amaro: na elisão, no planejamento tributário, o contribuinte faz algo em vez do fato gerador. Isto ele faz, usando as categorias do Direito Privado, porque é com essas categorias que ele movimenta o seu patrimônio. De forma que aquela ideia de que isso é válido para o Direito Privado, mas não oponível ao Fisco, pressuporia a existência de uma norma geral antielisão, ou antielusão, ou antiabuso. Porque, nas normas gerais ou nas normas específicas antielusão – das quais nós tivemos menção de algumas hoje, como preços de transferência, subcapitalização e outras –, nestas normas, a legalidade dos atos não é cogitada. Pelo contrário, pressupõe-se que os atos produziram efeitos na vida patrimonial. Portanto, foram válidos.

Se nós não temos – como nós não temos – uma norma geral antielisão, tudo fica subordinado à validade dos atos ou negócios jurídicos no âmbito do Direito Privado. Ou se faz ou não se faz o fato gerador.

E aí entra a simulação. A simulação é a acusação preferida da fiscalização. Eu não tenho estatísticas, mas acho que 90% – eu estou chutando aqui a estatística – dos autos de infração em relação a questões de planejamento tributário acusam a existência de simulação. E, por outro lado, eu estou convencido de que a maior parte dos planejamentos tributários abusivos, evasivos, são viciados por simulação. Então, simulação, saber o que é simulação, ao contrário do que disse o doutor que debatia comigo, é extremamente importante. E saber distinguir simulação de negócio jurídico indireto é tão importante quanto saber o que é simulação. E eu digo isso para vocês porque lá no CARF existe uma dificuldade muito grande neste tema – estou me referindo ao CARF atual, não ao velho Primeiro Conselho, onde os meus amigos da ponta direita da mesa foram brilhantes conselheiros. E outros brilhantes conselheiros da Fazenda, também – aliás, o Minatel era da Fazenda. Atualmente, existe uma grande dificuldade, no próprio CARF, de trabalhar com as categorias do Direito Civil, de distinguir especialmente simulação de negócio jurídico indireto. De forma que eu penso ser muito importante nós passarmos rapidamente por conceitos elementares – eu sei que eu vou falar, estou seguro de que nós estamos aqui perante pessoas que conhecem o Direito, eu vou falar de alguma coisa que nós aprendemos no primeiro ano da Faculdade de Direito. Mas precisamos voltar aos bancos acadêmicos para fazer esta análise da questão sobre a qual me pediram para falar aqui.

Eu entendo que se há alguém que sabe que está simulando é o autor da simulação. O autor da simulação simula o que ele quer. Não há simulação inocente, não no sentido daquela que não prejudica ninguém, mas no sentido de que não sabia que era simulação. É um ato de vontade. Por isso o Código Civil atual desclassificou a simulação como vício da vontade, para vício ou defeito do próprio negócio jurídico. Porque o simulador, ele sabe que está simulando e quer simular, quer ter uma vantagem com a simulação, que sem a simulação não iria obter. Por isso mesmo é que a doutrina, tradicionalmente, desde Clóvis Bevilácqua, pelo menos, dizia e continua a dizer – e diz corretamente – que a simulação é aquele ato que apresenta uma desconformidade entre a vontade do sujeito que pratica o ato simulado e a vontade externada no ato ou negócio que ele apresenta exteriormente no mundo, onde o fisco vai atuar, aquele ato que o Fisco vai receber como correto ou não.

A questão da desconformidade entre a vontade e o ato jurídico evidentemente requer que se analise o aspecto subjetivo. Por isso que a jurisprudência e a doutrina, com muita sabedoria, sempre a doutrina e a jurisprudência entenderam que a simulação se prova dificilmente com prova material, mas sim pela prova indiciária, através de indícios convergentes. Há uma segunda maneira de ver a simulação, que não se preocupa com provar a desconformidade entre o subjetivo interno do agente praticante da simulação e o ato que ele coloca externamente no mundo. Esta segunda maneira é que nós poderíamos chamar aqui de "visão causalista ou objetiva", em contraposição à anterior, que seria uma "visão subjetiva", a que procuraria a vontade das pessoas. Mas a causalista ou objetiva analisa o comportamento das partes de um negócio jurídico que se apresenta de uma maneira desconectada, não conforme, à causa jurídica do ato. Causa jurídica não é um motivo. Causa jurídica é a função para a qual o negócio jurídico existe no mundo, no ordenamento. Por exemplo, no negócio de compra e venda a função social do contrato de compra e venda é transferir a propriedade contra o pagamento do preço. Então, quando as partes colocam no mundo um negócio e agem de maneira desconforme à sua função, à sua finalidade ou, como diz o art. 167 do Código Civil, à substância do negócio jurídico, há desconformidade com a causa do negócio, e isto é simulação. Não há novidade na ideia da corrente causalista, que já vem, no mínimo, de Orlando Gomes, lá nos anos 70. É hoje em dia muito tratada na doutrina civilista posterior ao Código de 2002. E não desmente a outra visão. Na verdade, elas se completam, porque a desconformidade entre a vontade e o negócio ou ato jurídico sempre se provou por indícios, e um dos indícios era e é exatamente o comportamento das partes – ou da parte – não conformes ao ato. Porque eu não quero aquele ato simulado que eu coloquei no mundo, então eu tenho que desfazer os efeitos dele. É por isso que existem contratos de gaveta, é por isso que existem outros contratos devolvendo a propriedade, por exemplo, ou a procuração irrevogável e irretratável. Então, o indício do comportamento das partes, de desfazimento do negócio simulado, corresponde à visão objetiva ou causalista.

O negócio jurídico indireto, ao contrário, usa exatamente a função social, a função prática, do contrato para atingir um objetivo que é possível através dele. As partes não simulam porque elas querem efetivamente praticar aquele ato. Elas agem de acordo com a disciplina jurídica daquele ato. Quer dizer, elas agem em conformidade com a função social do ato que praticam e, portanto, não se aproximam sequer do conceito de simulação. E obtêm um resultado que também poderiam ter obtido pelo negócio jurídico direto. Esta é uma condição do negócio jurídico indireto, e também que não contenha qualquer vício jurídico que o invalide. Isto é assim porque o negócio jurídico indireto, tanto quanto qualquer outro negócio jurídico, também pode ser um negócio praticado com abuso no exercício de direito ou em fraude à lei, seja o que for. Então, ele não deve conter qualquer vício e, principalmente, ele deve procurar um resultado que teria sido possível através do ato direto.

No Recurso Extraordinário 82.447, julgado pelo Supremo Tribunal Federal, sendo relator o Ministro Moreira Alves – portanto, um civilista – nós temos o melhor exemplo didático, conforme eu disse, do que é um negócio jurídico indireto. O que se fez nesse caso? Fez-se uma compra e venda com um pacto de retrovenda. As partes queriam fazer um mútuo com garantia real. Então, muita gente fala: a vontade era fazer outra coisa. Não. Eu posso fazer tanto o negócio jurídico indireto quando o direto, certo? Eu vou usar a fórmula indireta de acordo com a sua função e vou respeitar a sua disciplina jurídica. Não vou desfazer os efeitos desse ato, de forma que eu não vou estar próximo à situação de simulação. Esta é a diferença, portanto, entre simulação e negócio jurídico indireto. Eu diria que é a diferença fundamental. É a vontade de praticar um negócio jurídico indireto usando a sua função prática legal e submetendo-se aos efeitos dessa disciplina.

No caso, portanto, desse RE, o Supremo considerou que não era simulação, porque se discutia lá se era simulação ou não, ou se era negócio jurídico indireto. O Supremo disse: é negócio jurídico indireto, e que o valor da compra e venda do imóvel, que foi dado em compra e venda e que seria usado em garantia, seria o valor que teria sido mutuado. O valor da retrovenda, quer dizer, quando venceu o contrato, aquele que vendeu recomprou o bem, esse valor é o valor que teria sido devolvido no mútuo, acrescido de sua remuneração e juros. Nesse caso, o Supremo considerou que não havia infringência da lei que limitava o valor de juros. Portanto, não se tratava de um negócio jurídico que visou ter um resultado que, pelo negócio jurídico direto, que teria o mútuo, não se conseguiria. E o objeto do negócio foi o bem imóvel que foi vendido e, na verdade, se fosse outro o negócio adotado, seria dado em garantia real.

Agora, nós ficamos na seguinte situação. Vamos ver o que acontece no campo do Direito Tributário com as duas situações. Imaginem se fosse com aquela visão em que eu esqueço as categorias do Direito Privado – não vamos esquecer que há o art. 109 do Código Tributário Nacional, que diz que os institutos, conceitos e formas do Direito Privado são aqueles regidos pelo Direito Privado, cabendo à lei tributária definir os efeitos tributários desses atos. Se eu não respeitar o ato ou negócio jurídico como foi praticado, e sair pelo mundo afora alegando abuso de forma, efeitos econômicos, eu vou criar uma confusão e não vou ter solução para o caso. Vejam bem, ao ser feita a venda, em vez de mútuo, houve incidência do ITBI. Se eu tivesse vendido bem móvel poderia haver incidência de IPI e ICMS. Mas houve incidência de ITBI e de PIS-Cofins, além de ganho de capital, possivelmente sujeito a Imposto de Renda, e Contribuição Social sobre o Lucro se o vendedor, que seria o mutuário, for pessoa jurídica. Eu tenho certeza absoluta de que, se eu disser para o Fisco Municipal: "Não vou pagar o ITBI porque isto aqui não é um negócio de compra e venda, isto aqui é um negócio de mútuo, escondido sob forma jurídica de compra e retrovenda, o Fisco Municipal vai dizer: "Não tenho nada a ver com isso. Você paga esse imposto porque você adotou o instrumento jurídico da compra e venda e está praticando compra e venda." E eu tenho certeza também que o fiscal federal vai ficar muito feliz se ele puder cobrar PIS-Cofins e apurar um ganho de capital tributável pelo Imposto de Renda, coisa que não haveria no mútuo. Em compensação, se eu tivesse feito o mútuo, eu teria a incidência do IOF. Eu evitei o IOF, mas eu tive a incidência desses demais tributos. E, mais ainda, na retrovenda, eu tenho tudo de volta. Geralmente, nós temos, na retrovenda, a isenção de ITBI. Mas poderia haver uma dupla incidência. Eu vou ter novo PIS-Cofins, eu vou ter um IR sobre o ganho de capital daquele que adquiriu e que está revendendo, o qual não haveria no mútuo. E, além disso, os juros, que existiriam no mútuo, não existem na venda com pacto de retrovenda. De modo que, no mútuo, haveria todas as incidência que estão previstas para este tipo de negócio jurídico. Não há como resolver esse problema de múltiplas pretensões tributárias possíveis, sem me ater à categoria jurídica, àquilo que foi feito. Não há como resolver por outro modo. E é por isso, também, que a famosa Norma Geral Antielisão, que o art. 116, parágrafo único, do Código Tributário Nacional pretende ser, precisa ser uma norma de lei complementar, para evitar o conflito de competência entre mais de um ente tributante.

Apenas para lembrar rapidamente, antes de passar para o segundo caso, que é muito ilustrativo e que mostra a dificuldade do Conselho Administrativo de Recursos Fiscais em lidar com os instrumentos do Direito Civil, misturando muitas vezes simulação com negócio jurídico indireto, ou outras falhas também. Eu já mencionei, em caso de simulação, dificilmente o fiscal tem a sorte de pegar um documento que confessa: estamos simulando para enganar o Fisco Federal. Muito pelo contrário, há documentos muito bem feitos, com declaração de objetivos econômicos, como, quando se trata de fusão, incorporação ou cisão, é a sinergia das empresas. Então, há uma série de declarações em documentos perfeitamente de acordo com a forma, registrados, com firmas reconhecidas etc.

Por isto, a simulação se prova por indícios. Isto é jurisprudência pacífica, inclusive no CARF. O conjunto de indícios convergentes para a formação da convicção de que as partes estão fazendo alguma coisa que é irreal.

Desses indícios, eu destaco sempre dois, que estão presentes na jurisprudência. O desfazimento dos efeitos dos atos, que eu já mencionei, corresponde à prática não conforme à função social ou à função prática do negócio jurídico que se coloca no mundo. E o motivo para simular. Porque ninguém simula, também, sem ter motivo. Ninguém simula sem ter motivo. Simula porque – vendo para o Artur porque, na verdade, quero vender para esta pessoa aqui, mas não posso vender direto para ela. Então, eu vendo para ele e ele revende para ela. Coisas desse tipo, não é? No Direito Civil, no Direito Privado mesmo. E no Direito Tributário eu não vou simular o fato gerador, eu vou simular exatamente a ausência de fato gerador. Então, tem que haver um motivo para simular.

E, aqui, eu sempre gosto também de lembrar desse artigo que já não existe mais no ordenamento, que foi revogado pelo Código Civil de 2002, o art. 131, inciso III, do Código Comercial. Esse art. 131 correspondia àquele art. 58 do Código Civil anterior, que hoje é o art. 112, que diz que na interpretação dos contratos vale muito mais a intenção das partes do que as palavras utilizadas. E no Código Comercial, esse dispositivo tinha critérios para se determinar a vontade real das partes e não se ficar apenas na literalidade dos contratos. O inciso III falava: o comportamento das partes após o negócio é a maior prova da vontade das partes.

Eu tive um caso inclusive – rapidamente – em que o fiscal discordou da interpretação que as duas partes davam ao contrato e glosou a despesa para aquela que efetuava o pagamento. E disse: você não devia ter feito o pagamento porque o contrato não diz isso que você disse que ele disse. E eu ganhei esse processo no Primeiro Conselho de Contribuintes com base nesse dispositivo do art. 131 do Código Comercial. Se as partes, durante tantos anos, praticaram aquilo, com base no contrato e contabilizaram fazendo referência ao contrato, era a maior evidência do que elas quiseram contratar. Por que havia o fiscal de dizer: não, eu acho que não é assim que se tem que interpretar o contrato? Em simulação dá-se o inverso do 131, III. As partes agem de uma maneira desconforme ao que elas quiseram fazer. Agora, um rápido – quanto tempo resta? Já terminou? Então, boa noite.

Luiz Marcelo Pinheiro Fins – Não, professor. Por gentileza.

Ricardo Mariz de Oliveira – Eu prometo, em cinco minutos. Este é um exemplo tirado de um caso recentemente julgado pelo CARF. Eu não vou dar o número do acórdão porque eu teria que trazer uma série de aspectos, gerando muita complexidade para a breve exposição que tenho que fazer. Eu fiz uma decodificação dos fatos para chegar ao que interessa aqui. Qual era o fato? Nós tínhamos dois grupos absolutamente independentes: "A" e "B". "B" chegou um dia para "A" e falou assim: "Eu quero ser sócia no seu negócio que você desenvolve dentro da sua empresa 'A'". Só que, era apenas parte da atividade de "A", que interessava para "B". O que é que "A" fez? Resolveu: vamos constituir uma pessoa jurídica ("C") onde eu vou alocar os ativos operacionais desse negócio, no qual nós vamos ser sócias, e você coloca o mesmo valor correspondente em dinheiro. Você, que vai ser minha sócia em meu negócio, em meu ativo, você coloca o mesmo valor econômico, evidentemente, em dinheiro. Viveram juntos durante três anos, tiveram criações, tiveram projetos, enfim. Tiveram uma vida de efetiva associação. Só que, ao se associarem, elas previram – como eu acho que seria muito razoável até – que, depois de três anos, se não estivesse dando certo a associação, ou se uma delas não quisesse continuar sócia, teria o direito, qualquer uma teria o direito, de pedir a sua retirada. Passaram-se três anos. "A" se desinteressou da continuidade da sociedade e "B" disse assim: "Mas eu quero continuar com o negócio". Já dá para imaginar que o Fisco entendeu que, ao fazer o que fizeram – e, aqui, eu vou dizer para vocês, foi um planejamento tributário que jamais deveria ter sido feito. Ao chegar ao fim, vamos ver por quê.

Mas o que é que fizeram? Todo o ativo operacional, quer dizer, o ativo da empresa, o fundo de comércio, tudo o que era um negócio comum, foi passado para uma nova sociedade chamada "D", detida 100% por "C". Primeiro passo. No segundo passo, "B", que ia ficar com esse negócio, aportou dinheiro na empresa "D". Evidentemente, o valor econômico do negócio cresceu muito, não tinha mais qualquer aproximação com o valor contábil. Assim, "B" aumentou o capital de "D" e, com esse aumento de capital, "C", que, no passo anterior, lembrem-se, tinha 100% de "D", passou a ter uma porcentagem "x". Mas houve um aumento do patrimônio, pela entrada desse capital, que repercutiu em "C" por equivalência patrimonial e por reflexo indireto em "A" também, um acréscimo patrimonial isento de Imposto de Renda. No terceiro passo, "D" reduziu o seu capital, devolvendo para "C" a sua parte, "C" que saiu de "D" com o dinheiro recebido de "B". E, por fim, no último passo, "B" saiu da sociedade "C", na qual, até então, tinha participação. E ficou detendo 100% daquele negócio, do qual ela fora sócia com "A" durante três anos. E "A" ficou apenas com o dinheiro.

Claro que o fiscal chegou e disse assim: "Ah, isso aqui, houve uma compra e venda disfarçada, simulada, desse monte de operações que foram praticadas em um curto espaço de tempo". A defesa da empresa foi de que havia um negócio jurídico indireto. Mal planejamento, mas, ainda assim, um negócio jurídico indireto, porque simulação ou negócio jurídico indireto, quando há uma sucessão de atos, não se analisa ato a ato, mas no seu conjunto, pelo efeito do conjunto. A empresa perdeu no CARF. O absurdo da decisão é que as empresas "A" e "B", ao desfazerem a sua sociedade em "C", não precisariam ter criado a sociedade "D", não precisariam ter feito toda aquela volta indireta. Porque bastaria "B" ter aumentado o capital de "C" e "A" se retirado de "C" para produzir o mesmo efeito. Então, a criação daquela empresa, que o acórdão chamou de empresa-veículo, era inútil. Na verdade, o passo que poderia ter sido praticado após o primeiro, que teria sido o aumento de capital de "C" para dar o equilíbrio econômico ao negócio, para trazer o patrimônio de "C" ao seu real valor econômico e não contábil, estaria em três alternativas: uma, poderia ter sido feita simplesmente redução de capital de 'C', ou, naquele mesmo negócio anterior, com a criação de "D", poderiam ter feito a redução de capital de "D", com a saída de "A"; e poderiam não ter criado "D" e feito uma cisão parcial de "C" com a incorporação do seu ativo, a valores contábeis, que é permitido pelo art. 21 da Lei n. 9.249. Não haveria tributação. E, mais ainda, poderiam ter feito uma cisão total de "C" com a incorporação direta do ativo operacional em "B" e do ativo financeiro em "A". O que significa que não havia motivo para simular. Então, a acusação de simulação ficou vazia do seu sentido principal.

Muito obrigado.

HOMENAGEM

Elizabeth Nazar Carrazza – Boa tarde a todos. Com grande satisfação damos início a mais uma sessão do XXVI Congresso do IGA – Instituto Geraldo Ataliba/IDEPE, neste momento. Mas, antes de darmos início propriamente aos debates, eu gostaria de dizer algumas palavras em homenagem ao professor Aires Fernandino Barreto, que foi presidente do IDEPE durante muitos anos – quantos?

Dezesseis anos. E, hoje, é um dos homenageados, como presidente de honra deste Congresso. Eu vou pedir à doutora Fabiana Tomé que entregue uma lembrança do IGA, do Instituto Geraldo Ataliba, ao professor Aires Barreto.

"O Instituto Geraldo Ataliba/Instituto Internacional de Direito Público e Empresarial tem a honra de oferecer esta homenagem ao seu ilustre Presidente de honra, professor Aires Fernandino Barreto, em agradecimento aos trabalhos sempre desenvolvidos com extrema dedicação, comprometimento e saber jurídico – Presidente e Diretores."

Aires Fernandino Barreto – Muito obrigado. Ruy Barbosa, certa vez, recebendo uma grande homenagem em uma cidade pequena, pela singeleza do episódio, disse – ele, que era o suprassumo, a águia de Haia, disse: "Diante disso e depois disso, nem sei como começar." Se ele, que era um grande orador, o grande jurisconsulto, não sabia como começar, eu não sei como começar e não sei como terminar, senão dizendo, modestamente, obrigado.

ISS

Elizabeth Nazar Carrazza – Todos os que estão aqui hoje conhecem, de longa data, o professor Aires Barreto. O professor Aires Barreto sempre trabalhou na área de Direito Tributário, durante muito tempo na Prefeitura de São Paulo. Desempenhou cargos importantíssimos, não vou ler todo o currículo dele, que é de conhecimento de todos. É um grande advogado, tributarista, trabalhou muito tempo em parceria inclusive com o professor Geraldo Ataliba, que o tinha em altíssima conta. Eu conheci muito bem o professor Geraldo Ataliba, nós convivemos muito, inclusive com o Aires, desde o tempo que eu entrei na Prefeitura – não sei se ele se lembra. E tenho assim uma grande satisfação de estar aqui hoje em um momento em que se faz uma singela homenagem ao professor Aires, que tanto fez sempre pelos estudos jurídicos tributários do Brasil e pelo nosso Instituto Geraldo Ataliba, o IDEPE. O professor Aires tem muitas obras publicadas, todas elas muito importantes: A base calculada – deixa eu ver o nome, certinho: *Bases de cálculo, Alíquotas e Princípios Constitu-*

cionais. Ele é que começou a falar na base calculada no Brasil. *Imunidades Tributárias, Limitações Constitucionais ao Poder de Tributar. ISS na Constituição e na Lei*; e outras obras que vocês, tenho certeza, já tiveram oportunidade de ter acesso e de conhecer. Eu gostaria de passar a palavra ao professor Aires Barreto. Desculpando-me, inclusive, porque eu não sou muito boa no manejo das palavras. Eu sou meio contida e, depois dele, que fala tão bem, eu sempre fico um pouco intimidada. Mas eu passo a palavra então ao meu querido amigo, a quem eu admiro muito, professor Aires Barreto, que vai nos falar sobre o ISS em operações de *leasing*, base de cálculo e local da prestação do serviço.

Obrigada.

ISS em Operações de *Leasing*, Base de Cálculo e Local da Prestação

Aires Fernandino Barreto – Professora Elizabeth Nazar Carrazza, que preside esta sessão, para a minha satisfação, para minha honra, para meu privilégio – ela, que sempre foi inteligente e arguta, companheira de tantas batalhas e tantas lutas; professora Fabiana Del Padre Tomé; professora Betina Treiger Grupenmacher; desembargadora federal Regina Helena Costa – professora Regina Helena Costa; senhoras e senhores. O tema que me foi conferido, eu peço licença para dizer o seguinte: no passado, bastavam quatro palavras para eu conseguir falar uma hora. Depois, começaram a ser necessárias 40 palavras. Hoje, nem 400 me conseguem fazer lembrar de toda a exposição. Mas eu tenho que falar sobre um monstrengo, sobre uma locação, quando muito um financiamento, mas ambas as hipóteses nítidas obrigações de dar, como se fora um serviço. Para usar uma terminologia muito a gosto do professor Roque Carrazza, eu vou ter que falar sobre o ornitorrinco, que é um mamífero ovíparo, com bico de pato, patas e membranas e cauda de castor, no campo do Direito Tributário. E, mais adiante, vou dizer-lhes que, além disso, o nosso ornitorrinco também voa.

Criou-se, no Direito Tributário, um Minotauro, um horrível Minotauro, dando-nos apenas uma certeza. É alguma coisa *sui generis*. E *sui generis*, sabem os senhores, é a expressão que nós usamos quando nós não sabemos explicar alguma coisa. É *sui generis*. A doutrina refere três espécies de *leasing*: operacional, financeiro e *lease-back*. Nenhum deles, segundo penso, pode ser visto como serviço. As variações são as seguintes: no *leasing* operacional, o próprio fabricante de um bem o dá em locação a quem dele fará uso. No financeiro, a arrendadora, em geral uma instituição financeira, adquire bens de um fabricante ou fornecedor e entrega seu uso e gozo a um arrendatário. E no *lease-back*, a posterior arrendatário vende um bem seu para o arrendador, em seguida toma-o de volta em arrendamento mercantil.

Segundo o Supremo, no *leasing* financeiro predominaria o financiamento, enquanto que, no operacional, prevaleceria a locação. Para mim, o *leasing*, em qualquer caso, equivale à locação. O que se extrai como conteúdo é uma despesa para o arrendatário, um aluguel para o arrendador. Fábio Comparato deixa claro que o que predomina no *leasing* é a locação. Todavia, vamos considerar, por um momento, que possa ser financiamento. Disse o Supremo que financiamento é serviço. Não é não. Financiamento é obrigação de dar, de entregar dinheiro. Portanto, nítida obrigação de dar. Operação creditícia, nenhum serviço. Apesar disso, concluiu-se por ser serviço, criando-se esse ornitorrinco. Mas, para concluir que se trata de serviço, vejamos, sem citar nomes, alguns elementos dados pelos ministros. Voto houve segundo o qual: “Ah, se não é tributado pelo IOF, não é tributado pelo ICMS, é ISS”. E até está lá, na lei complementar. Esse absurdo já fora dito pelo Supremo em época anterior. Assentou-se a existência de serviço por definição legal. Não é por definição constitucional, é por definição legal.

Disse também: “Ah, os serviços são de qualquer natureza”. Meu Deus, serviço de qualquer natureza, mas sempre só de qualquer natureza, nunca outra coisa que não serviço de qualquer natureza. Se eu dissesse aqui pessoas de qualquer natureza, eu estaria a elencar todas elas. Mas entre elas não estariam nem os peixes, nem os crustáceos. Isso, para ficar com um exemplo mais suave de outros animais que não valeria a pena citá-los neste momento. Invocou-se Mário Henrique Simonsen – que, a propósito, era economista e não jurista – que, ao remeter o projeto de arrendamento mercantil, trouxe à baila o termo operações de arrendamento mercantil. Até o economista via, no arrendamento mercantil, no *leasing*, operações. Ou seja, operações é conceito absolutamente diverso de prestação de serviços. Basta ir às regras que estão na Constituição em torno do ICMS para verificar que lá se fala em operações, negócios jurídicos e prestação de serviços, o fato de prestar serviço.

E não só Simonsen fala em operação. Eu notei que muitos dos nossos julgadores usam o termo operações para falar no *leasing* . Mas, meu Deus, operações não tem nada a ver com prestação de serviços. Há diferença abissal entre uma e outra coisa. Houve ministro que asseverou que: “Ah, faz-se financiamento. Logo, é fazer”. Eu já não sei mais então qual é a distinção entre obrigação de dar e obrigação de fazer. Houve, ainda, quem remetesse a normas do Banco Central – pasmem. Não se está a interpretar a Constituição, mas vira-se, inverte-se a pirâmide jurídica para analisar as normas do Banco Central. “Ah, até o Banco Central não proíbe, portanto, cabe a cobrança de ISS.” Pesquisem a publicação do acórdão para verificar quem disse essa pérola.

Mas, ainda que fosse, por absurdo, um fazer ao invés de um dar, para haver ISS é preciso que haja esforço de terceiros, um conteúdo econômico, sob regime de direito privado, mas sem subordinação, tendente a produzir uma utilidade material e imaterial em caráter negocial. Ou seja, mesmo que não fosse uma obrigação de dar, não é qualquer fazer que permite a incidência do ISS. São apenas alguns fazeres que o possibilitam embora o tema fosse fiança, aval, já alertava que, nessas hipóteses de nítidas garantias, o que estava – e ele foi citado por Clóvis, foi citado por Clóvis, reconhecendo a correção dessa classificação dele. Ele dizia: “O que está presente no aval ou na fiança não é o mínimo esforço de quem dá o aval ou a fiança, senão a vantagem decorrente dessa atividade humana. E, portanto, ainda que fosse uma obrigação de fazer, não poderia render espaço à exigência de ISS”.

Houve ministro que dissesse: “Não, financiamento é fazer, porque financiamento se faz”. Desculpe, para uma frase dessas, eu vou invocar uma outra, jocosamente. É o mesmo que a nova estudante de Direito ouvir a frase: “O seu namorado é sujeito passivo da obrigação de dar”. O que resulta absolutamente escandalizado. Mas, como o Supremo chegou à conclusão de que era serviço, nós temos que invocar as palavras de Baleeiro, que dizia: “Quando o Supremo disser uma tremenda ironia de Direito, ela passa a ser uma verdade jurídica”. Então, vamos tentar extrair a regra matriz daquele ornitorrinco que voa. Geraldo Ataliba ensinava que a hipótese de incidência tributária era una, incindível, embora tivesse aspectos – o aspecto material, o aspecto temporal, espacial, pessoal, quantitativo. Critérios do antecedente ou do consequente, como prefere o professor Paulo de Barros Carvalho. Então, vejamos, qual é o critério material desse esdrúxulo ornitorrinco, desse serviço de *leasing*? Prestar serviços de *leasing* financeiro. Verbo e respectivo complemento. Serviço de prestação continuada, existente pelo tempo que se espraiar o *leasing*: um ano, dois anos, três anos. Se entender-se devido tão logo contratado, ter-se-ia um imposto sobre contratos e não um Imposto Sobre Serviços. E, até, eventualmente, o pagamento de ISS antes mesmo da própria prestação.

Cleber Giardino, de quem eu tive o privilégio de ser sócio, que faleceu precocemente, dizia que a repartição de competência se dá em função de um critério material. Mas que, no caso de estados e municípios, dada a pluralidade deles, haveria a necessidade de agregar-se outro critério, além do critério material. Porque então, teoricamente, os 20 e tantos estados e os 5.560 e tantos municípios poderiam exigir sempre e plenamente o tributo respectivo. E diz ele: "Não. Cada município pode exigir ISS. Haverá tantos ISS quantos forem os municípios brasileiros. Por isso, para saber qual é o competente, que município pode exigir ISS, é preciso verificar, agregando um outro critério, o critério territorial". Então, a conjugação de critério material com a conjugação do critério territorial é que vai indicar qual é, entre os 5.560 e tantos municípios, aquele competente para exigir o ISS. Só um deles será competente, aquele onde o serviço for prestado.

Mas, voltando a Geraldo Ataliba, lembre-se que, se a hipótese de incidência tributária – ou, para o professor Paulo de Barros Carvalho, se a norma jurídica tributária é indivisível, é incindível, eu tenho quer conjugar os vários critérios para não incidir em erro. E, para tanto, é preciso que se tenha presente que, no caso do ISS, para eu saber quando e onde é devido o ISS, é preciso ter presente que o ISS é devido onde o serviço for prestado, mas só quando ocorrer a prestação de serviço. Então, eu preciso saber quando é que ocorre a prestação para saber onde é devido. É preciso identificar aquele átimo, aquele momento que é o perfazimento de todos os critérios, para que eu possa falar em incidência do ISS. Ora, eu li, recentemente – não sei se no jornal de ontem ou de hoje – que um assessor de um município disse: "Não, mas agora, as coisas são todas feitas muito rapidamente, com a evolução da Cibernética". Então, num átimo de tempo, em um só instante, se define quem está oferecendo a alguém um *leasing* e, aí, vai para alguém, um local onde se pode dizer se há aceitação ou não e, portanto, os locais onde o ISS é devido estão naqueles municípios que encaminham o pedido. Ora, isso não pode ser verdade, isso não pode ter o menor nexo, porque se a resposta onde deve ser dada for não, não tem credenciais suficientes para realizar o *leasing*, ele não se realiza a despeito das oferendas que possam ter sido feitas pelos concessionários nos vários municípios de São Paulo adentro ou do Brasil afora. É preciso, portanto, que, em certo local, em certo estabelecimento – eu quero abrir um parêntese para dizer o seguinte: Eu vi um ministro do STJ dizendo o seguinte: "Ora, mas não era a sede". Mas não era a sede há muito tempo, meu filho. Não precisa explicar isso para ninguém. Todo mundo sabe onde é o estabelecimento prestador, seja ele sede, matriz ou filial, não importa, é no estabelecimento prestador. Não precisa doutrinar isso, não.

Mas é estabelecimento prestador aquele que tem condições de concluir o, entre aspas, serviço de *leasing* . Isso não é em quem propõe. Não é onde se propõe, não é onde se angaria. E o Supremo já decidira matéria similar no caso dos consórcios, dizendo: "Pouco importa onde haja a captação. O importante é saber se foi aprovado, se ele foi admitido como consorciado, se reuniu condições para tanto, ou seja, um local onde se analise a proposta, se defira ou indefira, se abone ou se negue. Só lá, e apenas lá, pode ocorrer a incidência de ISS". Disse um ministro do STJ: "Ah, mas isso implicará a criação de paraísos fiscais". Pode ser. Mas é melhor paraísos fiscais do que infernos ilegais, porque inconstitucionais.

Bem, é preciso eu ter presente que o concessionário lá, na ponta, pode servir como intermediador, mas essa é uma outra espécie de prestação de serviços que não o *leasing* propriamente dito. Veja-se o que ocorre, por exemplo, no reflorestamento, nas pesquisas eleitorais ou de qualquer outra espécie. Vejam, quando eu faço pesquisa eleitoral, eu entrevisto um certo número de pessoas em um município "A" ou um bairro "B", se for alguma coisa no âmbito municipal. Mas se eu parar essa atividade ali, não resulta absolutamente nenhum serviço prestado. Porque é preciso ter em conta que os serviços são de duas categorias, ou de duas naturezas. Serviços fracionáveis e serviços não fracionáveis.

Eu não tenho alguém para tomar de modelo aqui, mas uma das jovens aí vai ao cabeleireiro e, cansada de cortar o cabelo nos moldes tradicionais, resolve cortá-lo bem curtinho. E quando o rapaz cortou o lado direito na medida em que ela pretendia alguém diz assim: "Olha, estão furtando o seu carro". E ele sai correndo, larga a jovem com o cabelo meio cortado. Ela não é *punk*, não é *funk*. Nós podemos dizer que houve prestação de serviços? Não. O serviço é infracionável. Não houve conclusão do serviço. Portanto, não há que falar-se em ISS devido. Nessa mesma linha, eu tenho que ter presente que o ISS só pode ser devido no estabelecimento prestador, por força do que dispõe a lei complementar. Mas, ainda que ela não dispusesse, é só naquele local onde puder ser concluído o *leasing*. Onde puder ser ultimado o serviço, em decorrência da aprovação de uma proposta, que veio não importa de onde. E é nesse momento e só nesse local que cabe a incidência do ISS. Felizmente, eu li no jornal que me deram, não sei se foi ontem ou hoje, que três ministros já haviam, no STJ, votado pela possibilidade de incidência do ISS apenas onde houvesse essa ultimação, essa conclusão da prestação nos, entre aspas, serviço de *leasing*.

Bom, isso posto, quais seriam os critérios da consequência? Deixando de lado o aspecto, o critério pessoal, qual seria, concretamente, a base de cálculo e a alíquota, nesse caso? Como o que nós temos pela frente é um – desculpe se eu insisto ainda nos exemplos, mas o ornitorrinco, só que esse é um que, além do mais, voa – como é que vou identificar a base de cálculo, um dos critérios do consequente? Como é que eu vou precisar qual é a base de cálculo? E, para isso, preciso ter presente que a base de cálculo do ISS é o preço do serviço. Mas as leis municipais – eu não conheço nenhuma diferentemente do que eu vou dizer – dizem que serviço tem por base o preço e preço é a receita bruta a ele correspondente, sem qualquer dedução. Ora, se isso é verdade, como parece ser, eu tenho que identificar não o que fazem os administradores, que vão logo para a receita bruta, vão logo analisando o adjetivo, sem ter examinado o substantivo. Eu preciso saber o que é receita. Eu, primeiro, preciso distinguir receita de ingresso. Ingresso, como gênero, receita como espécie desse gênero. Definindo o que é receita – e receita, não vi conceito nenhum diferente disso, seja no campo do Direito, seja no campo da Economia, seja no campo da Contabilidade, senão porque receita é ingresso que se incorpora ao patrimônio de quem a aufere, incrementando um elemento novo positivo.

Ora, se alguma coisa não acresce o meu patrimônio, não é receita. Portanto, não tem que analisar a bruta ou não. Primeiro, é preciso que seja receita. Só depois de concluir o que é receita, como elemento que ingressa no patrimônio, que acresce meu patrimônio, como um elemento novo positivo, é que eu posso falar de receita bruta. E é da receita bruta que não cabem deduções. Mas é algo diferente disso incluir alguma coisa que não cabe na receita. Se não é receita, não há que falar-se em dedução, porque sequer pode ser incluído. É diferente não incluir do que deduzir daquilo que está incluído. Tem páginas excelentes sobre isso escritas pelo professor Humberto Ávila. É diferente.

Então, se não é receita bruta, não há falar-se em alguma outra coisa que possa ser incluída. E, então, eu tenho algumas situações no *leasing* que podem compor a base de cálculo do ISS. Mas eu não posso compô-la com o valor residual garantido, que nunca pode onerar a base de cálculo do ISS ou representar, pois foi uma venda que, em tese, estaria sujeita ao ICMS. O valor de venda do bem, também penso, não pode ser incluído na base de cálculo do ISS. Tributos de outras esferas de governo também não me parecem. Leia-se, para tanto, os votos dos ministros Celso de Melo e Marco Aurélio Melo.

Em resumo, como já me chamaram a atenção para que o meu tempo está se esgotando, o serviço de *leasing*, em face à decisão do Supremo, deve pagar ISS. Mas se pensarmos como o professor Humberto Ávila, que a base de cálculo consistiria na intermediação havida, extraída por ele das várias manifestações do Supremo, não poder-se-ia incluir o valor do financiamento. Não o valor de aquisição do bem pela arrendadora; não o valor residual garantido. Se, diversamente, entendermos como defendeu o mestre Roque Carrazza, que o Supremo decidiu que o *leasing* incide sobre o valor do financiamento, ainda assim, não poderia abranger nem o valor do bem adquirido pela arrendadora, nem o valor residual garantido. As duas posições são extremamente respeitáveis. As duas posições haverão de ser objeto de um questionamento grande, outra vez, no Supremo. O importante, penso eu – senhora presidente –, é que a base de cálculo não contempla hipóteses que não podem compor a receita bruta do ISS.

Elizabeth Nazar Carrazza – Eu vou passar agora a palavra à professora Fabiana Del Padre Tomé. A doutora Fabiana é mestre, doutora em Direito pela PUC-SP, professora no curso de Mestrado na PUC-SP; professora nos cursos de especialização promovidos pela PUC-SP e pelo Instituto Brasileiro de Estudos Tributários – IBET e advogada em São Paulo, no escritório Barros Carvalho Advogados Associados. Publicou *A Prova no Direito Tributário*, *Contribuições para a Seguridade Social à Luz da Constituição Federal* e artigos em obras conjuntas e revistas especializadas. Apesar de jovem, bem jovem, a doutora Fabiana é uma das grandes juristas da sua geração. Com a palavra, professora.

Industrialização por Encomenda

Fabiana Del Padre Tomé – Boa tarde a todos. É uma grande honra poder participar, mais uma vez, deste tão prestigiado congresso, dirigido atualmente pela professora Maria Leonor Leite Vieira. E poder também participar e compartilhar dos trabalhos dessa mesa ilustre, composta por pessoas tão renomadas e conhecedoras do nosso direito, como as professoras Betina, Beth Carrazza, Regina Helena Costa e o nosso querido mestre, professor Aires Barreto, que já nos brindou com uma maravilhosa exposição sobre o ISS. Eu me sinto até constrangida em tecer alguns comentários sobre esse imposto, após a fala do professor Aires Barreto. Mas aproveitarei para me valer de suas lições e tentar, nesta ocasião, desmembrar ou destrinchar um pouquinho desse intrincado problema que envolve a industrialização por encomenda.

Uma primeira observação que se faz necessária é a de que, em última instância, o tema central desta palestra consiste em conflito, como o título da exposição sugere, muito ligado ao foco deste congresso, voltado para a tributação e o federalismo. Isso porque, ao tentar definir o conceito do que seja uma industrialização por encomenda, procurando construir critérios para, nas mais diversas áreas, identificar se estamos efetivamente diante de um serviço ou se se trata verdadeiramente de uma industrialização, nós chegaremos a conclusões a respeito de qual o tributo que incide e, por conseguinte, qual a unidade da Federação que fará jus àquelas receitas tributárias.

A Constituição brasileira é muito cuidadosa, minuciosa em vários aspectos.

Dentre eles, destacamos a repartição das competências para a instituição de impostos. Ao fazê-lo, o constituinte atribuiu à União a competência para instituir impostos sobre produtos industrializados, aos Estados e ao Distrito Federal a competência para tributar as operações relativas a circulação de mercadorias e, aos Municípios, a aptidão para instituir impostos sobre serviços de qualquer natureza. Vejam que são três fatos distintos: (i) industrializar produtos; (ii) circular mercadorias e (iii) prestar serviços. São três nuances que partem de concepções distintas do negócio jurídico.

Neste ponto, faço questão de ressaltar que a nossa Constituição, ao repartir as competências, fê-lo com base em aspectos jurídicos. Por isso mesmo é que Alfredo Augusto Becker já criticava, há tempos, a interpretação econômica do chamado "fato gerador". Ora, se nós pensarmos em tributação de fatores meramente econômicos, não haveria como ter-se essa repartição das competências. Vide o caso de uma indústria que, ao dar saída ao produto industrializado, deve recolher o IPI, em virtude da industrialização e, também, o ICMS, porque aquele produto industrializado é uma mercadoria. Então fez essa seleção, o constituinte, a partir de critérios jurídicos inerentes às operações praticadas.

A delimitação dos traços configuradores de cada fato suscetível de tributação não está, porém, posta expressamente no Texto Constitucional. Não há, ali, a definição do que seja uma industrialização, uma circulação de mercadorias ou uma prestação de serviços. Mas, como foi anotado, inclusive na mesa que nos precedeu quanto ao conceito de renda, apesar de seus aspectos não estarem definidos de modo expresso em algum dispositivo constitucional, a partir dos vários preceitos da Carta Magna, ou seja, efetuando-se análise sistemática conseguimos construir uma ideia, uma noção do que seja renda, que precisa, portanto, ser respeitada pelo legislador infraconstitucional. Também, aqui, partimos de concepções que, examinando em conjunto os dispositivos constitucionais e, ainda, fazendo interpretação sistemática que considere as normas gerais de Direito Tributário e as próprias normas do Direito Privado, que também são subjacentes a essa repartição das competências, servem como norte para fins de estabelecer critérios para observância à repartição de competências tributárias.

Para demonstrar um pouquinho mais da relevância desse tema, convém anotar que ele acaba tendo reflexo não apenas quanto ao "conflito" ora examinado, relativo à incidência dos impostos sobre produtos industrializados, circulação de mercadorias e prestação de serviços. Seus reflexos atingem até mesmo discussões relativas ao Imposto sobre a Renda, porque as pessoas jurídicas tributadas com base no lucro presumido terão a sua base de cálculo para fins de IRPJ determinada com percentual diverso, conforme se trate de um prestador de serviço ou de atividade de indústria. Em virtude disso, a União, em 2007 se eu não me engano, editou um ato declaratório interpretativo para estabelecer os critérios que considera pertinentes para fazer essa segregação. E esses critérios seriam verificados a partir da predominância do fornecimento de materiais ou de mão de obra. Nessa esteira, se em determinada atividade houvesse preponderância dos custos dos materiais fornecidos e uma menor parcela em relação aos custos de serviços, estar-se-ia diante de industrialização com comercialização de mercadorias. Se, por outro lado, a preponderância fosse do custo da atividade, do serviço envolvido, então estaríamos diante de prestação de serviço.

Adotando essa linha de raciocínio, o caso da tributação do fabrico de embalagens acabaria sendo tido, normalmente, por serviço, visto que o custo do papelão ou vidro na produção da embalagem, assim como da tinta, por exemplo, é menor no montante agregado do que o custo da atividade ali desenvolvida. Só que esse, mais uma vez, é um critério que leva em consideração aspectos de custos de produção meramente econômicos. E, como nós vimos, e vemos diversas passagens do nosso Texto Constitucional, assim como da doutrina brasileira, a interpretação deve ser efetuada mediante critérios jurídicos, porque foi esse o norte tomado pelo nosso constituinte.

Então, esse ato declaratório interpretativo da Receita Federal do Brasil, já não se sustenta. Primeiro, em virtude do critério econômico adotado. Segundo, porque, como demonstraremos em seguida, o STJ adotou uma posição diferente e o STF também vem utilizando critérios diversos. Por isso mesmo, parece-me que precisamos estabelecer, a partir da nossa legislação, alguns pontos de partida do que seja industrialização, do que seja a circulação de mercadorias e do que seja uma prestação de serviços.

Que é industrialização? Bom, o Código Tributário Nacional, na qualidade de diploma que veicula preceitos de normas gerais de Direito Tributário, exatamente objetivando estabelecer critérios para prevenir conflitos de competência, dispôs, no art. 46, parágrafo único, que se considera um produto industrializado aquele que tenha sido submetido a uma operação que modifique a natureza ou a finalidade, ou o aperfeiçoe para o consumo. A industrialização – e esse é um ponto nevrálgico –, envolve um "fazer" porque consiste exatamente nessa operação de modificar algo: a finalidade, a natureza, ou aperfeiçoá-las. Mas esse "fazer" não é o objetivo último. Esse fazer é necessário para desencadear um "dar", consistente na *entrega do produto industrializado*.

O ICMS, incidindo sobre a venda de mercadorias, também não tem lugar quando o negócio volta-se a um "fazer", embora seja precedido dele. A entrega de mercadoria, que é a finalidade última, concretiza-se pelo "dar". Mas, para que se aperfeiçoe, depende de um procedimento inerente ao fazer, como a atividade de negociação.

Mas qual é o objetivo da compra e venda? Qual é o objetivo da industrialização? É exatamente esse produto, que há de ser *entregue*. É esse produto que eu quero. Eu não vou contratar a atividade, em si, de algum profissional. Eu quero o produto que aquele profissional desenvolve. No caso, que aquela pessoa jurídica desenvolve. Então, já precisamos ter em mente esse primeiro critério definitório da industrialização. O "fazer" é uma etapa intermediária daquela que se caracteriza como atividade--fim, a qual, por sua vez, diz respeito a uma obrigação de "dar", de entrega do produto industrializado.

E na circulação de mercadorias? Bom, já sabemos, com base nas lições do professor Geraldo Ataliba e do professor Roque Carrazza, que não pode ser tida como qualquer operação, mas em uma operação jurídica. E, ainda, que essa circulação não é uma mera circulação física daquela mercadoria, exigindo a transferência da titularidade do bem. Também aqui temo um "fazer" que acarreta algo a "dar". Esse fazer vai ser mera atividade intermediária. A finalidade é a entrega do bem, mediante transferência da titularidade. Eis mais um ponto para termos em mente.

E o serviço? No que diz respeito à incidência do IPI e do ICMS, quando estamos avaliando a questão de atividade industrial, são tributos que caminham mais ou menos juntos. Não vamos entrar em detalhes, pois cada um tem suas particularidades. Mas eles acabam tendo por critério temporal a saída de mercadoria que, no caso, é um produto industrializado, elemento do critério material. Quanto ao serviço, verifica-se haver uma distinção. O serviço, que é de competência municipal, incide sobre "fazer". O que eu almejo, na sua contratação, é a atividade, ainda que ela possa acarretar um bem a ser entregue, onde se materializa todo o esforço. Convém, nesta oportunidade, valer-me das lições do professor Aires Barreto para dizer que serviço é o esforço de pessoas desenvolvido em favor de outrem, com conteúdo econômico, sob regime de Direito Privado, em caráter negocial, tendente a produzir uma utilidade material ou imaterial.

Vejam que, tanto na industrialização, como na circulação de mercadorias e na prestação de serviços, normalmente há uma utilidade imaterial (fazer), gerando utilidade material (bem). No final das contas, o esforço humano desencadeia um objeto que vai ser entregue. Mas, qual é o objeto do negócio jurídico? O que eu quis, quando contratei aquele serviço? Eu objetivava que se desenvolvesse algo para mim? É isso o que eu estou contratando, a atividade de desenvolver determinada utilidade material, de modo que o foco está nesse "fazer"? As respostas a tais questionamentos já permitem que tentemos traçar critérios para a distinção das hipóteses em que eu tenho uma verdadeira industrialização e daquelas em que há a prestação de um serviço. Sob o título, o manto da "industrialização de encomenda", podemos encontrar essas duas situações. Por isso é que eu coloquei, ali, entre aspas, essa industrialização por encomenda. Porque, se estivermos diante de verdadeira "industrialização por encomenda", ter-se-á "industrialização", com incidência do IPI, e, por conseguinte, do ICMS também. Mas, muitas vezes, atribui-se esse nome a algo que não é propriamente uma industrialização.

Como veremos, o STJ e o STF acabam adotando critérios distintos. Nossa proposta, por isso mesmo, não é inovadora: propomos que se adote um velho critério. "Velho", no sentido de tradicional, da distinção entre a obrigação de fazer e a obrigação de dar. O foco, o objeto do negócio jurídico, o que é que eu quero, quando eu contrato, deve nortear tal distinção. Desejo obter um bem, ainda que resultado de uma atividade, um meio de fazer? Ou o que eu contrato é o fazer, ainda que ele acarrete um objeto a ser entregue?

Como é que o STJ se posicionou a respeito do assunto? Eu trago aqui a decisão proferida no Recurso Especial 1.092.206-SP, da relatoria do Min. Teori Zavascki, julgado em 2009 – portanto, dois anos após aquele Ato Declaratório da Receita, de modo que, por mais esse motivo, concluímos que referido Ato Declaratório não tem a menor aplicabilidade. Nesse caso, o STJ tomou como critério a existência de previsão ou não na lista de serviços. Isso confirma, de certo modo, pelo menos naquele julgado, em que se apreciava a questão da indústria gráfica – ou dos serviços gráficos, porque há essa dualidade também –, confirmou o posicionamento do STJ já confirmado na Súmula 156, em que ele estipulava que a prestação de serviços de composição gráfica personalizada e sob encomenda, ainda que envolva o fornecimento de mercadorias, estaria sujeito apenas ao ISS. Agora, o problema é que, na prática, nós temos vários tipos de atividades de composição gráfica. E uma coisa é contratar, por exemplo, um *banner* para se colocar aqui, neste congresso. Em tal circunstância, o que se contrata é uma atividade personalizada, feita especificamente para essa utilização. O núcleo, portanto, é um "fazer". Outra hipótese são as gráficas que atuam como verdadeiras indústrias, em que, apesar de utilizarem essa atividade de composição gráfica, têm como objeto central a entrega de bens. É o que acontece, já antecipando o meu entendimento, em relação à produção de embalagens. Nesse caso, o que se deseja é a compra das embalagens, ainda que elas precisem ter o logo do contratante, ainda que elas precisem ter certas características para poder acomodar o produto.

Mas, voltando à posição do STJ, convém identificar e examinar o critério que ele utilizou. Isso porque não estamos nos propondo, simplesmente, a examinar as decisões aplicáveis para a atividade de composição gráfica. Se assim fosse, teríamos que analisar serviço por serviço, ou conflito por conflito. Vamos tentar, então, ver os critérios utilizados, para manifestarmos criticamente sobre eles. E o critério aqui utilizado foi "estar compreendido na lista de serviços" – no caso, a Lei Complementar 116. Acontece que tal critério desencadeia uma série de problemas. Primeiro, porque sabemos que as leis complementares, inclusive a Lei Complementar 116, apesar de expressamente referida na Constituição, quando atribui competência para a tributação dos serviços, sua função continua sendo a de servir de mecanismo de calibração para tentar evitar conflitos entre as unidades federativas. Então, ela não está acima da Constituição. E a nossa lei complementar traz uma série de itens que nem serviços são. Muitas vezes, traz itens que, eu diria, são obrigações de dar – a exemplo do aval, da fiança, do próprio arrendamento mercantil, a questão do *leasing*, e tantas coisas que, impropriamente, estão ali. Estar listado na lei complementar, portanto, não é um critério seguro. Além disso, na lei complementar há referência a determinados serviços que, conforme a sua acomodação, também se prestam a uma outra finalidade. Estão referidos, também, na legislação do IPI. Isso já permite concluir que olhar apenas para a presença ou não da referência de algo na lista de serviços anexa à Lei Complementar 116 não é um critério muito seguro.

Em virtude disso, o STF, instado a manifestar-se, vem trilhando caminho diverso. Não é uma posição definitiva – por isso é que, trazido aqui aos debates, críticas, reflexões –, mas está em vias de se concretizar uma posição para estabelecer algum tipo de critério. Nos autos da medida cautelar da Ação Direta de Inconstitucionalidade n. 4.389, de relatoria do Ministro Joaquim Barbosa, foi deferida a liminar pleiteada, abrangendo exatamente essa questão que envolve a composição gráfica, mais especificamente no âmbito da industrialização por encomenda de embalagens. Para tanto, a Colenda Corte tomou um outro critério. Podemos mencionar que é o critério da finalidade ou, conforme uns trechos ali, constante dos votos, o critério do usuário. Porque, trazendo aqui um pequeno trecho, alude que o ISS não incide sobre operações de industrialização por encomenda de embalagens destinadas a utilização direta no processo subsequente de industrialização ou circulação de mercadorias. Quer dizer, tomou-se pelo critério do adquirente. Para quem é que vai aquele produto encomendado? Ah, é uma indústria? Então, integra o ciclo produtivo, incidindo ICMS e IPI. Ou, foi encomendado por um usuário final? Nesse caso, recai o ISS.

Acontece que, lendo os trechos dos votos dos diversos ministros, nós vemos que o critério não está tão firme, tão consolidado. Tomar o critério do usuário acaba também gerando uma série de conflitos. Tanto a adoção com base apenas na lista de serviços, como a adoção de um critério apenas com base no usuário, se nós formos aplicar isso a outras hipóteses, a outras situações, poderão não gerar o efeito satisfativo, no sentido de implementar aquilo que parece mais justo, que talvez tenha gerado a concessão daquela liminar.

Quando eu critiquei a decisão do STJ, que tomou como critério apenas a lista de serviços, foi pelo fato de que ela não se presta para identificar se algo é serviço em suas particularidades. Apenas ilustrativamente, vejamos alguns casos. O item 13.05, que refere à composição gráfica, levando a esse conflito entre a produção gráfica mais simples, personalizada efetivamente e aquela que é uma produção em série, em escala industrial. Além de outros itens como o 14.05, que traz a referência à restauração, condicionamento, beneficiamento, dentre outros. E se nós formos olhar lá, no Regulamento do IPI, encontraremos o quê? Que ele define como industrialização, dentre outros, também a transformação, o beneficiamento, a montagem, acondicionamento, renovação, recondicionamento. Esses itens coincidem com tópicos da lista de serviços!

Então não dá para eu simplesmente falar: isso está na lista de serviços, é sujeito ao ISS. Ou está previsto na legislação do IPI, sujeitando-se ao imposto federal. Por quê? Porque o beneficiamento, por exemplo, pode ser personalizado ou não. Pode ser que um usuário qualquer, eu, Fabiana, ou então, uma indústria, precise de um beneficiamento de granito. Pode acontecer que eu tenha uma pedra, ou que precise que me seja fornecido um pedaço de granito com determinadas dimensões para que eu possa utilizar na minha casa, na minha pia, no meu chão. Ou, pode ter-se uma indústria, pleiteando essa mesma finalidade, para o granito integrar o seu ativo permanente, também no chão ou em uma bancada, por exemplo. São situações em que, sendo uma indústria ou sendo um sujeito individual, tem-se uma personalização daquele beneficiamento. O fornecedor/prestador obtém um pedaço ou alguns pedaços da pedra bruta para aplicar-lhes aquelas dimensões, aquelas características solicitadas, desenvolvendo essa atividade para, no final, entregar aquele objeto desejado. Outra coisa é aquela mesma indústria, que comprou uma pequena quantidade do granito para colocar no seu chão, no seu balcão etc., também solicitar outro objeto, qual seja, encomendar uma grande quantidade, algo numa larga escala, para que ela possa utilizar em outros projetos, aplicando-os na sua industrialização, na sua revenda, no seu ciclo produtivo.

Qual é a diferença nessas duas hipóteses? O usuário pode ser o mesmo. A indústria pode solicitar algo individualizado, personalizado. Ou a indústria pode solicitar algo que vai ser feito em grande escala, de uma forma massificada. Podemos perceber, desde logo, que o usuário não é um critério para definir a incidência de um ou outro tributo.

Podemos aplicar, para este tema, as lições dos nossos queridos professores, queridos mestres Paulo de Barros Carvalho, Roque Antônio Carrazza, Geraldo Ataliba, quando à inadmissibilidade jurídica da distinção entre "contribuinte de fato" e "contribuinte de direito". Ora, o chamado "contribuinte de fato" não é contribuinte. O consumidor final paga o preço por aquele objeto que ele está comprando. Contribuinte, efetivamente, será aquele constante do polo passivo da regra matriz de incidência.

Vejamos a regra matriz de incidência, esquematizada pelo professor Paulo de Barros Carvalho, que nos ajuda, tantas vezes, a identificar esses critérios. Nela não há lugar para a figura do mero "usuário". Ali eu não identifico o consumidor, mas sim quem pratica o negócio jurídico. Então, quem desempenhar a atividade do "fazer" ou quem desempenhar a atividade cujo objeto negocial seja o "dar", é que vai ser o contribuinte. Por esse motivo, eu me aproximaria mais dos critérios do STF, mas deslocaria essa visão do usuário para o objeto contratual. Isso porque o usuário, sendo uma indústria, pode fazer uso de um serviço personalizado, um fazer que ela contrata, assim como ela pode fazer uso dessa industrialização por encomenda, como verdadeira industrialização, em que predomina como objeto contratual o bem em si. E isso se aplica tanto em relação à industrialização por encomenda de embalagens: uma indústria pode contratar as embalagens em si, desejando o produto ("dar"), ou pode fazer uso, na indústria gráfica, de panfletos, de outros elementos que, aí sim, são personificados. Eu vou olhar para quem? O que é que difere nesses casos? Seria o usuário? Não. O que difere aí é quem produz, ou melhor, a atividade que produz. Porque pode ser que um mesmo sujeito seja contribuinte de duas atividades, desempenhando ora um "fazer", ora um "dar".

Quando o contribuinte desempenhar uma atividade personalizada, bem delimitada, em que se contrata esse esforço, estaremos diante da prestação de serviços, sujeita ao ISS. Se o sujeito, por ouro lado, praticar uma atividade em que aquele beneficiamento, aquela montagem, aquela composição gráfica, assume uma escala que perde essa personalização – por mais que eu tenha alguns elementos dimensionadores – ter-se-á atividade de indústria. É o que ocorre, por exemplo, quando um encomendante de mercadorias já faz suas especificações (eu quero um produto de tal tamanho; uma roupa da tal medida). A locadora, quando vai comprar os automóveis, também escolhe os mais demandados (marca, cor). Mas o que é que tais contratantes pretendem? Estão demandando um "fazer"? Não. Estão pleiteando um bem.

Então, parece-me que, adaptando um pouco aqueles critérios do STF, poderíamos deslocar do usuário, que é mero consumidor, para olhar efetivamente a atividade desenvolvida, identificando, ali – e esse é um critério para ser aplicado a cada situação – se se está diante de algo efetivamente personalizado e, portanto sujeito ao ISS, ou algo massificado e, portanto industrializado, sujeito ao IPI e ao ICMS.

Eis um critério possível, como anunciei aqui. Uma proposta, diante dessas discussões judiciais que têm se instalado, para que nós possamos, mais uma vez, cumprindo as finalidades deste Congresso, refletir e contribuir para, esperamos, o aprimoramento da doutrina e da jurisprudência. Ficam, assim, as expectativas de que com essas decisões, e mediante critérios seguros, tenhamos uma maior segurança jurídica no nosso ordenamento. Muito obrigada pela atenção de todos.

Elizabeth Nazar Carrazza – Parabéns, doutora Fabiana, pela sua brilhante exposição. E, em seguida, vou passar a palavra para a professora Betina Grupenmacher. A professora Betina, mestre em Direito Tributário pela PUC-SP, doutora em Direito Tributário pela Universidade Federal do Paraná, pós-graduada pela Universidade de Salamanca – que, na verdade, foi uma pós-doutorado que ela fez na Espanha e pela Universidade *[truncado na gravação]* da Argentina; professora adjunta dos cursos de Graduação e Pós-Graduação, Mestrado e Doutorado em Direito Tributário da Universidade Federal do Paraná, profere palestras e aulas em diversos eventos. Autora de inúmeros artigos no campo de Direito Tributário. *[Truncado na gravação] Eficácia e Aplicabilidade das Limitações Constitucionais do Poder de Tributar*, *Tratados Internacionais em Matéria Tributária e Ordem Interna*. Coordenadora das obras *Cooperativas* e *Tributação em Direito Tributário no Código Civil*. Presidente do Instituto de Direito Tributário do Paraná, presidente do Instituto de Estudos Tributários e Relações Econômicas Internacionais. A professora Betina é conhecida de todos nós, é uma grande expositora. Vocês terão a oportunidade, agora, de verificar novamente isto. Com a palavra, professora.

Importação e Exportação de Serviços

Betina Treiger Grupenmacher – Boa tarde a todos. Já é boa noite, praticamente. Inicialmente, eu gostaria de registrar, mais uma vez, a minha satisfação e honra pelo convite que me foi formulado pelo IDEPE. É um congresso muito prestigiado, muito tradicional. Então, nós que somos agraciados com esse convite, de fato, nos sentimos honrados. Registrar, também, a minha satisfação de compor uma mesa ao lado de tão. Dizer que essa é uma delícia de uma mesa, com amigos realmente muito queridos, grandes mestres. Eu tenho, aqui, a professora Elizabeth Carrazza, que foi minha mestre, minha professora em nível de graduação, aqui na PUC-SP; a professora Regina Costa, que também foi minha professora na graduação; o professor Aires, no mestrado – e, contemporânea, professora Elizabeth, porque ela é muito jovem e eu também nós. E a professora Fabiana. Então, realmente são amigos. E, para minha sorte, são grandes amigos e ilustres juristas. Então, eu me considero abençoada mesmo, com amizades tão queridas.

Eu fui incumbida de lhes falar sobre a importação e a exportação de serviços. Esse termo, na verdade, sugere uma análise à luz do arquétipo funcional dos referidos tributos, porque essa análise demonstra, indica, sobretudo no que diz respeito à importação, as incidências que recaem sobre a importação de serviços, algumas incondicionalidades que merecem um enfrentamento, que eu vou procurar fazer brevemente, aqui, durante a minha exposição. O Brasil, o ordenamento jurídico brasileiro, enfim, adotou o princípio do destino. E, com isso, optou por desonerar as exportações de produtos e serviços, onerando as importações. Com que propósito? Ao desonerar as exportações, a ideia é exportar produtos e serviços e não exportar tributos, tornando interessantes os nossos produtos e serviços no mercado internacional. Onerando as importações, o objetivo é o contrário, ou seja, é tornar mais interessante a aquisição dos produtos e serviços nacionais, porque os importados estariam com preço mais elevado, dada a incidência da carga tributária. Os propósitos são nobres e interessantes, em termos econômicos, mas esses propósitos, de índole regulatória e econômicos, não podem se sobrepor à aplicação da Constituição. Então, embora seja interessante para a economia brasileira que assim se pratique essa tributação, desonerando as exportações e onerando as importações, a oneração das importações não pode atropelar o que a Constituição estabeleceu. E é nesse ponto que eu pretendo chegar, ainda que de maneira mais rápida e breve.

É importante ressaltar que a importação de serviços está sujeita, além do ISS, do ICMS, do PIS e da CONFINS, do Imposto sobre a Renda e da CIDE. Então, realmente, há várias incidências que recaem sobre a importação de serviços. Enfrentando inicialmente a exportação de serviços, o que há na verdade, a preocupação é tão grande, do constituinte brasileiro, em desonerar as exportações, que as regras que impedem essa tributação estão estabelecidas em nível constitucional e são, na verdade, regras imunitórias. Então, a gente tem em relação à CIDE, uma previsão específica de que elas não incidirão sobre as receitas decorrentes da exportação, inclusive de serviços. O ICMS, a mesma coisa. Não incide na exportação de produtos e serviços. E, em relação ao ISS, a Constituição não cuidou, como fez em relação a outros impostos, de estabelecer uma regra imunitória do ISS na importação de serviços. Mas, delegou essa função ao legislador complementar, dizendo que se assim entendesse correto, o legislador poderia excluir da incidência do ISS a importação dos serviços. E o legislador que editou a Lei Complementar 116 de 2003, realmente levou a cabo essa autorização constitucional, essa prerrogativa constitucional e onerou a importação de serviço – perdão – desonerou as exportações de serviços, através da regra do art. 2º da Lei Complementar 116 de 2003. Ao mesmo tempo que desonerou as exportações, a Lei Complementar 116, no seu art. 2º, onerou as importações e o fez no § 1º do art. 1º da Lei Complementar 116 de 2003. Então, nós temos o art. 1º da Lei Complementar 116 de 2003, reproduzindo o que está no arquétipo constitucional do tributo do ISS e determinando que o imposto incide sobre prestações de serviços no *caput* e, no § 1º, sobre as importações de serviço, tanto em relação àquele serviço integralmente prestado no Exterior, como aquele iniciado no Exterior e concluído no Brasil. Então, há uma previsão de importação – de incidência de ISS na prestação de serviços, nessas duas situações. Com relação aos serviços integralmente prestados no Exterior o tomados por um tomador brasileiro e utilizado por um tomador brasileiro, como em relação a serviços iniciados no Exterior e concluído no Brasil.

Em relação a essa situação, quer me parecer que a segunda hipótese, aqueles serviços iniciados no Exterior e concluídos no Brasil, não podem ser considerados como serviços importados, na minha opinião. Porque, como bem ponderou aqui o professor Aires Barreto, o que interessa para o direito, para a ciência do Direito, é o fato completo e acabado. Ou seja, não nos interessa meio fato jurídico tributário ou meio fato imponível, ou meio fato gerador. Interessa para o Direito, o fato jurídico tributário, fato imponível, fato gerador completo e acabado. E qual é o fato gerador, o fato imponível do ISS? Prestar serviço. Eu só posso considerar um serviço prestado quando ele estiver ultimado, perfeito e acabado. Se ele se ultimar em território brasileiro, sobre ele incidirá a lei do município em que ele aconteceu. E, nessa hipótese, eu não terei efetivamente uma importação de serviços. Eu terei um serviço que se ultimou, se completou em território brasileiro e, portanto, não há de se falar em importação de serviços, no meu entendimento, nessa segunda situação.

No entanto, em relação à primeira, de fato há uma importação de serviços. O serviço foi ultimado no Exterior, mas tomado por um tomador brasileiro ou por um brasileiro. Nessa situação é importante relembrar – porque todos os senhores já sabem disso – que, segundo se interpreta ou se extrai do arquétipo constitucional do ISS, o aspecto espacial do ISS ou critério espacial do ISS é o local em que reputa ocorrido o fato imponível ou o fato jurídico tributário. Ou seja, o local onde o serviço é ultimado, onde ele se completa. É esse o único aspecto espacial, ou critério espacial possível, em relação ao ISS. É esse o critério espacial, o aspecto espacial que deveria ter sido reproduzido no âmbito da Lei Complementar 116 de 2003, para que ela não incidisse em inconstitucionalidade.

No entanto, como nós pudemos verificar da exposição já do professor Aires Barreto, não é isso o que ocorreu, no que diz respeito à Lei Complementar 116 de 2003, que estabeleceu, no art. 3º – como já fazia o Decreto-lei 406 de 2006, no seu art. 12, alíneas "a" e "b", que, o serviço considera-se ocorrido no local do estabelecimento do prestador. Até aí tudo bem. Ou na falta desse, no domicílio do prestador. Aí sim, essa é uma regra absolutamente constitucional, que a literalidade é a mesma que estava no art. 12 do Decreto-lei 406 de 2003, em relação a qual a jurisprudência é claudicante desde 1968. Ora a jurisprudência acha que o domicílio é válido, ora acha que não é válido, ora acha que o estabelecimento do prestador, ora acha que não é, criando aquele habitual estado de insegurança jurídica que nos atinge a todos, o tempo todo, em relação à jurisprudência dos tribunais superiores.

Então, essa regra do domicílio não é nem uma presunção, é uma ficção. O professor Paulo Aires dizia aqui, referindo ao professor Geraldo Ataliba, que as presunções devem ser olhadas com cautela, no Direito. Que o professor Geraldo reproduziu ele aqui, dizia que, onde há fumaça há fogo, mas que às vezes onde há fumaça não há, necessariamente, fogo. E falou, aqui, da esquadrilha da fumaça, enfim. Aqui não há nem fogo, nem fumaça, não há nem nada, nada disso. O legislador simplesmente disse o seguinte: Eu sei que o serviço não aconteceu aí, mas eu considero ocorrido. Ou seja, criou uma ficção absolutamente inconstitucional. Como eu disse, essa já é uma reprodução da ficção que existia no Decreto-lei 406. E, para ajudar um pouco – e, de fato ajudou –, criou a regra do art. 4º, que definiu o que é estabelecimento prestador, como sendo aquele onde o contribuinte desenvolve as suas atividades habituais e configure unidade econômica ou profissional. Mas, criou, também, a regra do art. 6º, que é uma inovação da Lei Complementar 116 de 2003, em relação ao Decreto-lei 406 de 1968. O que diz aí, no art. 6º, o legislador? Criou a possibilidade dos municípios inserirem na sua legislação uma regra de responsabilidade tributária. Que permite que os municípios, entre aspas, importadores de serviços – os pequenos municípios que não são as capitais –, estabeleçam que o tomador do serviço deve reter o ISS antes de efetuar o pagamento da remuneração. Essa regra é, no meu entendimento, perfeita e realiza os ditames constitucionais, observa o arquétipo constitucional do tributo. Porque, ao assim estabelecer, o município inserindo uma regra dessa natureza, o que vai acontecer? O serviço vai acontecer no município, sobre ele incidirá a norma daquele município, lá nascerá a relação jurídica tributária, com aquela autoridade municipal e ela receberá o tributo devido em função daquela incidência. Essa regra é perfeita. No entanto, ela convive com a regra do art. 3º, o que me parece ser uma antinomia interna do texto e gera uma série de conflitos que, na prática, se verificam em relação ao prestador. Quando o agente fazendário do domicílio exige, aplica o art. 3º, exige o ISS no domicílio e o município onde é prestado o serviço exige o ISS, por força de uma retenção.

Essa mesma regra estabeleceu que os responsáveis deverão reter e recolher o tributo mas, ainda que não retenham, deverão recolher o tributo. Ou seja, desloca a sujeição passiva do contribuinte para o responsável em definitivo, se ele retiver ou não o valor do ISS devido, quando ele tomar o serviço. E diz que esta regra da retenção, da substituição tributária, se aplica também para o tomador do serviço importado, no inciso um. Então, o que aconteceu é que a regra do art. 6º criou hipóteses de responsabilidade tributária. Então, nós chegamos aqui em um ponto em que nós precisamos enfrentar aqui, o critério pessoal ou aspecto pessoal da regra matriz ou da hipótese de incidência.

Com relação a sujeição passiva, é o município em que se realizou a prestação, onde ela se ultimou, no meu entendimento. Em relação à sujeição passiva, o contribuinte do ISS ou o destinatário constitucional tributário, como nominou o professor Marçal Justen Filho – um professor notável, paranaense que nós temos, enfim lá, curitibano – o contribuinte é aquele que manifesta riqueza ao praticar o fato imponível ao fato jurídico e tributário. É o destinatário constitucional tributário, ou como diria o destinatário legal tributário. Podem ser sujeitos passivos, também, os responsáveis por substituição por transferência. É um tema – o tema da responsabilidade tributária é de difícil compreensão. Realmente, nós precisaríamos de muito tempo para enfrentá-lo. E isso se verifica, inclusive, nas decisões jurisprudenciais administrativas e judiciais, quando a gente vê uma confusão conceitual muito grande entre responsável por substituição e responsável por transferência.

Mas o que se passa nessas hipóteses da Lei Complementar 116, é que o art. 6º criou uma hipótese de responsabilidade por substituição quando previu que poderia haver uma retenção por parte do tomador. E, ao mesmo tempo, criou uma responsabilidade por transferência, dizendo o seguinte: Se a responsabilidade por substituição não se implementar, opera-se uma responsabilidade por transferência. Ou seja, o tomador paga do bolso dele e o contribuinte não vai suportar o ônus de nenhuma forma. Inclusive, se o contribuinte for um estrangeiro, for um prestador no Exterior. Então, o que acontece é que, como se comunicam aqui os critérios pessoal e aspecto espacial, uns com os outros – como diria o professor Aires Barreto, a hipótese de incidência, a regra matriz é una e incindível –, então, o que acontece é que ao estabelecer as regras de responsabilidade tributária, o legislador também fez uma inserção importante no campo do critério espacial da regra matriz de incidência. Como nós falamos, o critério espacial da regra matriz de incidência do ISS, é o local em que se ultima a prestação. Observado o princípio da territorialidade, que é um princípio constitucional geral, só tem eficácia e validade a lei, sobre os fatos que se ultimaram dentro do seu território, ou seja, dentro do território do qual promana – da autoridade da qual ela promana. Essa lei vale para os municípios, para os estados internacionais ou convenções internacionais, permitam a extraterritorialidade. Então, sendo o princípio da extraterritorialidade um princípio constitucional geral, vale, incide sobre a prestação de serviço realizada, a lei do município onde ela aconteceu. Essa é a decorrência do arquétipo condicional do tributo. A Lei Complementar 116 estendeu esse critério espacial, tanto para o estabelecimento prestador, se a gente entender que o serviço não foi prestado no local do estabelecimento prestador. Se o serviço foi prestado no local do estabelecimento prestador, a regra do estabelecimento prestador reproduz o arquétipo constitucional. Criou a regra do domicílio do prestador, criou a regra do local da prestação, nas hipóteses de responsabilidade tributária e, ainda, criou a regra do local do estabelecimento do tomador, que é a que se aplica no caso do imposto de importação, do ISS incidente sobre as importações.

O que é que acontece na importação de serviços, então? O tomador de serviços deve reter o ISS e recolher à autoridade brasileira e, se não retiver, ele tem que pagar do bolso dele. Ou seja, a lei transformou o contribuinte prestador de serviço em contribuinte tomador do serviço. Não é quem manifesta a riqueza, mas, como diria o professor Geraldo Ataliba, quem manifesta pobreza, que está pagando o ISS. Num primeiro momento, isso parece inconstitucional. Mas como que é isso? O tomador não manifestou riqueza. Parece inconstitucional. Mas é uma hipótese de responsabilidade tributária e, também o professor Marçal Justen Filho, no trabalho dele, *Sujeição Passiva Tributária*, justifica a constitucionalidade do mecanismo da responsabilidade tributária, quando diz que incide uma norma autônoma e uma norma acessória. E, por isso, o fenômeno da responsabilidade seria constitucional. Ele diz o seguinte: Sempre incidirá a regra constitucional – que é a norma autônoma. Sempre haverá um contribuinte – que é o exportador do serviço, aquela pessoa que está prestando serviço e está no Exterior. Num segundo momento – e, segundo o professor Marçal –, incide a norma acessória e desloca a sujeição passiva do contribuinte para o responsável. Então, não haveria, nesse sentido, uma inconstitucionalidade, porque eu estou elegendo o tomador do serviço como o sujeito passivo da relação jurídica tributária, ou seja, o devedor. Não há problema em relação à sujeição passiva, mas há problema em relação ao critério espacial ou aspecto espacial. Por quê? Porque a prestação de serviços se ultimou no Exterior. Lá, incidiu alguma norma, que não é uma lei brasileira, de um município brasileiro. Lá, nasceu a relação jurídica. Não pode pretender, a lei brasileira, deslocar aquela relação jurídica para o território nacional, para submetê-la à autoridade fiscal brasileira. Por isso que me parece que essa incidência, a priori, é inconstitucional. O brasileiro paga ISS em território brasileiro, o estrangeiro, em território estrangeiro, por força do princípio da territorialidade. Então, efetivamente, no que diz respeito ao ISS e, o ISS incidente na exportação, me parece que há uma inconstitucionalidade patente, no que diz respeito ao critério espacial. Nós não podemos submeter um contribuinte estrangeiro à autoridade da lei brasileira.

Eu me lembro que, uma vez, o professor Roque me falou: "Olha, você, prestadora de serviço do Paraná, não pode se sujeitar à lei do Município de São Paulo, que quer que você se cadastre aqui. Porque você não está sujeita à autoridade fazendária municipal de São Paulo". É, até, em certa medida verdade. É que nós temos uma situação de evasão fiscal muito grande nesse campo, que justifica essa sujeição de uma paranaense – entre aspas, porque eu sou paulista –, mas até não posso falar isso, meus filhos ficam muito bravos. Eles falam que eu já fiquei metade do tempo da minha vida aqui, metade lá. Então que eu não posso falar que eu sou paulista. Eu tenho que esquecer que eu nasci aqui. Então, como são filhos, eu falo, então eu sou paranaense. Enfim, paranaense ou paulista, eu acabo me sujeitando às duas legislações. Agora, eu não posso pretender que o estrangeiro se sujeite à esse tipo de tributação. Até porque, provavelmente, ele terá que pagar o respectivo imposto no seu país. E, aí, ele vai pagar duas vezes, como nós vamos enfrentar esse tema, ao final.

Além do ISS, há incidência do ICMS também nas importações de serviço, previsto no art. 155. Também é uma hipótese de responsabilidade tributária. Ou seja, tudo o que nós vamos ver, a partir de agora, demonstra o temor da autoridade brasileira de poder não tributar valores que são pagos a um prestador de serviço por um brasileiro. Então, seja através de ISS, seja através de ICMS – dependendo da natureza do serviço –, há incidência dos tributos na importação de serviços, também no caso do ICMS. Como há, na importação de serviços, também incide o Imposto sobre a Renda. A legislação do Imposto de Renda diz que os rendimentos pagos a um prestador de serviços estrangeiro, devem se sujeitar à retenção na fonte dos valores relativos ao Imposto sobre a Renda. A mesma coisa acontece com relação ao PIS e ao COFINS, que também destaca, como a Lei Complementar 116, que os serviços executados integralmente no país ou parcialmente no país, sujeitam-se à incidência do PIS e da COFINS no pagamento desses serviços. Inclusive, estabelecendo que o valor da base de cálculo deve ser apurado antes da retenção do Imposto de Renda e considerado o montante devido a título de ISS e das próprias contribuições. Ou seja, é uma incidência por dentro, também no caso do PIS e da COFINS. Com possibilidade de crédito em relação àqueles que pagam o imposto pelo lucro presumido e sujeitam-se à sistemática não cumulativa.

No que diz respeito aos *royalties*, eles não são considerados serviços para fins de incidência do Imposto sobre a Renda. Isso está previsto na legislação do Imposto sobre a Renda. No entanto, uma solução de consulta de 2011, disse o seguinte, os *royalties* só não serão considerados serviços para fins de incidência da contribuição do PIS e do PASEP, se o contrato de prestação de serviços for muito claro de que, ao separar as receitas do que são *royalties* e do que são prestações de serviços. Senão, considera-se o todo do contrato e o PIS e a COFINS incidirão, não apenas sobre a prestação de serviços, mas também sobre os *royalties*. A CIDE-*royalties*, além de incidir sobre os *royalties*, incide, também, sobre a prestação dos serviços de assistência técnica e os serviços técnicos especializados. Então, nós temos, na verdade, todo esse rol de incidências que recaem na importação de serviços e que oneram, sobremaneira, a importação desses serviços – como eu falei, com um propósito regulatório de desestimular essas importações de serviços e estimular, vamos assim dizer, a compra dos serviços no âmbito interno do prestador de serviços, no âmbito interno.

Essa multiplicidade de incidências, gera uma situação absolutamente concreta e que já foi referida em painéis anteriores, que diz respeito, na verdade, a uma sobrecarga tributária que existe em relação à esses valores, no sentido delas acabarem, muitas vezes, se sujeitando não só à tributação em território brasileiro, ou da autoridade brasileira, como à tributação dos seus respectivos países. Ou seja, uma múltipla incidência tributária sobre uma mesma riqueza. Quando há tratado internacional disciplinando a matéria, a situação é mais fácil, *a priori*. Ou seja, a renda, o rendimento vai ser tributado só em território brasileiro ou só em território estrangeiro. Em princípio, os tratados devem ser observados. O problema é, também, que a fúria arrecadatória no Brasil e uma ausência de normatização, vamos assim dizer, em nível constitucional, leva a uma inconsistência no sistema – que foi, até, fruto do meu trabalho de doutoramento lá, na Universidade Federal do Paraná. Se eu tenho um tratado internacional anterior a uma legislação interna, entendeu, pelo menos, o Judiciário até pouco tempo, que, se a lei interna for posterior ao tratado, como o tratado tem a mesma hierarquia da lei – norma que confira a superioridade hierárquica aos tratados – diante da antinomia, aplica-se o critério cronológico. Ou seja, afasta-se o tratado, comprometendo o Brasil no concerto internacional das nações, agredindo o princípio *pacta sunt servanda*, ou seja, nós nos comprometemos a honrar um compromisso mas, aí, vem uma lei interna e afasta a aplicação do tratado, por ser cronologicamente posterior ao tratado. E, aí acaba com a solução que existiria *a priori*.

Quando escrevi o meu trabalho de pós-doutoramento, eu falei: Mas por que optar pelo critério cronológico e não o da especialidade? Os tratados são especiais em relação à lei, que é geral. Então, nós temos que é uma postura política, como diz Bobbio, a eleição de um critério de solução de antinomias ou outro. Mas, por que optar pelo cronológico e não o da especialidade, sem comprometer o Brasil no concerto internacional das nações?

Então, essa múltipla incidência dos impostos na importação de serviços gerou situações de conflito em que se afastou o tratado internacional para aplicar a lei interna e, aí, tornar, realmente, essas prestações extremamente tributadas e, enfim, nos desmoralizando internacionalmente. O que é positivo é que o ministro Castro Meira, recentemente, em um voto louvável – é um estudo que ele fez, realmente é muito grande e extenso o voto – aplicou – e, eu me lembro que quando eu vi essa notícia, eu vi lá, critério da especialidade, e falei: "Opa, alguém falou em critério da especialidade", sei lá, em 98 – a Mary não dá muitas datas, e eu acabo me entregando. Foi a minha defesa de doutorado, mas é que eu tinha 12 anos, não é, Mary? Quando eu defendi o doutorado. Enfim, ele aplicou o critério da especialidade e, deu prevalência ao tratado internacional, para estabelecer essa prevalência, consequentemente, a essas regras que evitam a dupla incidência. A matéria está em discussão, ou seja, o STJ está à frente do STF. A matéria está em discussão no STF. O Ministro Gilmar Mendes já deu um voto similar a esse do Castro Meira mas, com outros fundamentos, dando prevalência aos tratados. O Ministro Toffoli pediu vista e parou o enfrentamento, no âmbito do STF. Então, agora, nós temos que aguardar as cenas dos próximos capítulos e, enquanto isso, conviver com esse nível de inconstitucionalidade. Eu agradeço a atenção.

Elizabeth Nazar Carrazza – Quero cumprimentar a professora Betina, pela sua brilhante exposição. A Betina é motivo de orgulho para todos aqueles que tiveram a oportunidade de dar aulas para ela ou de conviver com ela desde o início da sua carreira docente. Em seguida, vai falar a professora Regina Helena Costa, desembargadora federal, sobre o tema tributos municipais e meio ambiente. A doutora Regina é mestre, doutora em Direito do Estado pela PUC; professora associada de Direito Tributário da Faculdade da PUC – logo, é livre docente, também; desembargadora federal do Tribunal Regional Federal da Terceira Região; ex-procuradora do Estado de São Paulo e ex-procuradora da República, em São Paulo; autora de vários trabalhos publicado em revistas especializadas e dos livros *O Princípio da Capacidade Contributiva*, *Imunidades Tributárias* e outros, inclusive como coautora, e o *Estatuto da Cidade, Comentários da Lei 10.257/2001* e *Código Tributário Nacional Comentado*, em 2005. Eu passo a palavra, então, à professora Regina Helena Costa.

Tributos Municipais e Meio Ambiente

Regina Helena Costa – Muito boa noite a todos. Primeiro, cumprimentando a todos que estão resistindo até a última exposição do último painel. Então isso tem que ser levado em conta. Então, primeiro, eu cumprimento a todos pela resistência. E, especialmente porque a atração final não é assim, também uma grande atração. Mas enfim, levando tudo isso em conta – se tivesse aqui o professor Carrazza eu poderia entender que todos estivessem aqui. Mas como só estou eu aqui para finalizar, então, muito agradecida pela audiência. Quero pedir licença à minha querida professora Beth Carrazza para falar daqui mesmo e não ir à tribuna. Eu diria que eu vou evocar a minha antiguidade na participação deste prestigioso congresso. Porque, quando a gente olha aqui e vê que já é a XXVI edição, eu nem vou dizer desde quando eu participo, para não ficar pesado demais. Quero agradecer este convite e espero continuar participando de outras edições. Doutora Leonor, muito obrigada por ter me chamado, uma vez mais. E também dizer da minha satisfação de estar aqui a esta mesa, participando desta mesa com diletíssimos professores e amigos. É sempre um prazer e me enaltece muito estar aqui.

Pois bem, a minha fala vai ser muito singela, exatamente por isso que eu nem fui à tribuna. Vai ser a mais informal de todas, não só pelo conteúdo muito singelo mas, também, pelo adiantado da hora. E, a mim, foi atribuído o tema de tributos municipais e meio ambiente. Aqui, há que se fazer uma advertência, porque o tema, como facilmente se pode perceber, é um tema muito amplo, falar de tributos municipais e meio ambiente. Alguém vai dizer: "Puxa vida, já são quase 19 horas e ela vai discorrer sobre todos os impostos municipais, taxas municipais, ambientais, a possibili

dade de se empregar contribuição de melhoria". Mas enfim, eu então eu já faço essa advertência de que a minha pretensão é muito mais modesta. Eu vou fazer brevíssimas considerações sobre esse contexto de tributação ambiental e trazer aqui algumas informações que talvez nem todos conheçam. Eu fiz uma pesquisa muito rápida sobre iniciativas dos municípios em matéria de tributação ambiental. Então, trazer mais notícias, é mais uma conversa mesmo, sobre esse assunto, do que propriamente uma exposição acadêmica.

Pois bem, quando nós estamos falando, então – para que nós contextualizemos esse tema de tributos municipais e meio ambiente, nós temos que recordar a própria noção de tributação ambiental. Então o que é que nós devemos entender por isso? O que é correntemente compreendido como esse conceito? Nós podemos dizer que a tributação ambiental, ela traduz-se no emprego de instrumentos tributários para a geração dos recursos necessários à prestação de serviços públicos na matéria ambiental, como também, o mesmo emprego desses instrumentos tributários para orientar o comportamento da pessoas no sentido de que elas adotem condutas afinadas à preservação do meio ambiente. Então, vejam que é um campo muito vasto porque, quando eu assim entendo o conceito de tributação ambiental, eu posso verificar claramente o viés fiscal arrecadatório – portanto, o emprego de instrumentos tributários voltados à geração de recursos, à geração de receita para custear a prestação de serviços públicos nessa área –, como, também, observo claramente o viés extrafiscal regulatório, no sentido de que instrumentos tributários também podem ser usados para incentivar condutas das pessoas, tanto das pessoas físicas quanto jurídicas. Condutas afinadas à preservação ambiental e, em contrapartida, também inibir comportamentos que possam ser nocivos a essa ideia, a esse valor que é tão destacado na Constituição da República. Portanto, é nesse contexto que nós vamos trabalhar, que nós vamos pensar um pouco, vamos refletir um pouco.

Pois bem, embora nós possamos entender a tributação ambiental, tanto com relação ao viés fiscal ou arrecadatório, como em relação ao viés extrafiscal regulatório, sempre que se fala desse tema ou quase sempre que se fala desse tema, o destaque é mesmo para a tributação extrafiscal no campo ambiental. Então, esse maravilhoso mundo da extrafiscalidade, ou seja da possibilidade de utilizar instrumentos tributários para moldar comportamentos das pessoas. Isso é uma coisa que tem muita força, embora, no Brasil, ainda utilizado de uma maneira tímida – no setor ambiental, completamente tímida, para não dizer ausente – e, disso, eu vou tratar daqui a pouco. Mas enfim, esse mundo quase inesgotável de possibilidades de se empregar instrumentos tributários para modular condutas.

Pois bem, quais são esses instrumentos tributários? Nós falamos de emprego de instrumentos tributários. Essa expressão instrumentos tributários está aqui a abranger vários tipos de meios. Nós podemos falar no emprego, praticamente, de todos os tributos. Eu sou daquelas entusiastas à tributação ambiental. Portanto, sustento sempre que todos os tributos, embora não tenham sido – vejam bem – como em outros países, que existem tributos que foram criados especificamente com propósitos ambientais. No Brasil, no mais das vezes, quase sempre, os tributos, obviamente, não foram criados por essa razão. Mas eles podem se prestar ao alcance de objetivos nessa área. Então eles podem ser empregados – e, aí, por isso é que se destaca o contexto extrafiscal –, para perseguir propósitos na área ambiental. Então, todos os tributos, em princípio, podem ser utilizados para isso e, nós podemos pensar também em técnicas, incentivos ficais. E essa expressão é abrangente de muitas coisas. Eu posso pensar desde as isenções, eu posso pensar em deduções, eu posso pensar em descontos de impostos, por exemplo. Então uma gama muito grande de técnicas. Como, também, se nós pensarmos nas alíquotas, pensarmos na progressividade dos tributos, nós podemos pensar em diferenciação de alíquotas. Há muitos meios de fazer, implementar essa ideia de tributação ambiental. Então há muitas maneiras, há muitas técnicas. Então, muitos tributos, para não dizer todos eles, prestam-se a esse fim. Claro que, alguns, com mais adaptação, com a melhor adaptação, com uma melhor funcionalidade, outros com menos. Mas acredito mesmo que todos possam ser usados. E essas técnicas, que são muito variadas e muito abrangentes. Então, nós temos aqui um sistema tributário tão múltiplo e tão multifacetado, portanto, nós temos condição de ter, de pensar numa tributação ambiental – como se convenciona chamar – também bastante rica e, portanto, passível de ser expressada de diversas maneiras.

O fato é que nós não podemos dizer que nós temos uma política tributária ambiental. Isso não existe no Brasil. Eu acho que quem de algum modo já se pôs a pensar sobre esse assunto, sobre esse tema, não encontrou nenhuma política tributária ambiental, nem no governo atual, nem em governos passados. Então, nós não podemos dizer que isto existe no Brasil. Talvez isso se deva até pelo fato de que há que se por em dúvidas se temos uma política ambiental. Porque, se a tributação ambiental é o emprego de instrumentos tributários para atingir propósitos ambientais, obviamente que isso tem a ver com uma política ambiental, algo mais amplo que, a meu modesto modo de ver, também nós não temos uma sinalização, uma indicação clara de que resultados, que objetivos quer o Estado, em matéria ambiental. Eu não estou dizendo isso agora, do governo atual, eu não estou falando só da União. Eu estou falando da União, dos estados, dos municípios, já que nós sabemos que a Constituição diz que todas as pessoas políticas têm competência para agir em proteção ao meio ambiente. Isso é competência concorrente. Estamos falando de todos os entes políticos, em todos os níveis, de todos os governos. Então, não existe, com clareza, algo, apesar da nossa Constituição, repita-se, ser tão enfática e tão rica em preceitos voltados à disciplina de meio ambiente. Mas não se pode, sequer, talvez falar em política ambiental. Só para lembrar um episódio recente, a própria discussão do Código Florestal, no Congresso Nacional, foi uma coisa assim, com requintes de novela das oito. Então, com todo o tipo de estratagemas, de traições, de concessões. É alguma coisa que a mim, pelo menos, não fica clara uma política ambiental, a existência de uma política ambiental.

Então, se nós não temos – ou se, pelo menos, podemos colocar em dúvida – uma política, a existência de uma autêntica política ambiental, quiçá falar, então, de uma política tributária ambiental. Então isso é alguma coisa que, para nós, é até sofisticado, talvez, dizer. E, infelizmente, a experiência de tributação ou na área de tributação ambiental no Brasil, ela é incipiente. Nós temos pouquíssimos exemplos, não é? E eu não vou falar do passado, vou falar do presente. Mas, pouquíssimos exemplos e, quase sempre, exemplos que a doutrina lembra para justificar, para falar: "Olha, aconteceu tal coisa." Nunca foram feitos. Acabaram tendo efeitos ambientais por um acaso. Não porque esse fosse o propósito. Como por exemplo o incentivo ao programa do álcool. "Ah, mas o álcool é menos poluente." Ninguém pensou nisso. Se pensava em outras coisas. Se pensava que é um combustível mais barato. É um combustível inovador. Mas ninguém pensou no impacto que os combustíveis derivados de petróleo causam. Ninguém pensou nisso. E acabava tendo um efeito ambiental meio oblíquo, porque, na verdade não foi o propósito. Entre outros vários exemplos.

Mas, assim, nunca existiu – a mim, pelo menos, nunca foi clara a existência de uma política ambiental, uma política tributária ambiental, especialmente. Então, eu acho que esse é um problema sério, que precisa ser vencido, que precisa ser resolvido. Então, quando nós tivermos realmente uma política ambiental muito clara, aí sim, penso eu, nós tenhamos condições de ter uma política tributária ambiental. Esse é um ponto que me parece importante.

E por que falar tanto em tributação ambiental? Nós acabamos, de um modo ou outro, neste contexto, tendo que olhar para aqueles países que enfrentaram primeiramente os problemas de degradação ambiental, países que se desenvolveram antes de nós, que se desenvolveram mais rapidamente que nós, que se industrializaram antes. E que começaram a sofrer os problemas de degradação do meio ambiente e tiveram que pensar, muito antes de nós, em medidas para tentar resolver isso, para tentar minimizar esse impacto, para tentar proteger certos bens. Enfim, tudo isso aconteceu já há muito mais tempo, em países como os Estados Unidos da América, como a França, como a Itália, como a Espanha, enfim. Então, nós temos experiências de outros países, em que o emprego de instrumentos tributários na área ambiental é salutar. Por que é que salutar? Porque, uma coisa é nós termos aquele sistema – como temos – o sistema de comando e controle. O que é que é o sistema de comando e controle em matéria ambiental? Então, existe uma vasta legislação de proteção ambiental no Brasil, com relação ás normas. Ninguém pode dizer que não há uma vasta legislação, há uma vasta legislação. E essas normas hão de ser aplicadas e se cria toda uma estrutura para fiscalizar a sua obediência. Então, as normas têm que ser observadas pelos particulares, enfim. E o poder público, o Estado cria todo um aparelhamento para exercer o seu poder de polícia em matéria ambiental. Isso é aqui no Brasil e em todos os países.

Mas, exatamente a experiência do países que se desenvolveram antes que nós e que enfrentaram, primeiramente os problemas de degradação ambiental, a experiência foi a seguinte: É preciso realmente ter normas que disciplinem a preservação do meio ambiente. É preciso ter um aparato estatal para exercer o poder de polícia ou a polícia administrativa e fiscalizar o comportamento dos particulares, se eles estão obedecendo às normas de proteção ambiental. Só que, a experiência desse outros países mostrou, primeiro, que esse aparelhamento é muito custoso. E, segundo, que ele é muito ineficiente. Nós sabemos – e temos vários exemplos aqui no Brasil – o quanto a fiscalização em matéria ambiental é deficiente. Eu vou lembrar só do IBAMA, que é uma autarquia federal, que é responsável por boa parte dessa fiscalização em matéria ambiental. E nós sabemos que o IBAMA padece de recursos, que o IBAMA não tem pessoal, que o IBAMA não tem meios materiais, que a fiscalização – são não sei quantos funcionários para não sei, pouquíssimos funcionários, para uma área de fiscalização fantástica. Então, nós sabemos que – para dar um exemplo, sem falar no âmbito municipal, estadual, para dar apenas um exemplo de como esse aparelhamento é custoso e tem várias falhas nos seus resultados.

É claro que ninguém vai pregar se que abandone o sistema de comando e controle. Ou seja, a norma, aplicação e fiscalização. Ninguém vai pregar que se abandone o sistema de comando e controle em matéria ambiental. Mas, o que a experiência nesses outros países demonstrou é que, se nós associarmos esse sistema de comando e controle a um sistema de tributo ambientais, nós fechamos ou temos condição de fechar esse problema, de maneira a alcançar resultados melhores. Então, quer dizer, é a conjugação do sistema de comando e controle com o sistema de tributação ambiental. Então, os países do Hemisfério Norte, os países mais desenvolvidos que nós, ou que se desenvolveram mais rapidamente, esses países todos não abrem mão de ter uma política tributária ambiental. Então, eu acho que isso é muito importante destacar, porque é algo que nós ainda não temos e acho que é algo que nós precisamos começar a pensar, pelo menos, a ter. Então, esse é um ponto que eu quis destacar. Nem diria que se fala – como alguns autores dizem, há um descompasso entre a política tributária e a política ambiental. Não, eu diria que não há política ambiental e muito menos política tributária ambiental. E nem descompasso, eu acho que é mais grave ainda, porque a gente, primeiro, precisa ter política ambiental, que resultados nós queremos em matéria ambiental para, depois, então, vamos empregar, vamos usar também de instrumentos tributários para atingir os resultados que essa política indica.

Muito bem. E, sendo assim, nós podemos pensar então nos municípios, já que essa mesa é uma mesa de problemas e questões municipais. Então vamos pensar nos municípios. Esqueçamos os problemas ambientais aí, de competência da União, dos Estados-membros. Vamos nos concentrar na questão municipal. Os municípios têm, como se sabe, uma competência tributária de três impostos. Então, eles podem instituir aí o IPTU, o ISS e o ITBI. Taxas, evidentemente, pela prestação de serviços públicos que realizarem ou que colocarem à disposição dos contribuintes; taxas de polícia, administrativa. Temos apenas duas contribuições aos municípios, a contribuição para o custeio de serviços de iluminação pública, a contribuição previdenciária exigidas dos servidores do município, contribuição de melhorias – que é sempre uma lembrança porque, na prática, a gente não vê efetivada.

Mas, enfim, será que esse ente político, o município, pode fazer algo em matéria de tributação ambiental? Será que nós podemos pensar efetivamente nisso? As experiências ainda são muito pequenas. Daqui a pouco eu vou, como eu disse, lembrar alguns resultados dessa pesquisa que eu fiz, para ver o que é que os municípios estão pensando, em matéria de tributação ambiental. Mas eu devo dizer que, embora possa parecer pequena a competência do município, fica realmente muita gente: "Puxa, mas como é que o ITBI vai funcionar em matéria ambiental?". Dá pra pensar nisso. Embora eu não conheça nenhum caso de legislação que preveja, mas dá para pensar. O Imposto sobre Transmissão de Bens e Imóveis, de conceder, por exemplo, incentivo ou uma isenção, um desconto, quando a transmissão se der para um bem imóvel onde tenha havido recuperação de patrimônio, onde tenha havido ampliação ou proteção ambiental de meio ambiente natural. Enfim, se pode pensar em algum tipo de coisa. Mas muito bem, o ITBI é tímido nisso, eu concordo. Mas temos aí outros impostos e, para ficar apenas nos impostos, o IPTU e o ISS são impostos que dão margem à várias utilizações voltadas aí a incentivar comportamentos afinados à preservação do meio ambiente. Então, eu penso que os municípios têm um papel importante. E isto é revelado mesmo, no fato de que o município, dentre os entes da Federação, o município é o mais comprometido com a causa ambiental. Nós precisamos destacar isso, porque é muito fácil perceber que a questão de meio ambiente, ela é de peculiar interesse local. Se, numa determinada cidade, vai lá uma indústria, se instala nessa cidade e essa indústria, ao desenvolver sua atividade vai produzir um impacto ambiental, vai produzir poluição, poluição atmosférica ou poluição do leito dos rios, ela vai causar um impacto. Quem é que vai sentir isso? Isso, do ponto de vista do âmbito federal é uma coisa remota. Do âmbito do estado, ainda é. Mas isto vai impactar diretamente, imediatamente, às pessoas que estão lá, vivendo nesse município. Portanto, o município tem um papel extremamente relevante, a meu ver, nessa questão de política tributária ambiental. Ele precisa estar ciente disso, o legislador municipal, o administrador municipal, precisam estar cientes disso, que, efetivamente, essa política tributária ambiental, a meu ver, precisa começar – já que a União ainda não deu o exemplo – precisa começar dos municípios, porque é ali, é nesse nível, que se sente o impacto. São exatamente os munícipes que vão estar sentindo isso imediatamente. Então, essa resposta precisa vir, antes de mais nada, do nível municipal – a meu ver antes, de mais nada e o quanto antes.

Pois bem. Se nós pensarmos no IPTU, o IPTU é o grande instrumento que o município tem para buscar resultados afinados com a ideia de preservação do meio ambiente. O grande imposto, o grande instrumento tributário. É claro que nós sabemos que o IPTU pode ser usado de diversos modos e eu não vou dizer nem que essa ideia não é nova. Posso lembrar um exemplo bastante antigo, que essa ideia não é nova. Um exemplo bastante antigo aqui, da legislação do Município de São Paulo. E eu até fui conferir, porque eu me lembrava que era bem antiga, e eu fui conferir, antes de vir aqui, falar à todos, se isso ainda perdurava. Entrei lá, no *site* da Prefeitura, na Consolidação da Legislação Tributária do Município de São Paulo, que, atualmente, é o Decreto 52.703 de 2011. E eu fui lá e, realmente, ainda existe esse incentivo fiscal, outorgado aqui, pelo município de São Paulo, aos contribuintes do Imposto Territorial Urbano. Então, nós sabemos ai que são duas materialidades: Imposto Predial Urbano e Imposto Territorial Urbano. Então, para aqueles que são contribuintes do Imposto Territorial Urbano, cujos imóveis sejam revestidos de vegetação arbórea, declarada de preservação permanente ou perpetuada, nos termos no art. 6º do Código Florestal, um desconto de até 50% no pagamento desse imposto, aplicado em consonância com o índice da área protegida. Para vocês terem uma ideia, esse incentivo fiscal foi instituído aqui, no âmbito do Município de São Paulo, pela Lei 10.365, de 1987. Está certo? Então, vejam, tem mais de 20 anos, isto. 25 anos. Muita gente nunca ouviu falar disso. Mas existe. Então, o incentivo fiscal, um desconto de 50%. Isso é um dos precedentes mais antigos de tributação ambiental, esse tipo de incentivo aqui previsto.

Mas o fato é que se pode muito mais com o IPTU, do que isso. Claro que não se poderia deixar de fazer ainda uma referência – ainda que breve, como eu farei – com relação à progressividade no tempo, do IPTU, não é? O IPTU progressivo no tempo. Todos sabem que isso veio a ser uma novidade trazida pela Constituição de 88, levou bastante tempo para regulamentar a aplicação dos arts. 182 e 183 da Constituição. Isso só veio com o Estatuto da Cidade, a lei que é justamente a Lei 10.257 de 2001, que regulamentou o IPTU progressivo no tempo, entre outros instrumentos. Está lá, no art. 7º, essa possibilidade de implantar uma progressividade que nunca tínhamos visto antes. Porque, até então, a técnica da progressividade era ligada à expressão da base de cálculo, a progressividade fiscal. Progressividades extrafiscais sim, mas não atreladas ao tempo. Então, trouxe alguma coisa inédita para nós e mudou completamente a perspectiva da disciplina urbanística da propriedade. Então, quando nós falamos em IPTU progressivo no tempo, nós estamos falando de progressividade extrafiscal. E, para mudar comportamentos, do ponto de vista de meio ambiente artificial. Porque a gente, quando fala em meio ambiente, não tem que pensar só em natureza, em vegetação, em floresta. Tem o meio ambiente urbano, que é o meio ambiente artificial. E o IPTU progressivo no tempo vai atuar exatamente nesse contexto, vai permitir que o município possa estabelecer uma série de medidas, como parcelamento compulsório, edificação compulsória, até chegar ao IPTU progressivo no tempo, para compelir o proprietário do solo não edificado, não utilizado ou subutilizado a mudar de conduta. Porque esses comportamentos não são comportamentos afinados ao meio ambiente urbano, vejam só. Claro, desde que tomadas aquelas leis, a lei específica para a área incluída no Plano Diretor, o Plano Diretor deve dizer isso também. Muito bem, nós sabemos disso. Mas, ainda assim, o IPTU pode render outras possibilidades, que eu vou mencionar daqui a pouco. Então, a par desse benefício fiscal antigo, do Município de São Paulo, que eu ilustrei, a par da própria previsão do IPTU progressivo no tempo, que é nova entre nós, ainda vamos ver que os municípios estão pensando em outras coisas, em matéria de tributação ambiental.

Com relação ao ISS, outro imposto municipal – já que eu disse que o ITBI tem uma, vamos dizer, adequação mais difícil para esse propósito, embora não impossível – mas o ISS também pode ser pensado, as doutrinas sempre lembram de serviços que sejam estimuladores da preservação ambiental, sempre se lembra o ecoturismo. Então, há várias empresas no Brasil, hoje, muitas empresas que prestam serviços de ecoturismo. Então, o turismo ambiental, o turismo ecológico. Então, o que se poderia fazer, efetuar uma tributação por via do ISS, mais amena, para aqueles prestadores de serviços que se envolvessem nessa ideia de preservação ambiental. Mas, até onde eu sei, não existe legislação municipal muito tímida sobre isso, não fala, não deixa claro que existe, ali, uma tributação diferenciada, porque a prestação de serviço envolve educação ambiental, orientação ambiental. Enfim, não me parece que isso seja levado em consideração, eu não consegui achar nenhum caso concreto em relação a isso.

E abro um parênteses aqui porque, nessas eleições municipais, fazendo uma pesquisa na Internet, eu percebi que uma porção de candidatos a vereador, pelo Brasil inteiro – era praticamente o programa de um dos partidos que colocou vereadores para concorrer – um dos temas desse programa era instituir o ISS ecológico. Embora nenhum deles dissesse o que é que é isso. Então, não se sabe, porque o ICMS ecológico, a gente já tem, vários estados adotaram, mas nós sabemos que é um critério de repartição de receita, não é propriamente um instrumento tributário. É dividir a receita gerada pelo ICMS, a repartição entre os municípios. Então, vamos instituir o ISS ecológico. Eu não sei se algum vereador foi eleito, se algum município talvez, quem sabe, venha – a Câmara venha a receber uma proposta dessas. Enfim, se falou muito, mas na prática, também não se consegue visualizar exatamente o que vem a ser isto.

Enfim, então, como veem, essa minha fala é muito mais para mostrar que a gente está “engatinhando” nesse campo. Quer dizer, nós não temos quase nada a esse respeito. E é preciso pensar, e pensar efetivamente sobre isso. Daí porque, para não sermos pessimistas, para ninguém dizer: "Ah, mas que tom pessimista, nesse horário. A última exposição, tão desanimadora." Não. Então, vamos lá, vamos falar de iniciativas legislativas, a maior parte já consumadas, já concluídas, de alguns municípios, nesse caminho para implementar, efetivamente, uma tributação ambiental.

Primeiramente – essa, ainda é uma iniciativa, uma proposta de alteração do Estatuto da Cidade, Projeto de Lei 34, de 2007. Está tramitando no Congresso Nacional – embora, tramitando com uma certa fé porque o último andamento é de 2010, houve a aprovação do parecer na Comissão de Constituição e Justiça. E a proposta desse projeto de lei, o autor é o deputado Cássio Tanigushi, do PFL do Paraná – eu só tenho a ementa, aqui, é a concessão de incentivos para a construção de edificações urbanas que, na fase de planejamento, execução das obras e uso das edificações, utilizem práticas ecologicamente sustentáveis, reduzindo o impacto ambiental. Ou seja, que tenha, entre parênteses, construção ecológica, ou seja, fazer tudo isso aqui com o menor impacto possível ao meio ambiente. Então, construções sustentáveis. Em outros países, isso é uma realidade há muitos anos, já. No Brasil – enfim, então, ainda que o projeto, cujo teor eu não conheço, mas ainda que o projeto possa ter um monte de problemas, mas a ideia – vamos lá, vamos pensar sobre isso aqui, vamos pensar em implementar isso, ou desse jeito, ou de outro jeito, vamos pensar. Então, há uma proposta de alteração da Lei 10.257/2001, do Estatuto da Cidade, para incluir esse quê ecológico. Porque ela não tem, no Estatuto da Cidade não tem, a não ser, lá, o IPTU progressivo no tempo, mas com outro viés.

Pois bem, também cheguei, nas minhas andanças pela Internet, a encontrar uma lei recentíssima, do Município de Sorocaba. Tem alguém de Sorocaba, aqui? Nenhum representante? Muito bem, não faz mal. Eu vou dizer o que Sorocaba acaba de fazer pela Lei 10.241, de 3 de setembro deste ano. Então, há pouco mais de um mês, essa lei foi aprovada. Dispõe sobre incentivo ao plantio e manutenção de árvores, mediante desconto no IPTU. Então, vejam só, plantio e manutenção de árvores dá desconto no IPTU, lá, em Sorocaba. Claro que, atendidas uma série de condições. Então, aqui, apenas para terem uma ideia porque eu não vou, evidentemente, ler todos os dispositivos. Diz o art. 1º: fica garantido o desconto de 5% no IPTU para os proprietários de imóveis que mantiverem suas calçadas arborizadas. Não é legal, isso? Muito bom, não é? Para obter o desconto – aí, vem a complicação, porque aqui tem a medida das plantas. Vejam só, que tem a medida das plantas, se estiver sob fiação elétrica ou não. Se tiver sob fiação, as medidas da árvore têm que ser menores, para se ajustar, para não dar problemas. Se não tiver fiação, pode ir, o céu é o limite, quase. Mas, de qualquer maneira, é algo alvissareiro, é algo interessante, é algo positivo. O que eu não gostei foi o que eu li no final. Porque aí, no final, eu estava tão entusiasmada – porque tributação ambiental empolga, não é? O professor Bottallo, com a sua perspicácia, a sua sagacidade, há alguns anos, em um evento – não sei nem se a Betina vai lembrar, que foi lá no Paraná, no seu congresso, Betina, há alguns anos, houve um painel de tributação ambiental, estávamos lá, o professor Bottallo, estava eu, estava a professora Simone Sebastião lá. E, aí, o professor Bottallo disse assim: "A tributação ambiental é o lado alegre da tributação. Porque se falar em pagar tributo para preservar o meio ambiente, todo mundo paga. Pode ser até inconstitucional. Não é assim?". Então, esse é o ponto. E o que eu não gostei foi quando eu cheguei ao final dessa lei sorocabana, que diz assim – eu estava tão entusiasmada e, aí, vem lá e diz que este tributo, que este benefício não vai valer se pagar de forma parcelada. Eu falei: "Ah". Eu fiquei meio chateada. Bom, deixa para lá, nem tudo é perfeito.

Vamos lá. Mas, enfim, eu estou fazendo um comentário muito ligeiro. Há dúvidas com relação a certos critérios dessa lei, eu não vou examinar. Mas, enfim, a ideia em si, é sobre isso que a gente precisa começar a pensar, na proposta. Ainda que a lei possa ter inadequações, em haver eventualmente até problemas de constitucionalidade, eu não sei. Mas é preciso pensar nisso. Outro exemplo – e esse é um exemplo muito, muito bom, muito interessante, esse é o exemplo do Município de Campo Grande. Então, vejam só o que fez o Município de Campo Grande. Editou uma lei complementar – não é uma lei ordinária, é uma lei complementar. A Lei Complementar n. 150, de 2010, que trata da adoção de medidas de proteção e preservação, pelos contribuintes, Programa Imposto Ecológico. Imposto ecológico. Muito bem. Fica autorizado o Poder Executivo a instituir, no âmbito do Município de Campo Grande, o Programa Imposto Ecológico – diz o art. 1º – cujo objetivo é fomentar medidas que preservem, protejam e recuperem o meio ambiente, ofertando em contrapartida um benefício tributário ao contribuinte.

Então, abro um parênteses aqui, porque vejam, mesmo esse caso da lei de Sorocaba e este, que eu vou continuar comentando, eu abro um parênteses para falar do quê? Quem já pensou, já leu, já estudou essa matéria de tributação ambiental, sabe que existe um princípio que não é exclusivamente do Direito Tributário Ambiental, mas um princípio econômico ambiental, que é o princípio do poluidor pagador. E, basicamente, o que predica esse princípio é: quem polui, tem que arcar com os custos da poluição que causa, porque está poluindo um bem de todos. Tem que arcar com esses custos para que se possa ter condições de minimizar o impacto dessa poluição, de limpar o meio ambiente, não é? Enfim, então, o poluidor pagador é um princípio muito antigo do Direito Econômico e do Direito Ambiental. Mas o seu emprego no âmbito tributário tem gerado controvérsias. Porque muitos entendem que não se pode fazer isso com instrumentos tributários, porque isso significaria transformar o tributo em uma sanção e, no nosso sistema, como sabido, o tributo não pode ser sanção, o Código Tributário diz isso clarissimamente. Então, há quem refute a possibilidade de empregar instrumentos tributários para atender a esse princípio do poluidor pagador. Eu, particularmente, tenho uma posição diversa, eu acho que é possível, porque o poluidor pagador, ele permite se utilizar de extrafiscalidade para onerar mais o contribuinte que é poluidor, que é possível, sem pensar na sanção, mas na oneração, porque a extrafiscalidade permite isso. Muito bem, acho que sim.

Mas o fato é que, aqui, nessas leis que estamos comentando, na lei de Sorocaba e nessa, de Campo Grande, na qual eu vou prosseguir, nós estamos aqui vendo a aplicação de um outro princípio, que é bem mais recente do que o princípio do poluidor pagador, que há décadas existe, como princípio internacional em matéria ambiental, que é o princípio do protetor recebedor, que é o reverso do poluidor pagador. Ou seja, no protetor recebedor, quem adotar o comportamento afinado ao meio ambiente, quem proteger o meio ambiente, vai ter uma contrapartida. Então, não é aquele que degradou o meio ambiente vai ter que arcar com os custos. Aquilo é poluidor pagador. Aqui, é o contrário, você agiu de maneira a proteger, a criar uma situação benéfica para o meio ambiente. Então, você vai ter uma contrapartida. Essas leis contam com isso, está certo? Contam com isso.

Vejam só, portanto, voltando aqui a essa lei de Campo Grande. No que consistirá essa contrapartida? Será concedido o benefício tributário – diz o art. 2º – consistente na redução do Imposto Predial e Territorial Urbano, IPTU, e do Imposto Sobre Serviços de Qualquer Natureza, às pessoas físicas e jurídicas proprietárias de imóveis residenciais e comerciais que adotem medidas que estimulem a proteção, preservação e recuperação do meio ambiente, considerando – aí vem: I) para obtenção dos benefícios do imposto ecológico, no caso do IPTU, deverão ser adotadas as seguintes medidas – olhem, que interessante, essa lei: a) sistema de captação de água de chuva; b) sistema de reuso de água; c) sistema de aquecimento hidráulico solar; d) sistema de aquecimento elétrico solar; e) construções com material sustentável – que vai ao encontro daquela proposta para alterar o Estatuto da Cidade. Então, vejam, esses benefícios, em matéria de IPTU. E em matéria de ISS? Em relação ao ISS de construção, o benefício fiscal somente será concedido no caso de construções novas e reformas de edificações, obedecendo-se aos critérios previstos nas alíneas anteriores, desde que o pagamento seja efetuado no ato. Aqui, outra vez, o pagamento sem parcelamento. O pagamento efetuado no ato da liberação do alvará de construção.

Então, vejam, o que acontece aqui é que esse benefício vai significar uma contrapartida quando acontecer uma dessas coisas: ou a adoção desses sistemas de utilização de água, de aquecimento solar, coisas que, sinceramente, eu não consegui achar em outro lugar, a não ser na lei do Município de Itatiba. Tem alguém de Itatiba? De Campo Grande, tem alguém? Muito bem, parabéns pelo seu município ter adotado esta lei, já desde 2010. E Itatiba, tem alguém aqui? Não? Itatiba copiou a lei de Campo Grande. Copiou com ponto e vírgula. Quando é bom – e, aqui, acho que não dá para falar em plágio, não é? Porque a Câmara Municipal aprovou a lei. A lei de Itatiba é exatamente igual. Eu consegui, a Internet permite a gente pegar essas coisas. É exatamente igual. Então, a lei de Itatiba é justamente do ano seguinte, não é uma lei complementar, como a lei de Campo Grande, que a lei de Itatiba é a 4.417, de 10 de novembro de 2011. Tem menos de um ano. Foi, portanto, coisa de um ano depois, pouco mais, um ano e meio depois da lei de Campo Grande. E, vejam só, esse benefício consiste no quê?

Voltando a Campo Grande, para as hipóteses de adoção do sistema de captação de água de chuva e sistema de uso de água, o desconto, aqui no IPTU, vai ser de 4%. Para a hipótese de sistema de aquecimento hidráulico solar e sistema de aquecimento elétrico solar, desconto de 2%. Também desconto de 4% para a construção com material sustentável, está certo? Então, isso aqui é muito interessante, eu penso. E, ainda que alguém possa descobrir, talvez, alguns problemas nessa lei, mas vejam que, de qualquer maneira, ter pensado nisso – e, até onde eu pude ver, do que eu pude, em uma breve pesquisa, conseguir apurar, essa lei de Campo Grande é pioneira, nesse ponto. Então, essas são iniciativas muito boas e que devem ser, no mínimo, refletidas. Quer dizer, nós temos que prestar atenção nisso. E, repito, o papel dos municípios em matéria de política tributária ambiental é fantástico, é primordial. Espero que os munícipes e que essas eleições e que os prefeitos, os novos prefeitos, os novos vereadores tenham essa sensibilidade para pensar que, já que a União está muito atrasada nisso, os estados também – que estão preocupados com outros problemas –, então, que pelo menos os municípios, que sentem com muito mais intensidade esses problemas, possam tomar a dianteira nesse assunto. Muito obrigada pela atenção.

Elizabeth Nazar Carrazza – Eu quero, em nome de todos, parabenizar a professora Regina Helena Costa que, sempre brilhante, expôs a questão da tributação ambiental municipal. Convido a todos vocês, aos colegas, para o coquetel que vai haver agora, no lobby aqui. E, para o lançamento dos livros *Guerra Fiscal, Reflexões sobre a Concessão de Benefícios no Âmbito do ICMS*, Ives Gandra da Silva Martins e Paulo de Barros Carvalho; *Novos Horizontes da Tributação, um Diálogo Luso-Brasileiro*, da professora Betina Grupenmacher, Denise Lucena Cavalcanti, Maria de Fátima Ribeiro, Mary Elbe Queiroz; *Princípio da Capacidade Contributiva*, 6ª edição, da professora Regina Helena Costa; *ISS pelos Conselheiros Julgadores*, Alberto Macedo e Natália Denardi como coordenadores; *Imposto sobre a Propriedade Territorial Rural, à Luz da Jurisprudência do Conselho Administrativo de Recursos Fiscais*; *Contribuições Previdenciárias à Luz da Jurisprudência do CARF*. E o livro *ICMS*, do professor Roque Carrazza, que está saindo edição nova, ele acabou de ver aí e me avisou. Eu sou obrigada a contar para vocês, senão eu apanho quando chegar em casa.

Muito obrigada pela atenção de todos, e até mais.

XXVI CONGRESSO BRASILEIRO DE DIREITO TRIBUTÁRIO

TRIBUTAÇÃO E FEDERALISMO

17 a 19 de outubro de 2012
Hotel Maksoud Plaza
São Paulo

18 dc outubro de 2012 – Segundo Dia

PROCESSO JUDICIAL I

CONSUELO YOSHIDA – Presidente

Medida Cautelar Fiscal

MARIA RITA FERRAGUT

Garantias – Penhora *On Line* – Código de Processo Civil *Versus* Lei de Execução Fiscal

PAULO CÉSAR CONRADO

Responsabilidade Tributária de Terceiros e Seus Impactos nas Execuções Fiscais

JULIANA FURTADO COSTA ARAÚJO

Processo Judicial II

VALDIR DE OLIVEIRA ROCHA – Presidente

Mutação Jurisprudencial e Modulação de Efeitos

MISABEL DE ABREU MACHADO DERZI

Lei de Transparência e Sigilo Fiscal

EURICO DE SANTI

OFICINA
PROCESSO ADMINISTRATIVO – PARTE 1

WALTER CARLOS CARDOSO HENRIQUE – Coordenador

PAULO CAMPILONGO
NATANAEL MARTINS
PAULO FERNANDO SOUTO MAIOR BORGES
ROBERTO QUIROGA MOSQUERA

OFICINA
PROCESSO ADMINISTRATIVO – PARTE 2

CARLA DE LOURDES GONÇALVES – Coordenadora

TÁREK MOYSÉS MOUSSALLEM
CRISTIANO CARVALHO
RENATO LOPES BECHO

PROCESSO JUDICIAL I

Consuelo Yoshida – *[Truncado na gravação]* tão conhecidos e consagrados. E o tema, *Processo Judicial*, a primeira mesa; depois, teremos a continuidade, também, com o *Processo Judicial II*. Teremos então, em primeiro lugar, a palestra da professora Maria Rita Ferragut, *Medida Cautelar Fiscal*. Eu vou passar, então, à leitura do seu currículo. Ela é professora com doutorado pela Pontifícia Universidade Católica de São Paulo; mestrado também pela mesma Universidade. Pós-Graduação *lato sensu* no Centro de Extensão Universitária e é formada também na Graduação pela PUC. É professora assistente do professor Paulo de Barros Carvalho, no curso de Mestrado em Direito Tributário na PUC; professora também do Curso de Especialização *lato sensu* em Direito Tributário na mesma Universidade e nos cursos promovidos pelo IBET, que tiveram início em 98. Professora do Curso de MBA da FIA/FEA da USP, Capacitação Gerencial do Programa de Educação Continuada em Administração para Executivos; professora mestre em Direito Tributário, como já foi dito, palestrante em diversos seminários e congressos no País, incluindo treinamentos internos da Receita Federal, INSS e Secretaria da Fazenda do Estado de São Paulo; integra diversas bancas de mestrado e doutorado das universidades PUC e USP; advogada militante na área tributária, no escritório Aires Barreto e, também, nas áreas tributária e administrativa, antes, no Escritório Miguel Neto – sócia desde 99. Os livros publicados, *Presunções no Direito Tributário*, pela Dialética e, depois, a Segunda Edição pela Quartier Latin. Então, com a palavra, a professora Maria Rita Ferragut, *Medida Cautelar Fiscal*.

Medida Cautelar Fiscal

Maria Rita Ferragut – Bom dia a todos. É uma grande satisfação para mim participar do XXVI Congresso de Direito Tributário do IDEPE, eu agradeço imensamente a gentileza do convite, o que faço na pessoa da nossa presidente, a doutora Maria Leonor Leite Vieira. Gostaria de dizer que a minha satisfação é ainda maior por integrar uma mesa presidida pela doutora Consuelo Yoshida – a quem eu nutro uma grande admiração – e pelos meus caros amigos, doutor Paulo Conrado e doutora Juliana Furtado Costa Araújo, que são excelentes e polêmicos expositores. Eu falarei sobre medida cautelar fiscal, sobre garantia do crédito tributário e sobre direitos do contribuinte.

A medida cautelar fiscal é uma ação de titularidade da Fazenda Pública, que visa obter um provimento judicial que indisponibilize os bens e direitos do devedor. A medida cautelar fiscal não se confunde com a cautelar antecipatória de garantia, que é uma ação judicial própria, de titularidade do devedor, para garantir a execução fiscal antecipadamente. Não é sobre isso que nós trataremos. A minha exposição aqui é sobre a garantia do crédito tributário, medida cautelar cuja titularidade é exclusivamente da Fazenda Pública. A medida cautelar fiscal foi criada há muito tempo, pela Lei 8.397/92, com alterações significativas em 1997. Portanto, a cautelar existe há 20 anos, é da época de nosso ex-presidente Collor. E minha colocação inicial para vocês é por que essa medida judicial existe há tanto tempo e somente agora – me arrisco a dizer que a partir de 2010 – ela passou a ser muito utilizada pela Procuradoria.

Vivemos um momento em que a medida cautelar é muito utilizada. Imagino que a razão de sua não utilização por tanto tempo tenha sido a seguinte: a efetiva arrecadação de um crédito tributário do devedor que não paga no momento oportuno, no vencimento da dívida, ela vem se mostrando cada vez mais difícil, mais inviável. É uma atividade muito complexa, e é complexa e difícil em função de diversos fatores. Falta investimento público para a execução dessa dívida ativa, falta estrutura, falta funcionário treinado e capacitado. E falta – doutora Juliana – procuradores. A contingência de procuradores é insuficiente *versus* a demanda que se tem pela execução da dívida ativa. E esse problema cada vez mais se agrava em função da informatização da fiscalização.

Então, por conta de toda essa informatização, nós, cada vez mais, vivemos um momento em que os débitos são executados independentemente da ação particular de um sujeito, do procurador. Ela é enviado diretamente para a execução judicial, após a inscrição em dívida ativa. Isso fez com que a contingência de processos tenha aumentado muito. E, a partir desse momento, dessa realidade, imagino que tenha sido necessário se centrar em uma solução. O que é que o Direito oferece como possibilidade, como instrumento para a execução dessa dívida e garantia dessa dívida? E uma dessas medidas – e, talvez, hoje, uma das mais relevantes – tenha sido efetivamente a medida cautelar fiscal. Porque ela proporciona a indisponibilidade do bem do devedor, fazendo com que, no final do processo judicial, se for efetivamente confirmada a procedência daquele débito, ele possa ser transformado em crédito da União, do Estado ou do Município – ele adentre o orçamento público.

O que nós não podemos confundir nesse contexto inicial é o seguinte: quando defendemos ou aceitamos a existência da medida cautelar fiscal, é importante que haja uma divisão de percepção de constitucionalidade. Da perspectiva formal, ela é constitucional. Foi introduzida por meio de lei ordinária, a competência, por tratar de processo, é da União Federal. Então, atende os requisitos constitucionais, é constitucional.

Do ponto de vista material, será que a medida cautelar está de acordo com as regras de nosso sistema? Será que ela é constitucional? É sobre isso que pretendo falar com vocês, porque eu divido as hipóteses previstas na lei em dois grandes conjuntos. Existem aquelas situações legalmente previstas em que o devedor procura dilapidar o seu patrimônio ou, efetivamente, dilapida o seu patrimônio, ou se encontra em uma situação de insolvência ou simplesmente desaparece – ele não possui um endereço conhecido, que são situações inequivocamente urgentes e que oferecem uma ameaça real e concreta à satisfação da dívida. Então, nessa situação, o contribuinte está insolvente, o contribuinte desaparece, o contribuinte executa atos de doação, de constituição, de *holdings* familiares, planejamentos sucessórios, planejamentos patrimoniais; o contribuinte contrai um número muito elevado de dívidas, para que aquele patrimônio que seria utilizado para o adimplemento da dívida fiscal possa ser utilizado para o pagamento de dívidas fictícias. Então, ele se estrutura de uma maneira a diminuir o seu patrimônio, que seria utilizado, em última análise, para o adimplemento da dívida, para protegê-lo, para que, caso ele perca o processo judicial, ele, no final de tudo, seja considerado como um devedor, mas que ele não sofra consequências sérias da perspectiva patrimonial. Então, nessas situações, no meu entendimento, a medida cautelar é constitucional e deve, sim, ser aplicada pela Procuradoria e deferida pelo Judiciário.

O que é necessário nesse contexto? São dois os pontos. Primeiro, que exista um débito constituído. Isso é o pressuposto básico, que se encontra previsto na lei, e acredito que todos aqui defenderíamos essa primeira condição. Eu não posso indisponibilizar um bem do devedor por um fato gerador que sequer ocorreu e que, caso venha a ocorrer, eu presuma que não será pago. Isso é inviável, só posso indisponibilizar os bens quando existe uma dívida efetivamente constituída e conhecida. É uma primeira condição.

E uma segunda condição é que os débitos que autorizam a propositura da medida cautelar sejam devidamente comprovados pelo titular da ação, ou seja, pela Procuradoria. Não há inversão do ônus da prova, é incabível a mera alegação desprovida de um suporte factual. Nessas situações, se ocorrido, na minha visão, a petição inicial deve ser declarada inepta, porque não há cabimento, porque o motivo que autoriza essa propositura não se encontra demonstrado. E se não há prova, por exemplo, de dilapidação patrimonial ou de insolvência, não posso meramente alegar e defender que o juiz poderia conceder uma medida assim, tão drástica, que secciona, sem dúvida alguma, o patrimônio, o direito de propriedade que está previsto na nossa Constituição. Ele deve ser sempre protegido. A tributação existe, mas como uma exceção do patrimônio, do direito de propriedade, nas situações lá previstas.

Eu não posso ter uma interpretação tão ampla que permita que qualquer débito legitime a indisponibilidade dos bens do devedor. Todos podemos, em algum momento de nossa vida, dever. Inúmeros contribuintes devem. O Estado deve. Mas o fato de ser devedor não significa que o sujeito é sonegador, não significa que esse débito não será adimplido por aquele devedor. Então, esse grande corte precisa ser feito desde o início. Para que a medida cautelar fiscal seja cabível, é necessário que a Procuradoria prove, junto com a petição inicial, que há urgência e há perigo de insolvência, que há perigo de não satisfação da dívida no final de um processo judicial. Nessas situações, é cabível a medida cautelar.

Isso posto, quando não é cabível a medida cautelar? Trago para vocês várias situações previstas na lei. A lei, se bem aplicada, é um progresso para a satisfação do interesse público. Mas ela viola, em diversas hipóteses, direitos do contribuinte que devem, sim, ser protegidos pelo Judiciário. O primeiro deles é a questão do limite de 30% do patrimônio do devedor. Se for constituída uma dívida que supere 30% do patrimônio conhecido daquele devedor, a Procuradoria pode propor uma medida cautelar fiscal. Para mim, isso é um absurdo. Por que é um absurdo? Imaginem vocês que eu sou contribuinte e que devo dez milhões de reais. Eu tenho um auto de infração lavrado, de três milhões de reais. Ou 3,5 milhões, vamos dizer assim. Por que dever 3,5 milhões implica o risco de inadimplemento de meu débito futuro?

Não há nenhuma correlação entre dever acima de 30% do meu patrimônio, com urgência da Fazenda Nacional ou da Fazenda do Estado ou da Fazenda do Município, em indisponibiliza o bem daquele contribuinte. Esse número foi um número arbitrário, é óbvio. Na hora de se confeccionar a legislação, o legislador pretendeu eleger um número qualquer e elegeu, de uma forma arbitrária, 30%. Agora, qual é a relação entre 30% e inadimplemento? Qual seria a relação de um valor maior, de 80% por exemplo?

Entendo que qualquer que seja esse percentual – a legislação prevê 30, mas qualquer que seja esse percentual, esse motivo é um motivo inconstitucional para indisponibilizar o bem do devedor. Ele viola o direito de propriedade. Ainda que deva 100% ou mais de meu patrimônio, não significa que não pagarei. É claro que, se eu utilizar esses 30% – que é esse primeiro requisito – com outro motivo previsto na cautelar, na legislação que rege a cautelar como, por exemplo, a insolvência, ou a dilapidação patrimonial – aí, eu tenho um justo motivo. Mas eu tenho um justo motivo pela dilapidação patrimonial e não pelos 30%. Em minha visão, esse primeiro motivo – que é o normalmente utilizado pela Procuradoria da Fazenda Nacional para propor a medida cautelar fiscal – precisa ser rechaçado, é inconstitucional.

O segundo motivo previsto na legislação, em relação ao qual eu também não concordo, é a alienação de bens arrolados sem a comunicação do Fisco. A lei prevê que todas as vezes que eu for obrigada a informar o Fisco da alienação – e, aí, eu faço remissão a rolamento – se alienar um bem e não comunicar o Fisco desta alienação, eu tenho uma justa causa para a cautelar fiscal, para a indisponibilidade.

Ora, senhoras e senhores, vejam bem, a legislação não prevê como motivo autorizador a alienação em sim, a não comunicação do Fisco. São situações diferentes. Eu posso ter um arrolamento de todo o meu patrimônio e vendo parcela daquele meu patrimônio. Essa minha alienação não gera a indisponibilidade. O que gera é a não comunicação. Eu trago para vocês um exemplo concreto, que eu tive oportunidade de analisar há pouco tempo, de uma situação de um contribuinte devedor, estabelecido no interior do Estado de São Paulo. Esse contribuinte é um contribuinte que, para a atividade dele – distribuição de produtos perecíveis – é de porte médio. Não é uma empresa pequena, mas também não se enquadra nos grandes contribuintes. É uma empresa de porte médio, teve um auto de infração lavrado, de 12 milhões de reais. Para ele, isso representa bastante, acima dos 30% e ele tinha bens arrolados. Só que esse contribuinte é um sujeito que trabalha direitinho. Ele tem, na pessoa física, a casa dele e o carro, todo o dinheiro que ele ganha ele investe na própria sociedade. É um jovem, o dono dessa empresa. Ele procura sempre investir na própria sociedade o dinheiro. Não tem *holding* patrimonial, não tem nada. É um sujeito que trabalha, ganha o dinheiro dele. Vem, ao longo dos anos, investindo. Por isso tem um imobilizado muito grande, a empresa dele fica num imóvel próprio, um imóvel que vale muito dinheiro. E ele tem uma frota de mais de 100 caminhões.

O que ele fez? Ele vendeu três desses caminhões que estavam arrolados, e não comunicou o Fisco. A Procuradoria, um mês depois, entrou com a cautelar fiscal. E ele se assustou: "Poxa, eu não lembrei que eu precisava avisar." E esses caminhões são muito antigos, não servem mais, ele conseguiu um bom preço. O sujeito foi desavisado, vendeu esses três caminhões. Agora, analisem o contexto: Ele tinha arrolados 100 caminhões; todo o seu patrimônio. Ele vendeu três desses caminhões. A Procuradoria entrou com uma medida cautelar dizendo: "Eu tenho aqui um motivo para indisponibilizar absolutamente tudo o que é de sua propriedade". Felizmente, o juiz não concedeu a liminar e a ação, agora, foi julgada improcedente. Mas por um outro motivo, pelo nosso terceiro ponto: como o processo administrativo não havia se encerrado ainda, aquilo não poderia ter sido proposta, a cautelar fiscal. E extinguiu o processo sem o julgamento de mérito.

Mas vocês vejam o absurdo. Você pretende indisponibilizar todo o patrimônio da pessoa por conta de uma parcela muito pequena daquele patrimônio, porque não foi avisado. Eu imagino que o objetivo da legislação tenha sido: "Vamos imprimir aí uma consequência drástica, porque, se eu sempre for avisado dessas alienações, terei como controlar a dilapidação patrimonial". Isso é justo. Mas então a legislação precisa ser alterada para preservar direitos do Fisco e do contribuinte, de forma que obrigue o contribuinte a informar que – caso essa venda esteja sendo efetuada em um valor muito elevado, e ele não informou e o que está sendo vendido é uma parcela significativa daquele patrimônio e que, sim, pode comprometer o adimplemento – aí, sim, eu teria justo motivo para a cautelar fiscal. Não é o que está na legislação. Por isso, na minha visão, esse requisito também é inconstitucional.

O outro ponto – que é, talvez, o mais polêmico – é a questão do processo administrativo. Para quem vem trabalhando, que tem oportunidade de trabalhar com medida cautelar, vocês sabem que a grande discussão que existe atualmente é: eu posso propor a medida cautelar antes do final do processo administrativo, ou é necessário que se encerre o processo administrativo para que, aí, a Procuradoria possa propor?

Vou tomar a liberdade de ler, rapidamente, o art. 1º da lei, para que vocês possam entender a discussão da complexidade que teve essa matéria. O art. 1º estabelece o seguinte: o procedimento cautelar fiscal poderá ser instaurado após a constituição do crédito, inclusive no curso da execução judicial da Dívida Ativa. Repetindo: o procedimento cautelar fiscal poderá ser instaurado após a constituição do crédito. Isso é o art. 1º.

Parágrafo único: O requerimento da medida cautelar, nas hipóteses I e II, independe da prévia constituição do crédito tributário. Qual é o entendimento da Procuradoria? Basta lançamento notificado, que a cautelar é legítima. Eu não preciso aguardar o término do processo administrativo. Qual é o entendimento de grande parte da doutrina? A redação do *caput* foi infeliz. Ela faz referência à constituição do crédito mas, aqui, a constituição do crédito deve ser entendida como constituição definitiva do crédito tributário. Eu necessito aguardar o término do processo administrativo para que, depois desse período, eu entre com a cautelar fiscal.

Meu entendimento é o que segue a linha majoritária da doutrina. Eu necessito aguardar o final. Por que eu entendo assim? Sempre defendi que a constituição do crédito significa lançamento. E, agora, venho aqui dizer: neste caso, a constituição do crédito não é o lançamento, é o final do processo administrativo. Assim, o professor Paulo de Barros Carvalho construiu a tese e convenceu as pessoas. E neste caso concreto eu digo: esqueçam, não é nada daquilo. É isso? Mais ou menos. Não estamos pretendendo imprimir um novo conceito para a constituição do crédito tributário. O que ocorre é que a redação do *caput* é equivocada e, se interpretado o *caput* com o parágrafo único com o art. 11 da legislação, a interpretação a que chegaremos é que é processo concluído. Vejam bem, se eu entender que, art. 1º, a cautelar, basta o lançamento, o parágrafo único vem e diz: existem situações previstas que independem de constituição do crédito. Então eu poderia dizer que a cautelar é cabível independentemente de um lançamento. Independentemente de um fato gerador conhecido. Será que isso é possível?

Não, não é possível. Primeiro, porque violaria o direito de propriedade, segurança jurídica, a certeza do Direito. Para quem não gosta de utilizar princípios constitucionais para a defesa de seus direitos, nós temos uma análise mais analítica a ser feita. As situações em que o parágrafo único tenha cabimento, independente da constituição do crédito, são duas. Quando o contribuinte, notificado para realizar o pagamento, transfere ou tenta transferir os bens para terceiros, ou aliena seus bens sem comunicação da Fazenda Pública. Portanto, senhores, quando é possível que eu seja notificada e aliene? Quando eu tenho um lançamento. Que tipo de notificação que o contribuinte, no nosso sistema, recebe, para que efetue um pagamento, que não seja lançamento tributário? A situação do parágrafo único excepciona. Eu posso entrar com a cautelar, independentemente da constituição do crédito, ela tem que ser entendida, independentemente da conclusão do processo administrativo. Porque, se não for assim, eu esvazio o parágrafo único, eu não consigo construir nenhum sentido para o parágrafo único. O parágrafo único, no nosso ordenamento, implica a existência de um lançamento. Vejam, se não há necessidade de constituição, como eu posso ir para esses dois incisos e dizer: a Fazenda Pública notifica a você – Maria Rita – para realizar o pagamento, e você não o faz? No Direito Brasileiro, a única forma de notificação de pagamento que eu tenho é aquela que ocorre após o lançamento tributário. Então, por conta dessa interpretação sistemática do *caput* com o parágrafo único, eu vejo que não é possível entender que a medida cautelar seja cabível, independentemente da finalização do processo administrativo.

Um argumento que a Procuradoria usa, além da interpretação literal do *caput*, é que a qualquer momento a ação pode ser proposta. Mas na sistemática não, como eu demonstrei para vocês. E outro argumento que a Procuradoria usa diz respeito ao art. 11 dessa legislação que fala que, quando a medida cautelar fiscal for concedida em procedimento preparatório, a Fazenda Pública deve propor a ação judicial em sessenta dias do término no processo administrativo. Eles utilizam esse art. 11, dizendo: "Isso reforça o nosso entendimento de que, a qualquer momento, a cautelar é cabível". Eu reafirmo para vocês: não. Esse prazo de 60 dias é: as situações excepcionadas pelo parágrafo único, em que já há o lançamento mas não há a conclusão no processo administrativo. Quando esse processo for concluído, aí sim, a ação judicial deve ser proposta, em 60 dias.

Tenho mais três pontos que são bem rápidos, para que nós possamos concluir. Uma outra situação muito menos polêmica, é de inaptidão. É cabível quando for declarada a inaptidão do sujeito passivo. Nesse caso, eu também discordo. As hipóteses legais que autorizam a declaração de inaptidão são muito vastas. Utilizo uma, que é conhecida de todos nós, que é a interposição fraudulenta, que é um ilícito previsto na legislação, mas é um ilícito que não guarda qualquer relação com o risco de pagamento, de recebimento do crédito tributário. Então, a inaptidão, por si só, também não é motivo válido, no meu entendimento, para o deferimento de uma liminar. Temos também a questão do que pode ser indisponibilizado. A legislação faz referência a bens e direitos e bens do ativo permanente, senhores e senhoras. Ativos permanentes são aqueles bens que integram o patrimônio da sociedade, de forma permanente, de forma continuada, utilizada para a consecução de suas atividades. Então, assim, obras que elas realizem, as máquinas, os equipamentos, não o dinheiro que circula em conta corrente. A legislação é expressa, que somente bens do ativo permanente podem ser indisponibilizados. O dinheiro que circula em conta, que aquela pessoa jurídica utiliza para comprar mercadorias e revender, para contratar serviços para prestar para terceiros, para pagar a sua folha, esse valor que circula na conta corrente não é passível de indisponibilidade.

Entretanto, existem decisões judiciais no sentido oposto e que entendem que, como a penhora pode recair sobre dinheiro, a indisponibilidade também poderia. São poucas as decisões que nós temos, do STJ, sobre medida cautelar. Eu acredito até porque ela vem sendo bastante utilizada de dois anos para cá, apenas. Então, muitos desses recursos ainda não foram decididos pelo STJ. Nós temos algumas decisões, mas elas são decisões muito antigas e o que é de relevante és em Primeira Instância e em Segunda. O TRF possui várias decisões. Mas essas, do STJ, são poucas, na linha de que o dinheiro é passível de indisponibilidade. Isso é uma violação à legalidade, se a legislação estabelece que somente o ativo permanente é passível de indisponibilidade e o Judiciário vem e diz que o dinheiro que circula na conta corrente pode ser tornado indisponível, por que é permitido uma penhora, é fazer uma analogia imensa e desprovida de qualquer legalidade.

Por fim, eu gostaria de tratar de um último ponto aí, que vem sendo também bastante discutido, que é a questão da responsabilidade do administrador na medida cautelar. Porque, quando ela prevê que os bens da sociedade podem ser tornados indisponíveis, a legislação faz uma exceção para que aquele administrador, caso tenha agido em desacordo com a legislação e violado o estatuto ou o contrato social e seja um gestor e responsável pelo pagamento daquela dívida, também possa ter seus bens tornados indisponíveis.

O que deve ser considerado aqui – e existem decisões judiciais nesse sentido – é que deve ser provado, no momento da propositura da ação, o descumprimento de atos de gestão de acordo com o que prevê o art. 135 do CTN. Então, o administrador tem que ter agido com dolo, para que seja possível a indisponibilidade de seus bens. Também concordo que essa medida é possível, esse "redirecionamento" para a pessoa física do administrador, desde que o dolo seja devidamente demonstrado. A demonstração do dolo, senhores e senhoras, é uma das tarefas mais árduas. Como todos nós aqui sabemos, nem todos os acontecimentos podem ser traduzidos em palavras. Dolo é a intenção de prática de um ilícito. Como eu provo a intenção da prática desse ilícito? Eu posso ter, propositadamente, errado, para que a sociedade tenha um resultado melhor e aquele dinheiro seja revertido em benefício próprio e eu distribua como dividendos, ou integralize aquele valor em outra sociedade. Eu, pessoa física, que agi dolosamente, me beneficio. Ou possa ser um erro, um mero erro. Para quem trabalha aqui com substituição tributária, por exemplo, classificação fiscal de mercadorias, vocês haverão de concordar comigo que é possível errar, porque a legislação é extremamente complexa. Então, existem duas realidades muito distintas. Eu preciso demonstrar essa intenção.

Agora, como eu demonstro essa intenção, se ela é intersubjetiva? Ela não é exteriorizada. Como eu sei, como a fiscalização sabe? Não sabe. Agora, se eu digo que ela precisa provar e ela não tem como provar, como fica? É uma prova impossível? Porque, em vários momentos, o Código Tributário prevê essa necessidade do dolo. Seja no art. 135, seja no prazo decadencial, no final do *caput* do § 4º do 150, seja para aplicação de uma multa qualificada, preciso provar o dolo. Para mim, essa prova não é possível de ser realizada. Isso é um limite ao que pode ser conhecido pelo ser humano. Mas o Direito requer. Não posso conviver com a incerteza. O Direito não convive com esse tipo de insegurança. Algo precisa ser demonstrado. E, para mim, não é a intenção propriamente dita – impossível –, mas a dinâmica daquele ato imputado como fraudulento. Então, houve conduta reiterada? O CARF entende que esse não é um elemento bom para provar dolo. Na minha visão, é. Eu posso errar uma vez, desavisada. Agora, se eu erro constantemente, é um indício de que algo está errado. Não é uma prova conclusiva, mas é uma prova indiciária forte, para mim, a conduta reiterada.

Outro ponto que deve ser considerado: qual é a complexidade? Era uma classificação fiscal que nem o Fisco sabe responder ou era algo muito óbvio, que errei? Uma despesa que era indedutível e que eu coloco lá, como dedutível. E sem contestação. Qual é a complexidade daquele fato? Existia voluntariedade? Eu fiz porque era gestor daquele meu ato, tinha plenos poderes, ou fiz porque sou um contador que fui obrigado a fazer, em função de uma ordem superior? Lesou-se mais o patrimônio público, não se pagou o tributo, e aquele dinheiro foi utilizado para pagar a folha de salários, porque é uma sociedade à beira de insolvência? Ou não: é uma sociedade à beira da insolvência, cujo sócio é extremamente rico, cujo sócio possui inúmeras empresas, extremamente ricas. Ele até é pobre, coitado, mas as empresas que ele possui abaixo dele são empresas extremamente ricas. Então, essa riqueza da singularidade do fato, ela precisa ser demonstrada.

Se a cautelar fiscal foi proposta alegando que o administrador violou o art. 135 e a Administração Pública – no caso, a Procuradoria – tiver condições de produzir essa prova de má gestão, também é um motivo que, na minha visão, autoriza que o bem do administrador seja tornado indisponível. Se essa prova não for feita por qualquer motivo ou porque a Procuradoria entende que não precisa, ou porque ela não tem condições materiais de produzir essa prova ou se, factualmente, essa situação realmente não existir. Eu envolvo a pessoa física porque eu sei que é um eficiente meio de arrecadação. Nessa situação, também – doutor Paulo, doutora Consuelo – a medida cautelar deveria, sem dúvida alguma, ser incabível. Então, para concluir senhores, reitero aqui que, na minha visão, a cautelar fiscal pode e deve ser utilizada pela Fazenda Pública, é necessário que a inicial seja distribuída com provas contundentes do ilícito e das situações que autorizam a propositura dessa ação, mas que, infelizmente, a legislação traz inúmeras situações que, na minha visão, são inconstitucionais e que, de forma alguma, podem autorizar a indisponibilidade do bem do devedor. A indisponibilidade é uma medida extremamente drástica, que só deve ser adotada em situações de urgência e de comprovada dilapidação patrimonial. Com isso, eu encerro e agradeço muito a atenção de todos vocês. Tenham todos um bom dia.

Consuelo Yoshida – Cumprimento a eminente professora Maria Rita Ferragut. Ela colocou muito bem, deixou bastante claro que é uma medida drástica, uma cautelar de indisponibilidade dos bens do devedor. E ela analisou todas as hipóteses, para verificar que, isoladamente, ou tomada de forma precipitada, não induz esse risco, essa urgência, essa ameaça eminente de dilapidação do patrimônio e condena, muitas vezes, a própria atuação da Fazenda Pública. Os excessos, as fraudes, tudo isso tem que ser minuciosamente descrito pelas partes e comprovado. Porque, como é que o Judiciário vai examinar? Quando chega, então, no nível – dói denegada a liminar e vem para o agravo de instrumento, que é onde nós atuamos, a complicação é muito maior se a parte interessada se limita a juntar as peças essenciais de formação do agravo. Como é que nós vamos examinar toda essa prova indiciária, que não é obrigatória ser juntada, mas é de interesse para o exame dessas circunstâncias que poderiam justificar a concessão ou a própria revogação da liminar.

Parabéns, professora. E passo a palavra, então, para o juiz Paulo Conrado, que falará sobre garantias, penhora *on line*, a aplicação do Código de Processo Civil e da Lei de Execução Fiscal. Eu passo à leitura, então, do currículo do Paulo Conrado – César Conrado. É bacharel, mestre e doutor em Direito pela PUC, juiz federal desde 95, atualmente titular da 12ª Vara Federal de Execuções Fiscais; professor convidado dos cursos de extensão, pós-graduação *lato sensu* da EMAG da Terceira Região – que é a Escola de Magistratura do Tribunal Regional Federal da Terceira Região – na área de Processo Civil; professor convidado dos cursos de pós-graduação *lato sensu* da PUC em Processo Civil e Processual Tributário; também convidado dos cursos de pós-graduação *lato sensu* do IBET e do Instituto Brasileiro de Direito Tributário – IBDT, Processual Tributário. E também dá aula em cursos preparatórios, é autor de vários livros e artigos, membro do Conselho Editorial da Revista de Direito Tributário da Seção Paulista de Direito Tributário da Editora Federal; também pertence ao Comitê de Pesquisa, Editoração e Intercâmbio – é um conselho de aperfeiçoamento e pesquisa do Conselho de Justiça Federal e palestrante bastante convidado. Eu dou a palavra, então, ao juiz Paulo César Conrado.

Garantias – Penhora *On Line* – Código de Processo Civil *versus* Lei de Execução Fiscal

Paulo César Conrado – Bom dia a todos. É uma satisfação poder estar nesta mesa. Professora Consuelo, eu tenho tido a grata satisfação de estar, amiúde, na companhia da professora Maria Rita, da professora Juliana, assim como da senhora, presidente desta mesa. É uma grande satisfação participar deste evento mais uma vez, embora nós tenhamos que tratar de um tema que se põe, pelo menos em princípio, bastante árido. Falar sobre penhora, sobre garantias, de uma maneira geral, em execução fiscal, é algo que, em princípio, nos distancia do foco primordial desse congresso, que é o Direito Tributário. Aparentemente, estamos nos distanciando daquilo que efetivamente nos interessa, que é o Direito Tributário, passando a lidar com uma temática que é quase que exclusivamente processual. Daí, a aridez que lhes mencionei. Não obstante isso, nós sabemos que é absolutamente impossível, na atual realidade, trafegar, no mundo do Direito Tributário, ignorando essas questões processuais, embora elas sejam, aparentemente, só de cunho processual. Pois bem, nós vamos procurar diluir um pouco essa aridez, fazendo alguns comentários que me parecem ser bastante relevantes para a pragmática tributária.

O primeiro problema que me parece que deve ser aqui enfrentado diz com a acumulação normativa em torno do mesmo fenômeno. Nós sabemos que todo processo de execução por quantia certa – execução fiscal em matéria tributária está inserida nesse contexto – visa a expropriação do patrimônio do devedor. No caso específico do Direito Tributário, o que se pretende, via execução fiscal, é a realização da conduta a que se refere o 156, inciso I, conduta essa que não teria sido espontaneamente praticada pelo contribuinte. É necessário que se a force. Nós podemos dizer, em última análise, portanto, que execução fiscal tende à expropriação do patrimônio do devedor, objetivando, no final das contas, o pagamento forçado, com a extinção do crédito tributário na forma do 156, inciso I, do CTN. Então, vejam que, de uma certa forma, falamos em expropriação do patrimônio do devedor mas, ao mesmo tempo, falamos de extinção do crédito tributário. Os senhores sabem que o conceito de tributo vem preconizado no 3º do CTN, remetendo-nos à ideia de prestação pecuniária. O objeto da obrigação tributária sabidamente se expressa em dinheiro. Pois bem, para que nós falemos em expropriação do patrimônio do devedor, uma série de atos de natureza preparatória tem que ser providenciada pela autoridade que preside o processo de execução. E esses atos preparatórios a que me refiro vão desaguar na figura da garantia do cumprimento da obrigação. Uma das formas de se garantir o cumprimento da obrigação exequenda é a penhora – embora ela não seja a única, essa é a forma que se põe sob nosso exame.

Sobre a penhora, sobre a figura de que tratam o Código de Processo Civil e a Lei 6.830/80, ambos os diplomas contêm normas que enunciam os bens que poderiam ser alvo de penhora. O 11 da 6.830 trata desse assunto, o 655 do CPC, na sua redação atual, também trata desse assunto. E é interessante notar que, tanto em uma quanto em outra sede legal, nós encontramos, em primeiríssimo lugar, a referência a dinheiro. O que, em tese, nos autorizaria – e vem autorizando a jurisprudência – a dizer que essa categoria de bem seria prioritária. De uma certa forma, quando nós falamos que a penhora de dinheiro é prioritária em relação às demais figuras listadas, tanto no 11 da 6.830, quanto no 655 do Código de Processo Civil, nós estamos reconhecendo que o depósito – que é uma forma de garantia paralela à penhora – é que é preferencial. Vejam os senhores, o contribuinte, citado em uma execução fiscal, é chamado para pagar ou garantir o Juízo. E ele pode garantir por fiança, ele pode garantir por depósito, ele pode garantir por penhora. Se a penhora recair sobre dinheiro, a sua solução formal é o depósito. Toda penhora de dinheiro se resolve sob a forma de depósito. O que muda, em termos práticos, é a iniciativa. O contribuinte pode tomar a iniciativa voluntária de efetuar o depósito – falamos, portanto, em depósito no sentido estrito do termo. Nós podemos falar, no entanto, em penhora de dinheiro – não há voluntariedade.

Dizer que a penhora de dinheiro é prioritária sobre tudo o mais, significa, na prática, dizer que o depósito forçado do valor exequendo é que é prioritário. Nós não estamos falando apenas de uma prioridade interna ao 655 ou interna ao 11. Nós estaríamos falando de uma prioridade entre formas de garantias. Três gêneros, insisto: fiança, depósito, penhora; essa questão da prioridade, da preferência, sempre é lidada dentro do seu específico universo: 11, 655. Parece-me que há um extravasamento do gênero. Estaríamos impondo, em rigor, uma específica forma de se garantir o Juízo em detrimento das demais – fiança e penhora, em um sentido um pouco mais aberto.

Pois bem, sabendo-se que a penhora de dinheiro foi contemplada pelo sistema, a despeito da sua solução na forma de depósito, os senhores sabem, vem a jurisprudência se comportando – e cada vez mais unanimemente, digamos assim – no sentido de impor, de fato, a sua realização. E, em especial, se nenhuma outra conduta é tomada pelo contribuinte, quando chamado na execução. A omissão do contribuinte no primeiro ato de convocação em execução fiscal vem implicando, em termos práticos, a adoção da penhora especificamente de dinheiro. Já não se usa mais falar, como se falava antigamente, em penhora livre. Vejam, o sujeito chamado poderia indicar bens à penhora. Não o fazendo, então, ela recairá sobre quaisquer bens integrantes do seu patrimônio. E sempre se falou em quaisquer bens integrantes do seu patrimônio porque a execução, lembre-se, é processo de expropriação, é processo tendente à expropriação de patrimônio – responsabilidade, no nosso sistema, recai, sabemos, sobre patrimônio. Portanto, é essa figura ampla, em princípio indefinida, que responderia pela dívida tributária exequenda. Já não se fala mais – não, pelo menos com tanta frequência – em penhora, aspas, livre. A omissão do contribuinte implica a prática de ato preparatório da expropriação, sob a forma de penhora, mas tomada a figura dita preferencial, dita prioritária. E em um regime de prioridade que, os senhores sabem, vem sendo trabalhado de maneira muito enfática pelo Superior Tribunal de Justiça, pós Lei 11.382. Após a introdução, no nosso sistema, da figura da chamada penhora *on line*, nós temos uma outra forma, uma outra visão, uma outra tônica, atribuída pelo STJ, a essa específica categoria. No regime pré 11.382, essa providência era entendida como algo possível, desde que não gerasse um detrimento exacerbado para o contribuinte, manipulando-se a do 620 do CPC, que é conhecida de todos pela expressão (que eu acho horrorosa) "princípio da menor onerosidade" ou "princípio da menor gravosidade". Vejam os senhores que nós vivemos em um tempo em que qualquer coisa que é batizada com o primeiro vocábulo (princípio) servirá seguramente para nada – quer tornar uma coisa inútil, põe na frente "princípio"; princípio disso, princípio daquilo, princípio daquilo outro. Nós não vivemos mais, parece, tempos de "valor". Nós vivemos tempos de "técnica". As pessoas se preocupam com a técnica e não com o valor que está por detrás. Botou a palavra "princípio" na frente, o que temos é a revelação de valor. Eu não estou querendo dizer que isso é bom ou mau. É pura constatação de quem opera diuturnamente, como os senhores, com essas categorias.

Pois bem, a figura do 620, tomada como princípio, autorizava dizer possível a manipulação da penhora de dinheiro, inclusive sob a forma eletrônica, desde que não indutiva de um detrimento exacerbado. Pois bem, os senhores sabem que, depois do novo 655, não é assim que o STJ pensa. Ela é prioritária e pronto. A menor onerosidade passa a ser interpretada em uma posição de "técnica": a gravosidade gerada pela indisponibilização de dinheiro não é mais presumida; dinheiro responde e acabou. É o primeiro da lista do 655 do Código de Processo Civil. É de se fazer a constrição sob a forma ideal de depósito. Voltando àquilo que lhes dizia antes, nós não queremos penhora para fins de expropriação, simplesmente. Fala-se em expropriação direta. Vejam, expropriação suporia a individualização da parcela de patrimônio do devedor que é suficiente para o pagamento da dívida. Aquela parcela do patrimônio fica afetada ao processo para que se proceda à alienação. Essa ideia é que sempre nos orientou na tradição do processo de execução por quantia certa. Quando se fala em penhora de dinheiro, insisto com os senhores, nós estamos buscando o depósito forçado. Não se trata de expropriação naquele sentido indireto, que antes se contemplava, senão de expropriação direta da prestação pecuniária devida pelo contribuinte. Pois bem, após a 11.382, nós temos essa roupagem um pouco mais restritiva para o contribuinte. A ele se impõe o ônus de provar a gravosidade. Eu diria aos senhores que, olhando o problema da jurisprudência e trabalhando com esses conceitos sob uma outra ótica, nós temos simplesmente uma questão de definição de ônus de prova. Passou a ser, pós 11.382, ônus do contribuinte provar a gravosidade da medida a que alude o 655, inciso I, combinado com o 655-A. É ônus dele. Agora, vejam, que nós temos que pressupor que o contribuinte, citado, não faz nada; este é o caso em que se abre ensejo para penhora *on line*, representando a citação, portanto, o primeiro momento para se discutir essa questão do ônus da prova – foi citado, tem que oferecer bens à penhora, trazer algum tipo de garantia, que não seja indutiva da indisponibilização eletrônica: "olha, aqueles itens que foram mencionados na fala da professora Maria Rita – pagamento de fornecedores, pagamento de folha, compra de matéria-prima – serão liquidados com o valor da minha conta corrente." Leva-se um balanço, um documento subscrito por quem tem gestão na empresa, demonstrando esse resultado. Essa é a ideia. Eu diria aos senhores que, nesse momento – embora concorde com a posição firmada pela professora Maria Rita –, nós temos que ser práticos. Há uma técnica que foi, digamos assim, consagrada no Superior Tribunal de Justiça. O conceito de menor gravosidade, de menor onerosidade, se cambiou: aquilo que era princípio virou técnica e, como tal, tem que ser manipulada pelo contribuinte. Se não fizer nada, se ficar omisso depois de citado, vai sofrer a penhora *on line*. E, aí, nós temos, vejam, o ônus da prova recaindo, do mesmíssimo jeito, sobre o contribuinte. Só que, a prova, nesse momento, deixa de ser preparatória e passa a ser reparadora. O contribuinte constrói a prova da gravosidade para reparar o dano já consumado, que é a constrição da sua conta corrente e a consequente impossibilidade de liquidação daqueles débitos que foram antes mencionados pela professora Maria Rita.

Pois bem, me parece que são essas duas situações que, ao final das contas, o contribuinte tem à sua mão, pela combinação do 655, I, 655-A e 620 do CPC. Produção de prova no sentido da gravosidade da medida é seu ônus. Essa prova pode ser – e é desejável que seja – produzida de maneira preparatória, já no início do processo, quando da citação. Ou, então, que seja com conteúdo reparador, nas hipóteses em que a constrição já se efetivou.

Eu venho com os senhores falando repetidamente do 655, o 655-A do CPC, e não faço referência ao 11, embora tenha começado, aqui, dizendo que nós temos um problema de sobreposição normativa. Esse é um problema que, me parece, é aparente, à medida que já foi diluído pela jurisprudência do Superior Tribunal de Justiça. Vejam, boa parte dessas afirmações que nós reconhecemos na jurisprudência do STJ pós 11.382 foi construída em execução fiscal. Parte-se da premissa de que o 655, porque é dispositivo mais moderno – aspas –, se sobrepõe ao 11 e aos seus desdobramentos, parágrafos, letras, enfim. E esse dispositivo aplica-se à execução fiscal – com isso, nós teríamos como que a revogação do 11 da 6.830.

Pois bem, nesse momento, surge, para nós, mais uma vez, o problema da lei especial, da suposta lei especial (6.830), sendo revogada pelo Código de Processo Civil. Esse é um tema recorrente quando nós estamos falando de defesa, de embargos. Quais os efeitos que se atribuem aos embargos do executado? Em execução fiscal, na sua tradição, os senhores sabem, os embargos sempre experimentaram eficácia suspensiva. No Código, na sua realidade atual, isso não se apresenta mais. Agora, vejam, é, no mínimo, curioso – assim me parece – que um dispositivo da 6.830, que trata explicitamente da questão da garantia da penhora, seja reputado revogado pela investidura de normas integrantes do Código de Processo Civil. E o que se refere à eficácia dos embargos, não. Isso não é argumento, é arbítrio: eu desejo que seja assim; então, eu digo que, naquele momento, norma geral não revoga norma especial. Agora, nesse momento, no momento em que eu estou especulando sobre quais as metodologias de garantia, aí, não; aí, o meu desejo é outro.

Eu lhes lembro que a 6.830 não é especial porque não está codificada. A 6.830 é uma lei, ponto. É um amontoado de enunciados. As normas reveladas por esses enunciados é que podem ser categorizadas como gerais ou especiais. São especiais se confrontarem com a legislação geral. Mas não a legislação geral de hoje, senão a legislação geral do tempo em que foi produzida. A 6.830 é de 1980 e oficiava debaixo de um paradigma, o Código de 1973. As normas coincidentes, 73 com 80, não podem ser qualificadas como gerais pelo só fato de figurarem na 6.830. A norma é especial se apresenta, em confronto com o Código de 73, uma realidade diferente. Vejam, o Código foi alterado em 2005, 2006. Novas leis foram produzidas: agora, eu vou dizer que essas são as leis gerais, confrontando-as com a lei de 1980? Me parece completamente *nonsense*. É fazer a interpretação debaixo de um regime de fotografia. Eu fotografo o que está acontecendo hoje e não tomo como referência a origem dessas mesmas normas. Por isso, venho repetindo amiúde, que o Código de Processo Civil de 73, naquilo que não contrastava com a 6.830, implicava simplesmente sobreposição. A 6.830 repete o Código de 73. É, no contexto do CPC de 73, geral, portanto (à medida que apenas o repete). Qualquer movimentação que acontecer no Código, entretanto, há de irradiar (como irradiou) efeitos em relação à 6.830. E me parece que é esse o raciocínio que está por detrás das construções do STJ, quando aplica o 655 para fins de execução fiscal. Indisponibilidade, nos mesmos termos do 4º da lei de regência da cautelar fiscal: a autoridade julgadora, o juízo da execução, quando toma esse tipo de providência, está tornando indisponíveis os valores que estão lá, contidos na conta, naquele específico momento. Penhora é um ato processual, precisa ser formalizado. Então, aquilo vai ter que ser afirmado. É assim? Ah, mas é muita formalidade. Mude de país, então. Ou então, eleja um deputado que seja capaz de alterar o Código, porque é assim que é de ser feito. É uma questão de segurança. Nós temos um país gigantesco. Os senhores imaginem cada unidade judiciária aplicando a sua "informalidade": a minha informalidade é melhor do que a do meu colega de Manaus; então, eu vou aplicar um regime diferente do dele. Não dá. Tem que ter forma única: congelou o valor da conta, veio a notícia ao processo, o juiz tem que lavrar termo de penhora e intimar. Esse ato de comunicação formal no processo não pode ser presumido. "Ah, porque o sujeito teve a conta congelada, é óbvio que ele vai saber; ele vai tirar o extrato no dia seguinte, vai ter um infarto e vai tomar conhecimento do que aconteceu": não se trata de comunicação no sentido vulgar, senão no sentido técnico-formal do processo. Até porque, nós sabemos, a intimação da penhora, para aqueles que aplicam a 6.830, faz disparar o prazo para oferecimento de embargos.

Nesse momento, percebam, nós vamos ter a tal da penhora de dinheiro, se materializando. O que a preparou? Um ato de indisponibilidade, de natureza cautelar, que era exatamente o que o STJ apregoava na versão jurisprudencial anterior, quando ele dizia: "Olha, vamos penhorar dinheiro sob forma eletrônica, mas apenas se não houver um impacto muito grande para o princípio da menor onerosidade." Ou seja, o juiz fazia aquela análise típica das cautelares. Existe perigo, é necessário, resolveu o problema em relação ao risco de cumprimento de obrigação? Sim. O sujeito não compareceu, não fez nada, é completamente omisso. Todas essas ponderações eram feitas pelo julgador. No momento atual, nós não as temos. E aí, vejam, é que está o problema – a medida é tipicamente reveladora de cautelaridade, ela não é, em si mesma, reveladora de penhora. Só que, é uma cautelaridade objetiva, infalível, automaticamente definida pela legislação. Se não há garantia do Juízo, procede-se à penhora eletrônica de dinheiro. Na verdade, não se está fazendo penhora nenhuma; está se trazendo para dentro da execução a medida cautelar fiscal, sem prova de *periculum*, sem prova de nenhuma situação de risco. É esse o *status* que se nos apresenta. Por isso, me parece, é interessante pensar pragmaticamente. Eu, contribuinte, sou detentor de um ônus, o de provar o *periculum* invertido, ou seja, a gravosidade de uma eventual medida restritiva desse timbre. Muito obrigado pela atenção de todos.

Consuelo Yoshida – O doutor Paulo Conrado tem essa habilidade, é tanto por iniciativa das execuções fiscais, dessas penhoras mais restritivas, ele diz: "A roupagem mais restritiva da penhora." E ele consegue demonstrar. Na Escola de Magistratura, estávamos ainda reticentes quanto a essa agilização do processo da execução fiscal, penhora *on line* e, também, a não mais possibilidade de efeitos suspensivos dos embargos e ele disse o seguinte: "Execução é crédito líquido e certo." Agora, aí é que está o problema. Então, a gente não consegue imaginar que a execução tem que ser sede mesmo, porque parte-se do pressuposto de que é crédito líquido e certo. Então, todo o trabalho será esse, de derrubar eventual presunção de que seja crédito líquido e certo. Então, aí, verificar as CDAs e todas essas providências, para poder constituir esse crédito. Mas é impressionante como, aí, eu passei a entender porque agilidade da execução da penhora e dos embargos sem efeito suspensivo, presumindo-se que o crédito é líquido e certo.

Agora, então, responsabilidade tributária de terceiro, seus impactos nas execuções fiscais, com a doutora Juliana Furtado Costa Araújo. Ela é doutora em Direito Tributário pela Pontifícia Universidade Católica de São Paulo; procuradora da Fazenda Nacional; chefe da Divisão de Defesa em Segunda Instância da Procuradoria Regional da Fazenda Nacional da Terceira Região; professora de Mestrado Profissional em Direito da Fundação Getúlio Vargas e dos cursos de pós-graduação *lato sensu* em Direito Tributário e Processo Tributário no Instituto Brasileiro de Estudos Tributários, no IBET e PUC-COGEAE. Com a palavra, Juliana Furtado Costa Araújo.

Responsabilidade Tributária de Terceiros e Seus Impactos nas Execuções Fiscais

Juliana Furtado Costa Araújo – Bom dia a todos. Inicialmente, gostaria de agradecer o convite feito pelo IDEPE, agradeço em nome da doutora Maria Leonor. É uma honra muito grande poder participar de um evento dessa magnitude, no âmbito do Direito Tributário. E é um prazer maior ainda poder estar na mesa com as doutoras Consuelo Yoshida, Maria Rita Ferragut e doutor Paulo Conrado. A doutora Maria Rita colocou que eu e o doutor Paulo somos polêmicos. Mas eu acho que, hoje, quem polemizou mais foi a doutora Maria Rita. E eu concordo com muitas coisas e vou pensar em outras, que eu não concordo. Mas, de qualquer forma, gostei muito de todas as palestras. Quero parabenizar os dois professores e eu vou falar aqui sobre o tema da responsabilidade tributária de terceiros e seus impactos na execução fiscal. Esse é um tema que parece já definido, mas que, atualmente, vem tendo uma nova roupagem, que eu acho interessante trazer aos senhores. A responsabilidade de terceiros está prevista no CTN, nos arts. 134 e 135. Eu vou aqui me ater ao art. 135, que é exatamente o dispositivo que mais impacta as ações de execução fiscal. Esse dispositivo prevê a possibilidade dos representantes das pessoas jurídicas com poderes de administração virem a ser responsabilizados pelos créditos tributários dessa pessoa jurídica, caso hajam com excesso de poder, infração à lei, ao contrato social, ou aos estatutos.

Só que, nós temos que sempre partir do pressuposto de que a pessoa jurídica é autônoma e, portanto, é ela quem responde pelos seus próprios créditos tributários. O seu administrador está ali cumprindo os seus objetivos sociais, de quem ele representa. Então, a regra é que a pessoa jurídica responda. Mas a própria lei trouxe a possibilidade de, no caso desse administrador fugir dos objetivos sociais da pessoa jurídica que ele representa, que ele possa sim, ser responsabilizado. Acontece que essa responsabilização – e isso já está muito bem definido pelos nossos tribunais superiores – ela não se dá sem o atendimento de uma série de requisitos. E, talvez, o principal desses requisitos é a demonstração do dolo. Então, hoje, um terceiro que tenha poderes de administração, sendo sócio ou não, responde se agir com infração à lei – e essa lei pode ser qualquer lei relacionada ao próprio desenvolvimento daquela atividade econômica por parte da pessoa jurídica. Ele pode, também, ser responsabilizado se houver infração ao contrato social ou aos estatutos, que seria uma expressa atuação desse representante da pessoa jurídica contrariamente a uma disposição que está presente no contrato social. Ou, ainda, se ele agir com excesso de poder, que nada mais é – como bem coloca a professora Maria Rita, no livro dela sobre responsabilidade – que a ausência de poder, quando esse representante age sem ter possibilidade de realizar aquela conduta, porque não há previsão, seja legal, seja no contrato social. Então, diante disso, esse terceiro, com poderes de administração, pode ser responsabilizado.

E, hoje, analisando o impacto dessa responsabilização na execução fiscal, nós vamos encontrar uma situação que é chamada de dissolução irregular. É muito comum que a pessoa jurídica simplesmente desapareça, passando a existir apenas de direito, porque não houve o encerramento de suas atividades juridicamente, mas de fato ela não exerce mais nenhum tipo de atividade econômica. Então, nesse caso, sem dúvida nenhuma, houve a deliberação dos sócios, eles resolveram encerrar a empresa, mas não fizeram a devida extinção. Então, nessa hipótese, eu entendo – e a jurisprudência tem entendido também – que nós nos deparamos com a ofensa a uma série de dispositivos legais, como os arts. 51, 1.150 e 1.151 do Código Civil, mais art. 32 da Lei 8.934/94, que exigem que esse contribuinte mantenha atualizado os seus cadastros perante os órgãos fazendários. Essa situação é tão comum que, inclusive, já foi até sumulada pelo STJ. Daqui a pouco eu vou mostrar para os senhores essa súmula, que demonstra que dissolução irregular devidamente comprovada é caso, sim, de aplicação do art. 135 do CTN.

Qual é a grande questão que eu vejo em relação a esse tema? O momento em que a prova da dissolução deva ser produzida. Claro, já fixamos a premissa de que não há essa responsabilização de não houver o dolo. Quem tem que produzir essa prova é o Fisco, é ele quem está querendo cobrar o crédito tributário de uma terceira pessoa que não realizou o fato jurídico tributário.

Vejam, existem dois momentos em que essa prova pode ser perfeitamente constituída. Uma delas é na própria esfera administrativa. Se a autoridade fiscal está ali, efetuando um auto de infração e ele se depara com atos que demonstram atitudes ilícitas por parte do representante daquela pessoa jurídica, ele deve produzir essa prova e, dentro do processo administrativo, que é o ambiente mais adequado para isso, porque os eventos estão ali, muito mais próximos e o fiscal pode concretizar aquilo, produzindo documentos que demonstrem os atos ilícitos que foram praticados. Nesse caso, o agente fiscal já efetua o lançamento, levando em consideração a pessoa do terceiro, administrador dessa pessoa jurídica.

Só que nós temos que entender que o Direito cria as suas realidades e nós podemos ter situações em que, primeiro, não temos lançamento de ofício. E, segundo, a prova do ato ilícito não pode ser produzida na esfera administrativa. E por quê? Porque a grande maioria, hoje, dos tributos, submete-se ao lançamento por homologação, onde a própria pessoa jurídica, que é o contribuinte, informa os valores que são devidos, declara isso e não paga. Esses valores são automaticamente inscritos em dívida ativa e cobrados. É claro que nenhuma pessoa jurídica – pelo menos que eu conheça – vai se autodenunciar, que desapareceu. Então, ela vai entregar a declaração, o crédito está sendo constituído com essa entrega. E a execução fiscal vai ser ajuizada em nome dessa pessoa jurídica. E, portanto, só quando a execução fiscal já está em curso é que é possível que o ato ilícito venha à tona. Seja porque – e, na maioria das vezes, é isso o que acontece – essa pessoa jurídica simplesmente some, desaparece, sem se ater aos dispositivos legais indispensáveis para que ela possa efetuar a sua extinção. Então, nesses casos, não há dúvida de que essa prova vai ser produzida na esfera judicial. Mas eu deixo claro: se essa prova pudesse ter sido produzida na esfera administrativa quando da efetuação do lançamento, isso pode implicar, sim, a impossibilidade de ela vir a ser produzida na esfera judicial. Porque, aí, nós poderemos, inclusive, ter uma alegação de decadência ou mesmo de uma prescrição, porque o momento da constituição do crédito ocorreu lá atrás.

Mas o que nós nos deparamos, na verdade, é com a dificuldade – eu acho que isso foi muito bem colocado pela doutora Maria Rita – de comprovar esse ato doloso. Não é fácil e por isso que eu falei que, quando se está diante do auto de infração e, portanto, da constituição do crédito, essa possibilidade aumenta. Porque, quando nós estamos no seio de uma ação executiva, essa possibilidade é muito mais restrita. E eu trouxe aqui alguns exemplos de condutas que podem revelar esse excesso de poder, essa infração à lei, ao contrato social e ao estatuto. Como, por exemplo, se é detectado que aquela pessoa jurídica emite notas fiscais subfaturadas ou mesmo ela está ocultando o seu patrimônio, então ela aliena seus bens e direitos, com o nítido objetivo de obstar o pagamento daquele crédito tributário. Ou, ainda, ela faz aproveitamento de crédito fiscal indevido. Vejam, tudo isso pode ensejar, sim, a responsabilização do seu administrador, porque ele está agindo contrariamente aos objetivos sociais, ao que está definido no contrato social e mesmo contrariamente à lei.

Outra hipótese, que foi a que eu coloquei, é quando a empresa desaparece sem a regular dissolução. Nesse caso, qual seria a prova para demonstrar isso? Sem dúvida nenhuma que a certidão do oficial de Justiça, que é um agente que tem fé pública e que pode constatar que a empresa não está mais naquele endereço. Vejam só que há um tempo atrás considerava-se que o AR – que é o meio ordinário de citação e intimação no processo executivo, o aviso de recebimento dos Correios, poderia se prestar a essa finalidade. E o STJ definiu, inclusive já em sede de recurso repetitivo, que o AR não serve para isso. Só que, muitas vezes, a Fazenda Pública se depara com uma situação até um pouco esdrúxula. Porque, como o meio ordinário de citação é o aviso de recebimento, encontra sim, uma certa resistência de que, após um aviso de recebimento negativo, que um juiz da execução fiscal autorize que o oficial de Justiça vá até a empresa, no mesmo endereço, para certificar o que já foi dito no AR negativo. Isso parece ser um retrabalho. E, na verdade, por conta da jurisprudência do STJ, a Procuradoria da Fazenda Nacional teve que insistir que isso não era um retrabalho. Que isso, na verdade, é uma forma de constituir a prova, a prova da dissolução irregular. Ainda que o oficial de Justiça não vá lá repetir a mesma diligência, que ao menos ele faça uma constatação se a empresa mantém as suas atividades naquele endereço. Essa é uma outra opção que a Procuradoria tem se utilizado e que, hoje, tem obtido sucesso perante a Justiça Federal.

Então, nesse sentido, como eu explanei há pouco, é que o STJ trouxe a Súmula 435, que fala o seguinte: Presume-se dissolvida irregularmente a empresa que deixar de funcionar no seu domicílio fiscal, sem comunicação aos órgãos competentes, legitimando o redirecionamento da execução fiscal para o sócio gerente. Bom, diante dessa súmula, é importante que se identifique que isso é uma presunção, é uma presunção de dissolução irregular. Se essa pessoa jurídica não se dissolveu irregularmente, ela pode apresentar outras provas contrárias a essa presunção e desmistificar o que foi dito ali pelo Fisco. É claro que a pessoa jurídica tem mecanismos para isso. Hoje, a devedora pode ser opor mediante a exceção de pré-executividade, que já é admitida, a título de contestação de responsabilidade tributária, como também os embargos que estão à disposição do contribuinte. Só que, eu vou trazer aqui para os senhores um julgado bem recente do STJ, agora, de maio de 2012, que, a meu ver, é contra a súmula. Tanto que esse julgado não transitou em julgado ainda. A Procuradoria está recorrendo, ainda tem recurso pendente, onde, se foi em um ponto que a doutora Maria Rita colocou muito bem. Não dá para, muitas vezes, se chegar a dolo. Eu não tenho como saber o que o administrador quis fazer ou não fazer naquele momento. Eu posso tentar o quê? Com provas, demonstrar aquela conduta que levou a um resultado. Mas saber se, naquela hora, ele queria encerrar a empresa porque ele não tinha dinheiro para pagar ninguém ou ele queria encerrar a empresa com intuito fraudulento, isso é muito complicado. O que é possível é demonstrar que existe um dispositivo legal que afirma que a empresa tem que ser encerrada de tal forma. E que, se eu descumpro esse objetivo que está na lei, eu posso vir a ser responsabilizada por isso.

Vejam que esse julgado, do ministro Napoleão Nunes Maia Filho, ele fala o seguinte – ele analisa a súmula e diz o seguinte: "A inteligência que se deve ter desse enunciado é de que a não localização da empresa no endereço fiscal é indício de sua dissolução irregular. Mas, por si só e independente de qualquer outro elemento, é insuficiente para o pronto redirecionamento, que depende da prévia apuração das razões pelas quais tal fato ocorreu, bem como da comprovação do elemento subjetivo na conduta ilícita do sócio." Eu vejo, aqui, uma prova impossível. Eu não vejo como identificar se aquela empresa, se ela está dissolvida irregularmente – isso é um fato, ela desapareceu. Eu não vejo como ir atrás da intenção do administrador. O que ele quis, por que ele extinguiu aquela empresa sem seguir os ritos legais?

Continuando, este julgado aduz que existem decisões da Primeira Seção afirmando que a mera devolução do AR sem cumprimento não basta à caracterização da dissolução irregular. Esse entendimento pode ser estendido para outros tipos de certificação, inclusive aquela feita pelo meirinho. Eu acho que são discussões completamente diferentes. O AR não tem a força probatória de uma certidão do oficial de Justiça. Em um certo momento, está se querendo trazer para cá uma discussão que não se aplica ao caso que está sendo aqui discutido.

Então, eu vejo que esse julgado é único, não é uma jurisprudência pacificada, ainda está em sede de recurso – eu vejo simplesmente ele afastando a possibilidade de aplicação do art. 135 do CTN. E daí, talvez isso explique a grande quantidade de medidas cautelares fiscais, porque cada vez mais o fecho da jurisprudência vem em cima dos dispositivos que tratam de responsabilidade tributária. Então, cada vez mais, aquela velha história, o Fisco tentando cobrar e o contribuinte tentando não pagar. Eu sei que isso não é a realidade de todos, mas é uma briga judicial que efetivamente existe. E isso faz parte do Direito. Cada um busca mecanismos para defender a sua melhor tese.

Eu vejo com certas restrições esse julgado, mas achei interessante colocar a todos os senhores porque, talvez, seja, quem sabe, um indicativo de uma mudança de posição do STJ, embora tenha súmula sobre o assunto.

Uma outra questão que é muito comentada é exatamente a seguinte: Quem deve ser responsabilizado na hipótese de dissolução irregular? É o sócio do fato gerador ou é o sócio da dissolução irregular? Eu não tenho dúvida nenhuma que é o sócio da dissolução irregular. Por que ele está sendo responsabilizado? Porque ele cometeu um ilícito. Qual é o ilícito cometido? É exatamente a sociedade ter sido extinta sem cumprir os requisitos legais. Então, quem tem que ser responsabilizado é quem foi responsável por esse ato fraudulento.

Talvez toda essa discussão tenha surgido porque o STJ tinha decisões distintas sobre a quem responsabilizar neste caso. E a Procuradoria da Fazenda tem uma portaria, a Portaria PGFN 80/2010 que, na sua redação original, falava que, na hipótese de dissolução irregular, deveria ser responsabilizado tanto o sócio do fato gerador quanto o sócio da dissolução irregular. Só que, essa portaria foi alterada, em 2011. E, hoje, a própria portaria admite a responsabilização apenas do sócio da época da dissolução irregular, exceto se houver a comprovação que aquele sócio do fato gerador se retirou com o objetivo de fugir à responsabilização. O que é outra história, é o sócio colocar um "laranja", uma interposta pessoa e, em seguida, encerrar a sociedade.

E como isso pode ser provado? Tem alguns meios, sim, de se provar. Aquela pessoa que entra na empresa e ela é dissolvida sob a sua responsabilidade, não tem como ter adquirido aquelas cotas. Isso é possível de ser provado. É claro que esse tipo de prova em execução fiscal é muito difícil. É muito mais fácil no processo administrativo de constituição do crédito. Por isso que, em geral, as decisões judiciais têm sido no sentido de responsabilizar o sócio da época da dissolução irregular.

O outro tema que também eu acho interessante trazer para os senhores aqui é a questão do prazo prescricional para esse redirecionamento. Eu vou falar bem rápido, porque o doutor Mairan Maia vai falar sobre esse tema na próxima mesa. Mas aqui, eu acho que é um tema que, como estamos admitindo a possibilidade de redirecionamento da responsabilidade ser comprovada, na seara da execução fiscal, é preciso definir então se a Fazenda pode fazer isso a qualquer tempo ou se ela tem um prazo para isso. Não tenho dúvida, tem prazo sim. Só que existem duas posições a esse respeito e uma delas, que é a que tem prevalecido no STJ, estabelece que esse prazo deve ser contado da citação da pessoa jurídica. Eu, particularmente, sou contra esse entendimento, exatamente porque é possível que, da citação da pessoa jurídica até a efetiva comprovação da responsabilidade, tenha se passado muito mais do que cinco anos.

E eu trago um caso bem simples. A empresa, ela existe, ela é citada, ela tem bens e eu estou agindo ali, executando aquela empresa, porque eu não preciso me utilizar do art. 135. Não que eu queira ou não queira. Não posso. Não tenho os requisitos do art. 135 para ser utilizado nesse caso. E o que acontece? Essa pessoa jurídica tem os seus bens penhorados, é feito o leilão, não tem sucesso esses leilões. Essa pessoa jurídica pode parcelar o débito, suspendendo a exigibilidade; pode entrar com embargos à execução, pedindo o efeito suspensivo. Certamente, conseguirá esse efeito. E, depois de tudo isso, vamos imaginar que o oficial de Justiça resolve ir lá, verificar aqueles bens que estão penhorados, reavaliar. E detecta que a empresa desapareceu. É claro que já se passaram mais de cinco anos da citação da pessoa jurídica. E, aí, a pergunta que eu faço é: prescrição requer inércia. Houve inércia nesse caso do credor? Não. Por isso é que, a meu ver, o melhor entendimento para esse prazo de cinco anos é contá-lo a partir do momento em que ficarem caracterizadas as hipóteses que concretizam a ilicitude que, no mais das vezes, é a concretização da dissolução irregular.

Então, nesse caso, eu vejo que deve ser aplicado o princípio da actio nata e vejam, ainda, que é muito importante que não se tenha a ideia de que, então, a Fazenda é quem define o momento em que ela começa a contar esse prazo. Porque não é isso. Está muito bem definido pelo STJ que, no caso de dissolução irregular, é a certidão do oficial de Justiça. Se a certidão do oficial de Justiça está ali, perfeitamente, nos autos, identificando que houve uma dissolução, é a partir daquele momento. Então, o dado é objetivo, tal qual seria a citação da pessoa jurídica. Porque eu vejo que não se tem uma justificativa para contar esse prazo da citação da pessoa jurídica. Não há uma justificativa para isso. Seria apenas um dado objetivo. E eu vejo essa mesma objetividade quando nós temos a certidão negativa do oficial de Justiça.

Há um julgado do STJ, de 2009, publicado em 2010, onde essa tese defendida aqui, por mim, é muito bem colocada, inclusive aqui, ao final, é dito o seguinte: "Carece de consistência o raciocínio de que a citação da pessoa jurídica constitui o termo *a quo* para o redirecionamento, tendo em vista que elege situação desvinculada da inércia que, implacavelmente, deva ser atribuída à parte credora. Dito de outro modo, a citação da PJ não constitui fato gerador do ilícito, ou seja, do direito de requerer o redirecionamento." Então, essa questão está sendo julgada pelo STJ, em sede de recurso repetitivo, já tem dois votos, um a favor da tese do contribuinte e um a favor da tese da Fazenda e devemos aguardar que o STJ defina o tema.

E, já encerrando, eu quero só trazer para os senhores, talvez o que é de mais novo nesse tema, que é a questão da formação de grupo econômico. Hoje, é muito comum que os representantes dessas pessoas jurídicas que, até então, seriam responsabilizados nos termos do 135, não sejam mais pessoas físicas e, sim, outras pessoas jurídicas que assumem o comando daquela pessoa jurídica que eu inicialmente falei. E, no final, ela também não tem bens no seu nome e tem outras pessoas jurídicas que atuam conjuntamente, formando verdadeiros grupos econômicos. Então, nesse caso, nós já estamos vendo que, diante da definição do que seria a responsabilidade tributária nos termos do 135, verifica-se que, tanto o contribuinte tenta não se colocar dentro daquela previsão legal, como a Fazenda tenta arrumar mecanismos para buscar alguém para pagar pelo crédito tributário. E eu vejo aqui e dou um exemplo clássico, que, hoje, diante da dissolução irregular que deve ser confirmada por certidão do oficial de Justiça, que as empresas mantém escritórios só para receber intimações e essas empresas, na verdade, se for verificado, aquele escritório não condiz com o objeto social dela, porque não tem como exercer a atividade dela naquele endereço. Mas aquilo é suficiente para que, durante muito tempo, não seja verificada a sua dissolução irregular.

Então, o que é que eu penso, nesse caso? É hipótese, sim, de tentativa de desconsideração da personalidade jurídica, caso comprovada a formação do grupo econômico. Nesse caso, o trabalho é árduo e o trabalho árduo é do Fisco. Porque ele precisa provar o quê? Abuso de personalidade, confusão patrimonial, desvio de finalidade. Então, eu vejo, inclusive quero deixar claro que formação de grupo econômico não é ilegal, está plenamente previsto nas nossas leis, na nossa legislação. O que é ilegal é que esses grupos econômicos hajam como se fossem unidades independentes e, na verdade, são a mesma coisa. Um complementa a atividade do outro.

E, aqui, inclusive, essas pessoas jurídicas distintas que compõe essa mesma unidade empresarial são reconhecidas também por atos infralegais da Secretaria da Receita Federal, como aqui, esta Instrução 971/2009 da Receita, que fala expressamente que o grupo econômico é caracterizado quando duas ou mais empresas estiverem sob a direção, controle ou administração de uma delas, compondo o grupo industrial, comercial ou de qualquer outra atividade econômica.

Só que, poderá sim, em algum momento, existir responsabilidade tributária. E que momento vai ser esse? Se houver lei dispondo sobre o tema, estabelecendo essa responsabilidade solidária. E nós temos um dispositivo, o art. 30 da Lei 8.212, para as contribuições previdenciárias que, infelizmente, eu não vou poder tratar especificamente desse tema, que daria uma nova palestra. E eu vou tratar mais especificamente aqui, se é possível aplicar o art. 124 do CTN, que fala em interesse comum, ou se seria o caso mesmo de comprovar abuso de personalidade. Vejam, se a Fazenda se usar do art. 124, ela não precisa desconsiderar a personalidade jurídica, porque haveria previsão expressa no Código Tributário Nacional. Para ela usar o art. 50 do Código Civil, aí sim, ela precisa comprovar o abuso de personalidade.

Acontece – e já encerrando a minha palestra – é que aplicar o art. 124 para demonstrar formação de grupo econômico está cada vez mais difícil, porque é preciso fazer a diferença entre o que é interesse econômico e o que é interesse jurídico, para saber o que é interesse comum. Então, interesse comum entre empresas que compõe o mesmo grupo econômico, de acordo com o entendimento do STJ, não seria interesse delas no resultado daquela atividade econômica. Óbvio, se todas fazem parte do mesmo grupo econômico, todas querem o quê? O lucro. Não é esse o interesse econômico que está em jogo. O que está em jogo é o interesse jurídico, portanto, quando todas aquelas pessoas que compõe o grupo econômico realizam conjuntamente o fato gerador e, portanto, têm interesse na realização dele. Nesse caso, é bem complicado demonstrar responsabilidade de um grupo econômico demonstrando interesse comum, pela dicção que é dada pelo STJ de que interesse comum é interesse jurídico. Porque, aqui, precisa demonstrar a existência de liame inequívoco entre as atividades desempenhadas por aquelas empresas que compõe o grupo econômico. As empresas, elas vão ter aparência de unidades autônomas, mas a atuação delas é complementar. Então, hoje, é muito difícil que as pessoas jurídicas realizam um grupo econômico dessa forma. É muito mais engenhosa a construção do grupo econômico se o objetivo é não pagar o tributo.

Então, nesse caso, o que é que resta para a Fazenda Pública? Sem dúvida nenhuma, seria demonstrar o abuso de personalidade, demonstrar que aquelas pessoas jurídicas, na verdade, estão agindo de forma dissimulada; há um desvio de finalidade dos seus atos constitutivos para realizar um determinado fato jurídico tributário. E como é que se prova isso? Há alguns indícios que têm sido acatados pelo Poder Judiciário como, por exemplo, demonstrar que a direção é única. Isso se faz por meio de procurações, preenchimento de DCTF, reportagens no *Google*, em jornal. Isso aí tem sido acatado sim, como hipótese de configuração de um grupo econômico fraudulento, hipótese de desconsideração da personalidade jurídica. A coordenação entre as empresas, elas têm atividades similares, uma vende para a outra, uma exerce atividade que era para ser exercida pela outra. Esvaziamento patrimonial, "laranjas", terceiros que são colocados ali como interpostas pessoas. Confusão patrimonial. Na verdade, chega um momento em que não se sabe mais de quem é o patrimônio de quem. E, por fim, uma outra sugestão de comprovação dessa fraude seriam as famosas operações que tentam burlar o pagamento dos tributos. Por exemplo, as empresas devedoras são mantidas com o CNPJ, como se ainda existissem. Só que o patrimônio delas vai sendo esvaziado e esse patrimônio vai sendo repassado para outras pessoas jurídicas, que absorvem esse patrimônio, criam novos CNPJs, aparecem como filiais. Chega uma hora em que existem três, quatro, cinco CNPJs que foram sendo criados com o objetivo de fraudar e com o objetivo de causar a confusão patrimonial. Então, dessa forma, é possível, sim, que a Fazenda Publica, juntando o maior número possível de provas, demonstre que aquela pessoa jurídica que administra outra pessoa jurídica, na verdade, é a mesma coisa. E, portanto, desconsiderando a personalidade jurídica, qualquer uma dessas empresas vai poder responder pelo crédito tributário em aberto.

Agora, deixando bem claro, tudo isso depende de prova. Portanto, é fundamental que a Fazenda consiga esses elementos. Eu agradeço a atenção de todos e estou aqui, à disposição. Muito obrigada.

Consuelo Yoshida – Bem, eu acho que é sempre intuito dos palestrantes trazerem as últimas discussões, as últimas controvérsias. E, sem dúvida alguma, a gente percebe esse reflexo no Judiciário. A questão do grupo econômico, todos estão sendo pressionados por conta disso, eles não esperavam. Então, é sempre assim, o Fisco aperta, vem umas novas fraudes e, depois, dão mais um passo, não é? E assim prosseguem os interesses entre o Fisco e contribuinte. Mas quero agradecer então, parabenizar a todos os palestrantes. Eu acho que – eu não sabia que não tínhamos a oportunidade das perguntas, porque temos oficinas à tarde. Mas acho que todos estamos bastante satisfeitos com o que foi exposto aqui. Parabéns e obrigado pela presença. Tem um intervalo e continuamos com o próximo painel. Obrigada.

PROCESSO JUDICIAL II

Valdir de Oliveira Rocha – Bom dia a todos. É uma grande satisfação comparecer mais uma vez a este congresso, que se realiza já pela XXVI edição, atendendo ao honroso convite da professora Maria Leonor Leite Vieira, presidente do Instituto Geraldo Ataliba. A minha satisfação é redobrada por estar aqui na companhia de tão eminentes juristas. Nesta mesa, voltada para temas de processo judicial, nós teremos a satisfação de contar com as palestras de juristas da maior envergadura. Eu vou anunciá-los na ordem que seguiremos e não naquela que está exatamente aí, no programa. Nós chegamos à conclusão, de comum acordo, que era melhor alterar um pouquinho essa sequência. Assim é, que nós teremos, inicialmente, a palestra da professora Misabel de Abreu Machado Derzi; a professora Misabel Derzi é figura destacadíssima no Direito Tributário Brasileiro e, porque não diria, até internacional.

A professora Misabel é mestre, é doutora pela Universidade Federal de Minas Gerais; professora titular daquela universidade, justamente em Direito Tributário; fundadora da Associação Brasileira de Direito Tributário. E tem dado aí uma contribuição imensa, com uma bibliografia rica, variada, intensa. Depois da professora Misabel, nós teremos a palestra da doutora Maria Leonor Leite Vieira. A doutora Maria Leonor é mestre pela Pontifícia Universidade Católica de São Paulo, doutoranda, diretora do IBET e é a presidente do Instituto de Direito Econômico e Empresarial, IDEPE e Instituto Geraldo Ataliba. Advogada, ela foi conselheira do Conselho de Contribuintes, atual CARF. E foi juíza do Tribunal de Impostos e Taxas de São Paulo. Uma pessoa, também, com uma larga folha de serviços prestados ao Direito Tributário. Na sequência, teremos a palavra do desembargador Mairan Maia. O desembargador Mairan é mestre e doutor pela PUC de São Paulo; desembargador do Tribunal Regional Federal da Terceira Região e, inclusive, é o diretor presidente da Escola de Magistratura do TRF da Terceira Região e professor da PUC. Tem grande domínio do Direito Tributário mas, como dizia em conversa com ele, eu até imaginava que ele fosse professor na PUC de Direito Tributário e ele me dizia que, na PUC, a cadeira dele é de Direito Civil. Então, vejam como o professor Mairan Maia tem trânsito em diversas áreas. Então, vai do Direito Público do Direito Privado.

E, encerrando, nós teremos a palestra do professor Eurico Marcos Diniz de Santi. Eurico, mestre e doutor pela PUC e, hoje, vem desenvolvendo um trabalho belíssimo junto à Fundação Getúlio Vargas. Ele, que é professor da Direito GV, coordenador do Curso de Especialização em Direito Tributário da GV-Law e é também coordenador do Grupo de Estudos Fiscais da Fundação Getúlio Vargas. Autor de livros, sempre citados, é uma pessoa daquelas que a gente sempre toma como referência. E, além de tudo, o professor Eurico poderia colocar no seu currículo que é um simpaticão, um cara bacana, um cara legal. Então, é isso aí. Bom, eu passo prontamente a palavra à professora Misabel Derzi.

Mutação Jurisprudencial e Modulação de Efeitos

Misabel de Abreu Machado Derzi – É uma grande alegria, para mim, estar aqui a lhes falar, neste XXVI Congresso Brasileiro de Direito Tributário do IDEPE. Quero agradecer o convite à professora e advogada Maria Leonor Leite Vieira, presidente do IDEPE. Saudar o doutor e professor Valdir de Oliveira Rocha, um homem que sempre esteve à frente desses eventos, que edita uma revista importante para a divulgação dos conhecimentos na área de Direito Tributário, que é a *Revista Dialética*. Ao mesmo tempo, é o difusor dos ensinamentos e do progresso da ciência do Direito Tributário, não só pela revista, mas por meio da edição de várias obras de autores ilustres e de seus tão bem sucedidos eventos c seminários, que, todos os anos, têm lugar. Quero saudar a todos os demais membros da mesa, desembargador Mairan Maia, Maria Leonor, Eurico de Santi e a todos aqueles professores, advogados, alunos, mestrandos, doutorandos, que aqui se encontram. É uma grande honra lhes falar alguma coisa, sobre um tema tão interessante, que é mutação jurisprudencial e modulação de efeitos, um tema tão interessante, com o qual já estou preocupada e já sou preocupada há muitos anos.

Eu falo na irretroatividade do Direito – bem entendido, irretroatividade não apenas das leis –, há mais de 20 anos. Assim, atualizei a obra de Aliomar Baleeiro, assim escrevi, há 25 anos atrás, ou 20 anos atrás, um artigo sobre a irretroatividade do Direito no Direito Tributário. Mas, para dizer a verdade, eu era solitária, ou muito sozinha. Quando me referia a esse tema, eu sentia a perplexidade dos meus colegas que não faziam evoluir o tema. Eu tenho vontade, até hoje, de rasgar todos os livros de Direito Tributário ou Constitucional que se referem apenas ao princípio da irretroatividade das leis. O princípio que nos interessa é o princípio da irretroatividade do Direito. A irretroatividade apenas das leis é insuficiente para nos dar segurança, cognoscibilidade, previsibilidade do Direito. De modo que, é com grande alegria que eu sinto, agora, esse tema bastante sedimentado, florescendo na doutrina brasileira e também nos tribunais – claro, especialmente na jurisprudência do Supremo Tribunal Federal. E, agora, nos projetos de lei.

Existe uma figura muito representativa desta surpresa – ou dessa violação da confiança, da segurança do cidadão e do contribuinte, por parte de um tribunal, por parte do Poder Judiciário. Por exemplo, o texto interessante de Jeremy Bentham. Mas ele viveu há quase 200 anos. E, de repente, nós nos perguntamos por que, agora, ele começa a ser citado de novo. Bentham é um dos fundadores – ou é o grande fundador – do positivismo jurídico. E, na verdade, a dogmática contemporânea começa a citar Bentham de novo. Os senhores vão perguntar: Mas por quê? É um jurista e filósofo de um país do *common law*, inglês, que disse que o direito do *common law* tinha que ser mudado, tinha que ser alterado, porque ele não pode ser o Direito do cão. Ou seja, ele disse o seguinte: Quando nós queremos ensinar alguma coisa a um cão, esse cão faz algo que não está correto, ou que não é o que nós queremos, nós esperamos que ele faça de novo. E, quando ele fizer de novo, ele apanha. Aí, Bentham diz: Bem, nos países do *common law*, os juízes fazem o Direito do cão para nós. Porque eles não publicam antes o que é proibido, o que é permitido, o que é obrigatório. Eles mentem. Eles esperam que o homem erre, segundo seus critérios e, então, em uma decisão judicial, enforcam-no por causa disso.

Bentham colocou isso exatamente para dizer: Nós não podemos aceitar o Direito do cão, a lei do cão. Estranho, não é? Os senhores vão se questionar, em primeiro lugar, se aqueles que são juristas ou juízes dos países do *civil law*, não deveriam estar fora desse tema? Ou seja, nós temos, previamente, leis genéricas, que obrigam a todos, publicadas, conhecidas e o legislador põe, ali, o que ele quer e o que ele não quer. Então, nós estamos livres da crítica de Bentham. Mas, quando nós nos aprofundamos mais um pouco, falamos: mas o que Bentham estava exatamente criticando? Afinal de contas, em matéria tributária e em matéria penal, nem o juiz do *common law* inventa delito. E o princípio da legalidade, nessa matéria, nos veio exatamente de João-Sem-Terra, 1215, da história da Inglaterra e da história da força do Parlamento, para aprovar a receita tributária. Então, hoje, ainda agora, os juristas ressuscitam Bentham? Em 2001, Scott Shapiro, nos Estados Unidos, edita um livro, *Juridicidade*, em que ele invoca Bentham, de novo em um país do *common law*.

No Brasil, nós nos apercebemos, muito tarde, de que, na verdade, existem realidades que estão assentadas, pelo menos agora, graças a Deus, entre nós. Primeiro, o juiz, mesmo nos países do *civil law*, criam Direito. Dois, que os comandos postos pelo legislador vêm em enunciados linguísticos genéricos, ambíguos, polissêmicos. Às vezes, suscitando sentidos contrários. E que, portanto, a jurisprudência tem um papel criativo de concreção daquela norma, de um dos sentidos daquela norma, a um caso concreto ou grupos de casos. E que, portanto, aquilo que nos dá segurança é exatamente o conhecimento prévio, antecipado do Direito, tal como está previsto na norma legal, dentro do sentido que foi escolhido pelo Poder Judiciário – é uma escolha do melhor, como o mais adequado, para decidir um grupo de casos. Daí, a universalidade das decisões judiciais e a inércia dessas decisões, como disse Robert Alexy, em sua Teoria da Argumentação Jurídica. A Teoria do Discurso Racional como Teoria da Justificação Jurídica. Enfim, as decisões judiciais são norma judicial, são norma que cria expectativa legítima. E que, havendo mudança de entendimento da própria jurisprudência, surpreendente, não podem os contribuintes que depositaram a sua confiança na estabilidade do Direito, não podem eles ver traída a sua confiança pelos tribunais. Nós não merecemos o Direito do cão.

Agora, também a comissão ilustre que se reuniu, integrada pelo Ministro Fux, para elaboração do novo Código de Processo Civil abriu uma sessão nesse projeto apresentado na parte das sentenças e da coisa julgada, como a dizer que essa matéria só se aplica às decisões terminativas no processo, denominada de "precedente judicial". Ou seja, o caminho é: não nos tornemos o Direito do cão.

Então, no anteprojeto, na exposição de motivos, fala-se em Bentham novamente – mas por quê? Nós estamos em um país do *civil law*. Ora, porque é que nós sabemos que a jurisprudência tem que se consolidar e tem que escolher, entre sentidos alternativos, aquele que deve ser o melhor sentido. Então, de novo, Bentham vem à tona, em 2012, na exposição de motivos do novo Código de Processo Civil. E, ali, se falando pela primeira vez em proteção da confiança, retroação de efeitos, a propósito das decisões judiciais. E vários casos de difícil solução teremos que resolver. O Direito Brasileiro, portanto, está em uma fase de transição e de alta mutação, cuja compreensão profunda ou efeitos práticos ainda estamos por se decidir. E, é claro, dentro do Direito Tributário, evidentemente.

Primeiro, nesta proposta de Código de Processo Civil, no art. 508, se diz: os tribunais devem uniformizar sua jurisprudência e mantê-la estável. Ou seja, a ideia é não é a ideia de praticidade para solucionar questões em massa. A ideia não é resolver a superlotação do Poder Judiciário. Ainda que com o sacrifício da Justiça. Não pode ser essa ideia, porque o papel do Poder Judiciário é encontrar a melhor solução para o caso. Então, estão aí, os princípios da universalização, da isonomia e da segurança. É isso que prevalece, isso que é fundamental, isso que sempre norteou a força do precedente em outros sítios, inclusive no *common law*. Não a ideia de praticidade, que é "vamos resolver o nosso problema e tudo em um mutirão.

Nós, advogados, não podemos tolerar um tratamento que só poderíamos admitir para a Administração – porque da Administração Tributária no Poder Executivo cabe recurso ao Poder Judiciário. E o Poder Judiciário, realmente, é a fonte suprema da Justiça e da equidade. Então, quando nós temos a questão do precedente, ela só pode ser vista desta forma, para uniformidade naquilo que há, no caso concreto, de igual e de uniforme a um outro, e da isonomia. Mas o que há de relevante peculiar deve merecer o tratamento peculiar diferenciado. A função do Poder Judiciário não é aplicar a lei em "massa", mas sim encontrar o direito próprio em cada caso. Então, os dispositivos do novo futuro código vêm estabelecendo que os juízes e tribunais inferiores seguirão, não só a súmula vinculante, não só as decisões proferidas em incidente de resolução de demandas repetitivas e em julgamento de recursos extraordinários repetitivos e especial repetitivos mas, ainda, súmulas do Supremo, em matéria constitucional e do Superior Tribunal de Justiça, em matéria infraconstitucional, ainda que não vinculantes – e mais – jurisprudência dominante, precedentes formados no plenário do Tribunal ou órgão especial, onde houver. Tudo isso somente será possível se a norma judicial, sacada dos julgamentos ainda que repetitivos, merecer aplicação para casos exaustivamente examinados. Uma súmula, ainda que vinculante, não poderá perder o seu caráter de sentença, que lhe é inerente. A praticidade não pode afastar o Poder Judiciário de suas funções institucionais.

Lei de Transparência e Sigilo Fiscal

Eurico de Santi – *[Truncado na gravação]* um contencioso de primeira instância, que eu não tenho acesso e não é público a todos para saber se todos são iguais perante a lei. Procedimentos de fiscalização que não são transparentes. Eu não tenho acesso. São Paulo arrecada R$ 131 bilhões de ICMS. Eu não sei quem paga ICMS e quem não paga ICMS em São Paulo. Nós sabemos que há leis feitas especificamente para atender determinadas empresas e que passam desapercebidamente do mundo de leis – desse legalismo legal. E eu simplesmente não tenho acesso a saber quem contribui com ICMS e quem não contribui com ICMS. Os próprios estados escondem isso, porque na verdade, esse é o grande instrumento da guerra fiscal, que também é uma guerra política. Uma forma de fugir da legalidade para dar benefício e receber benesses.

Então, eu tenho esse esquema aqui. O sistema político – isso está em John Bradford, um australiano, sociólogo, que trabalha observando o Direito. Eu tenho um sistema político que oferece às pessoas jurídicas benesses em torno de dinheiro, de financiamento e de campanha. Um sistema corrupto que confessa a legalidade podre. É assim que funciona. Para quem tem mais dinheiro, não importa, porque a divisão dos dividendos é isenta para as pessoas físicas. Ao mesmo tempo, eu excluo as pessoas físicas do debate político sobre tributação. Quem paga são as empresas, então as pessoas físicas não tem que discutir imposto, taxa, nada disso. Isso é problema das empresas. Só que, pessoas jurídicas não existem. São centros de imputação jurídica, abstratos, não tem alma e não tem coração. Então é uma coisa triste. Eu formo empresas-veículo, eu faço o que eu quero e o pior de tudo, pessoa jurídica não vai para a cadeia. Nem que eu tente criar no Direito Penal figuras para o direito empresarial, não vão para a cadeia, acabou. Há plena imputabilidade penal para as empresas dentro do Direito Penal brasileiro e eu não consigo nunca alcançar as pessoas físicas através dos nexos de responsabilidade. Ou seja, Direito Penal no Brasil não existe. Não tem ninguém preso por crime contra a ordem tributária. Enfim, esse é o grande esquema da legalidade. E, agora, a proposta: como destruir esse esquema da legalidade, explodir esse esquema.

Aqui, um primeiro trabalho que, começando com os municípios, que são mais pequenininhos, fica mais fácil combatê-los, nesse bom sentido. Está publicado na *FISCOsoft*, "Percepção da transparência da legalidade concreta, fiscal, dos municípios da Copa". Então pegamos todos os municípios da copa, fora Brasília que tinha algumas questões mais difíceis. Em primeiro lugar, de zero a cem pontos, com 37,5% Recife, depois São Paulo, Curitiba, Natal; depois, Porto Alegre, BH, Fortaleza, Salvador; por fim, Manaus, Rio e Cuiabá, com 12%, péssimo, em termos de informação – que, mais ou menos, retrata a percepção empírica que nós temos. O critério que foi utilizado – e aqui é que está a grande novidade – não dá para enxergar tudo aqui mas, a grande sacada desse índice e que vale muitos pontos nesse índice, é a exigência de informações concretas. E, quando os historiadores vão buscar informação sobre o passado, eles sempre vão até os espaços do direito. Porque o direito atravessa os seus cartórios, atravessa os seus espaços, sempre fotografa a realidade, a lei. E, com isso, acaba sendo uma grande fonte de informação para os historiadores.

Veja, está tudo guardado. Está tudo documentado. É só revelar a informação. Só se os caras começarem a queimar agora os espaços públicos para queimar os atos de infração, os atos administrativos. Mas para cada grana que entra, cada centavo que sai, eu tenho que ter um ato administrativo. Um ato administrativo que tenha o motivo legal, revelando a interpretação legal da autoridade sobre o ato; o motivo de fato, que me dá o caso concreto aplicado naquela decisão específica; o conteúdo do ato, quem está sendo beneficiado e quem está produzindo o ato administrativo. Ou seja, eu tenho tudo ali. Então o nosso índice de transparência quer o que? Transparência de todos os atos administrativos da Administração Pública. Todos. Mas todos são muitos. Então nós escolhemos nove bancos de dados. Sobre despesa pública, todos os atos de empenho, liquidação e pagamento dos últimos dez anos. Todos. Sobre administração fiscal, todas as consultas fiscais respondidas ou não e suas respostas específicas dos últimos dez anos. Todos os documentos eletrônicos de arrecadação dos últimos dez anos. Para poder saber os últimos dez anos, só quero saber de pessoa jurídica. Eu não quero entrar na questão de pessoa física para não discutir com *[truncado na gravação]* da pessoa humana, sigilo. Só pessoa jurídica, o meu problema aqui é com pessoa jurídica. Então, todos os documentos eletrônicos de arrecadação: as GIAs, DAREs, para saber quem está pagando, quem não está pagando, quanto não está pagando, quais são os benefícios, quanto isso está custando para o Estado; se alguém não está pagando, outras pessoas têm que pagar. E todos os instrumentos normativos infralegais dos últimos dez anos, também.

Da parte do contencioso são três eixos: o primeiro é despesa pública; o segundo, administração e legislação e o terceiro, contencioso *[truncado na gravação]* fiscal. Do contencioso, três bancos de dados de atos administrativos que me parecem imperativos. O primeiro deles, todos os autos de infração lavrados nos últimos dez anos. Ah, mas vai ferir o sigilo da empresa? Não. A teoria na verdade, a autuação – eu não quero ver os documentos, os contratos. Eu quero o auto de infração. O que é que eu quero saber? Se aquela autoridade que aplicou a legalidade naquele caso concreto aplica a mesma legalidade à todos os casos concretos ou muda de caso concreto para caso concreto. Eu quero saber – eu quero oferecer uma possibilidade de controle social a toda a sociedade, de ter acesso quando é lavrado um auto de infração. Porque quando se lavra um auto de infração o problema não é entre o Fisco e a empresa. O problema é com toda a sociedade. Porque se ele não está pagando, alguém tem que pagar por ele.

Se eu sou acionista e a empresa foi lavrada com um auto de infração de bilhões, eu vou vender minhas ações dessa empresa. Se eu não sou acionista e sei disso, eu não vou comprar ações dessa empresa. Se eu sou consumidor, eu vou mudar o meu comportamento em relação a essa empresa. Então, a questão do auto de infração, não é um problema entre o Fisco e o contribuinte específico. É um problema que diz respeito a toda a sociedade. Por isso, deve ser compartilhada, essa informação, com toda a sociedade. E, mais que isso, nela traz a informação sobre como pensa a Administração, os critérios legais da Administração. Se o auto de infração lavrado contra a Vale o Rio Doce, de 46 bilhões, tivesse sido revelado cinco anos atrás, no momento da lavratura, muitas empresas deixariam de ter feito operações com paraísos fiscais, com contratos entre Holanda e Áustria, em função desse auto de infração. O Agnelo, presidente da Vale não teria saído na Forbes, como empresário do ano. E o Murilo, que é o atual gestor, não teria que pagar *[truncado na gravação]* dessa administração, desse planejamento, digamos, realizado naquela época, agora. Ou seja, tudo é discutido à época dos atos, dos fatos e o auto de infração seria um instrumento formidável, importantíssimo para divulgar a legalidade de *[truncado na gravação]* a Administração Pública. Bom, então está aqui, os vários municípios que nós fizemos.

E, aqui, está uma outra imagem dessa legalidade, professora Misabel, olha ali, a legalidade canina: O retrato de Dorian Gray. De um lado, tem uma legalidade do CTN, da Constituição que é esse morenão bonitão, alto, simpático. E de outro, no espelho da realidade, no espelho da alma da legalidade, essa legalidade podre, escrota, que fica escondida no sótão, trancada a sete chaves, coberta com um veludo vermelho e da qual todos tem vergonha de apresentar, essa legalidade. Em última instância, discutindo com as autoridades – eu tive um projeto junto com os estados para montar o índice, até que eu fiz a proposta, eles não gostaram, não sei por quê. Então, a partir desse momento, queriam que eu submetesse a aprovação do índice ao CONFAZ, aos secretários e nós rompemos. Eu falei não. Tenho liberdade acadêmica, não me submeto a ninguém. Então a gente acabou o projeto por aí. Eu percebi que não dá para fazer um trabalho desse, conjunto.

Mas, uma das grandes questões concretas é que eu não posso revelar os autos de infração, porque são muito mal feitos. E com isso, eu vou revelar esse problema de qualificação estatal. O que é uma vergonha. Ou seja, você tem um tribunal em que 30%, 40% das decisões administrativas são revistas e, 40% estão erradas? Não tem que estar errada, nenhuma. É funcionário que ganha vinte, vinte e cinco paus por mês. Então não pode se dar ao luxo de errar na lavratura de um auto de infração. O que há, na verdade, não é a questão do funcionário. O que há na verdade, são desvios de *[truncado na gravação]* e a falta de uma legalidade concreta e a falta de comprometimento institucional do próprio Fisco com uma legalidade. Está todo mundo brincando, na verdade, com essa indústria do contencioso. Que dá, de um lado, alimenta os advogados e os seus interesses e, de outro lado, oferece arbitrariedade a quem aplica o direito – e pode aplicar da forma que quiser. Está aqui a Constituição Federal e, aqui, uma coisa que eu só dei conta depois de muito tempo estudando, eu vendo, ali, a galeria de honra, eu vim – né, Pedrão? Nós viemos acho que a primeira vez num congresso, acho que vim em 1992. Acabei de me formar, comecei o meu mestrado, foi em 1992. Foi o VI Congresso. Vinte anos, *brother*. Vinte anos acompanhando os congressos, discutindo a legalidade. Ouvi uma palestra da professora Misabel Derzi, que eu fiquei encantado daquela feita. Lembro do Doin Vieira, brincando com ela e com as mulheres. Com a professora *[truncado na gravação]* Figueiredo. E demorei tanto tempo para entender uma coisa básica como esta. Está na Constituição: "Todos são iguais perante a lei, sem distinção de qualquer natureza." E, aqui, vem um fundamento da Lei de Acesso à Informação, que está na Constituição. Todos tem direito a informações públicas, a pleno acesso a informações públicas. E, aí, aqui tem no art. 2º da lei complementar, que determina que todos os atos em relação à execução de despesa e quanto à arrecadação, lançamento, recebimento de receitas, devem ser disponibilizados em meios eletrônicos de acesso público. Lei Complementar, posterior ao CTN e então blá blá blá para o 198 e etc. e tal.

Eu tenho direito a essa informação, que é a informação da legalidade concreta da Administração, para ter controle social sobre todos os atos da Administração. E não ficar brincando de corregedoria. Aqui, uma empresa paga 100, a outra não paga nada. A que está pagando, descobre e denuncia pro Fisco, o Fisco manda 20 fiscais para lá, para lavrar vinte autos de infração contra a empresa, só porque ela reclamou. Ou seja, não funciona, esse tipo de corregedoria. O *[truncado na gravação]* desafia, fala: "Quem vigia os vigilantes?". Então a forma de fazer legalidade e ter controle social efetiva é devolver, dar essa informação, prestar contas para a sociedade. E saber que o servidor público, ele serve à população. Não está servindo ao político de plantão. E o grande desafio da Receita Federal, Estadual e Municipal, é dar a informação de como se interpreta a lei. E não se omitir no ato de interpretação da lei, em benefício de quem está organizando e exercendo o poder.

O que significa isso? E todos são iguais perante a lei, eu tenho um plano legal. Eu tenho um plano de realização de direito que é o ato administrativo concreto. Se eu não tenho decisão a todos os atos administrativos de aplicação da lei, se eu não tenho decisão a todos os atos, eu não tenho como garantir que todos são iguais perante a lei. Ponto. Se eu sou professor, eu dou dez para a minha aluna bonitona, dez para outra bonitona. Dois para um, três. Não deixo ninguém discutir a prova, porque é critério meu, do professor. É muito confortável eu ficar dentro desse púlpito do poder, distribuindo legalidade, sem prestar contas para a sociedade. Ou seja, eu só tenho garantia de igualdade, só tenho garantia da legalidade – que é o instrumento da isonomia com muito bem com a professora Misabel Derzi – se eu tiver pleno acesso à informação de todos os atos de aplicação da lei. Só assim, eu posso garantir que eu tenho legalidade efetiva e que eu tenho igualdade. Sem isso, é brincadeira. Eu fico repetindo igualdade, igualdade, igualdade, sem prestação de contas. Então, se eu tenho o direito a ter a mesma carga tributária e como empresa, em relação a todos os outros, eu quero saber quanto nós estamos pagando, efetivamente. Para estar o tempo todo rediscutindo imunidade, isenção e regimes especiais de gaveta, também. Ou seja, sem informação sobre todos os atos administrativos de aplicação da lei, eu não tenho legalidade. É isso o que nós vivemos. Legalidade canina. Legalidade de papel. Legalidade de brincadeira, que há dezessete anos eu tento sistematizar e não consegui até hoje.

Então, eu tenho que buscar uma nova base empírica para a legalidade. Que é simples. É justamente "abram as informações". Coloquem um *motoboy* com uma motosserra digitalizando todos os autos de infração – só autos de infração – e me coloca na internet. Em vez de os pobres dos meus alunos terem que ficar discutindo o art. 142 do CTN, o 174, o 173, eles vão analisar como que a Administração, concretamente, aplica a decadência e prescrição. Eles vão analisar, concretamente, como que a Administração de Minas Gerais dá, outorga a tributação dos importados de informática. Vão analisar concretamente como, aqui, no Estado de São Paulo, esse regime é oferecido, como é essa tributação.

Como é essa legalidade concreta que acontece no dia a dia.

Aqui, algumas circunstâncias importantes. Estamos saindo de um mundo de comunicação centralizada para redes distribuídas na era da informação, todo mundo conversando com todo mundo, através da tecnologia da informação, isso se tornou possível. E isso implica numa ruptura na lógica da lei também. Ou seja, eu tenho uma lei que é aplicável a cinco casos concretos. Mas, daí, cada um interpreta de um jeito. A mesma lei, cinco casos, cinco legalidades. E, para não revelar essa sujeira do sistema, o que é que eu faço? O próprio sistema protege isso com o sigilo fiscal, para não dar acesso à legalidade concreta. Pior. Dentro desse esquema do Jeremy Bentham, que a professora Isabel disse, e não – por acaso eu trouxe aqui, também – olha lá. Eu tenho um sujeito, de joelhos, prostrado perante a legalidade. A legalidade, como no esquema de Montesquieu ali, é o desenho de uma grande torre onde as autoridades aplicam a lei, mas não são vistas. Em que as autoridades veem todos os contribuintes, nas suas celas. Mas que os contribuintes não conseguem ver a legalidade e os critérios da legalidade que estão dentro do pan-óptico que é essa arquitetura, essa estrutura de poder. Ou seja, que lembra muito isso daqui, na verdade. Essa lei encastelada e ninguém vê os atos de aplicação que estão fechados dentro das cancelas de cada contribuinte.

E, aqui, tem uma estrutura muito interessante, que está muito vinculada ao lançamento por homologação. O Fisco obriga o contribuinte a interpretar e aplicar a lei para 30, 10 dias, 24 horas depois do fato gerador. Só que, ao mesmo tempo em que ele obriga o contribuinte a interpretar a lei por conta própria, ele se omite de oferecer os seus critérios de interpretação legal. Ou seja, eu não sei como a Receita Federal entende insumo, a não ser pela portaria abstrata, genérica. E, ela não dá informações sobre suas autuações. Então, tem que ficar exercendo um exercício de telepatia para tentar encontrar essa legalidade. O Fisco, ao mesmo tempo, tem informação sobre todo mundo – a Lei Complementar 105, acesso a todas as contas bancárias. Por outro lado, você tem cinco anos para encontrar a sua melhor interpretação. E, com isso, ele pode aplicar a legalidade que ele quer, testar em balões de ensaio – que nós sabemos que existem – a legalidade que mais aprouver aos seus interesses. Depois, lança, sempre joga 150% de multa, para negociar isso no Conselho e para vir, depois, no sistema político, uma anistia para resolver todos esses problemas, através de um acerto, novamente, entre as pessoas jurídicas e o estado, para financiar a campanha, para poder estar mantendo essa estrutura de poder.

Enfim, está aqui a estrutura do pan-óptico, essa arquitetura do poder, muito bem lembrada pela professora Misabel Derzi, essa questão do Bentham e o desafio dele, de buscar o positivismo, para dar mais segurança e certeza, em função das incertezas da *common law*. E, aqui, é uma prisão mesmo, onde eu tenho a legalidade projetada para cada um dos cárceres, que não podem se comunicar entre si, porque tem sigilo da legalidade. E, aqui, a contraposição disso, que é o *Big Brother*, que está vendo tudo o que acontece o tempo todo – nós nem sabemos se existe esse *Big Brother* de verdade, que é um ser inacessível. E, aqui, uma figura de Foucault. Que o pan-óptico não pode ser entendido como uma estrutura de sonhos. Na verdade, ele é um diagrama, ele é uma arquitetura, um mecanismo de poder reduzir da sua forma ideal. Então, nós vivemos, hoje, numa legalidade pan-óptica, ou seja, tem gente na torre aplicando a legalidade, mas que não quer ser visto e nem quer aparecer dentro dessa figura.

Enfim, para encerrar, tecnicamente, se eu tenho um plano legal, eu tenho que ter um plano administrativo de aplicação da lei. E, hoje em dia, no meu modo de ver, com Lei de Acesso à Informação, para que o ato administrativo seja válido, não basta que seja notificado para o contribuinte concreto. Tem que ser público, para que todas as pessoas tenham direito a acesso à informação. E para que conheçam a legalidade do Estado e para que todas as pessoas da sociedade fiscalizem todos os agentes fiscais, todas as autoridades que apliquem a lei e para que todos tenha acesso, agora, a essa nova legalidade, a legalidade concreta, que é a legalidade da prática. Chega, não é? Dessa dificuldade entre teoria e prática. A dificuldade decorre de objetos distintos. A gente é obrigado a trabalhar com a lei. Com o CTN, com a Constituição. E a prática é outra, mas não é revelada, em nome de sigilo. Eu quero essa legalidade prática, para sistematizar essa legalidade prática, para entender essa legalidade prática e para tornar essa legalidade prática, sem nenhuma reforma, mais coerente, mais justa, mais interessante e mais democrática. E, através disso, efetivamente romper essa barreira de legalidade e constituir efetivamente um estado democrático de direito. Ruptura dos três poderes, me parece que, agora, efetivamente é hora de uma nova legalidade. Uma legalidade com transparência e controle social. Obrigado.

Valdir de Oliveira Rocha – Muito bem, meu caro Eurico. Eu vejo que você fez sucesso. É por isso que você é uma pessoa da elite. Da elite pensadora, idealista, corajosa. E você diz que está mais maduro. Mas eu acho que esse tema ainda a gente precisa amadurecer muito, sabe Eurico? Porque você, no fim, paradoxalmente, é um promotor do *Big Brother*. Então há algumas coisas que a gente tem que colocar. Desculpem eu fazer algumas considerações assim.

Eurico de Santi – *Big Brother* da legalidade, hein?

Valdir de Oliveira Rocha – É, mas, daqui a pouco você vai – veja bem, na verdade, o que você propõe, de algum modo, é um desnudamento completo. Para a gente chegar a algumas conclusões na direção do que você coloca, eu acho que a gente precisa, inclusive, de outra Constituição, onde não se proteja, inclusive, o sigilo fiscal. Na verdade, o que me parece que você põe é o seguinte: o princípio da publicidade, ele tem que promover, sim, a transparência. Mas eu temo, é uma certa coisa que fica embutida nisso tudo. Na medida em que você abre tudo, você vai ter outro tipo de ajuste, outro tipo de acerto. Porque eu acho que, através de autos de infração, especialmente aqueles autos de infração que não têm nenhuma sustentação, não têm nenhuma procedência, eles quebram uma empresa, eles quebram muitas empresas e quebram, como consequência, a vida de uma infinidade de indivíduos que compõe esse "todos" que tem o direito a ...

Eurico de Santi – É porque o sistema é podre, Valdir. Então, a partir do momento que eu tenho o controle efetivo sobre o cara, o cara vai pensar duas vezes antes de ficar brincando de lavrar o auto de infração. Hoje em dia, a regra é: na dúvida, lavra o auto de infração, para ver o que vai acontecer. Então, essa é a regra. Então, vai lavrar, vai quebrar a empresa. Então, eu vou acabar com a tua vida, também. Então, toma cuidado.

Valdir de Oliveira Rocha – Muito bem.

Misabel de Abreu Machado Derzi – Mas até penalmente, não é? Hein, professor? Eu queria formular a seguinte questão que é cara ao professor Lacombe, aqui presente. No mensalão, por exemplo. Eu estou achando excessiva a exposição dos réus implicados naquele processo. Porque, a transparência é boa? Maravilhosa. O Supremo Tribunal Federal é o único Supremo do mundo que faz julgamentos ao vivo. Isso é uma qualidade? Sim. Mas aqueles réus ali estão sofrendo penas adicionais, que não se encontram na lei. Os filhos de

Marcos Valério, por exemplo, não podem frequentar a escola. As penas começam a ultrapassar a pessoa do infrator. É verdade que um cidadão *serial killer*, homicida, também tem um noticiário, na mídia. Mas o seu julgamento é rápido, é breve. Já esses, do mensalão, ficam meses em exposição, ao vivo, até internacionalmente. Nós já passamos há muito tempo daquela fase em que os réus tinham seus nomes inscritos em rol público dos culpados. A nossa lei não admite isso. Foi Tiradentes, na minha terra, que foi condenado, morto, seus restos espalhados, como exemplo. A família foi condenada por todas as gerações – até a quinta – e a sua casa salgada. Não lhes dói, lá no fundo da alma, ver isto? A mim, sim. O nosso Supremo, que deve ser o grande defensor dos direitos fundamentais, deveria pensar numa fórmula de decidir isto, ou por números, ou por nomes, que dessem o mesmo efeito, o mesmo resultado. Mas a exposição é excessiva. Muito obrigada.

Valdir de Oliveira Rocha – Meu caro Eurico, eu fiz um contraponto muito ligeiro, especialmente porque eu sei que você é uma pessoa idealista, certo?

Misabel de Abreu Machado Derzi – Profundamente.

Valdir de Oliveira Rocha – E acho que você vai numa direção muito certa. E eu faço esse contraponto, como uma provocação, que é para você amadurecer algumas coisas. E nós vimos, passo por passo, degrau por degrau, até onde for possível para nós chegarmos a alguma coisa muito mais transparente, sem dúvida, do que nós temos hoje.

Eurico de Santi – Essa é a ideia. Essa é a ideia.

Valdir de Oliveira Rocha – Muito obrigado. E encerro, aqui, os trabalhos e agradeço mais uma vez a atenção de todos.

OFICINA
PROCESSO ADMINISTRATIVO – PARTE 1

Walter Carlos Cardoso Henrique – Essa oficina envolve o tema "Processo Administrativo" e eu tenho a satisfação de ser o coordenador. Uma banca fabulosa, pessoas de alta capacitação técnica, pessoas com as quais eu aprecio estar junto. Quer dizer, uma combinação muito interessante. Eu tenho aqui, à minha esquerda o Paulo Fernando Souto Maior Borges, advogado, apesar de jovem, já bastante respeitado. Atua muito com contencioso tributário. Ainda à minha esquerda, o professor Roberto Quiroga Mosquera, professor, mestre, doutor, um advogado extremamente respeitado em matéria tributária. A minha direita, o Paulo Campilongo, mestre, doutor, professor, um grande representante do Fisco paulista, com uma experiência muito larga junto ao Tribunal de Impostos e Taxas e à Coordenação da Administração Tributária. Mais à direita ainda, eu tenho o Natanael Martins, ex-conselheiro do CARF, advogado extremamente respeitado, um conselheiro muito sério, na experiência que ele teve, nos trabalhos, nos votos que ele proferiu.

E, dando início ao trabalho, eu queria fazer algumas provocações, algumas considerações, aqui. Sugerir alguns temas para que a mesa possa dar início aos debates, e, oportunamente, os demais palestrantes possam intervir e fazer perguntas e explorar esse momento em que essas pessoas, esses profissionais, esses professores, estão à disposição de vocês. Algumas coisas me incomodam. Recentemente o Tribunal de Impostos e Taxas teve um grande julgamento envolvendo a "operação cartão vermelho". Então, eu vou provocar o professor Paulo Campilongo, para explicar um pouquinho como foi o contexto desse julgamento, como foi a atuação do Fisco, o que foi de relevante ou irrelevante com relação ao tema. Podemos também conversar aqui, um pouquinho, sobre a questão atual do PIS e COFINS com relação a insumos. O professor Natanael Martins, com certeza, vai ter facilidade de lidar com esses temas. E outros mais, que estão aqui, à disposição dos senhores. Eu, pessoalmente tenho algumas dificuldades para entender por que o mandado de procedimento fiscal pode ser prorrogado por tem indeterminado. Mas também ainda não mensurei quais são as consequências disso. Com relação ao processo administrativo, muito embora, hoje em dia os processos sejam digitais, há um conceito, há algumas súmulas dizendo que não cabe prescrição intercorrente no âmbito administrativo. Eu tenho dificuldade em acatar isso. E, para o fim, eu acho que eu posso passar a palavra para o professor Paulo Campilongo começar os debates, começar a explanação, deixando claro que a mesa está aberta à participação dos senhores, para que possamos provocar, para que todos possamos ter uma tarde agradável – e, como eu gosto muito do assunto, divertida – com relação ao tema.

Paulo Campilongo – Obrigado ao doutor Valter, em nome de quem cumprimento os demais integrantes da mesa. Boa tarde à todos. O primeiro tema que me passam, sobre o Tribunal de Impostos e Taxas, se refere à questão da denominada "operação cartão vermelho". O que significa isso, para quem não atua no Tribunal. Trata-se de uma operação desenvolvida pela Administração Tributária em varejistas, grandes varejistas, onde se confrontava o volume de vendas com cartão de crédito com o movimento de vendas informado pelo contribuinte ao Fisco. E o ponto nevrálgico – onde os contribuintes se apegaram – o qual foi tema de sucessivos debates, desde as Câmaras singulares, até o Plenário que, recentemente, decidiu a questão – estava justamente no fato de que teria havido uma quebra de sigilo bancário do contribuinte, antes mesmo de iniciado um procedimento de fiscalização. Ou seja, a fiscalização ia até o contribuinte já sabendo qual o movimento dele junto às operadoras de cartão de crédito.

Essa era a questão, poderia ter havido essa quebra de sigilo – um sigilo bancário – antes de iniciado um procedimento em cada contribuinte?. Portanto, é uma questão procedimental ou formal. Apesar de o contribuinte discutir o mérito da questão referente ao montante do crédito exigido ou a capitulação da penalidade aplicada, a questão que mereceu maior atenção dos julgadores foi, realmente, a questão da quebra do sigilo bancário. E o Tribunal de Impostos e Taxas acabou – havia, em câmaras singulares, decisões divergentes. Ora, o posicionamento era de que houve uma quebra de sigilo indevida, ora, defendiam que não, ou seja, que essa situação estava prevista na lei paulista que obriga as operadoras de cartão de crédito, quando solicitadas, informar ao Fisco o movimento de cartão de crédito – o Fisco poderia ter exigido isso de forma geral, de todos os contribuintes, independentemente de ter já iniciado um procedimento fiscal em cada contribuinte. Acabou vencendo a tese fazendária. O Tribunal de Impostos e Taxas, em sessão monotemática, com votação – me parece, eu não tenho bem certeza, acho que foi dez a seis no Plenário – acabou, entendendo como lícito o procedimento adotado pela fiscalização, ou seja, não haveria qualquer ilegalidade na obtenção dessa informação prévia das operadoras, antes mesmo de iniciado qualquer procedimento fiscal no contribuinte. Então foi esse o posicionamento do Plenário do Tribunal de Impostos e Taxas.

Walter Carlos Cardoso Henrique – Mas uma coisa que me incomoda com relação a isso, apenas provocando e fomentando a discussão. Não dando uma opinião. Se o Fisco tem acesso a tantas informações, pode ele, Fisco, tomar de empréstimo a informação bruta das instituições financeiras para somente depois fazer a checagem dos dados relevantes e lavrar o auto? E, aqui surge um aspecto que eu lembrei por atuar no CODECON, é que existe uma lei complementar em São Paulo, a Lei Complementar 939/2003 que estabelece que os contribuintes e o Fisco – o Fisco e os contribuintes – devem ter uma relação harmônica. A fiscalização tem que fazer – tem que atuar da maneira mais civilizada, tranquila e educada possível. Então, eu estou lembrando aqui de uma coisa chamada "fiscalização de impacto", que está, no Estado de São Paulo, prevista no regulamento e que envolve aquelas grandes operações. Aí, eu, provocando, Paulo, como é que fica, com tanta tecnologia à disposição do Fisco de São Paulo, o caso da "operação cartão vermelho"? Me incomoda o Fisco tomar de empréstimo informações brutas para depois, e talvez, depois fazer a checagem, ou não. É uma curiosidade. Ou então, se for utilizado esses dados para fazer os lançamentos? Mas, como é que fica, no Estado de São Paulo o acesso a tanta tecnologia e, ao mesmo tempo, de tempos em tempos, ocorrerem operações como tivemos agora, no meio do ano, uma recente, envolvendo uma cervejaria. É isso não é? Cervejaria.

Paulo Campilongo – Cervejaria ...

Walter Carlos Cardoso Henrique – Acho que era um grupo empresarial em Campinas. É uma coisa para a gente pensar. A provocação é: Com tanta tecnologia, justifica-se, ainda, no Estado de São Paulo, fiscalização de impacto?

Paulo Campilongo – Bom, primeiro, esse caso do "cartão vermelho" não se enquadra na modalidade de fiscalização de impacto. O que ocorreu no "cartão vermelho" é que o Fisco, previamente, obtinha a informação das operadoras e notificava o contribuinte – em início de procedimento fiscal – para que apresentasse o volume de negócios que ele teria feito com o cartão de crédito. E, após a resposta do contribuinte – havia alguns critérios técnicos, retiravam desse cálculo operações de substituição tributária, operações isentas – após esses expurgos a Administração confrontava as informações.. Diante da resposta do contribuinte, se houvesse diferença entre o valor informado pelas operadoras de cartão de crédito e o valor que o contribuinte apresentava para a tributação, aí sim, usando todos esses critérios técnicos, a Administração autuava ou não. Encontrando a diferença era feito o lançamento, não encontrada discrepância, não era lavrado o auto de infração. Dessa forma, não se pode fazer qualquer analogia entre a operação cartão vermelho e as operações de fiscalização de impacto.

Walter Carlos Cardoso Henrique – Não, eu puxei isso na memória porque foi um assunto que eu recentemente tive contato e queria só saber como é que foi no caso "operação cartão vermelho", se as informações vieram brutas ou não. Agora, com o esclarecimento, ficou claro que primeiro o Fisco teve acesso a informação e depois perguntou ao contribuinte. Veja, não estou dizendo se eu concordo ou não com a quebra de sigilo. Eu não concordo.

Paulo Campilongo – Nem eu disse isso. Se eu concordo ou não. Eu apenas estou reproduzindo o entendimento do Tribunal de Impostos e Taxas. O que efetivamente ocorreu, quais os principais fatos e temas de direito em discussão, sem qualquer emissão de juízo de valor.

Walter Carlos Cardoso Henrique – É interessante. Eu só coloquei aqui, como provocação para a mesa, para o Plenário, a história da "fiscalização de impacto", porque temos, no Estado de São Paulo, uma lei complementar que impossibilita esse tipo de prerrogativa, entre aspas, do Fisco. Então, eu estou aqui divulgando a provocação e vendo como é que a mesa vai se comportar, como é que a plateia também vai se manifestar. Professor Natanael, um pouquinho de PIS e COFINS? O que é que o senhor acha?

Natanael Martins – Boa tarde a todos. Senhor presidente – aliás, você fez uma menção ao mandado de procedimento fiscal, que te incomoda muito, o problema da eterna – como é que eu diria? Prorrogação dele. Mas há um termo interessante, que foi debatido no CARF e que tem efeitos relevantes. É se o mandado de procedimento fiscal em si significa termo de início de fiscalização. E, se significar, então não haveria a aplicabilidade – ou não mais haveria a aplicabilidade da denúncia espontânea. E o CARF, a decisão tomada pelo CARF, foi de que o mandado de procedimento fiscal, ele, por si só, não significa início de fiscalização. E, portanto, o contribuinte se – e até quando iniciar a fiscalização, ainda se encontra na prerrogativa da denúncia espontânea do art. 138 do CTN. E a razão é que o mandado de procedimento fiscal é só um instrumento que habilita toda a Receita Federal do Brasil para a fiscalização. E, naquele caso concreto, era extremamente irrelevante. Porque, antes do início da fiscalização, ou entre a instauração do mandado de procedimento e o início da fiscalização, o contribuinte fizera uma série de retificações e corrigira problemas que ele apresentara em suas declarações de CPMF. E a multa, ela é parte do sistema financeiro, é absolutamente gravosa e indiscutível, até no Judiciário. Mas o que ficou saudável na decisão é que o MFP por si só não significa termo de início de fiscalização. Preciso do ato concreto do auditor, abrindo a fiscalização. Aí sim, teria o efeito do art. 7º do Decreto 7235, naturais da e, portanto, excluindo a espontaneidade.

Com relação ao PIS e à COFINS, praticamente – ou melhor, em todas as reuniões do colegiado da Terceira Sessão, vem entrando em debate processos em que se discute o conceito de insumos. O que nos parece é que o Tribunal, finalmente ele está extraindo algumas conclusões. Primeiro, o conceito de insumos para efeito do PIS e da COFINS, ele não é o mesmo do ICMS e do IPI. E nem pode ser. Se o PIS e a COFINS incide sobre a totalidade da receita da pessoa jurídica e, portanto a materialidade dele, a receita auferida pela pessoa jurídica, o conceito de insumos tem que estar conectado com essa dimensão. Diversamente, no caso do ICMS e do IPI, que gravam as sucessivas operações relativa à circulação da mercadoria. Daí, então, discussões a parte, evidentemente, a jurisprudência pelo menos tem fixado que o conceito de insumos é aquele que ou é uma matéria prima, ou produto intermediário ou material de embalagem, que se consome no processo produtivo.

Por outro lado, também se sustentou no Conselho – e há, pelo menos, teve pelo menos um julgado, mas que não tomem ele como referência, porque teve uma recente decisão da Câmara superior, que dizia: "Olha o conceito, então, não é o do ICMS e do IPI. Então é o do Imposto de Renda". Tudo o que for despesa operacional dedutível para efeito de Imposto de Renda, logo habilita-se para o desconto de crédito de PIS e da COFINS – claro, com as restrições naturais da lei. Não vingou, essa colocação. Há uma oposição intermediária. A Câmara Superior, ela fixou: Não é o do piso da COFINS, tampouco é o conceito de despesa para efeitos do IRPJ. E marcando essa noção como aqueles dispêndios que são necessários, ou em razão do processo, ou mesmo por exigência legal, para a produção de um determinado bem ou de um determinado serviço. A Câmara Superior julgou um caso de um abatedouro de frangos – acho que é a Dougs Frango Sul, se eu não me engano. E estava em questão se a vestimenta usada na linha de abate das aves, ela daria ou não direito de crédito do PIS e da COFINS.

Pesou, na decisão do colegiado, o fato de que, por exigência da ANVISA, aquilo é uma vestimenta necessária para a produção. Sem aquela vestimenta, aquele material próprio, não se poderia ter o processo. Então, nesse contexto, admitiu-se o crédito. Primeiro, discutiu-se o conceito genérico. Então, a questão no CARF, que vem se desenhando no conceito de insumos, é caso a caso. O contribuinte tem que se preparar, desde o início da fiscalização e, sobretudo, na impugnação, para a defesa do direito creditório dele. É importante diria eu, que, no momento em que a fiscalização está ocorrendo, procurar criar um contraditório. Se o auditor intimou, dizer a razão e o porque que aquilo seria um insumo. E, a partir daí, o ônus da prova passa a ser da Administração Tributária. E, por outro lado, o conceito – não existe um conceito pré-concebido de insumo, depende da atividade.

Eu vou citar, é verdadeiro, estava eu participando de uma *due diligence* cruzada, dois grupos empresariais iam se fundir, não na expressão jurídica mas, enfim, jurídica-societária. E havia auditoria cruzada, levantando os problemas, as contingências fiscais de uma e de outra. E eu defendi uma das partes. E, lá pelas tantas, chegou o relatório da auditoria lá, dizendo: Olha, na fábrica XYZ estão descontando créditos de PIS e de COFINS na compra de cervejas, refrigerantes e bolo. E eu falei: Aí, não dá, né? Mas, numa das outras plantas – eram várias plantas fabris – ou são – houve um questionamento. Havia um razoável consumo e, portanto, um razoável crédito de PIS e de COFINS na compra de preservativos e de absorventes femininos. Eu falei: Bom, o que é que está havendo? Ligamos e eu falei: Bom, eu quero ouvir a palavra do diretor da indústria, para entender que diabo de consumo desses materiais, que estão descontando crédito de PIS e COFINS. Pois bem. Esse consumo se dava na produção da linha sanitária que tinha por destino os Estados Unidos. Era consumido no teste de sifonagem. Porque o sistema de captação de água e de esgoto do Estados Unidos, ele está apto a colher esse material. Mas a bitola dos aparelhos tinha que ser maior e o teste de sifonagem você embebedava o absorvente e o preservativo na água e fazia o teste. Então, tanto o comprador quanto o vendedor não tiveram dúvidas em dizer: "Isso é um insumo e, portanto gera direito ao crédito do PIS e da COFINS".

Walter Carlos Cardoso Henrique – A prova, então, no caso a caso, nós não temos como preestabelecer um roteiro. Puxando aqui, de lado, a legislação do Tribunal de Impostos e Taxas que, em determinados aspectos, determina, assim como no âmbito federal, que a prova tem que ser produzida no momento adequado. eu tenho algumas formalidades específicas no âmbito do TIT. Agora, numa situação dessas, eu não tenho um roteiro preestabelecido. A produção da prova tem que ser aberta.

Natanael Martins – Eu diria, a contabilidade é um meio de prova. O laudo produzido pela própria engenharia interna, dizendo o modo, a razão e o porque do consumo dos materiais, sem sombra de dúvida. *A priori*, se o auditor fiscal intimou o contribuinte para ele explicar e ele não explicou, em tese, inverteu – o auditor cumpriu o papel dele. O Conselho de Contribuintes, a Terceira Sessão, tanto na Primeira, quanto a Segunda, ela vê muito bem a questão da distribuição do ônus da prova. Então, se o contribuinte já tem, pela sua área de engenharia, dizendo que aquele produto é um produto consumível, é um insumo, por isso, por isso, por isso e por aquilo, o auditor, para desfazer isso, vai ter que entrar na tecnicalidade do produto, para dizer "não é verdadeiro". E não simplesmente, "eu não gostei da informação".

Walter Carlos Cardoso Henrique – Mas veja que interessante, no caso do abatedouro de frangos. Para você fazer a prova de que a aquela roupa que ele tinha que utilizar era uma imposição da ANVISA não é tão simples. Para o contribuinte, para o diretor, para o executivo, o que é óbvio, pode não ser tão claro para a fiscalização. Você ter que fazer uma prova de algo óbvio, às vezes é algo difícil de explicar, não é?

Natanael Martins – Quem está julgando lá, na outra ponta – e eu fui julgador –, eventualmente não é um técnico naquele assunto. É o contribuinte mesmo que tem que levar aquela informação.

Walter Carlos Cardoso Henrique – Interessante. Paulo – quer perguntar? Quer por por escrito? Acho que mais um pouquinho – vamos por por escrito? O que é que você acha?

Participante – Não é uma oficina?

Walter Carlos Cardoso Henrique – É, tem razão. Vamos lá. Por favor. O microfone. Eu concordo. É um princípio que envolve o processo administrativo. Eu sou fã desse princípio. A informalidade.

Participante – *[Truncado na gravação]*.

Walter Carlos Cardoso Henrique – Vou acrescentar, porque as legislações modernas, com a ideia de criarem celebridade, criam roteiros preestabelecidos e, se você não consegue se inserir naquele sistema eletrônico com a prova adequada, como fazê-lo? Paulo, Roberto, Natanael? Quem?

Paulo Campilongo – Eu posso começar com relação ao TIT. A legislação do contencioso administrativo estadual, na minha interpretação, não tem esse rigor formal, de forma que faça precluir o direito de produção da prova. Vigora no processo administrativo o informalismo em prol do contribuinte. A legislação do Estado, vai dizer que a prova tem que ser juntada no momento da defesa. Mas ela abre um espaço para que, em determinadas situações, em casos pontuais, que essa prova possa ser juntada, inclusive, no Tribunal de Impostos e Taxas. Então, não há um rigor formal tão grande na legislação do Estado. E me parece – eu não sou um conhecedor também da legislação do CARF – mas me parece que vai na mesma linha. Existiria essa abertura, a abertura também no CARF. Mas eu não vou me intrometer nas questões do CARF, pois tenho ao meu lado na mesa pessoas especializadas no contencioso administrativo federal. Mas o Tribunal de Impostos e Taxas tem aceitado, diante de determinadas justificativas, a juntada *a posteriori*. Principalmente quando o contribuinte, na defesa, protesta por uma juntada posterior de documentos, documentos que ele não tem condição de apresentar no momento da defesa. Às vezes, laudo pericial, que ele está em fase de elaboração. Nisso, o tribunal tem sido bem flexível, aceita a juntada de provas num momento posterior. Mas existem algumas situações em que essa elasticidade, dentro do processo administrativo que, efetivamente, é mais informal que o processo judicial , não pode aplicada num sentido tão amplo. Eu penso que devem haver algumas restrições para impedir desvios ou litigância de má-fé.

Vou dar um exemplo, uma autuação que um contribuinte se creditou indevidamente do imposto, por não apresentar a nota fiscal que daria origem ao crédito. O contribuinte aguarda, às vezes, o transcurso do prazo decadencial para que o fisco não possa reexaminar os documentos e efetuar novo lançamento e apresenta, no curso do processo, os documentos que não foram apresentados ao fisco em início de procedimento. Portanto, já se encontra configurado o embaraço a ação fiscal. Nessas circunstancias, nosso entendimento vai no sentido da impossibilidade da aceitação da juntada dos documentos. Nessas situações, em que se percebe um ardil ou a malícia do contribuinte, penso que o Tribunal não deva aceitar a juntada de provas. Por experiência própria, estou em que, em outras situações, o TIT tem sido bem condescendente e tem aceitado a produção de provas, mesmo de forma posterior à apresentação da defesa.

Walter Carlos Cardoso Henrique – Até, para acrescentar um detalhe, aqui, eu estou com a Lei 13.457/2009 do Tribunal de Impostos e Taxas. E no art. 22 fala que, em caso de infrações caracterizadas em documentos recebidos emitidos, escriturados, o Fisco poderá utilizar, como meio de prova, o demonstrativo. Aí temos no § 1º um aspecto que me incomoda, dói na alma. Começa assim: "O sujeito passivo poderá contraditar o demonstrativo elaborado pelo Fisco" – aí vem: "nos termos desse artigo" – olha, poderá contraditar "apenas" nos termos desse artigo. A ampla defesa me parece que não está mais presente aqui. Fazendo de forma objetiva – eu não sei dizer o que é objetiva – com indicação precisa do erro ou incorreção encontrada? E com apresentação da correspondente comprovação? Apenas assim?

Vejam, em algumas empresas, em algumas atividades, localizar esses documentos não é uma coisa muito simples. Eu estou só colocando aqui, que essa preocupação, que o Sidney colocou, é relevante. Porque, nos dias de hoje, isso tudo vai desembocar, depois, no Judiciário.

Paulo Campilongo – É, só me parece, Dr. Walter que aí você está dizendo que é uma prova que deveria ser produzida pelo Fisco.

Walter Carlos Cardoso Henrique – Mas que vai ser contraditada de maneira *[truncado na gravação]*.

Paulo Campilongo – E o doutor Sidney estava colocando provas a serem produzidas pelo contribuinte.

Walter Carlos Cardoso Henrique – Ah, mas aqui tem: um roteiro, de forma objetiva precisa, do erro ou incorreção encontrado e com apresentação da correspondente comprovação, sob pena de se terem por exatos os dados nele constantes. Ou seja, é um roteiro preestabelecido que me parece inconstitucional, mas está vinculado ao TIT. Eu não estou querendo dizer que o Tribunal e os órgãos de julgamento, não tenham uma certa elasticidade, em função de um bom senso jurídico, de um bom senso comum. Agora, é uma situação que, de fato, incomoda e uma preocupação extremamente relevante. Paulo, você quer complementar?

Paulo Fernando Souto Maior Borges – Eu só gostaria de complementar que, mesmo em relação ao processo judicial, existe uma mitigação evidente, decorrente não só da exceção legislativa apontada, mas, também, da necessidade de consideração pelo julgador das questões e fatos novos (supervenientes), que, nos termos do art. 462 do CPC, não só podem como devem ser levados em conta, quando da prolação da decisão. Então, os julgadores mais sensíveis – e aqui é impossível deixar de trabalhar com conceitos mais fluidos, como o conceito de "Justiça Fiscal" – os julgadores mais sensíveis à necessidade de aplicação da Justiça Fiscal e da busca da dita verdade material, mencionada pelo doutor Sidney, são sempre muito mais flexíveis na aplicação dessa regra de preclusão da produção da prova, após a apresentação da impugnação.

Walter Carlos Cardoso Henrique – E uma coisa interessante – eu tenho só que coordenar, falar menos. Mas o processo administrativo é como um processo criminal. Você está imputando a alguém a prática de alguma situação irregular. Então, a ampla defesa é em favor do contribuinte, do administrado, do indivíduo. Então, nesse momento, a produção da prova por mais que eventualmente possa acontecer – aí, provocando, de um Paulo para outro, provocando aqui o Paulo Campilongo – o julgador não tem que ter essa preocupação em imaginar se está presenciando um ardil ou não. Porque se for feita a prova, a destempo ou não, suficientemente robusta para afastar a infração, diante de um processo administrativo que impõe a aplicação de uma penalidade, e aqui a Administração Pública está fazendo mal ao administrado, eu tenho que considerar a prova, eu tenho que ter ampla defesa. Então, eu tenho uma preocupação – eu não estaria, Paulo Campilongo, misturando o meio com o fim, nessa preocupação?

Paulo Campilongo – A mesa gosta de provocar, realmente. Mas é o seguinte, primeira coisa, eu acho que o processo administrativo – foi até tema da minha tese de doutorado – não tem absolutamente nada a ver com o processo penal. São situações totalmente distintas. Eu quero só dar um foco, não vou discutir a minha tese toda, aqui. Mas, no processo penal, o que se busca é a construção de um fato jurídico. A sentença do juiz de Direito, que vai dizer que ocorreu determinado fato. Antes disso, eu não tenho o fato jurídico posto no sistema por autoridade competente. No processo penal vigora o princípio da reserva do juiz. Somente o Juiz de Direito é competente para inserir no sistema o fato jurídico. Já no processo administrativo tributário, a questão é totalmente distinta. Aqui vigora o princípio da reserva da autoridade administrativa. É a autoridade fiscal quem insere no sistema o fato jurídico tributário. Portanto, no processo administrativo, converge para a autoridade fiscal a competência para examinar o fato, selecionar e interpretar a prova e criar a norma. Diante disso, penso que cabe a autoridade administrativa a obrigação da juntada de toda a prova para que o contribuinte possa se defender, ou seja, desconstituir um fato posto que goza de presunção de legitimidade. No auto de infração, o relato da acusação se reporta a uma determinada prova. No processo penal, oque se busca é constituir o fato.

Então, para mim, são figuras que não podem ser confundidas. Quanto à questão o que se tem observado é uma crescente formalização do processo administrativo, enquanto o Poder Judiciário tem procurado ser cada vez menos formal. O Poder Judiciário tem sido, como colocou o doutor Paulo Souto Maior Borges – mais flexível. O Judiciário, tem aceitado a produção de provas em momentos inadequados em busca – dizem que, no processo administrativo, se busca a verdade material e, no processo civil a verdade formal. Não me agrada essa distinção. Tanto no processo civil, quanto no processo administrativo o que se deve buscar é a verdade das provas. Dessa forma, tanto no processo judicial, quanto no processo administrativo, sou favorável a flexibilização do momento de produção de prova. Eu não acho que exista essa preclusão consumativa no processo administrativo, como acho que também não deva existir no processo judicial.

Walter Cardoso Henrique – Interessante. Roberto?

Roberto Quiroga – Só um comentário, aqui, complementando um pouco o que o Natanael já expôs. No processo administrativo Federal – o CARF – acho que nós temos – dá para se dizer que há uma regra geral ou que vige, hoje, no CARF, uma maior tendência *[truncado na gravação]* desde que tendentes a concreção da verdade material, não obedecendo tanto a preclusão. Ou seja, como um princípio, aí, geral, pode se dizer que a grande maioria da jurisprudência, ou uma maioria expressiva, entende que é possível uma apresentação de documentação, mesmo até em memoriais. Isso ocorre no próprio CARF. Mas a grande questão – até, depois, quando eu for tratar de algum assunto, eu acho que o grande tema, também atrelado à questão da preclusão, é a atual mutabilidade das composições dos tribunais administrativos, tanto estaduais – os municipais são mais fixos – e os federais. Então, o que é que a gente encontra? A gente encontra uma alteração de composição muito rápida, em alguns momentos, com posicionamentos diferentes de vários conselheiros que, alguns, mais rígidos, não adotam a preclusão; outros, menos rígido, adotam uma posição mais tranquila. Então, você encontra, às vezes, uma grande dificuldade de ter uma segurança na discussão de um processo específico. Mas tanto – por exemplo – no Conselho Federal, a Primeira Sessão, que julga Imposto de Renda, ela é mais flexível com preclusão. A Terceira Sessão, que julga PIS, COFINS, é mais rígida. E a Segunda Sessão, que julga impostos aduaneiros, ela é mais rígida ainda. Então, depende um pouco, também de composição.

Walter Carlos Cardoso Henrique – Eu tenho um intervalo curto para apresentar a defesa. Às vezes, para redigir a defesa, até o contribuinte perceber a gravidade da acusação e as consequências, até contratar um advogado ou até reunir as provas, passa esse intervalo de tempo. Então eu acho que deveria ser necessária, obrigatória, essa necessidade. O que você pensa, Paulo, a respeito disso? Campilongo, Natanael? E um detalhe, aqui, no Tribunal de Impostos e Taxas, hoje, a maioria dos autos de infração que são confirmadas no TIT, vão para o Ministério Público e existe uma grande quantidade de expedientes abertos na polícia fazendária. Então, além da situação da sorte, da necessidade de elasticidade da prova, se o processo não tiver essa sorte, o contribuinte vai responder a um processo penal.

Natanael Martins – Bem, como o meu amigo Sidney colocou, o Conselho de Contribuintes – o velho Conselho de Contribuintes – aplicava, de uma maneira absolutamente aberta, digamos, a busca, se é que se pode dizer, da verdade material. E, portanto, admitia a juntada de provas sem maiores cerimônias. Claro, sempre sob critério de análise daquele julgador. Mas, fato é que, em 1997, com a Lei 9.532, houve uma alteração no que chamamos de PAF, no Processo Administrativo Tributário, onde tentou criar um momento de preclusão da prova. E, lá, está dito que a prova somente poderá ser produzida após a impugnação, se houver fato superveniente, se for isso, isso, isso e aquilo. Mas, de uma maneira geral, o Quiroga está certo. Numa maneira geral, especialmente na primeira sessão do CARF, já é uma tradição, a preclusão probatória, ela é vista com bastante parcimônia. Se, de fato, aquele conjunto probatório, ele está levando à conclusão de que, eventualmente, aquele lançamento não deve se sustentar, no todo ou em parte, é quase que regra a conversão do julgamento em diligência, para que aquela prova passe pelo crivo da autoridade. Ou seja, aceita-se a prova, mas abre a análise para a parte contrária.

E, por outro lado também – e, aqui, vai uma crítica – o 70.235, que é um bela diploma processual, ele prevê lá, expressamente, a figura do requerimento da diligência ou da perícia. E, isso, sem embargo de que, muitas vezes, a perícia ou diligência é determinada pelo próprio julgador. Já aí, eu noto ou pelo menos *[truncado na gravação]* uma certa rejeição à concessão do pedido de diligência ou de perícia, ao argumento de que não consta da lei. Ora, mas consta da ampla defesa ou dos recursos a ela inerentes. Não é regra, eu consegui converter um caso em diligência, mas talvez porque eu tinha juntado três laudos, já na impugnação. Mas eu noto que o contribuinte pena um pouco no TIT, para a conversão de um processo em diligência ou em perícia e quando ela se mostra – ela na verdade se mostraria necessária. Mas te respondendo, Sidney, eu diria que de uma maneira geral, no mais das vezes a preclusão probatória ela é afastada em nome do controle da legalidade do ato administrativo. Que é o fim, acabo é o que se busca no contexto administrativo.

Walter Cardoso Henrique – Mais alguma pergunta?

Participante – *[Truncado na gravação]*.

Roberto Quiroga – Bem, vai depender do princípio da sorte. Por exemplo, no CARF hoje, Sidney, é expresso no regulamento – até vou contar um caso que eu tive na semana retrasada, na Câmara Superior caso bem interessante, nesse caso. Vou começar pelo caso. Era um assunto de Zona Franca de Manaus, IPI e, nesse caso, na Câmara Superior, votou-se, num determinado momento, a admissibilidade do recurso com uma câmara "x". E votou-se pela admissibilidade. Ele subiu para admissão. E, aí, eu fiz a sustentação oral e o caso entrou em julgamento. A relatora foi a Suzi – vinha votando favoravelmente e, nesse caso, havia uma outra juíza, já conselheira do Fisco, a Judite, que se manifesta na sessão, dizendo: "Entendo favorável". Eu falei: Ganhei, seis a quatro. Aí, quando um conselheiro, que estava recém ingressado na Câmara Superior, que era o Júlio, ele pede vista. Aí, logo depois, eu falei: perdi.

Uma semana depois, eu tomo conhecimento de que a doutora Judite foi exonerada. Aquela, do Fisco, que tinha me dado voto favorável, foi exonerada da Câmara Superior e ficou só na Câmara Baixa, porque ela ia se aposentar. Sorte – que eu não tive. E veio, para a composição, um outro conselheiro. Foi para o julgamento no mês seguinte. O Natanael estava lá, eu acho. Foi para julgamento na Câmara Superior, a mesma turma, só tinha saído a doutora Judite e ingressado um outro juiz, na posição dela. Perdi, de cinco a cinco, voto de qualidade do presidente. Na composição antiga, eu ia ganhar, de seis a quatro. Só que, aí, essa segunda sessão, foi julgado o mérito com uma composição diferente. Sorte para mim. Eu entrei com uma petição pedindo a nulidade do processo porque a admissibilidade tinha sido julgada por uma turma e o mérito tinha sido julgado por outra turma. Decisão da Câmara Superior na semana passada: anularam a decisão porque entenderam que tem que voltar o processo para ser julgado novamente, tudo junto, a admissibilidade e o mérito. Porque o regimento do CARF diz que só pode o processo – tem que ser julgado sempre pela mesma composição. Senão, desprezam-se os votos anteriores e volta o julgamento, numa mesma composição.

Então, o que é que eu acho? A regra do regimento, eu não sei se ela vai criar justiça ou injustiça. Eu dou esse caso para mim aí, o meu caso. Naquela primeira sessão eu tive sorte. A Judite votava favorável, ganhava de seis a quatro. Na segunda sessão, eu tive azar. Eu perdi de cinco a cinco, com voto de qualidade. No final da sessão, voltou a ter sorte, porque eu vi que a composição estava errada, o regimento me ajudava. Anulei a decisão. Agora, eu peço que todo mundo reze por mim, porque vai entrar em pauta agora, em dezembro, uma nova. E vai ser julgado tudo de novo. Eu sei que é eu estava buscando, aqui, no Ipad, um livro que eu acho que vocês precisam ler, do professor Alberto Xavier. O professor Alberto Xavier escreveu um livro que não é de Direito, é um livro de contos, chamado *O escandinavo* – eu até estava pegando aqui. É um livro de contos chamado *O escandinavo deslumbrado e outros contos*. E o Alberto Xavier conta casos sobre – mas tudo mexendo com Direito. E um deles, nesses contos, ele vai falar isso daí: Olha, é o princípio da sorte. E nesse caso dele, ele vai dizer que ele estava indo pro julgamento e o desembargador, ele já sabia, já tinha a posição totalmente favorável de que votava favorável a ele. Quando vai o desembargador para o julgamento, ele sofre um acidente e morre. Muda a composição e ele perde. Ou coisa desse tipo. Eu não sei, sinceramente, em termos científicos, o regimento ou a norma, se ela estipula de que você precisa julgar pela mesma composição, ela não tem critério bom ou ruim, na minha visão. Porque a composição, ela tem que ser imparcial. Se pressupõe que a composição tem que ser imparcial. A composição tem que julgar todo o processo. Ela não pode julgar em partes. Veja, nós estamos com a discussão do mensalão, aí. Os jornalistas dizendo se ia julgar o Teori, se o Teori enfim. A gente tem que ter uma segurança na composição ...

Participante – *[Truncado na gravação]*.

Roberto Quiroga – Mas nesse caso, no CARF, joga os votos proferidos fora, também. Então, é isso que eu digo. Eu acho que, por um lado – é difícil responder – por um lado, eu vejo justiça, em que sentido? Uma nova composição, num único momento, numa única arguição, com todos os pontos colocados naquele dia, eu vou julgar. É a unicidade do processo, a unicidade da relação oral na disputa, na retórica com a Procuradoria, eu acho que você tem que ter um único momento de julgamento, porque nesse único momento de julgamento você tem todo esse processo feito. Ou em data posterior, mas com a mesma composição. E, nesse lado, eu acho justa essa ideia. Por outro lado, é difícil a decisão.

Walter Carlos Cardoso Henrique – Agora só uma colocação.

Roberto Quiroga – Pois não, Paulo.

Walter Carlos Cardoso Henrique – Agora, uma coisa curiosa, Sidney, da minha experiência, trocando experiências. Eu tive um caso, no TIT, em que eu tive sucesso na Câmara Superior, nas antigas câmaras reunidas. A Fazenda tinha perdido um prazo por oito meses. Compulsando o processo – eu gosto de olhar a versão original do processo – eu verifiquei que a Fazenda tinha perdido o prazo, por oito meses. Além de fazer as minha contrarrazões, denunciando o fato da perda do prazo, eu tomei o cuidado de tirar a cópia autenticada das páginas que comprovavam a perda do prazo – não estou dizendo que no TIT isso fosse acontecer – mas eu tive um baita cuidado para que, se o processo desaparecesse, rasgasse, estragasse uma folha, eu ter em mãos cópia autenticada do intervalo de páginas em questão. Veja a preocupação que temos que ter com o que eu chamo de "mundo real". Eu providencie cópia autenticada das folhas que envolviam a interposição do recurso, intimação, perda de prazo etc. Tirei dois jogos. Então, muitas vezes nós temos que ter a confiança e também nos resguardar. No caso, que você bem colocou, teve essa situação em que o voto foi preferido. Você não tem que tirar cópia de voto. O voto foi proferido. Você tem que se manifestar. Agora, eu estou colocando um segundo exemplo, Paulo, em que, por cautela – porque não se sabe o que pode acontecer com um processo, o papel físico – eu tirei cópia autenticada das folhas que comprovavam a perda do prazo. Paulo.

Paulo Campilongo – Bom, retomando. Primeiro, eu não tenho conhecimento no TIT. Eu nunca ouvi ...

Walter Carlos Cardoso Henrique – Não. Mas eu tirei, por cautela. Veja, eu coloquei: por cautela.

Paulo Campilongo – Certo. Mas só para sublinhar, eu não tenho conhecimento – atuei por mais de 15 anos no Tribunal de Impostos e Taxas, seja como Julgador, seja como Representante Fiscal e não tenho conhecimento de nenhum caso de adulteração de processo. Mas, bom, quanto à questão do princípio da sorte – princípio constitucional da sorte – eu acho que não é uma prerrogativa do processo administrativo. Isso pode ocorrer também no processo judicial. O juiz é promovido ou o juiz se aposenta. Pode acontecer, a mesma coisa. Talvez, com menos frequência do que ocorra no processo administrativo em que os mandatos são de dois anos, são mandatos muito curtos. Concordo também com isso. Mas não é prerrogativa exclusiva do processo administrativo. No processo judicial acontece também. Quanto à questão que o doutor Sidney levantou, especialmente da atuação da Representação Fiscal, eu fui representante fiscal durante um bom tempo, lá, no TIT. E a coisa realmente, antigamente, era pior do que é hoje. Hoje, a legislação prevê um prazo – que, antigamente, não havia, na legislação – para o representante fiscal se manifestar em pedido de vista, ele tem um prazo de quinze dias para devolver o processo. Antigamente, não havia esse prazo. E acontecia, em muitos casos, da Representação pedir vista do processo e, por questão estratégica, retardar a devolução para julgamento.

Participante – *[Truncado na gravação].*

Paulo Campilongo – Exatamente. Poderia aguardar. Se abria essa possibilidade. Havia uma lacuna na lei. Por não haver um prazo para o representante fiscal se manifestar, abria-se essa possibilidade. Não estou dizendo que usavam isso. Mas poderia ocorrer essa situação. Hoje, a lei modificou e há um prazo. Então, se o representante fiscal pedir vista, há uma previsão, se é constitucional ou não, se ofende o contraditório ou não, eu sei que, hoje, está na lei, não é? A lei prevê essa hipótese do representante fiscal pedir vista.

Participante – *[Truncado na gravação].*

Paulo Campilongo – Então, quando – se o voto – não vamos falar em voto –, a decisão da Câmara, ela só vai se completar quando todos os juízes votarem. Se aconteceu, provavelmente deve ter sido esse o seu caso, houve um término de mandato e uma nova composição de Câmara, provavelmente pode ter sido isso, ou o juiz acabou se aposentando, esse voto, – e acontece isso no Plenário do Supremo Tribunal Federal.

Participante – *[Truncado na gravação].*

Paulo Campilongo – Não. Pode acontecer. O voto do ministro César Peluso, está havendo uma discussão se os votos que ele proferiu durante o mensalão vão prevalecer, ou não.

Participante – *[Truncado na gravação].*

Paulo Campilongo – Não. Mas é muito parecido. Esse voto pode não prevalecer. O voto vai ficar nos autos.

Participante – *[Truncado na gravação].*

Paulo Campilongo – Eu concordo que seja uma aberração, mas pode ocorrer também.

Participante – *[Truncado na gravação].*

Paulo Campilongo – Só para entender, o fato de ser retirado o voto, é isso?

Participante – *[Truncado na gravação].*

Paulo Campilongo – Ah, bom, bom. Tá.

Participante – *[Truncado na gravação].*

Paulo Campilongo – Não. Isso eu acho um absurdo.

Participante – *[Truncado na gravação].*

Paulo Campilongo – Excrescência.

Participante – *[Truncado na gravação].*

Paulo Campilongo – Mas o que o senhor está propondo ... Só para entender, para situar melhor a questão: um juiz proferiu determinado voto e houve um pedido de vista e esse juiz acabou, por alguma razão, sendo afastado. O voto permanece encartado nos autos, mesmo que ainda não haja decisão da Câmara. Esse voto deve ser considerado no julgamento, é isso?

Participante – Na minha opinião, sim.

Walter Carlos Cardoso Henrique – Deve. Eu vou fazer um parênteses, Paulo. Eu penso que não ...

Paulo Campilongo – Eu não pensei nesse caso, ainda. Mas eu tenho dúvidas.

Walter Carlos Cardoso Henrique – Não, não. É pelo seguinte. Assim, com relação à sorte. Na época do mestrado, eu tive a sorte de cursar Processo Administrativo com a professora Lúcia Valle Figueiredo. E eu lembro que ela trazia vários princípios do processo judicial para o âmbito administrativo. Um deles, o do Juiz Natural. Ou seja, se, nesse caso, o tribunal paritário iniciou o julgamento e um dos juízes, devidamente, no caso TIT, nomeado por decreto pelo Governador do Estado, iniciou e proferiu voto, e eu tinha uma composição válida, esse voto, obrigatoriamente, tem que ser acatado. Agora, a minha maior dificuldade que eu consigo imaginar nesse caso – Paulo, Sidney –, é como o Judiciário vai encarar isso. Se o Poder Judiciário está maduro para apreciar uma nulidade dessas, que joga por terra uma CDA. Porque, eu fico imaginando que um processo desses, a essa altura, deve ter uma inscrição em dívida ativa, uma CDA que vai aparelhar, ou seja, vai instruir a execução fiscal, e esse argumento, para mim, é sólido o suficiente para afastar a exigibilidade desse documento.

Participante – *[Truncado na gravação]*.

Walter Carlos Cardoso Henrique – Não, esse ato tem que ser válido.

Participante – *[Truncado na gravação]*.

Walter Carlos Cardoso Henrique – Não, eu penso estarmos diante de um caso de nulidade. E, aí, a minha preocupação é levantar o segundo problema, a minha preocupação é tentar contribuir para que a gente tenha uma doutrina forte para que o Judiciário eventualmente possa se manifestar de uma maneira rigorosa. Porque, se foi proferido um voto, foi subscrito, juntado ou não na contracapa, ou não, é nulidade. Eu não sei o que o Paulo possa pensar, o Natanael, o Roberto, mas o devido processo legal, em segundo grau, na esfera administrativa tributária, no Brasil, por sorte, é composto por órgãos paritários. Quer dizer, o devido processo legal está na Constituição por âmbito judicial e administrativo. Então, nesse caso, eu penso, Paulo, que é uma nulidade absoluta. Se proferido e se esse voto não for considerado, por troca de mandato ou não, é uma nulidade. Esse processo virou uma temeridade.

Paulo Campilongo – Não, esse é um tema que realmente eu não teria segurança para responder.. Gostaria de ouvir o Dr. Quiroga a respeito disso, com sua vasta experiência.

Walter Cardoso Henrique – Eu tenho.

Paulo Campilongo – Mas eu tenho dúvidas se isso causaria nulidade do julgamento.

Walter Carlos Cardoso Henrique – Nulidade, porque, no processo administrativo, nós tomamos empréstimo, muito, do que está na esfera judicial. O devido processo legal, no âmbito administrativo, foi constitucionalizado em 1988. O professor Eduardo Bottallo sustenta isso de maneira implícita, até anteriormente à Constituição. Eu tenho vários princípios que informam essa demanda administrativa. A igualdade entre as partes é um deles. E com relação a esse princípio, muitas vezes – uma coisa que me incomoda, é o fato da Fazenda ter um prazo maior. Mas, iniciado o julgamento por um órgão paritário devidamente constituído, sob o manto do devido processo legal, se eu tiver um voto proferido e, por troca de mandato, esse voto for desconsiderado, eu penso que é uma nulidade. Roberto.

Roberto Quiroga – Olha, eu não sei. Sinceramente, eu só coloquei aí um caso prático, como é, hoje, no regimento do CARF. O regimento do CARF é claro e tem esse julgamento da Câmara Superior, de um mês atrás. Tem que ter a mesma composição para todo o processo, durante todo o processo. Mesmo nos casos em que tem diligência e volta para a Câmara Baixa, lá, para a Delegacia, quando volta – e é uma nova composição – são jogados fora todos os votos eventualmente atribuídos, porque eles – na verdade não houve término da sessão. E é julgado tudo novamente. Ou seja, isso é na prática e é assim que é no regimento. Sob o ponto de vista de se isso aí feriria os princípios informadores do processo administrativo federal ou administrativo geral, sinceramente eu não refleti a respeito.

Paulo Campilongo – É. Isso eu penso que seria um tema que deveria ser provocado no Judiciário. Eu não conheço nenhum caso em que se conseguiu nulidade da decisão administrativa numa situação dessa. É um caso para se pensar. Eu não afirmaria que tal situação causaria a nulidade da decisão. É um caso estranho.

Walter Carlos Cardoso Henrique – Eu não lembro de previsão legal, no âmbito do TIT, com relação a essa situação. Então, se não tem a previsão legal, eu não teria porque desconsiderar o voto. A votação pode ter se iniciado, não é que eu estou voltando o processo para outra câmara ou descendo de instância. Eu estou na câmara máxima, eu iniciei a votação, está lá o voto proferido. Eu estou tomando de empréstimo a situação do Supremo. O voto do ministro, proferido, está lá, juntado aos autos, o outro ministro não teria porque se manifestar, mais. Então, eu estou fazendo uma comparação com o Supremo. Então, eu penso que, no caso que o Sidney colocou, seria nulidade, sim. Natanael, quer falar alguma coisa?

Natanael Martins – Mas, Sidney, o Quiroga tem razão, quando diz que o Regimento, pelo menos do CARF, ele leva a entender que se iniciaria o julgamento. E eu assisti o Quiroga, de fato – que, aliás, nós estamos mais em Brasília, hoje, do que em São Paulo, não é? Eu vi o Quiroga, digamos, perdendo a sorte. Mas, agora, eu vi que você, novamente, foi sorteado. Pior, Sidney: Eu estou com um caso em que eram três as matérias. Uma das matérias já tinha sido julgada e, por unanimidade de votos, eu havia ganho. Mudou a composição da Câmara, a saída etc. e mudou o próprio relator. O regimento diz que o processo segue com ele, o princípio do juiz natural. E ele colocou para a Câmara essa inusitada situação. E a Câmara, primeiro, deliberou que aquele julgamento então não teria valido. E, segundo, que então se começaria a ter um novo julgamento. E eu havia ganho, colhido o voto. Porque eram três matérias absolutamente distintas. O problema de preços de transferência, onde havia uma alegação de PIC indireto – não dá aqui, porque é complicado – e eu ganhei nessa matéria. O outro mérito seria a inaplicabilidade do PRL. E o outro critério é a ilegalidade do PRL. Bem, eu tive azar. Mas, também, por sorte, esse processo está em uma câmara que, naquela matéria, ele entende que o PRL é inaplicável. Então, em tese, pode ser que eu ganhe o processo inteiro. Mas eu estou com o Sidney, os regimentos deveriam ser preparados e ajustados para que os votos proferidos, solenemente proferidos, eles valessem. Especialmente neste caso meu aqui, em que colheu o voto para a primeira – fatiaram o julgamento, e tinha que fatiar, mesmo. E colheram o julgamento e disseram: "Nesta matéria, você foi vitorioso."

Participante – *[Truncado na gravação]*.

Walter Carlos Cardoso Henrique – É a situação da sorte. Como princípio constitucional, de fato, é algo interessante para se considerar. Agora, eu penso que o devido processo legal com relação ao âmbito administrativo é um aspecto que a doutrina tem que se consolidar. Porque, por mais que eu tome em consideração – Roberto, Natanael – o regimento, tem situações em que eu não tenho onde me amarrar. Eu não tenho onde me segurar. Então, nesse seu exemplo, não tem previsão legal, não tem previsão em regimento, o voto foi proferido, a sorte do contribuinte então é divulgar a situação do caso para poder fazer valer o seu direito, fazer valer a sorte. Ou, então, acreditar que a sorte, como ainda não chegou ao final, ainda não teve o seu bom fim. Mas eu acho que não é o caso. Senhores, mais perguntas?

Participante – *[Truncado na gravação]*.

Walter Cardoso Henrique – Paulo, Natanael – a respeito do TIT, Conselho?

Paulo Campilongo – No âmbito do TIT, houve uma melhora acentuada nisso. Hoje, as pautas de câmara são publicadas em diários eletrônicos, que todo mundo tem acesso pela Internet. E, também, os votos, hoje, a partir do momento em que transformaram esse processo em processo eletrônico, até as decisões de primeira instância, o advogado ou o contribuinte podem ter acesso. Até a decisão de primeira instância está sendo disponibilizada. E a decisão do tribunal, a partir de agora, todas elas são divulgadas pela Internet. O sistema de busca, para se encontrar um paradigma, ainda acho que é muito deficiente e isso tem que ser melhorado. Mas eu acho que houve uma melhora muito acentuada no Tribunal de Impostos e Taxas. A tranparência hoje em dia é muito maior.

Natanael Martins – No âmbito do CARF, tirando o momento das trevas, que foi a criação do próprio CARF, quando eles desligaram a chave do velho Conselho do Contribuinte e criaram o novo, tirante isso, sempre teve uma transparência maior – não vigia o princípio das trevas, não. Era fácil você fazer a busca pelo paradigma etc. E, agora, parece que o órgão realmente está melhorando cada vez mais e o processo está sendo formalizado, assinado digitalmente. Então, está tendo uma acentuada melhora. Até porque, todos os processos já estão entrando no Conselho, já digitais. Então, o que a gente observa – e eu e o Quiroga estamos sempre lá e você também, está sempre lá – é que, no âmbito do CARF, esse acesso vem sendo aprimorado e melhorado.

Walter Cardoso Henrique – Paulo, você quer fazer uso da palavra?

Paulo Fernando Souto Maior Borges – As questões relativas à dificuldade de acesso às pautas e à jurisprudência das cortes administrativas, obtenção de paradigmas, etc., passam sempre por uma reflexão necessária quanto à questão do sigilo. Independente de concordarmos ou não com o argumento, este é comumente utilizado para obstar o acesso a processo alheio, no âmbito administrativo. Eu acredito que, no âmbito do CARF – tanto o Professor Quiroga quanto o Professor Natanael podem confirmar –, por mais que tenhamos uma legislação que imponha o sigilo, na prática, você consegue ter acesso não só aos acórdãos, mas às informações das outras empresas, porque esses acórdãos, muitas vezes, mencionam inclusive valores. Isso sem mencionar que as sessões de julgamento são abertas. Então, mesmo o problema concorrencial fica, de certa forma, relegado a segundo plano, uma vez que a preocupação do órgão é a aplicação da Justiça Fiscal.

Walter Carlos Cardoso Henrique – Com relação à transparência, Paulo – voltando para o TIT aí, Roberto, Natanael – com relação ao Conselho. Quando o assunto é novo e eu não tenho paradigma, a inexistência de paradigma deveria ser, no caso do âmbito administrativo, relativizada para permitir o acesso à última instância?

Natanael Martins – Não é função da Câmara Superior, digamos, estabelecer o que seria a Justiça possível A função da Câmara Superior é harmonizar a jurisprudência. Então, se, infelizmente, tem um único precedente ou todos estão apontando para um mesmo caminho, não abre a competência da Câmara Superior. E, com relação à questão da publicidade, Paulo, de fato, quando eu entrei no Conselho de Contribuintes como conselheiro, quando você pedia cópia de um acórdão, ele vinha todo tarjado, o valor, o nome etc. e tal. Mas, hoje, me parece, inclusive, ouviram a PGFM, a AGU, no momento em que o contribuinte leva o processo dele até um tribunal administrativo, cuja sessão é pública etc. – essa publicidade, eu acho que já não se tem mais dúvida de que ela inexiste. Tanto que, você baixa o PDF do acórdão, com todas as informações. O que se tem sigilo é o procedimento fiscal, o processo fiscal, mas não o resultado de um julgamento de um órgão colegiado e com sessão aberta. Me parece que não daria para alegar o sigilo fiscal, nesse contexto.

Participante – Você precisa ter acesso ao resto, inclusive, não é? Você precisa ter acesso ao acórdão.

Roberto Quiroga – É, mas com relação a isso, só um comentário à pergunta do Walter. Eu acho assim, se você tem um regimento que exige um paradigma para o recurso e se o Conselho ou o tribunal administrativo não tem uma forma de publicidade dos acórdãos, o que é ilegal é o requisito do paradigma. Então, sem dúvida, na minha visão, isso é uma matéria de prova. Ou seja, eu não diria que, hoje, no Conselho de Contribuintes, o antigo Conselho, pode-se dizer que esse item do paradigma seja ilegal, porque existe uma grande transparência com relação aos acórdãos. A que soma que, já o TIT – e, aqui, fazendo uma crítica, eu advogo muito pouco no TIT – é um absurdo o que acontece no TIT, nos últimos anos. E agora, como disse Paulo, com um pouquinho mais de transparência, é um absurdo a caixa preta de decisões que é raríssima a condição de você conseguir um paradigma. Isso ofende totalmente direito do contribuinte em uma discussão em câmara superior. Se comparado o CARF ao TIT, nós estamos a anos-luz do CARF. Todas as pautas são publicadas com antecedência mínima de 10 dias. Todas as pautas, a grande maioria, tem o tributo que está sendo discutido. Todas as decisões são publicadas em ementas, em períodos subsequentes. Nós temos acesso a todos os julgados do Conselho de Contribuintes. Todos. Uma sustentação oral de 15 minutos, prorrogáveis por 15 minutos. Gente, no TIT, é uma vergonha. Cinco minutos, mais cinco minutos. Você não consegue acórdão de absolutamente nada.

Veja, eu acho que, como transparência, eu vejo como uma vergonha, o TIT. Sinceramente, como advogado – advogo pouco, lá. O meu escritório advoga bastante. E está lá todo o dia, por quê? Das oito da manhã ao meio-dia, para escutar as decisões das câmaras. Gente, isso é um absurdo. Para que ter um processo administrativo que impede que o contribuinte possa se defender, dizendo que é uma coisa paritária? Sinceramente, acho que – essa é a crítica que os advogados fizeram, quando se teve, agora, o novo regimento, quando o TIT mudou o regimento agora, mudou a sustentação oral – eu não sei se continua os cinco minutos, eu nãoposso dizer, porque não atuo lá. Atuo, mas só em tributos federais. Mas isso foi discutido. O tribunal administrativo, o processo administrativo é para isso. O que é o processo administrativo? Nada mais é do que a revisão dos atos administrativos. É o próprio administrativo vendo se ele errou ao lançar. Ou não errou. E ele faz em um tribunal paritário. Quando é falho esse processo, ele provoca prejuízos ao contribuinte. Melhorou muito, no TIT. Eu sei que, agora, os acórdãos são publicados. Mas, no passado, eu me lembro, eu, quando comecei a advogar, tinha uns livrinhos do TIT, que publicavam – os ementários – e nós procurávamos lá.

Participante – E os ementários, normalmente, só tinham decisões favoráveis à Fazenda.

Roberto Quiroga – Não era, Paulo? Desculpe, é uma crítica boa que eu faço. Para que ter um processo administrativo, nesse sentido? É complicado.

Walter Carlos Cardoso Henrique – Com relação à transparência, que você colocou, procede em tudo. A legislação federal garante ao advogado 15 minutos. Se, no CARF, é 15 mais 15, nada justifica, em função da celeridade, que o Tribunal de Impostos e Taxas tenha uma previsão regimental de cinco minutos. E, na época de aprovação da lei a ideia do Executivo era nem autorizar mais a sustentação oral. Eu lembro que eu participei dessa discussão na Assembleia Legislativa pela OAB. E o que mais me incomoda com relação à transparência, Roberto, é que cria um nicho específico de poucos advogados que têm acesso a isso. E a ideia do processo administrativo é que seja amplo a todos os contribuintes. Isso me incomoda. Tudo bem que, como profissional, eu possa tirar proveito disso.

Mas, sinceramente, me incomoda, porque o Estado de São Paulo é muito grande, tem muitas empresas, temos muitos advogados. O que envolve e caracteriza o processo administrativo é a informalidade, e o escritório ter que arcar com um custo de ter um advogado, um estagiário acompanhando e anotando, voto por voto, processo a processo, para possuir um controle próprio, é realmente uma consequência absurda. Paulo, quer se manifestar?

Paulo Campilongo – Eu concordo com isso. Nós temos um problema de divulgação de paradigmas ali, no tribunal. Esse problema continua grande.. Mas eu sei que a Administração tem tentado melhorar e tem conseguido isso. Eu mesmo participei, dentro da administração de um processo de gestão do conhecimento, que colocou no Thesaurus – por um problema de sistema, um problema de informática, nós não conseguimos disponibilizar, com um sistema de busca, baseado mesmo no que tem no Supremo Tribunal Federal. Fomos até fazer visita ao Supremo Tribunal Federal. Nós já tínhamos – hoje, parece que está no site, eu não tenho certeza. Era o sistema Thesaurus, nós tínhamos 60.000 decisões digitalizadas, de todo o passado, todo o histórico do Tribunal. Mas, por um problema de sistema de busca, de acesso, não funcionava para o contribuinte ter esse acesso. Mas a administração tem tentado. E não é uma coisa simples. Parece que é simples, montar um sistema desse, não é nada simples. Um sistema de busca inteligente não é simples de se construir. Não conheço nada de informática, mas eu vi a dificuldade que as pessoas têm, de conseguir construir esse sistema.

Roberto Quiroga – E a crítica não é só para São Paulo. Eu tive um caso de Fundopen, no Rio Grande do Sul, que, lá, inexiste jurisprudência, realmente, assim, publicada. Então, você não consegue ter um paradigma. E porque é que no federal cresceu tanto? Eu acho que isso é importante. Porque, no Federal, nós temos um SERPRO, que é uma entidade de tecnologia de informação extremamente avançada, uma das maiores do mundo, onde todo o processo do CARF, hoje do Conselho, é SERPRO. Hoje, no Conselho de Contribuintes ...

Paulo Campilongo – De outro lado, nós temos, em São Paulo, a PRODESP, que não aceita influência de terceiros, de jeito nenhum. Nós tentamos isso. Fomos ver, no Supremo Tribunal, como faziam, o sistema que eles adotavam. Levamos para a PRODESP, mas eles resistem. Eles querem criar o sistema.

Roberto Quiroga – Mas olha, como isso é importante, um elogio que talvez a gente tenha que fazer ao serviço público. Hoje, no CARF, os processos que demoravam três anos começam a ser julgados em um ano, dois anos. Tudo eletrônico. Intimação da Procuradoria, eletrônica. Dos contribuintes, agora, que se adota um sistema de intimação eletrônica, se cadastram. Então, assim, como a tecnologia de informação pode ajudar o processo administrativo também. É assim, é de bater palmas, o que hoje a gente tem, em termos de Conselho, de CARF. Toda a transparência, a comunicação, é exemplar. Teve esse caos, como ele falou aí, mas é exemplar.

Natanael Martins – Tanto que, Quiroga, aquele advogado que teve rejeitada a sua apresentação em PowerPoint, no Conselho ele poderia apresentar. Hoje, os advogados, especialmente o Quiroga – que ele é todo performático – as sustentações orais são feitas com o auxílio do PowerPoint. Todas as câmaras estão preparadas e basta solicitar e faz-se. Claro, os assuntos que requererem isso. E, nos assuntos que estão envolvendo uma acusação de simulação, planejamento tributário qualquer, que são vários passos, a apresentação em um sistema de PowerPoint facilita muito, aquele que está fazendo a sustentação e a compreensão daqueles que estão lá para julgar a matéria.

Walter Carlos Cardoso Henrique – Eu lembro de um caso no CAT – acho que CAT, em Goiás – e que me chamou a atenção, advogando um processo administrativo de ICMS foi a boa vontade dos julgadores. E eu pude – eu não tive acesso a apresentação por PowerPoint – fazer a defesa oral com tranquilidade, com tempo, não tive que me preocupar com os 15 minutos, embora tenha respeitado os 15 minutos, e era uma situação que envolvia três empresas, eram três advogados. E o que eu quero destacar, lá, é que eles tinham uma boa vontade fabulosa que compensava uma estrutura muito pequena, mas uma boa intenção na busca da verdade material que me impressionou. O resultado foi bom, não para as três empresas, mas o resultado foi bom. Agora, o que me chamou a atenção lá, foi a boa vontade de um órgão pequeno, sem estrutura, mas com julgadores que, de fato, queriam fazer a diferença e estavam agindo com imparcialidade. Senhores, mais perguntas?

Parcicipante – *[Truncado na gravação].*

Walter Carlos Cardoso Henrique – Uma outra coisa curiosa com relação a julgamentos – Paulo, não sei se vale a pena comentar, mas algumas ementas são muito simples. Então, isso aqui foi uma sugestão, Paulo. Se os julgadores, no caso do TIT em São Paulo, tivessem uma ementa: ICMS mais o assunto com um relato mínimo para que, com a devida publicidade, nós pudéssemos ter acesso a todos os julgados, facilitaria a pesquisa. Fica a sugestão, Paulo, como representante da Fazenda. Senhores, vamos lá. Mais perguntas?

Natanael Martins – Eu acho que processo administrativo, ele precisa crescer bastante. E o Quiroga citava a parte do Brasil – por exemplo, eu fiz uma defesa, agora, em Ijuí, perante a Prefeitura Municipal. Então, foi julgado em uma delegacia e eu perguntei: "Tem uma segunda instância?" – "Tem." – "Quem é que julga?" – "O prefeito." – "Então, não dá." Eu falei: "Então, eu não vou perder o meu tempo." Mas, de Vila Velha, tem um Conselho de Contribuintes. Eu fui lá, fazer uma sustentação oral, uma nulidade do auto. A representante da Fazenda estava lá, acatou, também, a nulidade do auto e o regimento prevê o recurso de ofício, resposta da Prefeitura de Vila Velha: "Não. Como a representante da Fazenda Municipal também acatou a nulidade, quando instada a falar, não vai haver o recurso."

Participante – *[truncado na gravação].*

Natanael Martins – Sim, e é paritário.

Walter Carlos Cardoso Henrique – Sim, é paritário. Com relação à prova, digamos que o contribuinte esteja – Paulo, é para você, esta aqui, que você está quietinho, eu vou provocá-lo. Digamos que o contribuinte não consiga juntar aos autos, no âmbito administrativo, um laudo do IPT, em uma matéria técnica de Engenharia, sei lá. Será que eu poderia fazer um mandado de segurança para ter a minha prova periciada? Isso envolve concomitância de processo administrativo e judicial?

Paulo Fernando Souto Maior Borges – Não. De maneira nenhuma. A disciplina da concomitância é inicialmente disposta na Lei de Execuções Fiscais, de maneira muito mais rígida do que os tribunais administrativos vêm aplicando. Na realidade, a jurisprudência do próprio CARF, enunciada em sua Súmula n. 1 – que nada mais é do que uma reprodução do Ato Declaratório Normativo 3/96 –, que permite a apreciação de matéria diversa. E essa, obviamente, seria uma discussão incidental ao mérito que estaria sendo analisado no processo administrativo, portanto, matéria diversa passível de apreciação no âmbito administrativo. Não haveria qualquer problema de concomitância em relação à essa hipótese.

Walter Cardoso Henrique – Eu acho interessante que é uma forma de prestigiar o processo administrativo.

Paulo Campilongo – Só em relação à concomitância, eu não tenho dúvida nenhuma de que não existiria. Nesse caso, não. Você está indo a Juízo apenas, você não está discutindo aquele ato administrativo, você está discutindo a sua possibilidade de juntar uma prova no processo, que a prova seja apreciada. Então, eu não tenho dúvida alguma de que não há concomitância.

Walter Carlos Cardoso Henrique – E se fosse o caso de sustentação oral? Eu fico imaginando – Sidney – como documentar uma sustentação oral de no máximo cinco minutos. Agora, se o advogado não conseguiu, se o representante da empresa também não conseguiu fazer a sustentação oral por seis, sete minutos, não conseguiu expor – porque cinco minutos é apenas um "bom dia, como vai, aqui estou, o imposto é Imposto de operações relativas à Circulação de Mercadorias. E acabou o meu tempo" – então, nesse caso, Sidney, como é que eu vou fazer prova? Aí, também não seria concomitância?

Participante – *[Truncado na gravação].*

Walter Carlos Cardoso Henrique – E aí, no caso, como prova dessa restrição, seria o quê? Justamente o decreto que fala em cinco minutos? Porque, fazer a prova desse abuso ...

Participante – *[Truncado na gravação].*

Paulo Campilongo – Eu acho estranho. Tem uma série de disposições que estão na lei que poderiam ser contestadas, mas não provocam o Poder Judiciário. Nenhuma entidade de classe – eu penso que deveriam fazer. Esse é o caminho no sistema jurídico. Pensava que isso seria feito preventivamente. O Projeto de Lei do contecioso administrativo paulista foi discutido com a FIESP e uma séria de outras entidades, inclusive a OAB. Entretanto, o projeto foi aprovado na Assembleia Legislativa, sem qualquer alteração substancial. Isso foi uma surpresa para própria Administração.E mesmo depois de aprovado, muita gente na Administração pensou que a questão iria parar parar no Judiciário. Mas ninguém provocou o Judiciário.

Participante – *[Truncado na gravação].*

Paulo Campilongo – Acabou sendo vencedor no mérito. Então, ficou prejudicada a questão.

Participante – *[Truncado na gravação].*

Walter Carlos Cardoso Henrique – No âmbito federal, eu tenho o mandado – por favor, senhora.

Participante – *[Truncado na gravação]* se torna maior porque a gente *[truncado na gravação]*. O advogado *[truncado na gravação]*. Agora, tem alguns que *[truncado na gravação]*.

Walter Carlos Cardoso Henrique – Uma questão, uma colocação. Eu lembro que, quando eu estava no TIT, havia uma preocupação com a celeridade. Eu fiquei lá por oito anos. E uma coisa que eu achava muito bacana no Tribunal de Impostos e Taxas é que o advogado fazia a sustentação oral e eu apenas tinha a preocupação de levar o meu relatório. Eu ouvia o advogado e não tinha o voto pronto, como acontece no Judiciário por uma questão de celeridade, em que o advogado fala, explica, muitas vezes com bons argumentos, e aquilo sequer é considerado. Então, eu vi isso, na época do TIT. Com relação ao memorial, facilita para o julgador, sim. Agora, o advogado tem a capacidade postulatória. Ele é que tem o linguajar técnico para defender o contribuinte de técnicos muito bem preparados. Então, o memorial é um bom instrumento. Agora, o memorial para o julgador, para o conselheiro, para o juiz administrativo compulsar, enquanto ouve a história, eu acho que é o mínimo que a ampla defesa precisa para ser respeitada. Então, essa é uma preocupação que eu tenho, Paulo.

Participante – *[Truncado na gravação].*

Walter Carlos Cardoso Henrique – Desculpe, eu só estou comentando porque, na época, tinha essa preocupação. E, hoje, eu vejo algumas situações em que eu faço sustentação oral, agora como advogado, e o voto está pronto. E isso incomoda porque o que tinha antes não era uma preocupação com a celeridade, era uma preocupação com o efetivo julgamento correto e concreto. Então, isso é uma crítica que talvez eu faça – ao CARF, não advogo muito lá, mas ao TIT eu faço e a alguns tribunais administrativos, também eu faço.

Participante – *[Truncado na gravação].*

Walter Cardoso Henrique – O contraditório, Paulo. Como você vê isso?

Paulo Fernando Souto Maior Borges – Eu subscrevo o que o doutor Sidney ora mencionou. Por algumas ocasiões, participamos de julgamentos em que a sustentação oral foi determinante para a alteração de posicionamento por parte de conselheiros com entendimento desfavorável, *a priori*, fazendários ou não, e que, em razão de esclarecimentos efetuados na tribuna, não só em relação à matéria de fato, mas, principalmente, em razão da possibilidade de serem salientados os aspectos de direito mais importantes, alteraram seu posicionamento inicial. Assim, a sustentação oral se mostra decisiva. E é exatamente por isso que ela vem devidamente acompanhada da necessidade de um tempo razoável no Estatuto da Advocacia que, sem dúvida, não parece ser o tempo de cinco minutos, outorgado pela legislação de São Paulo, que deve ser revista. O Professor Paulo Campilongo tem toda a razão: esse é um exercício de um direito que tem que ser pleiteado por nós, advogados, pelos contribuintes. Na realidade, o que se constatou aqui é que os patronos paulistanos estão inertes. Da mesma maneira que é muito fácil apontar o dedo para o legislador paulistano quc estabeleceu o tempo de cinco minutos (muito provavelmente, ele não teve em mente legislar por um tempo mínimo de maneira a prejudicar a defesa do contribuinte – quero acreditar que não –, imagino que o tenha feito muito mais em razão do quão assoberbados estão os tribunais administrativos com o julgamento de recursos), acho que cabe a nós pleitearmos um tempo mais razoável de sustentação, seja ele de dez ou de quinze minutos.

Walter Cardoso Henrique – E quando se sobresta um julgamento por relação – eu fico imaginando um julgamento que se inicie mas a Câmara Superior vai examinar o assunto e fazer uma pauta temática. Como eu considero isso? Como você vê isso?

Paulo Fernando Souto Borges – Na realidade, a questão do sobrestamento, ela tem sido utilizada – no âmbito do CARF principalmente – em razão mais da Portaria Número 1 do presidente do Conselho. O doutor Otacílio Cartaxo baixou essa portaria no primeiro semestre, ate levando em consideração as questões quando da apreciação da constitucionalidade por parte do Supremo, essas questões necessariamente seriam consideradas como preliminares ao julgamento ocorrido no CARF. Eu tomo por exemplo aqui, seja por estar mais em voga, seja por ser a discussão tributária mais relevante do momento, o exemplo da tese da tributação das controladas no Exterior. A gente teve, em um primeiro momento, um comportamento, por parte dos conselheiros e do CARF como um todo, de sobrestamento desses julgamentos, em razão da pendência do julgamento da constitucionalidade do art. 134 da MP 2.158, que estabelecia a tributação das controladas no Exterior, quando da apuração do lucro, no balanço.

Num segundo momento, o que se percebeu foi o esvaziamento da atividade do próprio tribunal administrativo, pois a maioria dos casos estavam sendo sobrestados e o tribunal estava deixando de efetuar a sua função que, a meu ver, é jurisdicional, ainda que no âmbito administrativo. Os conselheiros – em um terceiro momento, nós ficamos sabendo de um processo de revisão dessa portaria, que não veio. Mas o fato é que, em um terceiro momento, eles começaram a pedir vistas dos processos, de modo a postergar os julgamentos. E, até a semana antepassada, nós tivemos um retorno desses julgamentos, a meu ver uma manifestação de que o tribunal não pretende ter a sua competência esvaziada e a sua atuação esvaziada. Nós tivemos, no julgamento do caso da Gerdau, um ingresso efetivo no mérito, com o afastamento dessa preliminar de sobrestamento, mesmo em existindo um caso no Supremo, com repercussão geral reconhecida. Então, o CARF afastou o sobrestamento, a preliminar de sobrestamento pleiteada pela Fazenda e ingressou no mérito, dando provimento, inclusive, ao recurso do contribuinte, o recurso, no caso, da Gerdau.

Participante – *[Truncado na gravação]* é 15 minutos. São 15 minutos, o prazo para *[truncado na gravação]* esse é o prazo para entrada. E também sobre o problema das *[truncado na gravação]* nós não só *[truncado na gravação]* como também *[truncado na gravação]* dos acórdãos e assim também *[truncado na gravação]* mandado para todas as Federações, os Conselhos Regionais *[truncado na gravação]*.

Muito obrigada, uma boa tarde.

Paulo Campilongo – Só que, você levantou uma questão, da sustentação oral. Quando o advogado faz a sustentação oral, se o juiz deve ou não proferir o voto no momento. Eu, na minha atuação no Tribunal de Impostos e Taxas, nunca proferi um voto quando havia sustentação oral. Até em deferência ao trabalho do advogado. Mas, por incrível que pareça, fui muito criticado por causa disso. Pelo fato de que muitos advogados acham melhor que produza o voto no momento, porque estão todos os julgadores, todos os conselheiros presentes na sessão. E eles, às vezes, se sentem prejudicados. Fazem uma sustentação oral, você retira o processo, traz o voto em outra sessão e, às vezes, a composição já não é mais a mesma. Então, é difícil agradar gregos e troianos.

Roberto Quiroga Mosquera – Eu só queria também complementar isso, que a conselheira de Alagoas disse, que eu acho muito importante também para o advogado. Até, o Natanael comentou esse negócio de PowerPoint. Eu acho que existe também um certo comodismo dos advogados, de acharem que o conselheiro está lá e que o seu caso é o mais importante na pilha de 100 casos que ele vai julgar. Então, eu acho que os advogados também têm que ter uma – e acho que é por isso que nós – o Turon, quando chegou lá, no Supremo e falou: "Quero usar o PowerPoint" e negaram para o Turon, aquilo lá foge a qualquer imaginação de um tribunal razoável, quando os tribunais americanos, eu apresento filmes, apresento todo o tipo de tecnologia, Ipads, quer dizer, todo tipo de prova ou de forma de convencimento do julgador, dos meus argumentos.

Então, eu acho que os advogados, eles têm que ter o compromisso justamente de procurar todas as ferramentas para convencer os conselheiros daquilo que ele advogado. O memorial em papel, hoje, é uma coisa que dificulta. Nós temos o *e-mail*. Hoje, os *PowerPoints* que a gente faz – por exemplo, hoje, no CARF, todo mundo faz PowerPoint. Mas por quê? Porque é um método fácil, didático, resume até. Em vez de ficar 15 minutos parado, um PowerPoint é diferente, ele pega o fato. Então, cabe a nós, justamente – eu acho que, só falando aqui, eu fico pensando e acho que seria um debate muito interessante, o que é que a gente poderia fazer, mais. Eu penso muito isso. Por exemplo, hoje – e tem um caso em que eu estou pensando – eu vou fazer a sustentação oral, mas eu vou estar levando um técnico na área de Engenharia, para explicar um problema específico do auto de infração. Porque eu não sei falar de Engenharia. Então, eu vou pegar um técnico e vou falar o seguinte: "Olha, fala dessa questão de Engenharia, aqui."

Outra hipótese que existe no Estados Unidos, o que é que os advogados fazem? Eles não passam o memorial, eles gravam uma sustentação em PowerPoint em *pen--driver* e entregam para os conselheiros a sustentação, antes da sustentação real. Para quê? Para que o conselheiro, na sua casa, ouça a sustentação e, depois é um pouco de comodismo, não é? Por parte dos advogados, no sentido de achar que 15 minutos de sustentação oral, sem nada, sem nenhum tipo de estímulo para a pessoa prestar atenção, aquilo vai reter. Eu não estou dizendo – o advogado, ele tem direito de falar. Mas ele tem que ser mais criativo ao falar. Ele tem que buscar outra forma de que a sua fala efetivamente chegue ao conselheiro, seja pelo tempo exíguo, como ela disse, de 15 minutos, seja pelo volume de processos.

Por exemplo, eu não sei se é opinião do Natanael, eu estou com um medo desgraçado – desculpe o termo – de que o CARF mude alguma coisa. Porque, quem vai no CARF hoje, no corredor do CARF, fica assustado com o número de sustentações orais que nós temos no CARF. E que, realmente, fazem com que o CARF julgue, bem ou mal, não importa, faz um julgamento sério lá, no CARF. Mas porque todo mundo viu que a sustentação tem efeito e as pessoas vão lá. Já, já, eu tenho medo do seguinte: por falta de tempo, não dá para julgar 100 casos, vamos fazer como no TIT, cinco minutos. Ou aquela proposta, com a devida vênia, que, na minha visão, também é absurda, que foi feita no CARF há algum tempo atrás, de que as sustentações orais fossem feitas por videoconferência. De São Paulo, é uno, OK. Hoje, tem videoconferência, por exemplo, casos na Justiça americana, onde o depoimento, a oitiva de testemunhas é por videoconferência. Eu não acho que isso seja – agora, a sustentação oral, por exemplo, ela tem muito da sutilidade, porque ela é presencial, na hora. A oralidade, perante o tribunal.

– O advogado percebe o retorno do julgador.

Roberto Quiroga Mosquera – A questão de ordem levanta a questão de ordem por uma questão fática – então, por exemplo, o Conselho ameaçou – não é, Natanael? Ter sustentação oral por conferência eletrônica. Eu realmente arrepiei. Mas, assim, o que a gente tem que também ver é que a Administração Pública também tem um curto espaço de tempo no processo administrativo. Olha, eu só dou este dado: em termos de federal, o ano passado, no Brasil, foram autuados R$ 110 bilhões. Em 2011, foram autuados, no Brasil, R$ 110 bilhões. Imagine quantas centenas de autos de infração representam esses R$ 110 bilhões. Imaginem o volume de documentação. Questão fática. Então, assim, se, por um lado, é responsabilidade do Estado efetivamente dar um processo adequado, eu acho que os advogados também têm que pensar na forma de ajudar a que isso seja mais célere, independentemente das coisas que nos obrigam. E acho que é isso, acho que a nossa função é justamente tentar o máximo mostrar para o julgador aquilo que a gente quer mostrar como argumento. É difícil e essa ponderação também é difícil. Então, algumas medidas não vão ter sucesso. Memorial já é uma coisa antiga, memorial já passou, na minha visão. É claro que tem que se achar outras formas, não sei quais, de mostrar o caso para o julgador.

Walter Carlos Cardoso Henrique – O que eu acho mais interessante nessa modernidade, entre aspas, toda, é que o advogado, no caso da sustentação oral, ainda tem que estar presente. Porque, por videoconferência, pode ser uma coisa interessante, célere e tal. Mas o advogado, falando, sentindo o retorno do julgador, percebendo naquele instante, naquele momento, as reações dos demais julgadores onde a dúvida está surgindo – nesse caso específico, levando um engenheiro para falar a linguagem técnica, que o auditor fiscal quer entender, quer compreender, eu acho que essa habilidade, o advogado tem que ter, sim. Agora, não dá para tirar ou diminuir a função do advogado.

Paulo Fernando Souto Maior Borges – Eu fico muito satisfeito em ouvir – e, aqui, falo com todo o respeito necessário – que a conselheira lê os memoriais que lhe são entregues. Isso é o que acontece na maioria dos casos, muito provavelmente é o que acontece com todos os conselheiros aqui presentes, porque, pelo simples fato de aqui estarem, de se interessarem em debater temas de Direito Tributário com os contribuintes em um congresso, já denota a diferenciação que, provavelmente, se reproduz na atuação do dia a dia de Vv. Sas.. Mas existe um princípio que, infelizmente, não é passível de consideração pelos senhores, em razão de ser um princípio constitucional (ainda que por algumas vezes refletido em algumas legislações de processo administrativo estadual), que é o princípio do contraditório, o qual deve ser considerado em seu sentido amplo, de forma a assegurar o devido processo legal e com todos os recursos a ele inerentes. Então, essa ampla defesa que me é assegurada pela Constituição e que, infelizmente, nem sempre costuma ser apreciada no âmbito administrativo, me leva a repudiar, *a priori*, qualquer restrição ao acesso à Fazenda e à jurisdição, seja ela federal ou administrativa. Eu acredito que o memorial é, sim, importante. Acredito que podemos colaborar com a Administração – como bem ressalvado pelo Professor Quiroga – produzindo memoriais cada vez mais objetivos, claros e diretos, mesmo porque, se o julgador quiser aprofundar, estão ali os autos do processo para tanto.

Concordo também com o Professor Quiroga, que é importante diversificar os meios de acesso aos julgadores. Mas veja que essa diversificação passa por uma ampliação dos meios de acesso aos julgadores e jamais por uma restrição. E a restrição à sustentação é perigosíssima, em termos de restrição ao acesso à jurisdição, assim como o é a restrição de tempo, a restrição de presença durante a sessão de julgamento, etc. A ideia me causa certa repugna. De todo modo, prometo que vou pensar em relação ao tema. Mas, de início, não consigo ver restrição à sustentação, a memoriais ou a qualquer outro tipo de acesso à jurisdição sem que haja ofensa ao contraditório e à ampla defesa.

Walter Carlos Cardoso Henrique – Perfeito, porque qualquer restrição que você faça ao advogado ou à parte, envolve uma restrição ao princípio constitucional da ampla defesa. Então, está perfeito, eu acho irretocável. Senhores, pelo avançado da hora, eu agradeço a presença de todos, agradeço a esta ilustrada mesa pela participação e boa tarde, bons trabalhos.

OFICINA
PROCESSO JUDICIAL

Carla de Lourdes Gonçalves – Eu gostaria de, primeiramente, agradecer o convite formulado, mais uma vez, para participar neste XXVI Congresso Brasileiro de Direito Tributário, o que eu faço na pessoa da ilustre presidente deste Instituto, professor Maria Leonor, e de toda a sua Diretoria. Hoje, para nós debatermos esse tema tão caro e que gera tanta polêmica e tanta discussão, temos aqui o professor Renato Lopes Becho, que é mestre e doutor em Direito, livre docente pela USP, Juiz Federal do Fórum das Execuções Fiscais Federal e que há muito tempo nos brinda com a sua brilhante participação nesta mesa e, por certo, nos trará grandes diretrizes para a discussão dos nossos debates. Temos também o professor Tárek Moussallem que é mestre e doutor pela PUC e coordenador do curso de Direito da Faculdade do Espírito Santo advogado combativo, que tem participado durante muitas edições do nosso congresso. Ele também é palestrante em inúmeros congressos de Direito Tributário. E o professor Cristiano Carvalho, que é mestre e doutor em Direito pela PUC, é livre docente pela USP e pós-doutor pela Universidade de Berkeley e também advogado combativo. Então, como vocês podem ver, aqui estamos diante de um time de primeiríssima linha, para que nós possamos debater os temas envolvendo o Direito Tributário.

Os ilustres congressistas podem fazer questionamentos aqui, aos membros da mesa. Nós temos ali uma recepcionista que está com o microfone e vocês podem fazer a pergunta verbalmente, como também vocês podem mandar a pergunta escrita, endereçada a qualquer um dos membros da mesa indistintamente. Então, enquanto nós aguardamos a vinda dos questionamentos por parte de vossas senhorias, sobre o processo judicial, nós vamos propor aqui um tema para começarmos os debates. Até é um tema que, hoje, tem sido muito debatido, nós temos enfrentado muitos problemas com relação ao tema. E foi objeto, também, de exposição no período da manhã, mas aqui nós vamos abrir para uma discussão, que diz respeito ao redirecionamento da execução fiscal.

Quem, aqui, militante da área do Direito Tributário, já não se deparou com problemas envolvendo redirecionamento na execução fiscal? E nós podemos analisar a questão sob vários prismas. A primeira questão diz respeito ao próprio sujeito passivo. Ele deve ou não figurar no processo administrativo? Quais os problemas de figurar no processo administrativo? Como interpretar corretamente a Súmula 435 do Superior Tribunal de Justiça? Quais os requisitos que nós temos para que haja um chamado redirecionamento incidental? É dizer, aquele que ocorre no curso da execução fiscal. Quando que ele está autorizado? Quando há solidariedade, devo enquadrá-lo no art. 124 do CTN? Ou deve-se buscar a desconsideração da personalidade jurídica prevista no art. 50 do Código Civil?

E um outro prisma também que nós podemos analisar essa questão, diz respeito ao próprio prazo prescricional. Nós sabemos que a matéria está em julgamento perante o próprio Superior Tribunal de Justiça. Então, nós vamos começar esses debates. Vamos ouvir primeiramente o professor Tárek e, em seguida, o professor Cristiano e o professor Renato. E nós vamos nos alternando nessa discussão e aguardando as questões dos nossos ilustres congressistas.

Tárek Moysés Moussallem – Boa tarde a todos. É uma honra muito grande estar neste XXVI Congresso do IDEPE. Agradeço profundamente à professora Maria Leonor Leite Vieira, pelo convite, e à professora Maria Rita Ferragut. Cumprimento a todos os meus queridos amigos da mesa, pessoas por quem eu tenho grande carinho. O objetivo nosso aqui é trocar ideias. Ninguém aqui está para colocar uma posição fechada, devemos todos estarmos abertos ao diálogo. O que nós pretendemos é polemizar. E acho que chamaram as pessoas corretas, porque nós já estávamos "brigando" ali, no intervalo – no bom sentido – sobre os temas. Vou tentar expor alguns pontos que penso relevantes sobre o redirecionamento da execução fiscal e fazer uma ligação com o que foi dito hoje de manhã. No período matutino, tivemos dois painéis sobre o tema. Mas, como alguns sabem, eu sou uma pessoa ligada à Teoria Geral do Direito e eu sempre faço questão de levar primeiro essa visão geral, para que, depois, nós possamos resolver o caso concreto.

Parece-me que todo esse debate sobre redirecionamento da execução fiscal é feito sempre com base nos artigos do CTN ou do Código de Processo Civil. Contudo, gostaria de dar um passo atrás e tentar trazer um ponto aqui, de debate, que me parece relevante, qual seja: a distinção entre o fato jurídico tributário e o fato jurídico processual. Digo isso porque nós temos um momento de constituição do crédito tributário que é o chamado processo administrativo fiscal. Os fatos acontecidos neste período devem ser apurados em âmbito do de processo administrativo. Diferente desses fatos são os fatos acontecidos no curso do processo judicial. E, aí, se fala em redirecionamento. Redirecionamento do quê? Da execução fiscal. Com isso, eu quero dar o seguinte exemplo: Se os fatos fraudadores, grupo econômico – que nós bem conhecemos – responsabilidade, abuso de poder, abuso contratual, abuso do estatuto social da empresa – acontecerem no curso do processo administrativo, isso tem que ficar debatido nos autos do administrativo e deve constituído crédito contra essas pessoas, na via administrativa. Infelizmente, isso não tem acontecido. O que, a meu ver, acontece, é que os debates não ocorrem lá.

Veja, há uma CDA, inscreve-se a empresa e nessa mesma CDA inscrevem-se os sócios. E, aí, na execução fiscal, muitas vezes, executam-se os dois ou executa-se só a empresa, para que, no curso do processo judicial, não achando bens da empresa, redireciona-se a execução fiscal contra o grupo econômico, contra os sócios e assim por diante. Ou seja, me parece, aí sim, uma violação ao devido processo legal. E vou falar de uma maneira geral para que meus colegas possam trabalhar mais com isso. Me parece que, aí sim, se trata de não mais um fato processual e, sim, um problema de fato jurídico tributário. Ou seja, não há nada de novo na via processual, de modo que não veria como redirecionar a execução fiscal nesses casos. A redireção da execução fiscal ocorre por fato processual novo, ou seja, a empresa "A" foi adquirida pela empresa "B" no curso do processo de execução. Então, nesse caso, há um redirecionamento da execução fiscal por conta de sucessão. Mas na via processual. Isso é interessante, porque, aí, eu tenho fato jurídico processual novo.

E, da mesma forma, a questão do prazo decadencial e prescricional. O professor Cristiano falará um pouco mais sobre a questão do prazo decadencial, muito bem colocado por ele na sua prévia. Mas a prescrição corre, a partir de quando? Então vejam, mais uma vez, distingue-se aí o fato jurídico tributário do fato processual. Vejam, se o redirecionamento é processual, a prescrição corre do momento do fato jurídico processual. Não posso falar em redirecionamento de um fato jurídico tributário, lá atrás. Porque, ali, começa o prazo prescricional para a execução fiscal e não mais para o redirecionamento. Então, talvez, esses pontos eu gostaria de colocar em questão, porque fazemos a distinção – Carla, me parece muito claro: Quando começa a correr os prazos? Quando fluem os prazos, quando é possível o redirecionamento? Então, talvez, essa seja a base do debate. Nós ficamos muito presos ao dispositivo do Código de Processo Civil, ao dispositivo do Código Tributário e esquecemos um pouco dessa visão geral da Teoria Geral do Direito.

Esses, são os pontos que eu gostaria de levantar neste primeiro momento.

Cristiano Carvalho – Boa tarde a todos. Antes de mais nada, quero agradecer ao IDEPE, à coordenação deste congresso, à professora Leonor, ao professor Paulo Ayres, e também à professora Maria Rita. É uma satisfação novamente estar aqui, participando do mais tradicional congresso de Direito do Trabalho que nós temos. E cumprimentar aqui aos meus queridos amigos, colegas de mesa. A professora Carla, o professor Renato, o professor Tárek. E dizer que, na verdade, é bastante agradável poder participar de uma oficina, porque nós não nos prendemos àquela formalidade de uma exposição, ficamos em um debate, em um bate-papo, por assim dizer, de problemas que nos afligem todo o dia, na nossa prática do Direito. O professor Tárek disse que é ligado à Teoria Geral do Direito. Academicamente, eu também sou muito mais ligado à Teoria Geral do Direito, e ao Direito Tributário material. E sou, digamos assim, um usuário do Direito Processual Tributário. Eu não sou, academicamente, um processualista. Mas é inafastável, na prática da Advocacia, nós lidarmos com esses problemas diariamente, que, provavelmente, nos aproximam mais até da realidade, dos problemas realmente interessantes do que se ficássemos apenas academicamente tratando de processo. Então, aquelas coisas que surgem no dia a dia, como esse tema do redirecionamento da execução fiscal. E concordo com tudo o que o professor Tárek disse, realmente aplicando essas categorias à Teoria Geral, nós podemos separar a questão do fato jurídico tributário material e do fato processual, que são duas coisas diferentes e que as autoridades fiscais parecem que não percebem isso.

Então, por exemplo, a questão do prazo, nós já temos uma posição firmada – eu estou até com um julgado recente do STJ aqui, agravo regimental em recurso especial, de maio de 2012, que fala do prazo prescricional. Ou seja, já estaria suspenso após a citação da empresa – no caso de redirecionar para os sócios. Mas existe a questão da prescrição intercorrente, cinco anos, não é? Que, aí, nesses casos, se aplicaria a prescrição intercorrente.

Mas, se o fato ensejador – e, aí, o fato jurídico, não o processual, o fato jurídico tributário material, não o processual – que ensejaria, na verdade, a responsabilidade pessoal do sócio, seja pelo art. 135 do Código Tributário Nacional (nos casos de abuso de poder, ou de ato ilícito, seja pela dissolução irregular da pessoa jurídica) tiver acontecido lá atrás, antes do processo de execução? E seja algo que o fiscal poderia ter verificado, teria condições, no seu agir fiscalizatório, de verificar, lá atrás, e ter incluído isso no auto de infração, nós não estaríamos diante de um prazo decadencial, caso ele não o tenha feito? E, aí, no momento em que a execução está em curso, essa possibilidade de redirecionar já não estaria caduca, não estaria extinta? Eu, pelo menos na prática advocatícia, não vejo essa questão ser levantada, do prazo decadencial, que poderia fulminar grande parte dos processos, dos redirecionamentos, por assim dizer. Então, é um problema que eu coloco para o debate, também. E, agora, esperando aqui, ansiosamente, ouvir a opinião do professor Renato. E, também, da nossa querida presidente, professora Carla que, por ser presidente, não quer dizer que ela não tenha que dar as suas opiniões aqui, tão importantes e válidas.

Renato Lopes Becho – Boa tarde a todos. Eu faço coro aos que me antecederam, nos meus agradecimentos à professora Maria Leite Vieira, presidente do Instituto Geraldo Ataliba, IDEPE, em nome de quem eu saúdo, cumprimento e agradeço o convite de todos os diretores do IDEPE, vários deles já nomeados aqui, nesta mesa. Cumprimento à doutora Carla, os nossos colegas de mesa, o professor Tárek, o professor Cristiano Carvalho. É uma alegria muito grande, para mim, estar aqui novamente. E eu e a professora Carla estamos virando *habitués* aqui, desta oficina. Eu nem sei já quantos anos, mas eu calculo uns cinco ou seis, que nós estamos participando aqui. Mas eu, particularmente, gosto muito, principalmente porque é a oportunidade que os senhores congressistas têm, de fazer perguntas para as mesas. Porque, normalmente, a gente participa de tanto congresso em que nós, nas mesas, recebemos perguntas e, muitas vezes, muito interessantes, que gostaríamos de debater, mas quase nunca dá tempo. Então, abrindo este espaço, acho que nós conseguimos ter um diálogo mais efetivo entre todos os congressistas.

Bom, eu já fui provocado aqui um pouco – eu não estava muito preparado para vir falar de responsabilidade tributária e nem de execução fiscal, porque é um tema que eu venho – são dois temas, na verdade – trabalhando com eles há muito tempo. Execução fiscal, já bastante, enfim. E responsabilidade, que eu voltei a refletir sobre eles. Mas eu vou pedir licença aos meus colegas de mesa para tentar colocar alguns outros temas, até para estimular os congressistas a nos perguntarem também outras coisas, que não apenas execução fiscal, mas já lhes digo: Não estou fugindo da raia e vou enfrentar, inclusive, algumas das questões aqui levantadas.

Certa feita, eu tive a oportunidade de refletir sobre os problemas fundamentais do processo judicial tributário federal. Uma questão incrível, um título de uma abertura fantástica. O que eu realmente acabei concluindo? Que os maiores obstáculos, hoje, que eu vejo no processo tributário judicial federal poderiam ser resolvidos na esfera administrativa, principalmente por mudanças de postura da Administração Pública Federal. Talvez uma ou outra pudesse ser objeto de atuação legislativa, mas eu acho que o principal, realmente, é de postura da Administração.

Um primeiro efeito desses problemas fundamentais é a privatização da constituição do crédito tributário. Ela é irreversível. Mas o fato é que o Código Tributário Nacional foi construído de forma a que o Estado constituísse o crédito tributário. E ele é todo organizado dessa forma. Isso não acontece mais. Hoje, raramente, em termos percentuais, o crédito tributário é constituído pelo sujeito ativo. No mais das vezes, é pelo sujeito passivo.

Essa realidade implica na necessidade da simplificação dos mecanismos tributários. Não há sentido em se ter o mesmo grau – no meu modo de ver – de exigência do auditor, que é especialista naquela tarefa, para os demais todos contribuintes. E, constantemente, a gente ouve aqui – eu faço até homenagem ao professor Bottallo que, junto com a Carla, também já esteve conosco nestas oficinas, tantas vezes, explorando o processo administrativo – repetições de declarações, dados inúteis. Esses, inúteis, tem um que, para mim, indica a dimensão do problema, que é uma coisa muito simples. Eu já preenchi um formulariozinho – perdi. Eu ia até mostrar para vocês mas, enfim, é uma folhinha bem pequenininha que, quando a gente sai de uma aeronave em voo internacional, você tem que preencher. E, em um determinado momento, eles passaram a exigir que a gente colocasse o número da poltrona. E eu fiquei refletindo: Qual o interesse da Administração Tributária saber em qual poltrona eu viajei. Eu acho que só deve ter uma: saber em qual classe você viajou. E eu suponho que o pessoal da primeira classe vai passar por uma fiscalização rigorosíssima, porque eles detém, talvez, mais capacidade contributiva do que metade do pessoal da econômica. O pessoal da executiva, um certo grau e o pessoal da econômica, eu deixaria dizendo que a capacidade contributiva – vocês sabem que eu estou brincando, evidentemente. Mas o fato é: qual o interesse da Administração Tributária em ter esse dado?

Eu fiquei pensando, primeiro, será que o auditor, que está lá, na saída, da Receita, tem condições de saber qual a formação de cada aeronave, para saber quem está na primeira classe, na econômica, na executiva? Tem condições de saber se eu viajei, de milhas, na primeira classe, ou viajei em executiva, porque ganhei de um congresso, um brinde? Mas, aí, eu fiquei imaginando o seguinte: o formulário é deste tamanho, ele é minúsculo, com uma informação que me parece desnecessária. Imaginem o que eles não estão fazendo com as pessoas jurídicas deste país. Então, uma coisa é fazer a privatização do crédito, da constituição do crédito. Agora, outra é a necessidade de facilitar essa constituição.

Segundo, o problema fundamental – e vocês sabem por que eu estou dizendo isso, porque isso vai refletir no Poder Judiciário, vai refletir na minha mesa, como magistrado federal, porque eu vou ter que verificar se a parte de fato se equivocou em fazer um lançamento de um dado. E, às vezes, ela se equivocou em um dado, em uma declaração distinta de uma outra declaração e eu, no final das contas, vou ter que decidir se isso teve relevância ou se não teve relevância. E eu acho que nós estamos desperdiçando o tempo da Magistratura Federal brasileira, verificando esse tipo de procedimento.

O segundo ponto que me incomoda bastante é o uso de cobrança indireta e meios políticos de cobrança do crédito tributário ao invés dos meios executivos clássicos, principalmente o CADIN. Eu tenho uma dificuldade técnica com o CADIN, enorme. Por quê? Porque eu acho que o CADIN fere o devido processo legal. Em que sentido? Eu, quando magistrado, qualquer decisão que eu dê que seja uma ordem de citação, que seja uma penhora de BACEN-JUD, que seja uma declaração de indisponibilidade de bens, eu coloco o meu nome embaixo. E todo mundo tem o meu endereço. E as pessoas podem chegar na frente da minha mesa – desde que com um advogado, pelo menos para eu me protcger, assim eu espero. E dizendo assim: "Excelência, o senhor determinou isso. Ocorre que existe, também, aquilo e aquilo outro." E o CADIN? Não. O CADIN é como o ICloud. Ele está na nuvem, ele é inacessível e, se você quiser alguma providência, o que é que você tem que fazer? Você tem que ir ao Poder Judiciário. Ao ponto de o professor Paulo César Conrado já ter dito, mais de uma vez, publicamente – inclusive, talvez até neste congresso, que o Fórum Federal Civil de São Paulo se transformou no Fórum das CNDs ou das CDAs. Das CNDs. É o Fórum do CADIN.

Eu falo, gente, pelo amor de Deus, vamos reorganizar – principalmente, vamos criar um acesso administrativo direto da sociedade para o CADIN, de forma a que, pelo menos um advogado, se não puder ser a parte, se não puder ser um contador, que um advogado possa chegar na frente da pessoa que coloca o nome no CADIN e dizer assim: "Meu senhor, gostaria que o senhor considerasse este fato." Mas não. O que é que nós fazemos? Uma manobra em que a sociedade tem que ir ao Poder Judiciário, o juiz tem que mandar a máquina judiciária até a Procuradoria e fazer com que a Procuradoria vá até o CADIN. E, se isso demora, o advogado vem de novo, o juiz decide de novo, o oficial de Justiça intima de novo. E, assim, eu acho que nós estamos em uma época em que pretendemos tanto ampliar os níveis de controle em cima do Judiciário, nós temos uma quantidade de processos fabulosa para a sociedade em que vivemos, eu acho que nós poderíamos – e eu digo nós, Academia – nós, da Academia, poderíamos começar a pensar em mecanismos de auxílio para que o Estado reduza o número de processos judiciais. E, na nossa matéria, me parece que o caminho seria facilitar o acesso direto ao CADIN e aplicar o devido processo legal, com direito de defesa, recurso etc.

Carla de Lourdes Gonçalves – Bom, ilustres congressistas, como vocês podem observar aqui, os temas são muito polêmicos. Então, pegando um gancho no que falaram os professores Tárek, Cristiano e Renato, voltando um pouquinho à questão do redirecionamento, nós temos nos deparado muito com a existência do chamado grupo econômico. Há muito redirecionamento em face de "grupos econômicos". Mas o que é grupo econômico? A nossa legislação sequer prevê – exceto a Lei 8.212, no seu art. 30, IX, que possa haver um redirecionamento com relação a grupo econômico. Então, nós estamos sofrendo uma construção extremamente ampla do que seria grupo econômico. E isso se reflete nas próprias fiscalizações. Eu tenho visto muitos termos de início de ação fiscal nos quais a primeira indagação ao contribuinte é: identifique e qualifique todos os sócios e administradores desta pessoa jurídica. E a segunda pergunta é: apresente o organograma do grupo econômico ao qual esta empresa está vinculada. Ora, o que é esse grupo econômico? São as empresas que estão ao meu redor e eu tenho uma ligação? Eu vou adotar o conceito de coligada? Eu vou adotar o conceito de controlada? O que é grupo econômico? Eu acho que a gente está vivendo um momento muito difícil com relação a essa qualificação e essa descaracterização. A Procuradoria da Fazenda Nacional tenta fazer o enquadramento com base no art. 124 do Código Tributário Nacional, como se fosse uma espécie de solidariedade. Mas eu não acho que esse seja o melhor caminho a ser trilhado. É óbvio que ninguém está, aqui, a impedir a caracterização de redirecionamento, no caso de fraude, no caso de realmente tentar se ocultar o fato jurídico tributário. Não é isso, mas nós temos que adotar o caminho mais parcimonioso com relação a essa qualificação do grupo econômico.

E, também, sobre os pontos que o professor Renato levantou, a gente discutia aqui, um pouquinho antes da nossa oficina, olhando para essa questão da existência da CND e do CADIN. Há um grande hiato temporal ou, pelo menos, um médio hiato temporal entre o término do processo na esfera administrativa e o início da execução fiscal. E as empresas tem necessidade de obter a CND. E nas nossas discussões tínhamos três posicionamentos diferentes até porque nós, aqui, estamos jurisdicionados ao Tribunal Regional Federal da Terceira Região. O professor Tárek, de Vitória, à Segunda Região. O professor Cristiano, de Porto Alegre, à Quarta Região. E cada Tribunal Regional Federal tem um posicionamento distinto.

Qual é a nossa prática, aqui, perante o TRF da 3ª Região? Nós ajuizamos uma medida cautelar, oferecendo, em regra, uma fiança bancária. Há o deferimento da liminar, em regra, para ser tomada esta fiança como caução e não para a suspensão da exigibilidade do crédito tributário até porque aqui não temos uma ação principal. O que se tem entendido, salvo raríssimas exceções, é que a própria ação principal vai ser a execução fiscal.

O professor Tárek e o professor Cristiano comentavam que lá, na Segunda e Quarta Região, há a necessidade de existir uma ação principal. E aí começam os problemas. Eu vou ter uma litispendência, eu vou ter uma identidade de causas de pedir e de pedidos com a própria execução fiscal. Comentava o professor Cristiano, inclusive, que há embargos sendo extintos por litispendência, com essa ação que, na verdade, o que seria? Uma declaratória? Então, eu acho que, aí, nós vivemos – e, aí, pode-se ver a diversidade de interpretações processuais dentro dos próprios tribunais regionais e a necessidade de ter mecanismos de agilidade da cobrança do crédito fiscal e, também, de garantias do contribuinte, por outro lado. Porque enfrentamos questões como estas que são bastante dificultosas para o contribuinte e que também que atulham o Poder Judiciário com questões que não necessitariam de sua intervenção se tivéssemos um critério de cobrança e fiscalização, mais eficiente. Eu acho que essas são as considerações preliminares.

Renato Lopes Becho – Um minutinho?

Carla de Lourdes Gonçalves – Claro.

Renato Lopes Becho – Eu vou falar só um minutinho porque, na verdade, a gente está tocando em alguns assuntos, mas que eles me parecem que estão conexos. Quando a gente fala de problemas de CND e de suspensões, e de responsabilidade tributária, tem um ponto em comum nessa discussão toda, que é o ajuizamento tardio das execuções fiscais ou a demora no ajuizamento das execuções fiscais. Hoje, qual tem sido a prática, pelo menos aqui, na jurisdição federal, de São Paulo? O ajuizamento da execução às vésperas da prescrição. E com um detalhe: às vésperas, eles só precisam, hoje em dia, do protocolo da petição inicial. Nós ainda estamos distribuindo as execuções que foram protocolizadas no ano passado. Elas ainda não receberam, todas elas, o despacho de citação, as do ano passado. Até recentemente, que eu dei uma olhada, talvez questão da semana passada também, mais ou menos, eu estava assinando despachos de cite-se, das execuções protocolizadas em novembro do ano passado. Ou seja, vocês sabem, pela decisão do ministro Fux, ainda no STJ, que a interrupção da prescrição ocorreu lá, no ano passado. Então, ela ocorreu lá, a citação ainda vai acontecer, só Deus sabe quando. E esses problemas que nós estamos tratando aqui, responsabilidade tributária e CND, é por isso que nós ajuizamos, nós aceitamos que as procuradorias ajuízem execuções muito tarde.

Carla de Lourdes Gonçalves – Professor Cristiano.

Cristiano Carvalho – Um comentário rápido: lá, no Rio Grande do Sul, na verdade, eu tenho enfrentado alguns casos que são até o contrário disso, que eles estão ajuizando muito cedo, no seguinte sentido: o processo administrativo está plenamente em andamento.

Renato Lopes Becho – Ah, mas, aqui, a gente tem a mesma coisa.

Cristiano Carvalho – Não houve decisão, ainda, nem em primeira instância – quanto mais em Brasília – e já vem a execução, já chega a citação para o cliente. O que nós estamos fazendo? Temos que adentrar com exceção de pré-executividade, aquela coisa de ficar meses parado. E fim. Todo esse problema por uma falta – inclusive, o Renato estava falando lá, na nossa pré-discussão, na nossa sala dos professores, da falta de comunicação da Procuradoria da Fazenda Nacional com a fiscalização. Ou seja, um absurdo. No final das contas, é o mesmo órgão. Como é que pode haver uma coisa dessas?

Carla de Lourdes Gonçalves – E, aí, nasce aquele problema, o processo está andando, o que é que você faz? Exceção de pré-executividade ou embargos sem garantia? Os embargos sem garantia positivaram a exceção de pré-executividade com base no art. 738 do CPC, ou não?

Tárek Moysés Moussallem – Só para complementar, é que eu estava aqui conversando com o Lima, nosso querido Lima, e acontece, muitas vezes, ter bem penhorado da empresa – isso já aconteceu em casos práticos e você tem o responsável ao lado. Só que, o responsável, ele entra com exceção de pré-executividade ou objeção de pré-executividade, a empresa embarga. Então, corre a exceção e os embargos. Ao final da exceção, diz que você é parte legítima. Então, reabriu o prazo para embargos, ou não? Então, tudo isso está ligado à questão de demora mesmo, tanto do ajuizamento, quanto dos provimentos jurisdicionais. Então, está tudo na mesma confusão e isso acaba gerando problemas que o Código de Processo Civil não resolve. E a de execução fiscal também não resolve. Então, sobra para nós o problema. Então, por isso nós estamos aqui, para nós debatermos essas questões.

Carla de Lourdes Gonçalves – E eu acho que, no esteio deste questionamento, nos veio uma pergunta aqui, do congressista, inicialmente endereçado ao professor Renato, o professor Renato tece suas considerações e, depois, todos aqui fazem as suas ponderações que acharem convenientes. O que fazer na seguinte situação: Uma execução fiscal foi extinga em razão da existência de um processo administrativo pendente, por ter sido acolhida a exceção de pré-executividade. A Fazenda apelou e obteve efeito suspensivo em seu recurso. A empresa não consegue CND pois, apesar de existir o processo administrativo, a CDA consta como motivo impeditivo da certidão. Se a empresa realizar o depósito judicial, iniciará prazo para embargos de uma execução fiscal já extinta?

Renato Lopes Becho – Nossa Senhora! Tem tantas coisas a pensar e a refletir e mencionar a respeito dessa questão. Ela poderia ter ocorrido comigo, não sei se ocorreu, infelizmente não tenho a indicação aqui do congressista que fez a questão. Mas por que eu digo que poderia ter ocorrido comigo? Porque eu acolho exceção de pré-executividade quando há prova de processo administrativo pendente e extingo a execução. Só quando a Procuradoria apela, o que ela faz? Ela manda o processo de execução vai, inclusive fisicamente, para o Tribunal. Eu nunca tinha visto esse efeito suspensivo numa sentença, em uma apelação como essa. Agora, o efeito suspensivo, o que deveria fazer? Devolver o processo fisicamente para o Primeiro Grau e para ele prosseguir. Só que, para isso acontecer, a decisão definitiva no Tribunal vai ser feita quando e com base em que autos? Eu acho que é uma questão também – talvez os advogados não reflitam, porque é mais um problema da máquina judiciária, mas é o mesmo, semelhante do efeito suspensivo da exceção de pré-executividade. O efeito suspensivo da exceção de pré-executividade funciona, na verdade, dentro da máquina judiciária. Se o juiz, ao despachar a petição de exceção de pré-executividade, se ele dá um despacho diga ao exequente, esse despacho suspendeu, de fato, a execução fiscal. Porque a vista para a Procuradoria é com o recebimento dos autos e não há como a Secretaria expedir um mandado de penhora sem os autos em mãos. Por que é que não há como? Porque o funcionário precisa olhar os autos, precisa ver quem é a parte, precisa digitar o seu endereço, o valor da execução, enfim, tem que ver qual tipo de decisão que o juiz deu, se era só mandado de citação ou mandado de penhora. Enfim, tem que ter o processo nas mãos. E se o processo foi para a Fazenda, não tem como fazer a expedição.

E nesse caso? Um efeito suspensivo da apelação, se eu estivesse no Tribunal, eu ia supor que o Gabinete deveria extrair uma cópia dos autos, do tipo carta de sentença, uma cópia integral, mandar o original de volta para o Primeiro Grau – porque o efeito suspensivo aqui é dizer: "Prossiga com a execução. Eu não aceitei a suspensão do crédito tributário do procedimento administrativo em curso." Então, aí, o que é que o juiz vai ter que fazer? Receber, dar ciência das partes da devolução dos autos. Se for o caso ainda de prazo para nomear bens à penhora, para a parte vir e nomear bens à penhora. Se já passou o prazo, expedir o mandado e dar curso na execução.

E como fazer com a apelação no Tribunal? Levar para julgamento os autos copiados. Ainda é carta de sentença, mais ou menos isso? Nem sei, isso aí, eu acho até uma coisa meio antiga. Bom, agora, neste caso aqui, a empresa não consegue a CND, pois, apesar de existir o processo administrativo, a CDA consta como motivo de impedimento. Se a empresa realizar o depósito judicial, iniciará o prazo para embargos? Acredito que sim. De uma execução já extinta? Não. Ela foi extinta, mas suspensivamente, ela foi restaurada. E eu acho que o melhor caminho seria esse. Eu, realmente, não sei como fazer, pela ausência dos autos físicos no Primeiro Grau. Mas eu diria, em tese que se, segunda-feira, eu tiver um caso desses na minha mesa, eu vou me julgar impedido, por antecipação. Por exemplo, eu não vou me manifestar, neste Congresso, sobre o grupo econômico, porque eu tenho dezenas de processos que eu ainda não decidi, para mim mesmo, o que é grupo econômico. O que tem me apresentado lá são coisas tão incríveis, do tipo fez uma reorganização societária com o apoio de um banco estrangeiro. Banco estrangeiro faz parte do grupo econômico, que apoiou a reorganização societária. Está em curso, não sei ainda o que é que eu vou decidir. Mas, enfim, eu não sei se eu respondi o caso mas, aqui, especificamente, eu acho que seria o momento de fazer o depósito judicial e iniciar o prazo de embargos, sim. E, aí, nós vamos ter aquele processo administrativo em curso, a apelação em curso no Tribunal, a execução, que volta a ser reativada, e os embargos à execução, que devem ter curso. Em princípio, me parece isso. Posso falar um pouco de responsabilidade tributária, enquanto você lê a questão?

Carla de Lourdes Gonçalves – Claro. Sem dúvida.

Renato Lopes Becho – Eu estou extremamente incomodado com, digamos, todos os operadores do Direito Tributário Brasileiro, incluindo eu mesmo – então, se eu estou incomodado, inclusive comigo mesmo, pelo fato de nós não lermos o comando legal. Vocês já repararam que nós não estamos lendo o art. 135 do Código Tributário Nacional? Por que não? Porque o art. 135 diz assim – eu vou lê-lo, mas eu vou misturar um pouco a ordem das palavras, mas eu vou evitar não falar nenhuma ou falar alguma que não esteja no texto legal. Art. 135, pelos créditos tributários correspondentes a obrigações tributárias resultantes de – obrigações tributárias decorrentes de – o que é que cria obrigação tributária no Brasil? Fatos econômicos jurisdicizados ou tributáveis, com base em um comando constitucional. Então, a Constituição Federal diz que em matéria de impostos, nos arts. 153, 155 e 156, o que são fatos econômicos que geram obrigações tributárias. Importação, exportação, obtenção de renda, propriedade etc. Ou seja, pelo Imposto de Renda que surgiu do fato que descumpre a legislação, o contrato social ou o estatuto, responde pessoalmente as seguintes pessoas: todos os mencionados no art. 134 – pais, tutores, síndicos de massa falida e, mais, gerentes, diretores, empregados, representantes etc. Então, vejam bem, pelo Imposto de Renda que surgiu decorrente de um fato econômico contra a lei, contra o contrato social, contra o estatuto, responde, sozinho, a pessoa que gerou essa obrigação. E vocês repararam que nós não estamos lendo o dispositivo legal? Que a Súmula 435 do CTN, quando admite o redirecionamento para o sócio gerente, sócio esse que não está elencado nem no art. 134, nem no 135, pela dissolução irregular da sociedade, nós simplesmente não estamos cumprindo a lei? Dissolução irregular da sociedade não gera obrigação tributária. Tá?

Então, diante disso, no meu modo de ver, a Súmula 435 do CTN criou direito a partir do nada. Porque ela não tem referência com o art. 135 do CTN. Prova cabal disso para mim é a Portaria 180 da Fazenda Nacional – não sei se 2010, alguma coisa assim. Porque eles reproduzem o art. 135 e acrescentam a dissolução irregular como uma das hipóteses. Ou seja, nem para a Procuradoria, a dissolução irregular estava incluída no 135. Que, se já estivesse, não precisava fazer menção específica.

E aí, o que é que acontece, então, quando já se tenta redirecionar para os sócios, no procedimento administrativo? Primeiro, se o procedimento administrativo verificar que aquelas obrigações tributárias decorreram de ato ilícito, aí, realmente, a autoridade fiscal deve autuar a pessoa física responsável, excluindo a pessoa jurídica. Porque o comando responde pessoalmente, significa responde sozinho. Então, se fosse isso que o Fisco estivesse fazendo, eu ia levantar e bater palmas e ia dizer: Até que enfim, 60 anos depois, nós passamos a aplicar o Código Tributário Nacional nesse comando. Agora, se for simplesmente para dar oportunidade de defesa e ficar todo mundo como está ficando, eu acho que nós estamos passando por cima das decisões do legislador. É isso.

Carla de Lourdes Gonçalves – Perfeito, professor Renato, sempre. Nós temos agora, aqui, mais três perguntas que vieram dos nossos congressistas. E a primeira delas vou passar a palavra para o professor Tárek e, depois, todos aqui fazem as suas considerações. Os senhores entendem ser possível a condenação, em litigância de má fé, da Procuradoria da Fazenda Nacional, quando há indistintos pedidos de suspensão da execução fiscal por prazos de 180, 90, 60 dias sem que, ao final do referido decurso de prazo, nada tenha sido apresentado conclusivamente sobre a questão? No mais das vezes, há renovação do pedido de sobrestamento como forma, também, de evitar a consumação da prescrição intercorrente. Qual a opinião dos senhores?

Tárek Moysés Moussallem – É uma pergunta bastante interessante. E, na verdade, o objetivo da Fazenda com isso é mesmo evitar a prescrição intercorrente. E, mais uma vez, o que nós temos que levar em conta – veja, eu vou partir mais uma vez da Teoria Geral para a questão específica. No Brasil, a lei especial não revoga a lei geral. Então, conflito entre lei especial e lei geral, mantém-se a lei especial. Então, para todos os casos de execução fiscal, eu não consigo vislumbrar a aplicação do Código de Processo Civil, exceto supletivamente. É o caso dos prazos de suspensão, pela Fazenda. Então, a Fazenda, a meu ver, só está autorizada a pedir suspensão da execução fiscal de acordo com o art. 40, no caso de não achar bens do devedor. Todos os outros casos de suspensão de prazo processual decorrem do Código de Processo Civil, ou seja, deve haver acordo entre as partes sobre a suspensão processual.

Vamos supor, há uma transação e eles estão transacionando na via administrativa e vamos supor que fazem uma petição conjunta ao juiz, pedindo para suspender a execução fiscal. Ótimo. Então, nesse caso, se aplica, a meu ver, supletivamente, o Código de Processo Civil. De outra forma, só pode haver suspensão de acordo com o art. 40 *[truncado na gravação]*. Olhe aqui: O juiz suspenderá o curso da execução enquanto não for localizado o devedor ou encontrados os bens sobre os quais possam recair a penhora. E, nesses casos, não correrá o prazo de prescrição. A meu ver, esses pedidos da Fazenda sucessivos para evitar prescrição não possuem respaldo legal (impossibilidade jurídica do pedido). Agora, daí a ser condenado litigante de má fé, deve demonstrar que há uma má fé da Fazenda nisso. Como má fé e boa fé são elementos extremamente subjetivos, eu deixaria o caso concreto do processo, verificar se houve ou não e, aí, a argumentação de cada advogado, de cada representante, para saber se houve má fé ou não. Mas na minha opinião aqui, de antemão, não há essa previsão legal de a toda hora ficar entrando com pedido de suspensão. Na verdade, é possível pedir suspensão pelo prazo máximo de um ano, se não for localizado o devedor ou bens à penhora. Então, é a única possibilidade jurídica desse pedido. É a minha posição, salvo melhor juízo.

Cristiano Carvalho – O meu comentário, na verdade, na esteira do que falou o professor Tárek, da questão da prevalência *[truncado na gravação]*.

Tárek Moysés Moussallem – *[Truncado na gravação]* é que nós temos a falsa impressão de que lei especial revoga a lei geral. E é interessante porque isso diz a doutrina, mas o dispositivo diz (art. 2º, § 2º, da Lei de Introdução às Normas do Direito Brasileiro): "A lei nova que estabeleça disposições gerais ou especiais a par das já existentes não revoga nem modifica lei anterior". Vejam, então, no Brasil, a lei especial não revoga a lei geral e nem lei geral revoga lei especial. Mas insistentemente o STJ decide as causas sem análise desse dispositivo. Parece-me disparate, com todo o respeito que eu tenho, essas questões, que, hoje, não precisa mais de bens, de garantias, para iniciar prazo de embargos à execução. É necessário sim garantia do juízo para começar a correr o prazo para embargo no Direito Tributário por conta da especialidade da LEF.

Renato Lopes Becho – Pessoal, eu solucionaria essa dúvida por um outro caminho. Mas eu começaria esse caminho dizendo assim: Vocês já repararam, vocês já pensaram se nós precisamos da Lei de Execução Fiscal? O primeiro ponto que eu acho que o Direito Tributário poderia discutir, nesse assunto, é porque temos uma LEF? E eu digo para vocês que, para mim, ela é completamente desnecessária e, em 1980, quando o regime militar decidiu por essa lei, ele agiu muito mal contra todos nós. E digo para vocês que eu sou radicalmente contra, de plano, qualquer projeto de código processual tributário. O dia em que nós tivemos um código de processo tributário eu dispensaria todos os contribuintes de procurarem o Poder Judiciário, porque ele seria inócuo. Porque a LEF existe, principalmente para dois motivos: primeiro, derrubar a necessidade de citação como causa interruptiva de prescrição. Segundo, para que não existam prazos para as fazendas públicas. O resto é perfumaria. O resto, que está na LEF, poderia ter sido um projeto de lei ordinária, colocando parágrafos no Código de Processo Civil, para ajustar alguns detalhes. Por exemplo, em 1973, o prazo para oferecer, para fazer pagamento ou oferecer bens à penhora, era de 24 horas. Poderia ter um parágrafo dizendo assim: no caso de execução de CDA, esse prazo é de cinco dias. Ponto. Só que, isso não teve lá. O que é que acontece? Nós ficamos sem aplicar o art. 219 do CPC. Nós ficamos sem colocar prazos para a citação efetiva como causa interruptiva do crédito tributário. E, aí, quando o STJ ajustou a LEF ao Código de Processo Civil, veio o legislador com uma lei complementar e altera o CTN. Derruba o contribuinte novamente, tá?

Outro efeito dessas questões de contagem de prazo é que, se nós aplicássemos o CPC e não a LEF, existiriam prazos. Porque o CPC diz assim: Se o juiz não fixa prazo, o prazo é de "x". E, na LEF, não tem isso. Todas essas questões – por exemplo, de prazos de 180 dias, na teoria fica muito bonito. Agora, como é que fica, na prática? E eu vou dar um exemplo para vocês: como a Vara de Execução Fiscal, com 78.000 processos. Sabe o que acontece? A Fazenda vem e faz assim: Requeiro o prazo de 180 dias para me manifestar. Esse processo vai voltar para o Judiciário e vai voltar para apreciação judicial daqui a dois anos. Aí, o que é que o Judiciário vai ter que fazer? Indefiro o pedido de 180 dias. E o juiz pode dar um despacho assim: "Diga à exequente, conclusivamente." Aí, daqui a seis meses, ela vai tomar ciência desse despacho. O processo vai ficar parado na Procuradoria até a próxima inspeção ou até a próxima correição. E ele vai ser devolvido com um carimbo assim: "Devolvido a pedido do Poder Judiciário, requeiro nova vista".

Eu passei por isso durante mais ou menos 13 anos. Até o dia que – não sei se eu construí a solução ou se eu resolvi aplicar o Código de Processo Civil, mas, resumindo – porque a gente não pode falar disso aqui a noite inteira – eu aplico três prazos sucessivos para os exequentes, quer seja em exceção de pré-executividade, quer seja por necessidade do Poder Judiciário. Por exemplo, vou demonstrar que não é só em exceção de pré-executividade. Presidi a um leilão, fiz a conversão em renda, sobrou um saldo. Eu dou um despacho assim, para o exequente – aliás, o despacho é: "Diga ao exequente para ele se manifestar sobre se é caso de extinção, se é caso de devolver a diferença para o contribuinte ou se foi satisfeito o crédito tributário."

Quando tempo vocês acham que demora uma manifestação, para a Fazenda Nacional dizer, por exemplo, se aquela arrematação foi suficiente para a extinção? Eu já tive que esperar cinco anos. O que é que eu faço hoje? "Diga ao exequente em 60 dias." Por quê? Eu pego o prazo mais elástico do CPC, que é de 15 dias e multiplico por quatro, porque é manifestação da Fazenda Pública. Prazo de 60 dias para a manifestação, quer seja em exceção de pré-executividade, quer seja para uma necessidade do Juízo. E eu quero uma manifestação efetiva. Não é manifestação pedir prazo. Não é manifestação dizer que tem procedimento administrativo em curso. Eu quero o seguinte: Prove. Diga: "Excelência, requeiro a extinção e liberação da diferença em conta bancária para o executado". Ou: "Excelência, o processo administrativo estava em curso, diante da sua decisão, ele foi finalizado e está aqui a cópia. Requeiro o prosseguimento da execução". Uma coisa nesse sentido. Que não vem. Não vindo, eles pedem novo prazo, de 180 dias etc.

O que é que eu faço? Prazo de 60 dias, CPC, art. 267, Inciso II, sob pena de extinção da execução por abandono. Por quê? Porque não cumpriu o despacho de 60 dias. O que é que vai acontecer com isso? Eles não vão se manifestar ou, aqui, agora, já começam e, se não se manifestam, eu dou um terceiro despacho: "Comprove o exequente – ou cumpra o exequente, em 48 horas, sob pena de extinção". Se o advogado é diligente, 72 horas depois desse despacho e do cumprimento do processo ido para a Fazenda Nacional, ele chega no Juízo – normalmente, os processos vão às segundas-feiras, na minha Vara. Na quinta-feira, o advogado pede a devolução dos autos, o processo deve ser devolvido até sexta-feira e, na semana seguinte, ele vai ter uma sentença de extinção da execução fiscal, por abandono. Pronto. Esse é um caminho. É um dos caminhos possíveis. O que não dá é para ficar só dando prazo, prazo, prazo.

Carla de Lourdes Gonçalves – Com certeza, se nós tivéssemos – é muito comum a gente ver esse pedido sucessivo de prazo sem uma manifestação conclusiva. Então, eu acho que, realmente, se nós tivéssemos despachos dessa natureza em todas as nossas varas de execução, as coisas teriam outro rumo e a Fazenda, já com seus prazos extremamente dilatados, teria essa obrigação de dar andamento ao feito. Afinal de contas, é um feito que tem que ser impulsionado por ela. A execução fiscal é ajuizada pela Fazenda Pública e é ela que tem o dever de impulsioná-lo, para não caracterização da contumácia, como bem pontuou o professor Renato. Alguma ponderação mais?

Vamos passar para a próxima questão, que é a seguinte: O contribuinte apresentou imóvel à penhora, o qual não foi aceito pela Procuradoria, que requereu a penhora *on line*. Esta foi deferida e realizada. O contribuinte, por sua vez, requereu a substituição por fiança bancária, a qual foi indeferida pelo simples argumento de que não há base legal, e o dinheiro tem maior liquidez. Qual a opinião de vocês sobre esta celeuma? Não é óbvio que o contribuinte representa capital de giro para a empresa e que a lei elenca a fiança como alternativas menos onerosas? Professor Cristiano?

Cristiano Carvalho – Teve penhora *on line*?

Carla de Lourdes Gonçalves – Teve penhora *on line*.

Cristiano Carvalho – Teve oferecimento de um bem imóvel?

Carla de Lourdes Gonçalves – Teve um oferecimento de um bem imóvel. Este bem não foi aceito, houve uma penhora *on line*. No momento da penhora *on line*, o contribuinte requereu a substituição por fiança bancária, que foi indeferida sob o argumento de que a penhora *on line* tem maior liquidez – o dinheiro tem maior liquidez.

Cristiano Carvalho – Em primeiro lugar, é evidente que o bem imóvel deveria ser suficiente, ou seja, o contribuinte tem o direito de se defender e é óbvio que a Fazenda sempre vai querer dinheiro, que é o bem mais líquido que existe, aquele que mais liquidez tem. Mas justamente é o mais drástico para a empresa. Então, o BACEN-JUD é a última das hipóteses a ser aplicada. Quando não há bens encontrados mesmo, é que se apela para BACEN-JUD, para a penhora *on line*. Então, é óbvio que isso pode trazer um dano irreparável à empresa. Daqui a pouco, se todo o valor que está depositado na conta é penhorado, não será possível pagar os fornecedores, os financiamentos bancários etc.

Carla de Lourdes Gonçalves – É exatamente o que tem acontecido. O que é que nós temos? Depois daquele repetitivo do STJ, que diz que dinheiro prefere a todas as outras ordens – e, aí, sem discutir que o 620 do Código de Processo Civil diz que a penhora tem que ser feita no modo menos oneroso, bem como há decisões anteriores do próprio Superior Tribunal de Justiça, no sentido de que tinha que haver uma flexibilização da ordem de penhora. Mas, o que prevaleceu? O art. 656, depois da nova redação, assevera que o dinheiro, a penhora *on line* prefere a todos os demais bens e os tribunais utilizam este dispositivo para fundamentar a penhora on line. No entanto, quando oferecemos seguro garantia, a Fazenda não aceita porque diz que não tem previsão legal, principalmente a Fazenda Municipal e a Fazenda Estadual. A Fazenda Federal tem até uma regulamentação do seguro garantia, recente, mas também não é tão fácil de ser aceito. E o que acontece? Qual o fundamento? Não tem previsão legal. Oras, tem previsão legal sim, está lá, no art. 656 do Código de Processo Civil. Não tem na LEF. Então, há dois pesos e duas medidas. Se usa o Código de Processo Civil para a penhora *on line*, mas não usa para o seguro garantia – o que me parece absurdo.

E, aqui, neste caso há uma interpretação muito plausível com base no art. 15 da Lei de Execução Fiscal. Assevera este dispositivo acerca da substituição da penhora, que pode ser por dinheiro e/ou fiança bancária. E eu já me deparei até com os próprios magistrados que, quando você vai pedir que se receba uma fiança bancária em substituição a outro bem, o despacho é no sentido de que é direito do contribuinte esta alteração pois a fiança equivale a dinheiro." E há decisões do STJ nesse sentido. Se equivale a dinheiro, tem que ser tão aceito quanto dinheiro. Obviamente, desde que a fiança cumpra seus requisitos, seja de um banco de primeira linha e assim por diante. E há decisões do próprio Superior Tribunal de Justiça nesse sentido.

Tanto que, se nós nos deparamos com a questão da execução – que eu chamaria de provisória, há quem chame de definitiva – nós podemos ter um bem penhorado e os embargos serem julgados improcedentes. Considerando que a apelação não tem efeito suspensivo, poderá haver o levantamento dessa penhora pelo exequente. No caso de fiança bancária – e há também decisões do Superior Tribunal de Justiça nesse sentido – é vedado, porque ela se equipara ao valor bloqueado em dinheiro ou depositado judicialmente e só pode ser levantado quando do trânsito em julgado da decisão. Então, eu acho que isso, se a gente usar uma analogia desse tipo – utilizando a própria interpretação legal e a interpretação dos tribunais superiores – a meu ver não poderia ser negada essa segunda substituição. Aí, eu passo a palavra aos professores.

Cristiano Carvalho – Claro, sim, execução provisória, não tem efeito suspensivo, a apelação, pode ser levantado, mas a Fazenda teria que caucionar.

Carla de Lourdes Gonçalves – É, isso, pela sistemática do 475, ela teria que caucionar. Só que, não é o que a Fazenda entende. Porque ela entende que o 475 só vale não vale para o rito da execução fiscal. Eu confesso que não tenho visto esse levantamento. O que se fazia muito era no Estado do Rio de Janeiro, eles pedem muito esse levantamento logo depois – mas tem sido vedado. Eu entendo da mesma forma, que tinha que caucionar. Agora, eu tive um caso de uma execução cível esses dias, que foi deferida numa tutela para que não se caucione na execução definitiva. Acabou de ser cassada no TJ, felizmente. Mas é uma execução cível que é definitiva e que isso impediu a caução pela parte.

Cristiano Carvalho – Eu já consegui alguns efeitos suspensivos em apelação de embargos com esse argumento.

Carla de Lourdes Gonçalves – Eu também, eu acho que é aqui – eu até já tive, no Tribunal de Justiça do Estado de São Paulo. Mas, hoje em dia, é difícil, porque diz que é o efeito – aqui, em São Paulo, tem esse sido difícil, até o professor Renato pode me corrigir. Tem sido difícil. E o que é que a gente faz? Ou agrava aqui ou você agrava na hora que vem a determinação de leilão. Porque, aí, eu acho que tem realmente um *periculum* e um *[truncado na gravação]* aí, no momento da determinação do leilão.

Cristiano Carvalho – Antes de passar para o Renato, só um comentário que, na verdade, é só para problematizar um pouquinho, também, a questão da penhora *on line* porque, na verdade, você acaba tendo que aconselhar o cliente a tirar o dinheiro da conta, não é? É o único jeito.

Carla de Lourdes Gonçalves – É, nem aconselhar. Ele tem que tirar mesmo. Infelizmente, já chega lá o bloqueio.

Cristiano Carvalho – Mas o que eu tenho visto acontecer, quando sequer tem dinheiro na conta bancária, é penhora sobre o faturamento da empresa, que acaba, muitas vezes, sendo até – dependendo da situação da empresa, se ela não tem nada, não tem bens, não tem dinheiro, não tem nada na conta bancária, fica mais cômodo, não é? Fica uma espécie, entre aspas, daquele Refis primeiro lá, do ano de 2000, o qual era cobrado sobre percentual do faturamento da empresa. No caso da penhora sobre faturamento, tenho visto ser aplicada em um percentual de 5%.

Tárek Moysés Moussallem – As empresas, hoje, trabalham no vermelho, no limite do juros – as empresas, hoje, com essa situação – eu digo isso, agora – espero que não tenha ninguém da Fazenda aí, mas as empresas trabalham no vermelho, usando o limite de cheque especial, entre aspas, ou empréstimo bancário, para evitar essa confusão. Ou então, elas trabalham no vermelho porque o dinheiro entra para cobrir o cheque especial. Então, está sempre – por exemplo, limite de cheque especial, 100.000. Ela fica trabalhando os 100.000 e não tem nada na conta. Então, acabou frustrando, mais uma vez, a penhora *on line*.

Cristiano Carvalho – E, na questão da penhora sobre o faturamento, vamos supor, de 5%, quando é que começa a contar o prazo para embargos?

Carla de Lourdes Gonçalves – Se é no momento da primeira penhora, se é no momento que perfaz a garantia total, se é – qual o início desse prazo. Obviamente que nós, aqui, como advogados – e o professor Renato pode dar a visão dele como magistrado – na hora do primeiro depósito, a gente já embarga, porque o receio de perder o prazo de embargos à execução é grande. E, aí, se põe à discussão se tem que estar plenamente garantida ou parcialmente garantida. Há uma forte discussão sim, o que habilita opor os embargos à execução e cumprir – para quem tem essa visão – os requisitos do art. 739 e suspender, os embargos serem recebidos com efeito suspensivo. Professor Renato, quer fazer alguma consideração?

Renato Lopes Becho – Bom, vocês me dão duas horas? Eu concordo plenamente com a segunda decisão judicial da questão. Fiança bancária e seguro garantia não substituem penhora em dinheiro, no meu modo de ver. Então, se chegou a ter um BACEN-JUD, depois disso, não mais. Então, vamos discutir embargos, mas substituição não, realmente por uma questão de liquidez.

Agora, eu não admito, por minha decisão, fazer uma penhora de BACEN-JUD quando o contribuinte indica bens em qualquer lugar. A não ser que esses bens não sejam localizados. Se ele vira para mim e fala assim: "Eu te ofereço uma fazenda no Estado do Mato Grosso do Sul." Eu aceito, expeço uma carta precatória e eles me respondem de lá, dizendo o seguinte: Essa fazenda não existe. Ou ele indicou um terreno que está no Paraguai. Ou no meio do rio. Aí, BACEN-JUD, como penalidade. Agora, fora disso, não. Então, o contribuinte que indica bens, que demonstra a existência de bens, no meu modo de ver, jamais pode ter uma penhora de BACEN-JUD. Então, o problema desse caso começa na origem. E, infelizmente, eu acho que nós estamos precisando começar a discutir princípio da moralidade administrativa na defesa do Estado. Por quê? Porque eu já vi procuradores dizendo assim: Não aceito fiança bancária porque não está legalmente prevista na LEF, não está relacionada no art. 11. Realmente, não está no art. 11 da LEF, mas está no art. 9º e no art. 15, equiparado ao dinheiro.

Por sinal, essa equiparação por dinheiro deveria ser suficiente para o juiz decretar a suspensão da exigibilidade quando ele verifica os pressupostos da carta de fiança ou da fiança bancária. E, infelizmente, aqui em São Paulo, até para isso eu tenho que dar vista para o exequente. Então, o exequente que traz uma fiança bancária, eu sou obrigado, pelo meu tribunal, a dar vista para o exequente, para ver se o exequente concorda com a fiança bancária, sendo que eu já verifiquei que os pressupostos todos já estavam presentes. Enfim, sempre para dificultar. Por isso, eu acho que está havendo muita má fé na defesa administrativa e judicial do crédito público. E já mencionei mais de uma vez: Eu acho que nós precisamos ter, urgentemente, um conselho nacional da Advocacia Pública. Porque, no meu modo de ver, as procuradorias fazendárias estão precisando urgentemente de passar por um controle externo. Eu queria que o ministro do Supremo Tribunal Federal presidisse o conselho nacional da Advocacia Pública. Porque nós estamos precisando de tomar controle sobre essa atividade. Pois bem, eu acho que foi o suficiente.

Carla de Lourdes Gonçalves – Ótimo, acho que, realmente, se nós seguíssemos esse caminho, eu acho que nós teríamos muito menos problemas e muito mais moralidade pública, principalmente na condução dos processos. E, na verdade, isso é almejar um fim, que é tentar desentulhar o Poder Judiciário. Mas, infelizmente, com cada medida que nós nos deparamos, nós só temos mais e mais geração de processos perante o Poder Judiciário. Nós temos também mais uma questão, que é a seguinte: Tenho me deparado com decisões de embargos à execução fiscal relativas a débitos oriundos de PER/DCOMPs não homologadas, no sentido de que não cabe ao Judiciário analisar esse procedimento administrativo, existência de débito e crédito, regulado pela Lei 9.430. Tal entendimento não fere o devido processo legal? O Judiciário não pode rever a decisão administrativa com todos os meios de provas, rito ordinário? Professor Renato?

Renato Lopes Becho – Eu diria que pode, sim. O Judiciário tem, no rito ordinário, plena competência para rever questões, por exemplo, de compensação, não homologadas. Eu mesmo já fiz isso em embargos à execução. Espero que não seja esse o caso concreto, que eu tive um, que eu sentenciei recentemente, ampla fase probatória, fizemos perícia, analisamos novamente todo o processo administrativo, o processo administrativo indicou que não tinha créditos suficientes; a perícia realizada por ordem do Juízo da execução fiscal indicou que não tinha créditos suficientes. E a parte continuou, digamos, da *[truncado na gravação]*. Chega uma hora que não dá mais. Agora, o Poder Judiciário tem, nas suas competências, a verificação do controle administrativo.

Então, isso eu faço. E não há possibilidade de fazer compensação no curso da execução fiscal. Agora, verificar, no curso dos embargos à execução, a realização da compensação e para ver se ela foi corretamente feita, sim. E tive um caso até que eu achei bem curioso, que eu tive que fazer a verificação, se a sentença judicial foi plenamente aplicada. Porque o que é que o contribuinte trouxe, o embargante? Ele teve uma sentença judicial transitada em julgado e ele fez a compensação com base na sentença. E a Administração não aceitou e foi para o Judiciário. Foi muito curioso para mim, porque o que eu tive que submeter o perito – que, ainda bem que fui eu que escolhi – e dizer para ele: A sentença foi plenamente executada pelo contribuinte. Isso é kafkaniano. Mas, por outro lado, é muito interessante, demonstra a riqueza da execução fiscal neste momento, demonstra a atuação do Poder Judiciário, verificando até mesmo o cumprimento de suas próprias decisões.

Carla de Lourdes Gonçalves – Perfeito. Professor Tárek, professor Cristiano?

Tárek Moysés Moussallem – Só para lembrar que cabe recurso, sim da PER/DCOMP, que é manifestação de inconformidade. Então, talvez – e, depois, em segunda instância, para o CARF. Então, só tomar cautela, porque não fere o devido processo legal, não. Essa análise do PER/DCOMP, tem que ser homologada ou não, pela Fazenda. Não sendo homologada, cabe a manifestação de conformidade e, aí, recurso ainda para o CARF. Só para esclarecer isso. A não ser que tenha perdido o prazo disso. Aí, é via judicial novamente, com todos os meios de prova.

Carla de Lourdes Gonçalves – Com certeza, e até porque, quando você tem uma PER/DCOMP não homologada e, aí, ainda que tenha tido processo administrativo, isso vai se transformar em uma execução fiscal, o saldo remanescente. E, aí, nós vamos iniciar todo o procedimento com relação à própria execução fiscal.

Eu queria lançar aqui mais um tema, rapidamente, para o debate da mesa, que é o seguinte, que eu acho que todo mundo tem enfrentado, que é a questão das multas que se tem aplicado quando se tem embargos de declaração. Nós estamos vivendo uma situação que é, eu preciso prequestionar, mas os embargos de declaração, amplamente multa e, mais do que isso, que eu tenho me deparado aqui, na Terceira Região, é com agravos de instrumento negados com base na sistemática do 557, em temas que tem uma ou duas decisões ou, às vezes, nem tem ou casos específicos. E, hoje em dia, se tem receio até de entrar com agravo regimental ou pedido de reconsideração, enfim. Eu acho que a gente tem sofrido bastante com essa questão da multa, há um receio forte e eu gostaria de ouvir aqui o que é que os nossos ilustres companheiros de mesa têm a asseverar sobre isso.

Participante – Não tem acontecido isso comigo.

Carla de Lourdes Gonçalves – Então, eu acho que, aqui ...

Tárek Moysés Moussallem – Se for procrastinatório, sim. Mas isso tem que ficar comprovado, por meio da teoria das provas. Agora, há uma velha questão que gostaria de trazer à coleção de o Judiciário falar o seguinte: o Juiz não está obrigado a se manifestar sobre todos os ponto da lide, ou seja, como já se manifestou sobre um ponto, não tem que se manifestar sobre os demais. Em verdade, isso é uma técnica para impedir o aviamento dos recursos especial e extraordinário. Contudo, uma visão analítica da questão desmancha tal construção ligeira. Vejam, se de um argumento eu saco três e o Judiciário, analisando aquele primeiro argumento, mata os três, então, ele não precisa se manifestar sobre os três argumentos. Aí, cabe esse raciocínio do STJ, dizendo que basta que se manifesta apenas sobre um ponto. Agora, se eu tenho quatro ou cinco pontos de ataques, independentes em relação ao auto de infração, e o Judiciário se manifesta somente sobre um, há omissão sobre os quatro. Ao meu sentir, há, aí, omissão, sim. E cabe o embargo de declaração, por que os cinco argumentos são independentes.

Então, talvez, aí, esteja um critério, Carla, para saber quando os aclaratórios são ou não procrastinatórios. Se os argumentos derivam de um primeiro desmantelado pela argumentação judicial não cabe embargos declartórios sobre os demais. É o que se chama em lógica argumentação por derivação/inferência, por outro giro, quando você pega o argumento "p" e saca dele os argumentos "s", "q", "t" e "u", por exemplo. Agora, totalmente diferente é quando os argumentos "q", "s", "t" e "u" são totalmente independentes entre si e independente em relação a "p". Nesse caso, não basta o Judiciário, a meu ver, analisar apenas um, pois os quatro ou cinco pontos são importantes para, por exemplo, combater um auto de infração. Eu estou tentando trazer aqui um critério jurídico para que nós possamos diferenciar quando é procrastinatório ou não. Então, basicamente, essa é a minha colocação.

Carla de Lourdes Gonçalves – Eu concordo com o professor Tárek. Se é procrastinatório, realmente tem que ter multa. Agora, a gente enfrenta esse problema e, hoje em dia, ainda mais na questão dos recursos repetitivos e repercussão geral, em que os paradigmas – ou seja, o caso, o *leading case* que sobe para análise, há uma diferença de argumentos se o *leading case* é de recursos do contribuinte ou é de recursos da Fazenda. Porque são argumentos sob prismas distintos. Discutimos isso há um tempo atrás. Então, os embargos de declaração para prequestionamento, verdadeiramente – o que para mim, também, eu acharia que em nossa sistemática, isso seria dispiciente, porque eu faço para prequestionamento, e se não são conhecidos eu tenho que alegar, no recurso, uma violação ao art. 535 o que, para mim, só aumenta a quantidade de argumentos que a gente tem que dispender.

Renato Lopes Becho – Nós estamos vivenciando uma época de transformação no Direito, muito intensa, no Brasil e, principalmente, do Direito Processual Judicial. Há uns tempos atrás eu me manifestava dizendo o seguinte, eu percebia que as decisões que eu dava, incluindo as sentenças, eram pouco mais do que um parecer. Era assim, uma opinião. Era uma opinião do magistrado. Por que isso? Eu ainda tenho essa percepção em relação aos poderes públicos, porque eu digo que os poderes públicos recorrem de todas as minhas decisões – a impressão que eu tenho é que eles recorrem de todas as decisões que não seja "defiro o pedido deles", ou "diga o exequente". O restante, eles estão recorrendo, sempre. Mas, nessa fase de transformação do Poder Judiciário – da Justiça, aliás – nós estamos transformando o Direito Processual Judicial e essa transformação vai refletindo no Judiciário. Não adianta, o ponto de solução no futuro será a solução no primeiro grau.

Nós vamos caminhar para isso. Porque é insustentável levar todos os processos a todas as cortes. É insustentável que o Supremo Tribunal Federal receba 500.000 recursos por ano. 500.000 recursos por ano, para um Supremo Tribunal Federal, significa transferir todos os – acima de um número de em torno de 500 processos, significa delegar para assessoria. Um STJ recebendo 600.000 processos por ano, significa que 599.000 vão ser julgados por assessoria. E vocês sabem – porque, hoje, isso é notícia pública – que parte dessa assessoria faz parte de outros órgãos da Administração Pública Federal, estadual e municipal. Significa dizer que uma parte dos julgamentos do STJ – e o caso é muito pequeno no Supremo mas, no STJ, ele é muito forte – o ministro vai simplesmente ler uma decisão da sua assessoria. Assessoria essa, por vezes, comprometida. O fato é que nós temos que identificar o seguinte, não dá para nós sustentarmos que todos os processos vão ter quatro graus de jurisdição. Não dá para nós sustentarmos que todos os processos, em todas as decisões, vão ter duplo grau de jurisdição. Pessoal, eu não me conformo de ter até cinco, sete agravos de instrumento no TRF, de um processo de execução fiscal, que era para ser simples.

Há um tempinho atrás, chegou o meu diretor de Secretaria e disse assim: "Doutor Renato, o Tribunal decidiu um agravo de tal coisa. Eu estou sem saber o que aconteceu, não sei o que é que eu devo fazer aqui. Não sei qual decisão foi suspensa." Naquele caso, nós tínhamos quatro agravos, de ambas as partes. Eu quase pedi informação ao desembargador. Eu só não pedi informação porque eu pedi para vir os autos, para dar uma olhada. E, depois de quebrar a minha cabeça, eu supus que eu tinha localizado a decisão que eu tinha que cumprir. E, aí, eu dei o despacho assim: "Considerando que, aparentemente, a decisão no agravo tal se refere à decisão de folhas tais, determino à Secretaria que". Só que, vocês percebem que eu não tinha certeza de qual decisão eles tinham reformado, e o que isso significaria. Vocês sabem por que eu tive essa cautela? Porque eu já tive uma parte que fez uma reclamação ao Tribunal, que eu tinha descumprido ordem do Tribunal. O problema, não é que eu tinha descumprido, é que eu entendi que um outro embargo, outro dos agravos, é que tinha sido deferido. Eu me confundi nos agravos. Agora, pessoal, é razoável um sistema como esse? É razoável que uma execução fiscal tenha sete agravos no Tribunal, simultâneos? Não me parece. Nós temos que encontrar uma solução. E acho, mais uma vez, que a Academia deveria tomar a frente, antes que a parte mais poderosa o faça.

Cristiano Carvalho – Até porque, uma execução pressupõe um título executivo líquido e certo. E, nesse caso, não é nada líquido e certo. Mas só a título de curiosidade, já que o Renato falou de 500.000 processos, eu acho até que, com a repercussão geral, baixou um pouco – mas, não muito, não é? Pelo menos 200 a 250.000 por ano, grande parte tributários, o maior percentual é tributário. E, a título de comparação, o paradigma de Direito Constitucional é o Estados Unidos da América, e a Suprema Corte norte-americana julga cerca de cento e poucos processos por ano. Ou seja, não basta cumprir requisitos de admissibilidade para conseguir fazer com que um processo, no Estados Unidos, chegue à Suprema Corte americana. Não. É a própria Suprema Corte que escolhe os casos que vai julgar, justamente pela relevância constitucional, que possa afetar toda a Nação. Então, de 200, 300.000, baixa para cento e poucos processos. E, aí, nós podemos, obviamente, aferir a qualidade de um julgado, nesse caso, menos de duzentos processos, apenas, por ano.

Carla de Lourdes Gonçalves – Eu acho que, aqui, nós vemos – tem uma pergunta? Por favor.

Participante – Boa tarde a todos. Meu nome é Tiago. Com relação à responsabilidade, eu gostaria de saber a posição dos senhores. Como se sabe, o art. 142 do CTN diz respeito à constituição do crédito tributário, através do lançamento, por meio do lançamento. E esse lançamento ocorre apontando o sujeito passivo, não o montante. E aplica a penalidade cabível. E o que acontece, normalmente? O que vocês acham sobre a CDA já vir incluída, com o corresponsável, o próprio sócio, juntamente com a pessoa jurídica, sendo que o lançamento tributário se deu em face da pessoa jurídica e não da pessoa física do seu sócio. Se isso é legalidade ou foge dos nossos ditames legais e se é correspondente à arbitrariedade. Essa é uma questão. E, com relação ao posicionamento do STJ, se vocês entendem que isso é cabível, esse entendimento deles de que uns aprovam, no caso do corresponsável, da pessoa jurídica estar com nome na CDA, a pessoa física, o ônus da prova é do próprio sócio, do corresponsável, com relação a comprovar o art. 135. Como que ele vai fazer prova de – tentando converter o ato contra o estatuto ou a infração tal e tal, se a própria Fazenda não consegue fazer essa prova, quando a incumbência é dela mesmo. Então, essa é a questão, o que vocês acham sobre esse questionamento.

Carla de Lourdes Gonçalves – Quem gostaria de começar? Professor Renato, então.

Renato Lopes Becho – Bom, doutor Tiago, a sua pergunta é muito pertinente. Veja bem, tinha uma lei que autorizava a inclusão dos sócios da Certidão de Dívida Ativa de débitos previdenciários cobrados dentro da Lei de Custeio da Previdência. Então, veja bem, a previsão legal dessa inclusão é muito específica. Não é nem de todas as contribuições sociais. São exclusivamente das contribuições sociais da Lei de Custeio. Isso é o art. 13 da Lei 8.620, acho que de 93, se não me engano. O fato é que o Supremo Tribunal Federal declarou esse artigo inconstitucional. E fez muito bem, porque declarou inconstitucional inclusive depois da sua revogação prévia, por uma medida provisória, quando a Presidência da República já percebeu que iria perder no Supremo Tribunal Federal. Mas, mesmo assim, graças à ministra Ellen Gracie, ela levou o julgamento adiante e julgou inconstitucional, dizendo o seguinte – em outras palavras, que a responsabilidade tributária, nesses casos, é regida pelo Código Tributário Nacional. E não tinha um motivo. Pois bem, então, o que eu tenho o feito como magistrado? Eu tenho mandado retirar o nome de todos os sócios do polo passivo em que seus nomes tenham sido incluídos na CDA, pressupondo que a única base legal era o art. 13 da Lei 8.620. Isso remete essa questão agora, como a doutora Carla mesmo mencionou, no início da fiscalização, pedir o rol dos diretores, dos sócios e da composição lá, do grupo econômico.

O fato é que não vejo base legal para essa cobrança. Se a base legal for o art. 135, repito, que seja retirada a pessoa jurídica. Pessoal, a maioria de vocês é advogado, não é? Eu acho que está passando da hora de levar uma questão para o Poder Judiciário. Perguntar para o Judiciário qual a distinção entre responsabilidade solidária, responsabilidade subsidiária e responsabilidade pessoal. Porque eu digo para vocês, eu tenho vários assistentes aqui que me honram me ouvindo até uma hora dessa. Se um aluno meu da Graduação responder, em uma pergunta "qual a distinção entre responsabilidade solidária, responsabilidade subsidiária e responsabilidade pessoal?", o que o Poder Judiciário tem feito nos processos, eu reprovo esse aluno. Por quê?

Porque o aluno, na graduação, tem que aprender a interpretar um dispositivo legal e ele pode, sim, dizer assim: "O art. 135 diz que a responsabilidade é solidária, entretanto, por interpretação sistemática, a única interpretação possível é que há subsidiariedade". Por quê? Por um argumento lógico. Então, vamos trazer a lógica defendida pelo professor Paulo de Barros Carvalho. Se você, primeiro, tem que tentar de um e só depois você vai tentar de outro, pela lógica, isso se chama subsidiariedade, não solidariedade. Então, o aluno da graduação tem que interpretar o art. 135 e dizer onde está escrito solidariedade, por uma interpretação lógica, tem que ser subsidiariedade. E o art. 135? Onde está escrito pessoal? Ele tem que excluir o outro, ou tem que dizer: não é o caso de ser pessoal, por isso e por aquilo. Só que, eles não dizem. O que é que eles dizem? Que, nesse caso, é interesse comum – art. 124. Não é. Reprovo o aluno da graduação, de novo. A pessoa jurídica e os seus administradores têm interesse comum? Não tem, não. A pessoa jurídica e os sócios têm interesse comum? Não tem, não. Tanto é, que tem conflito entre eles. Então, não há solidariedade automática no caso de responsabilidade tributária. Interesse comum é o exemplo clássico de um imóvel que tenha três proprietários, três condôminos. Eles têm – nem são condôminos, são coproprietários. Eles têm interesse comum.

Então, temos que fazer o Poder Judiciário declarar esses conteúdos. Eu conclamo a comunidade jurídica tributária brasileira a pedir ao Supremo Tribunal Federal uma declaração do que significam esses comandos. E passo para a segunda parte das questões do Tiago. Desculpa se eu estou me alongando. Ônus da prova. O ônus da prova não pode ser da pessoa física, não pode ser daquele que teve o nome incluído. Por quê? Porque é o pressuposto do processo administrativo. Talvez seja o caso de se entrar com mandado de segurança quando o agente da fiscalização pede o nome dos sócios. Vá ao Judiciário, lá atrás, e diga assim: "Excelência, não vislumbro base legal para esse pedido feito". Isso, eu pensei agora, não refleti com calma, mas quem sabe a gente consegue pensar juntos. E se o Judiciário for mantendo, levar isso ao Supremo Tribunal Federal. É uma forma de o Supremo dizer se isso cabe ou se não cabe. Desculpe, eu me alonguei muito.

Carla de Lourdes Gonçalves – Perfeitas as ponderações do professor Renato. Realmente, com relação ao tema, a gente vive um momento difícil, um momento complicado, em que há uma subversão da ordem, como falamos, logo no começo, uma vez que, na vã tentativa de o Fisco dar efetividade à decisão judicial que determina que tem que estar no processo administrativo, se inclui alguém no polo passivo que não tem correlação e que não há a efetivação do fato jurídico, como o professor Tárek bem pontuou, no início dos nossos debates aqui, na mesa. Alguma consideração? Mais uma pergunta?

Participante – Boa noite. Já é boa noite, não é? Eu gostaria de saber, nessa linha do professor Renato, a gente teve um caso, no escritório, em que houve a penhora online e foi determinado só o levantamento de 50% porque havia uma copropriedade, vamos dizer, da conta corrente. Só que, uma das correntistas que assinou somente o fez após o início da execução fiscal. Então, eu gostaria de saber se isso foi correto,. Obrigado.

Carla de Lourdes Gonçalves – Professor Tárek, gostaria de suas ponderações.

Tárek Moysés Moussallem – Na verdade, só para a gente entender, a penhora online foi feita na conta conjunta?

Participante – Isso. Foi conta conjunta. Só que, já havia iniciado a execução fiscal e a executada só foi inserida depois. Teve uma primeira tentativa de penhora, que não foi conseguida. E, depois, conseguiu, porque ela foi inserida na conta da irmã, na verdade, como segunda correntista.

Tárek Moysés Moussallem – Aí, houve a penhora – a irmã, na verdade, não faz parte do processo judicial?

Participante – Não, não. Houve o bloqueio desse valor.

Tárek Moysés Moussallem – Me parece correta a colocação, a posição judicial, de liberar metade do valor. Porque, no valor, não tem solidariedade tributária. Estou tentando ser bem direto na resposta, para a gente não ter problemas. Se houvesse – ambas fossem, como disse o professor Renato, coproprietárias de um imóvel ou condôminas e tivessem, ambas, a conta corrente, aí sim, me pareceria errado. Mas, pela situação de fato que o senhor me expõe, me parece acertada a posição judicial.

Participante – Ok, obrigado.

Participante – Totalmente estranha, não é? A lide.

Carla de Lourdes Gonçalves – Eu agora vou passar rapidamente, aos nossos membros da mesa, para suas considerações finais, dado ao nosso adiantado da hora, para que nós possamos encerrar a nossa oficina. Começo aqui. Professor Renato, suas considerações finais.

Renato Lopes Becho – Minhas considerações são apenas de agradecimento à professora Maira Leonor, a todos os diretores do IDEPE, aos meus colegas de mesa. É uma satisfação muito grande. Eu acho que agora eu posso fazer um comentário com vocês. O tema que eu ia trazer para discussão aqui era a judicialização dos princípios. Só que, eu pensei bem, eu falei que eu queria discutir esse assunto em Vitória, na beira da praia, comendo uma moqueca capixaba. Dito isso, eu gostaria de dizer da minha satisfação em participar de uma mesa junto com o professor Tárek, junto com o professor Cristiano Carvalho. Agradecer mais uma vez à professora Carla Gonçalves, por estarmos aqui hoje. E agradecer a todas as senhoras e senhores que nos ouvem até este momento. Muito obrigado.

Tárek Moysés Moussallem – Também quero agradecer muito à professora Maria Leonor, pelo convite feito, ao IDEPE, instituto tradicionalíssimo. Ao professor Renato, queridíssimo, que convite não precisa, o professor Renato, eu sempre considero um capixaba – é mineiro mas nós, capixabas, temos um pouco de mineiro, um pouco de baiano, um pouco de carioca e um pouco de paulista. Então, não só fazemos distância entre todos esses estados como insiste a oposição. Eu agradeço ao professor Cristiano e também, à professora Carla, amigos de longa data por comporem esta mesa conosco.

A consideração final que tenho a fazer é a seguinte: vocês vejam que o problema, como eu sempre digo, não está nos recursos, não está no Direito, não está em normas jurídicas. O problema não está em recursos procrastinatórios, em multas. O problema está em nós. Não tem um problema no Direito, não tem um problema na economia. O que a Europa vive agora – só para encerrar – não é uma crise econômica, é uma crise do europeu. A crise é do povo europeu, pelos caminhos que eles seguiram. Então, nós temos que refletir também sobre isso. O que nós vivemos aqui, hoje, no Brasil, é uma crise nossa, pessoal. Cada um vive esse problema. Quem dizia isso era o professor Lourival Vilanova, seguindo Henri de Lubac: não há crise na Economia, não tem crise na Política, não existe crise no Direito. Quem está em crise permanente é o Homem e ele tem que olhar para dentro. Talvez, assim, nós consigamos revisitar todos esses temas de uma outra forma. Muito obrigado.

Cristiano Carvalho – Depois dessas belas palavras, apenas faço meus os pronunciamentos do professor Renato e professor Tárek e agradeço, mais uma vez, essa honra de participar do Congresso Brasileiro de Direito Tributário do IDEPE. E até o próximo ano, obrigado a todos.

Carla de Lourdes Gonçalves – Então, agradecendo ao IDEPE a oportunidade de estarmos todos aqui, agradeço aos ilustres professores, em nome do IDEPE, a composição desta brilhante mesa onde, por certo, sairemos daqui com novos horizontes, com novas perspectivas. Afinal de contas, nos reunimos aqui para tratarmos das nossas dúvidas mútuas. E, nesse contexto, a gente espera que, no próximo ano, estejamos todos aqui novamente, para que possamos refletir juntos e buscar soluções ou novas interpretações para os novos e velhos problemas existentes.

Obrigada a todos e muito boa tarde.

XXVI CONGRESSO BRASILEIRO DE DIREITO TRIBUTÁRIO

TRIBUTAÇÃO E FEDERALISMO

17 a 19 de outubro de 2012
Hotel Maksoud Plaza
São Paulo

19 de outubro de 2012 – Terceiro Dia

TAXAS E CONTRIBUIÇÕES

ÂNGELA MARIA DA MOTTA PACHECO – Coordenadora

Contribuições Previdenciárias: Base de Cálculo

HELGA KLUG DOIN VIEIRA

PIS e COFINS: Direito de Crédito, Conceito de Insumo, Crédito Sobre o Frete, Aproveitamento Proporcional e Limites Temporais Para Sua Utilização

TÁCIO LACERDA GAMA

Receita e Ingresso: Distinções e Incidência de PIS e COFINS

CLÉLIO CHIESA

Taxa de Fiscalização de Recursos Minerais

OCTÁVIO BULCÃO

PROCESSO ADMINISTRATIVO – PARTE 1

KAREN JUREIDINI – Coordenadora

Nova Feição do Processo Administrativo Fiscal

EDUARDO DOMINGOS BOTTALLO

ISS – Retenção na Fonte – Invasão de Competência e Guerra Fiscal

EUTÁLIO PORTO

Súmula Vinculante, Jurisprudência Dominante, Matéria Constitucional e os Limites à Atuação dos Tribunais Administrativos

HELENO TAVEIRA TORRES

Questões Controvertidas de Compensação Tributária
MARY ELBE QUEIROZ

DIREITO CONCORRENCIAL E PENAL TRIBUTÁRIO
ANNA EMÍLIA CORDELLI ALVES – Coordenadora

Direito Concorrencial e Tributação – O Papel do CADE
CELSO CAMPILONGO

Crimes Contra a Ordem Tributária – Questões Controvertidas
RENATO STANZIOLA VIEIRA

Sanções Tributárias – Dosimetria – Discricionariedade ou Vinculação
ROBSON MAIA LINS

Responsabilidade do Estado e de Seus Agentes por Danos Causados ao Contribuinte – Crime de Excesso de Exação
FÁBIO SOARES DE MELO

CONFERÊNCIA DE ENCERRAMENTO
JOSÉ EDUARDO SOARES DE MELO

TAXAS E CONTRIBUIÇÕES

Ângela Maria da Motta Pacheco – Bom dia e bom trabalho a todos. Inicialmente, eu queria cumprimentar a direção do IDEPE, em nome de sua presidente, grande advogada e jurista, Maria Leonor Vieira. E cumprimentar, também, a comissão de organização deste congresso, em nome de Maria Rita Ferragut. A nossa mesa é dedicada a tributos de contribuição e taxas, ou seja, tributos não impostos. Os componentes desta mesa são todos professores, advogados e, também, autores de livros. Inicialmente, falará a colega Helga Klug Doin Vieira, que é professora de Direito Público na graduação e na pós-graduação e dedicada especialmente às contribuições previdenciárias. Por favor, Helga, pode começar a sua palestra.

Contribuições Previdenciárias: Base de Cálculo

Helga Klug Doin Vieira – Bom dia a todos os Congressistas. Agradeço à Presidente do Instituto Geraldo Ataliba-IDEPE, Professora Maria Leonor Leite Vieira o convite para participar como palestrante de desse importante Congresso Brasileiro de Direito Tributário. Quero direcionar especiais cumprimentos à Comissão Executiva desse Congresso, pela impecável organização, e o faço na pessoa da doutora Maria Rita Ferragut. Meus cumprimentos aos Colegas componentes da Mesa.

Devo tratar de tema bastante atual e controvertido: contribuições previdenciárias, bases de cálculo, onde a mais expressiva economicamente é a contribuição incidente sobre a folha de salários.

Falar de contribuições previdenciárias exige uma breve reflexão sobre o importante papel que desempenha esse tributo no custeio do sistema de seguridade social, especialmente na composição de recursos para custeio da previdência social.

A Constituição Federal previu custeio específico para o custeio da seguridade social, com a finalidade de promover seguranças para toda à sociedade e dentre as ações está previdência social, seguro social que se destina aos seres sociais incluídos econômica e socialmente. O custeio dessa ação objetiva promover segurança econômica e social para os indivíduos segurados e equilíbrio financeiro e atuarial do sistema.

A proteção social ampla e universal, através de ações de saúde, previdência e assistência social é de fundamental importância para a sociedade brasileira e com a finalidade de garantir a sua efetividade, a Lei Maior estabeleceu orçamento próprio, com custeio específico, o que nem sempre é bem compreendido pelos legisladores e operadores do Direito.

Exige o Texto Maior que os recursos da seguridade social estejam alocados em orçamento próprio, distinto do orçamento fiscal (art. 165, § 5º, I e III), e que esses recursos se destinem apenas e tão somente para ao custeio das ações de seguridade social. A composição dos recursos ocorrem de forma direta por contribuições sociais de seguridade social (art. 195 da CF), as quais representam 90% dos recursos do sistema, e forma indireta de financiamento da seguridade social, por meio de parcela de recursos do Orçamento Fiscal da União, os quais correspondem aproximadamente 10% dos recursos do sistema.

Por meio desse arquétipo toda a sociedade está comprometida com o custeio da seguridade social, de forma direta e indireta.

Dentre as contribuições sociais de seguridade social destacaremos as denominadas contribuições previdenciárias, arroladas no art. 195, I, "a", e 195, II, da Constituição Federal, contribuições que se destinam por força do art. 167, XI, expressamente à cobertura de benefícios previdenciários.

O Orçamento da Seguridade Social, um dos orçamentos da União, é composto pelas contribuições ora em exame e pelas demais contribuições sociais arroladas constantes do art. 195, além da parcela do Orçamento Fiscal da União, como dito anteriormente.

Contribuições sociais são de competência exclusiva da União, nos termos do art. 149 da CF, excetuando-se apenas a previsão do § 1º, que autoriza aos Estados, Municípios e Distrito Federal, instituição de contribuição para custeio dos regimes previdenciários próprios.

Cumpre à União custear com o Orçamento da Seguridade Social parcela da saúde pública e assistência social e, integralmente o regime geral de previdência social.

Assim, o financiamento da seguridade social, na forma direta é composto por um rol de contribuições (art. 195) e dentre elas, foram ressaltadas duas denominadas contribuições previdenciárias. Essa denominação é histórica, ainda que o modelo de proteção social brasileiro tenha mudado inteiramente após a Constituição de 1988. Hoje, não temos mais um modelo de seguro voltado apenas para trabalhadores, mas vige em nosso País um seguro social, amplo, básico e universal, ao qual toda a sociedade incluída economicamente tem o dever de se vincular, ainda que a lei obrigue somente trabalhadores.

A Lei n. 8.212/91, Plano de Custeio da Seguridade Social, regulamenta as obrigações contributivas dos trabalhadores e segurados em geral (trabalhadores são segurados obrigatórios, mas o sistema está aberto para qualquer pessoa maior de 16 anos) nos arts. 20 e 21, e no art. 22 regulamenta as contribuições previdenciárias devidas pelos empregadores e empresas, incidente sobre a folha de salários e as demais rendimentos pagos e creditados à pessoa física, com ou sem vínculo empregatício.

Os trabalhadores têm por base contributiva a totalidade de sua remuneração, até o limite do teto legal, uma vez que a previdência social, na forma de regime geral se refere a seguro básico e geral. A contributividade dos trabalhadores empregados incidirá sobre a totalidade da remuneração, assim entendido valores destinados a retribuir o trabalho, qualquer que seja a sua forma, inclusive gorjetas, utilidades e sempre respeitado o teto. Os valores que por ventura existirem acima do teto ficarão à cargo da previdência privada, cabendo a cada qual, através do exercício da autonomia da vontade contratar ou não proteção suplementar.

O sistema admite a possibilidade de contributividade de qualquer pessoa que não aufira rendimento de trabalho, como contribuinte facultativo, dada a universalidade, e neste caso a base de cálculo constituirá valores declarados, obedecido do mesmo modo o teto.

No que concerne às contribuições previdenciárias dos empregadores, das empresas e das entidades a ela equiparadas (associações, cooperativas, pessoas físicas que empregam, repartições consulares e missões diplomáticas, nos termos do art. 15, parágrafo único, da Lei n. 8.212/91) a Constituição Federal estabelece obrigatoriedade de participação do custeio previdenciário, com base na totalidade das remunerações, não existindo teto para esses contribuintes. Isso ocorre em razão do princípio da solidariedade, e da imputação de responsabilidade social à empresa.

A exigência da solidariedade não se restringe apenas ao sistema de seguridade social, mas toda a construção ideológica da Constituição Federal Brasileira se alicerça na solidariedade, num comprometimento mútuo dos seres sociais no pacto constitucional, na busca da realização do norte traçado no art. 3º do Texto Maior.

As contribuições previdenciárias da empresa, previstas no art. 195, I, a, da Constituição Federal, devidas pela empresa e empregador "sobre a folha de salários e demais rendimentos pagos ou creditados, a qualquer título, à pessoa física que lhe preste serviço, mesmo sem vínculo empregatício" vêm regulamentadas na Lei n. 8.212/91, arts. 22 e 25, e têm gerado inúmeras dúvidas, problemas e questionamentos.

A folha de salários, relevante base de cálculo para a contribuição do sistema de seguridade social, cujos recursos estão atrelados à ação previdenciária, representa também, base econômica para contribuições de terceiros.

As obrigações previdenciárias das empresas utilizam como base de cálculo as remunerações pagas às pessoas físicas que lhes prestam serviços, e a folha de salários resulta das relações jurídicas que se estabelecem entre empresas e trabalhadores empregados, não se incluindo nessa base os pagamentos efetuados a trabalhadores contribuintes individuais ou mesmo pagamentos de serviços tomados de cooperados de cooperativas de trabalho.

A partir da E C n. 20/98, foi introduzida a vedação da utilização das contribuições previdenciárias para despesas distintas de benefícios previdenciários (art. 167, XI). Essa vedação tem resultado em interpretações negativas para previdência social e para a sociedade. A partir da inclusão do inciso em comento foi adotado o entendimento de que somente recursos do art. 195, I, "a", e 195, II, devem e podem custear a previdência social, o que não condiz com a proposta constitucional originaria.

A existência de orçamento único para custear o sistema, deve obedecer aos ditames do Texto Maior que estabelece aos "órgãos responsáveis pelas ações de saúde, previdência e assistência a proposta de orçamento tendo em vista as metas e prioridades estabelecidas na lei de diretrizes orçamentárias, assegurado a cada área a gestão de seus recursos", não se contrapondo o referido inciso à previsão originária. E nesse sentido, se houver necessidade caberá a cobertura pelo orçamento da seguridade, como um todo.

Aspecto relevante que merece ser destacado está relacionado com a desvinculação de receitas pela União (DRU). A União pode desvinculara receitas de imposto e contribuições de seguridade social, mas está vedado de desvincular receitas das contribuições previdenciárias.

Como sabido, a desvinculação de receitas vem se perpetuando no tempo. Adotada em 1994, momento em que se buscava um equilíbrio econômico por tempo limitado, permanece nos sistema por mais de 20 anos e na última emenda sua vigência está autorizada até 2015. O legislador constituinte derivado autoriza a desvinculação como modo de tornar possível a governabilidade, pois atualmente o Estado não pode mais prescindir dos recursos desvinculados. No entanto receitas previdenciárias, por força da vedação do art. 167, XI, da CF, não são passiveis de desvinculação.

Retomando o tema das contribuições previdenciárias devidas pelos empregadores, e incidentes sobre a folha de salários, é possível afirmar que desde 1988 essa base econômica vem gerando polêmicas e demandas judiciais.

A Constituição originária estabelecia como base econômica a folha de salários e a lei delimitou como base de cálculo a totalidade das remunerações pagas ou creditadas a qualquer espécie de trabalhador, pessoa física.

A base legal ampliada foi declarada inconstitucional e lei complementar, baseada no art. 195, § 4º, estabeleceu regras de tributação entre contribuintes individuais e empresa. Posteriormente, com a Emenda Constitucional 20/98, a base de cálculo do art. 195, I, "a", foi ampliada e folha de salários passou a representar exatamente o conceito firmado na sociedade, como o somatório dos valores que a pessoa jurídica paga aos seus trabalhadores empregados.

A regulamentação vem ditada na Lei 8.212/91, no art. 22, I, o qual trata da folha propriamente dita, cabendo a observação do art. 28, § 9º, que define verbas que não integram a base contributiva.

Essas verbas vêm gerando inúmeros questionamentos e tem permitido um amadurecimento das relações entre contribuinte, fisco e aplicadores do direito. Novos conceitos e novas interpretações vêm sendo adotadas, o que demanda cuidado e uma avaliação de consequências.

Outro problema que pode ser detectado a adoção de bases diferenciadas para determinados setores da economia. Como a Constituição Federal estabeleceu tratamento especifico para trabalhadores trabalham em regime de economia familiar, o legislador infraconstitucional estendeu a mesma base de cálculo, receita bruta da comercialização da produção, para outras pessoas físicas que empregam (empresas) que exercem atividade rural, pesqueira, agroindustrial, bem como para associações que mantém time de futebol profissional. A alteração de base introduzida por lei ordinária já gerou inúmeras demandas, foi amplamente discutida no Poder Judiciário, ainda que diferentes emendas constitucionais tenham operacionalizado "soluções".

Folha de salários é uma das principais fontes de custeio da previdência social. Mas as incidências sobre ela não se exaurem com as contribuições previdenciárias. A base é também utilizada para contribuições, como o FGTS, Salário-Educação, Serviço Social de Formação Profissional (Sistema "S"), o que demonstra que a base está expressivamente onerada.

A excessiva oneração levou o governo a propor a "Desoneração da Folha de Salários", uma vez que entendeu ser ela responsável por diferentes problemas que se tornaram evidentes na última década: falta de regularização de relações de emprego, queda no percentual do PIB industrial, falta de competitividade no mercado globalizado, dentre outros.

Assim, no intuito de solucionar diferentes problemas o governo promoveu inicialmente, através da EC 20/98 e posterior alteração de redação na EC 47/05, a inclusão do § 9º no art. 195 da CF, o qual autoriza a possibilidade de "alíquotas ou bases de cálculo diferenciadas em razão de atividade econômica, de utilização intensiva de mão de obra, de porte da empresa e de condições estruturais do mercado de trabalho".

Ora, essa previsão seria o respaldo para operacionalizar a desoneração, tão bem recebida inicialmente, e que vem gerando uma grande insatisfação de diferentes setores da economia.

Ficaram obscuras as reais intenções do governo. Ao desonerar o governo estaria realizando renúncia nos recursos de seguridade social, mas ao mesmo tempo se comprometia a cumprir "eventuais" diferenças no orçamento da seguridade social ou como ele afirma se comprometia em recompor os recursos previdenciários.

Um Congresso dessa grandeza tem por finalidade instigar novas ideias, nortear os pensamentos e buscar respostas para os questionamentos que calam dentro de cada um.

Ante esse propósito questionamos inicialmente se possível a utilização de mesma base econômica por Emenda Constitucional?

Parece que assunto já foi bem discutido no STF na Ação Declaratória de Constitucionalidade n. 1, mas ainda não está pacificado.

O Ministro da Fazenda ao tratar da desvinculação expressou que o governo estudava as alíquotas a serem aplicadas à nova base para que não houvesse perdas ao sistema e na arrecadação. Pergunta: Que vantagens restariam para os contribuintes de um modo geral, já que sabemos que pequena parcela está beneficiada?

A desoneração adotada pela MP 540/11 exclui para determinadas atividades a base de cálculo da folha de salários, e aplica a base de faturamento, o que corresponde a receita, e prevê alíquotas diferenciadas de acordo com a atividade.

A motivação da desoneração, como dito, visa a empregabilidade e a competitividade. Em matéria de empregabilidade os jornais de ontem publicavam que as empresas contrataram bem menos depois da desoneração. Aliás, bem menos que em 2001, que havia sido reputado o pior ano da década.

A Lei n. 12.546/11 regulamenta a desoneração, cabendo ressaltar, no entanto, que a base contributiva folha permanecem inalteradas, para contributividade de décimo terceiro salário, das contribuições do seguro acidente de trabalho, contribuições para o Sistema "S", Salário-Educação, FGTS, devendo a empresa manter para essas contribuições tendo por base de cálculo a folha de salários.

A Medida Provisória 563/12 vai inclui outros atividades na desoneração. Foi convertida na Lei 12.715/2012, e atualmente estamos diante da MP 582/12.

Evidentemente vivemos uma democracia *sui generis*. O legislativo produz as leis, observando o processo legislativo constitucional e o Poder Executivo vem através de medidas provisórias e corrige a lei. Ao invés do legislador ajustar a medida provisória à vontade Maior, é o Executivo que ajusta a lei ao gosto do governo.

A sociedade clama por reforma tributária. Mas uma reforma tributária exige envolvimento da sociedade nas mudanças. Exige uma mensuração das consequências geradas pela reforma.

Reformas pontuais, promovidas pelo Poder Executivo, sem uma avaliação das efetivas consequências econômicas e sociais podem se tornar extremamente perniciosas, gerando grandes prejuízos no futuro.

Cabe ainda ressaltar uma constatação como forma de alerta. A desoneração vai gerar perdas expressivas para o orçamento da seguridade social, especialmente para a previdência social. Essas perdas deverão ser repostas com recursos do Orçamento Fiscal. Ora, o grande avanço da sociedade, na Constituição de 88, foi determinar um orçamento próprio e apartado para a seguridade social, preservando os recursos para as ações específicas, especialmente do seguro social. A determinação de autonomia para o sistema por meio de orçamento próprio, tinha por finalidade evitar que a sociedade ficasse dependendo dos favores do Poder Executivo. Com a desoneração a sociedade volta a ser refém do governo, porque na realidade a União deverá recompor os valores da renúncia fiscal operada pela desoneração, mas a União nunca foi boa pagadora, a União sempre foi a grande devedora do seguro social e agora da seguridade social.

Evidente é o envelhecimento da sociedade brasileira. Essa constatação demanda ações de preparação do futuro próximo. Uma previdência social bem planejada exige visão de 30 anos à frente. Assim não se admitem reformas pontuais que são aparentemente boas para a economia, mas gerarão desequilíbrios insanáveis para o futuro.

Os objetivos do governo parecem imediatistas. É sabido que a indústria ocidental sofre graves problemas de competitividade, mas nenhum governo age por intuição. Países desenvolvidos mantêm grupos de estudo e de comprometimento com resultados, buscando a melhor forma de solução. No Brasil o Executivo, pontualmente adota a solução sem absolutamente se preocupar com os resultado futuros.

O governo absolutamente é ingênuo. Ele reconhece as soluções precipitadas, mas adota a via mais confortável e imediatista.

Observemos a Lei Orçamentária Anual para verificar que a União arrecada 2.3 trilhões anualmente. Dessa arrecadação 957 bilhões compõem o Orçamento Fiscal da União; 535 bilhões estão disponibilizados pela sociedade à seguridade social, e pasmem, 655 bilhões se destinam ao refinanciamento da dívida pública! O governo nunca menciona esses valores.

A arrecadação é expressiva, mas o governo se encanta com os recursos da seguridade social, destinados para ações dc saúde, previdência e assistência social e não suporta as amarras e engendra modificações. No entanto, a seguridade social é a única segurança que a sociedade tem nos dias atuais, ainda que mal administrada.

Não somos contrários à desoneração, mas à forma imediatista como foi instituída, sem apurar levantamento das consequências. O projeto da reforma tributária previa uma reduções graduais das incidências sobre a folha.

O tema ultrapassa os limites dos estudos tributários e esbarra nos fundamentos da República Federativa do Brasil que visa uma sociedade livre, justa e solidária, onde não há lugar para miséria e onde cada pessoa tem direito à sua dignidade humana.

A falta de planejamento e da ampla discussão avilta a sociedade.

Obrigada!

Ângela Maria da Motta Pacheco – Agradecemos à professora Helga pela exposição, que nos esclareceu muito sobre o lugar que a previdência social ocupa dentre as contribuições sociais e gênero, mostrando a dificuldade que está acontecendo com a base de cálculo, que vai sofrendo injunções mediante medidas provisórias e sem, provavelmente, com certeza, analisar a capacidade contributiva, sobrepondo-se bases de cálculo sobre bases de cálculo. Muito obrigada, Helga. Em seguida, falará o Tácio Lacerda Gama, que vai discorrer sobre PIS e Cofins, direito de crédito, conceito de insumo, crédito sobre o frete, aproveitamento proporcional e limites temporais para sua utilização. Tácio é mestre e doutor pela PUC, em Direito Público e professor em cursos de graduação e pós-graduação, além de excelente advogado. Tem a palavra o professor Tácio.

PIS e COFINS: Direito de Crédito, Conceito de Insumo, Crédito Sobre o Frete, Aproveitamento Proporcional e Limites Temporais Para Sua Utilização

Tácio Lacerda Gama – Bom dia a todos. Querida professora Ângela, muito obrigado pela apresentação. É uma honra integrar a mesa com meus queridos amigos, os professores Helga Klug, Clélio Chiesa, Octávio Bulcão. Gosto de estar aqui. E fico, por isso mesmo, muito satisfeito cada vez que recebo o convite para este que é um dos nossos mais tradicionais congressos de direito tributário.

Em atenção ao que me pede a coordenação da mesa, cumprirei o prazo que me foi destinado. Para isso, contudo, terei que ser objetivo e me valer de uma estratégia metódica. Dividir o tema em algumas partes mais simples, buscando responder em cada uma delas as perguntas previamente formuladas.

Desta forma, na primeira parte da exposição, tratarei da não cumulatividade do PIS e Cofins, para responder: por que ela surgiu? E como ela funciona? Com os subsídios oferecidos nas respostas a estas perguntas, passaremos a outros assuntos, de ordem mais pragmática, como, por exemplo, as circunstâncias em que é possível tomar crédito com base nas despesas de frete e a necessidade de efetuar rateio proporcional. Desta forma, começaremos com a abordagem conceitual e, depois, aos assuntos mais concretos com subsídio naquilo que vem sendo decidido pela Secretaria da Receita Federal e pelo Conselho Administrativo de Recursos Fiscais.

A primeira ideia a ser fixada é: por que existe não cumulatividade?

Outro dia eu conversava com um dos empresários que participou da mobilização para implementar, no Brasil, a não cumulatividade do PIS e da Cofins. Ele se lembrava, entre arrependimento e revolta, de que havia se mobilizado em prol da incidência não cumulativa destas contribuições, em virtude da oneração que projetava nos bens manufaturados exportados pelo Brasil. A proposta inicial era levar a neutralidade fiscal para o PIS e para a Cofins, reduzindo a cumulação de tributos que aumentam artificialmente o preço dos produtos e, assim, também, aumentar a nossa possibilidade de competição em um mercado global. Antes da não cumulatividade, mesmo que na etapa de exportação o tributo fosse reduzido a zero, haveria sempre aquela parcela relativa a este tributo que incidiu nas etapas anteriores. Vale dizer, acabávamos sempre exportando tributo. Neste contexto, o clamor pela não cumulatividade justifica-se como meio de desonerar toda cadeia de produção de bens voltada à exportação.

Historicamente, a não cumulatividade foi idealizada por Alexander Siemens, o mesmo sujeito que inventou as indústrias Siemens, em 1918, na Alemanha. E a ideia do Siemens qual era? Permitir a incidência de um tributo em várias etapas do processo produtivo. Mas a preocupação dele, ao contrário do que a gente lê, não era tanto a capacidade contributiva. Esta se resolve com manipulação de base de cálculo e de alíquota. A não cumulatividade serve a outro propósito, qual seja, permitir que um bem ou serviço utilizado na confecção de outro bem ou serviço, que já tenha sido tributado, não seja tributado novamente, com a tributação subsequente do bem produzido. Por isso, o valor cobrado numa etapa deve ser descontado na seguinte. Isso deve ser feito de tal maneira que o valor do tributo cobrado numa etapa sobre um bem, não volte a incidir sobre o mesmo bem, adiante.

Quando não há técnica de não cumulatividade, o que ocorre é que o produto ou serviço tributado numa etapa e utilizado como insumo de outro bem ou serviço acaba por ser duplamente onerado. Mas qual o problema disso: Se cada etapa tributa novamente o que já foi pago na etapa anterior, a solução é reduzir etapas, como forma de reduzir tributos. Deste modo, a incidência dos tributos acaba por condicionar o modo de organização da atividade econômica que deixa de seguir uma racionalidade econômica, própria das atividades empresariais, e passa a seguir uma lógica fiscal, de forma a reduzir o impacto dos tributos na produção de bens ou prestação de serviços. Com isso, o tributo deixa de ser neutro e concorre para a ineficiência dos setores produtivos. Sim, pois decisões como terceirizar uma atividade ou não, exportar ou não, ter processos mais complexos ou mais simplórios de produção acabam sendo condicionadas pelo tributo que incide e não por qualquer outro critério ligado à eficiência produtiva. E isso, por sua vez, estimula a concentração de etapas de processo produtivo. Isso atrapalha a competição, atrapalha a terceirização, isso dificulta a liberdade de iniciativa de produzir, criar e circular riqueza.

Não por outra razão, este princípio que foi criado em 1918 e implementado na França em 1946, passou a estar presente na esmagadora maioria dos países que integram a OMC.

Mas a não cumulatividade não é a única forma de implementar a neutralidade fiscal. Há outras técnicas, como, por exemplo, a incidência monofásica. Segundo esta técnica, identifica-se uma etapa do processo produtivo que deverá arcar com o pagamento dos tributos, promovendo, como contrapartida, a desoneração de todas as demais. No caso do PIS e Cofins, esta foi a técnica adotada para a tributação de setor inteiros como o de medicamentos e bebidas. Fala-se, neste caso, em responsabilidade por substituição tributária.

Mas, além da incidência monofásica, existe a incidência sobre o valor agregado, em que a base de cálculo é aquilo que se aumenta de uma etapa para outra em um processo produtivo. Isso também não tem nada que ver, nem com o nosso PIS e Cofins, nem com o nosso IPI e nem com o nosso ICMS. O que acontece nesta modalidade é um sistema de creditamento, onde o tributo incide sobre o valor total da venda e você gera abatimento com aquilo que foi pago ou aquilo que incidiu na etapa anterior. E aqui está o ponto fundamental de divergência entre Fisco e contribuinte: quanto maior a possibilidade de créditos que você acumula, menor vai ser aquilo que você vai pagar a título de tributo. Sim, pois o tributo a ser pago é produto da diferença entre aquele que incide sobre a receita bruta e os créditos apurados. Sendo maior o crédito, menor será o tributo.

Não por oura razão, surgem conflitos de interesse que projetam conflitos de interpretação entre Receita Federal de um lado e contribuintes do outro. Por isso, aquilo que foi um pleito do setor produtivo acabou se transformando num presente de grego, uma armadilha que projetou agressivo aumento de arrecadação, em meio à crescente complexidade do sistema e litigiosidade das relações entre fisco e contribuinte. Eis o porquê de as contribuições ao PIS e Cofins terem se transformado numa poderosa fonte de receitas para o Estado, mas também numa das maiores fontes de litígio, nos quais, nem sempre, o Estado leva a melhor.

A segunda questão fundamental a ser resolvida no caso é: como funciona a não cumulatividade do PIS e da Cofins?

O primeiro ponto, nesta questão, a se considerar é que esta não cumulatividade não se confunde com aquela do IPI, tampouco com a do ICMS. Buscando evitar toda sorte de conflitos de interesse ligados a notas fiscais inidôneas, a não cumulatividade do PIS/Cofins não depende de destaque do tributo em nota, mas sim da indicação, em lei, das circunstâncias que dão direito a crédito, com as respectivas delimitações legais. Mesmo assim, segue sendo relevante a discussão sobre o que deve ser considerado "insumo" para fins de geração e aproveitamento dos créditos. Sim, pois a despeito de seguir sistemática distinta, as autoridades administrativas da Secretaria da Receita Federal buscaram, num primeiro momento, fazer valer para estas contribuições a tradição de interpretar restritivamente os custos que ensejam direito a crédito, na forma preconizada pelos atos interpretativos acerca do IPI. O critério fundamental para identificar o que dá ensejo a crédito no IPI é o fato de um bem integrar a composição de outro bem ou ser completamente desgastado ao concorrer para a produção de outro bem. Nestes casos, há insumo. Nos demais, não. Isso de tal forma que, se o combustível que aquece uma caldeira para produção de vapor não se mistura ou desgasta integralmente na produção deste vapor, ele não poderá ser considerado insumo. Não é difícil imaginar um sem número de casos em que custos diretos ou semidiretos são descartados como insumo pela simples circunstâncias de não aderirem diretamente ao produto final.

Tentou-se, desta forma, transplantar essa racionalidade restritiva do IPI, voltada ao aumento da arrecadação e não à neutralidade fiscal, para PIS e Cofins. A reação do contribuinte foi concebida logo no primeiro momento e seu fundamento não é de todo desarrazoado. Como PIS e Cofins são tributos que incidem sobre receita, descabe a simples utilização do quanto pensado para o IPI, ou seja, para a industrialização de produto. O correto seria, isso, sim, considerar como apto a gerar crédito, insumo portanto, tudo aquilo que concorresse para a formação da receita. A proposta seria abandonar a racionalidade do IPI, mais restritiva, por uma racionalidade mais ajustada a tributos que incidem sobre receita, vale dizer, que seria a do Imposto sobre a Renda. Neste modo de pensar, todos os custos e despesas necessárias à obtenção da renda, desde que normais e regulares, devem ser considerados na apuração da base de cálculo do tributo. E isso faz sentido sim. Talvez esta fosse, inclusive, a forma mais justa de prescrever a não cumulatividade para tributos que incidem sobre receita.

Mas podemos pensar no que é simplesmente mais justo, segundo nosso juízo subjetivo, ignorando a escolha feita pelo legislador? O que não faltam são propostas oportunistas e inconsistentes do ponto que vista teórico que, partindo de uma equivocada aproximação entre direito e ética, como fosse possível existir um sem a outra, para propor que sim, o que deve prevalecer é o justo e o ético no lugar do discurso jurídico de quem pode prescrever sobre este tema. A ética ou uma ideia abstrata de justiça não mudam as escolhas do legislador, sem que elas sejam alteradas por ele mesmo ou pelo poder judiciário. Só o direito, por meio do próprio direito, pode alterar o direito.

Ciente disto e atento aos excessos dos dois pontos de vista expostos acima, fez bem o CARF ao deixar de lado as duas orientações sobre o que dá e o que não dá ensejo a crédito de PIS e Cofins, para decidir numa racionalidade própria a estas contribuições. E isso me parece legítimo, pois mostra um amadurecimento da jurisprudência do CARF que entende seu papel e entende, até por expressa disposição regimental, que nem todos os problemas podem ser solucionados pela jurisprudência. Até aceito que seria mais justa a possibilidade ampla e irrestrita, nos moldes do IR, para a tomada de crédito. Faz todo sentido que, para evitar a não cumulatividade, tudo aquilo que concorre para a produção da receita, deveria ensejar crédito. Mas não foi essa a opção do legislador. E, neste particular, não tem como o Poder Judiciário ignorar a legislação e as disposições constitucionais para autorizar a tomada de crédito onde ela é vedada de forma congruente com as demais disposições que dão forma ao regime destas contribuições.

Com estas informações em mente, passamos a entender que não se aplica ao PIS e à Cofins o que está prescrito para o IPI e para o IR, mas sim aquilo que funciona como elemento que concorre para a produção da receita, mas que, independente de destaque em nota, seja possível saber que foi tributado em etapa anterior. Por isso mesmo, por exemplo, a despesa com contratação de pessoa física é despesa dedutível na base de cálculo do IR, mas não gera crédito para fins de PIS e Cofins. Neste caso, as pessoas físicas não pagam estas contribuições, logo não haveria de se falar em não cumulatividade. Função de gerar receita e haver sido tributada em etapa anterior surgem, assim, como critérios relevantes para saber se há ou não direito a crédito no PIS e na Cofins.

Com o que acebei de dizer, já tenho elementos para responder de forma fundamentada: despesa de frete dá direito a crédito? Temos aqui que separar três situações: Uma, que é o frete quando integra o custo do bem que dá direito a crédito. Outra, quando ele é considerado um insumo. E, mais ainda, quando é o frete nas operações de venda de mercadoria. Nesta última, a legislação é clara ao prescrever que frete na operação de venda, suportado pelo vendedor, enseja direito a crédito. Essa situação *standard* não enseja dúvida e é o que normalmente acontece.

O problema surge noutras situações, diversas da operação de venda, quando eu tenho a transferência de uma mercadoria, por exemplo, para um centro de distribuição ou de um centro de distribuição para outro, sendo ambos da mesma empresa. Neste caso, posso dar o mesmo tratamento daquela situação em que ha operação de venda? E, aí, o que a gente acaba observando é que, no passado, as empresas optavam por, na sua contabilidade, colocar tudo como operação de venda. Tomavam crédito e não tinha problema. Mesmo empresas comerciais faziam isso. O que acontece é que a escrita fiscal, agora, na sua forma eletrônica, há expressa discriminação entre fretes de venda e outros fretes, os chamados fretes internos. Eis aí a polêmica instaurada.

As primeiras respostas à consulta como, por exemplo, esta que tenho aqui, falam do quê? O frete pago na entrega de insumo adquirido para ser utilizado na fabricação de bens destinados à venda. É a primeira situação, quando o que você paga não vem destacado, você não tem uma despesa específica sua com aquilo. A despesa é de uma outra pessoa. Se você está pagando R$ 100,00 por determinados produtos que você vai utilizar como insumo, se o produto dá direito a crédito, automaticamente você pode tomar esse crédito, porque o frete está embutido nesse custo.

Situação diversa acontece quando você tem, por exemplo, o frete que é pago não de maneira embutida no custo, quando você tem esse destaque e a questão é feita dentro da sua empresa. Por exemplo, se eu tenho um estabelecimento aqui e remeto a mercadoria para outro estabelecimento da minha mesma empresa, eu não estou adquirindo aquilo de terceira pessoa. Nessas situações é que a Receita Federal começou a criar dificuldade no sentido de dizer: "Olha, não está previsto na legislação esse crédito que você vai tomar". E, aí, as respostas a consultas que começaram a vir foram no sentido de não ser possível a tomada de crédito. Mas, logo em seguida, o Poder Judiciário – e, aqui, tenho uma decisão de 2010 – ampliou a possibilidade dessa tomada de crédito de maneira divergente daquela prevista pela legislação, dando interpretação um pouco mais ampliativa em relação àquilo que tinha sido entendimento da Receita. Há decisões isoladas – ainda não me parece ter se tornado algo consensual – no sentido de algumas circunstâncias que não são consideradas frete de venda, frete de transporte, ser consideradas para ensejar direito a crédito. Mas essa é uma matéria que está amadurecendo com o beneplácito do Poder Judiciário. Bom, essa é a interpretação do Poder Judiciário que eu acabei de comentar com vocês.

E, por fim, tem outra questão polêmica, que decorre da não cumulatividade, que tem que ver com a possibilidade de se tomar crédito em situações onde a mesma pessoa jurídica desenvolve atividades que estão, parte delas, sujeitas à não cumulatividade e, outra parte, sujeita à cumulatividade. O caso clássico são as empresas de telecomunicação. Elas têm o serviço de telecomunicação que está sujeito à cumulatividade, é a regra normal, à alíquota 3,65%, para PIS e Cofins. E existe outra atividade que ela também desenvolve, que consiste na compra e venda de aparelhos celulares. A compra e venda de aparelhos celulares estão sujeitas à não cumulatividade. O que acontece é que essas empresas compram o celular a 100 e, em muitas circunstâncias, elas dão o celular para o seu cliente, dentro de certas características. E isso faz com que ela tenha o crédito acumulado. E aí, existe, primeiro, uma dúvida acerca de que tipo de operação ela pode tomar crédito. Porque, se fosse dada a ampla possibilidade de tomada de crédito e ela pudesse tomar crédito, por exemplo, com algumas despesas que ela tem com o serviço de telecomunicação, o valor que ela teria que pagar de PIS e Cofins seria intensamente reduzido. Existe uma tese para isso, mas que não vem ao caso nos concentramos nela. A vedação que a legislação sempre trouxe, consiste no seguinte: Eu posso apurar crédito de PIS e Cofins em relação proporcional àquela despesa que eu tenho para obtenção da receita não cumulativa. O que não for não cumulativo não dá direito a crédito. Essa é a vedação clara da legislação. Eu não posso apurar crédito em relação a custos e despesas. Inclusive, a legislação traz critérios de rateio, a apropriação direta, o rateio proporcional. Tem um coeficiente que pode ser utilizado nessa tomada de crédito.

O que acontece em todos esses casos é o seguinte: Algumas empresas começaram a levar para a frente a ideia de que, por se tratar de um tributo único e independente de apurar crédito em relação à atividade cumulativa, o que elas pretendem é compensar o crédito acumulado na atividade não cumulativa com aquele crédito ou com aquele débito que ele têm na etapa cumulativa. Por se tratar de um tributo único, por ser um crédito escritural, ele não serviria apenas para abater daquela atividade não cumulativa. Então, todo aquele crédito que vem sendo acumulado por essas empresas, poderia, por exemplo, reduzir o débito, o custo que ela tem com a atividade cumulativa. Essa tese não me parece das mais interessantes, tem uma série de entraves, tanto operacionais quanto jurisprudenciais, mas é algo que tem que ver.

A questão do custo e rateio de despesa comum, toda ela está disciplinada pela legislação. E vejam que é uma matéria, de certa forma simples. Mas eu conheço muita empresa que tem evitado tomar crédito em certas atividades, por conta da dificuldade que tem e das respostas negativas que tem tido da Receita, nesses casos.

Estes exemplos concretos que me foram sugeridos como pauta para a nossa conversa de hoje sinalizam regras metodológicas mais amplas que deve orientar todas as nossas pesquisas sobre qualquer tema com relevância concreta no direito tributário brasileiro contemporâneo e que, a título de conclusão eu passo a enumerar: 1) as discussões tributárias na contemporaneidade seguem sendo conceituais, mas a forma de sua fundamentação mudou sensivelmente; 2) mais do que em qualquer outro momento, a forma de positivação pelos órgãos dotados de jurisdição, seja ela administrativa ou judicial, ganham redobrada forma argumentativa; 3) em regra, soluções pensadas para um tributo não servem para disciplinar outra espécie tributária; 4) a não cumulatividade do PIS e da Cofins não se confundem com aquela prevista para o IPI ou para o ICMS, muito menos se pode adotar, sem considerar o que dispõe a legislação, a racionalidade das despesas no IRPJ; 5) são critérios úteis à identificação dos gastos que dão direito a créditos de PIS e Cofins a função que desempenham estes gastos, ou seja, se eles concorrem ou não para a obtenção da receita, mas também se eles são tributados pelo PIS e pela Cofins noutra etapa do processo produtivo de bens e serviços.

Estas são ideias gerais sobre o tema que estão a serviço da solução de qualquer problema pragmático relativo à não cumulatividade do PIS e da Cofins.

Muito obrigado.

Ângela Maria da Motta Pacheco – Agradecemos ao professor e advogado Tácio, pela excelente exposição, onde ele demonstra a necessidade de se tratar o PIS-Cofins de uma maneira racional, especificamente quanto aos créditos, diferente do IPI e do Imposto de Renda, demonstrando, com o exemplo trazido aqui, a dificuldade de se apurar esses créditos no PIS-Cofins. Muito obrigada, Tácio. Falará em seguida o professor e advogado Clélio Chiesa. Clélio Chiesa tem o título de mestre e doutor em Direito Público pela PUC; específico de Direito Tributário, sendo – eu diria aqui, porque conheço o trabalho dele – um grande advogado, com uma banca em Campo Grande, Mato Grosso do Sul. Tem a palavra o professor Clélio. Eu só gostaria, Clélio, de falar sobre o que você vai falar, que é parecido com – ele vai falar sobre receita e ingresso, distinções e incidência de PIS e Cofins, de uma certa forma complementando a palestra anterior.

Muito obrigada.

Receita e Ingresso: Distinções e Incidência de PIS e COFINS

Clélio Chiesa – Ilustríssima presidente desta mesa, professora Ângela Pacheco, demais colegas que a integram, senhores e senhoras aqui presentes. Mais uma vez, uma grande honra ter a oportunidade de estar aqui e repartir com os senhores as nossas reflexões, as nossas angústias e a visão sobre determinado tema. E, como vocês puderam perceber, pela programação, eu recebi a incumbência de vos falar sobre receita e ingresso, distinções e incidência de PIS e Cofins. Mas, antes, eu ainda gostaria de iniciar a minha fala agradecendo à organização do evento e o faço na pessoa da professora Maria Leonor, que nos honra com este convite. Senhores, eu, diferentemente talvez do que o professor Tácio, eu não vejo – professor Tácio, gostei dessa sua última fala, com o fechamento, com essa, eu diria, esperança, eu não sei, quase que fé de que tudo vai melhorar, que nós estamos vendo uma luz ao fim do túnel. Mas o PIS-Cofins, do mesmo modo, ainda maior, porque não temos efetivamente os critérios claros de quando geram esses créditos e, consequentemente, todas essas discussões em torno dessa sistemática. O desafio que me foi colocado, eu penso que temos dois aspectos. Primeiro, fundamentalmente, de nós conseguirmos, em termos teóricos, critérios que possam, efetivamente, traçar uma linha divisória entre aquilo que pode ser considerado receitas, os ingressos e essas entradas que, enfim, independentemente de sua natureza, parece que, aí, a sua qualificação fica a depender de uma linha divisória ou critérios que possam separar de modo claro. O que acontece? Então, esse é o primeiro desafio. Segundo, em relação a situações fáticas à sua qualificação jurídica, porque há uma série de negócios que, devido à sua complexidade, nós temos dificuldade de qualificá-los.

Então, ao invés de *[truncado na gravação]* preparei a minha apresentação. Eu tentei separar aqui quatro casos – nós temos "n" outros, vou tomar esses como referência para efeitos de nós analisarmos essa questão das receitas e ingressos. O primeiro deles é em relação aos valores auferidos pelas empresas de telefonia e celular, a título de *roaming*. Enfim, nós sabemos que quando estamos fora da área, o serviço é prestado por uma outra operadora e os valores que nos são cobrados em relação a esse serviço, nós não pagamos diretamente a uma outra operadora mas, sim, àquela a que estamos vinculados. E aí começam as primeiras dificuldades. Porque qual é a relação que nós temos com essa outra operadora? Os valores que a ela são repassados, a que título são repassados?

E eu coloquei, na sequência, um outro caso, que é parecido, pelo menos a normatização, é a questão do transporte ferroviário de cargas, chamado tráfego mútuo. Que também tem uma disciplina própria e que também apresenta uma situação semelhante. Por força da legislação no Brasil, mesmo aquelas concessionárias que não detém a malha em todo o percurso, ela pode, efetivamente, contratar o transporte e usar a malha ou até o serviço da outra, mediante pagamento. Muito bem. Esses valores são receitas? Para quem? Em tese, entre aspas, a subcontratada ou a contratante? Ou para as duas?

Agenciamento de mão de obra, eu acho que todos aqui também já acompanharam a evolução dessa discussão, mas eu as coloco apenas para uma reflexão em relação à natureza desse contrato que, enfim, os senhores também já conhecem a jurisprudência consolidada. E um outro assunto, por fim, para tentar fechar esses aspectos, é a hipótese de rateio de despesas, custos e despesas entre as empresas de um mesmo grupo econômico. E, aí, a indagação que se faz é seguinte: Primeiro, o que pode ser tributado com esses tributos? Toda e qualquer entrada de recursos? E, aí, eu vou fazer uma pequena digressão, bem rapidinho, aqui, um retrospecto, no que diz respeito à legislação.

Primeiro, nós sabemos que, fazendo um corte, a contribuição Cofins tem a sua base legal infra, não constitucional, ali, na Lei Complementar 70. E que nós sabemos, está aí, no art. 2º, a qual determina como tributável o faturamento mensal, entendido esse – e aí, já demarcado – receita bruta das vendas de mercadorias e mercadorias e serviços e serviços de qualquer natureza. Do mesmo modo, redação semelhante, o PIS. Na sequência, nós tivemos aí a alteração levada a efeito pela Lei 9.718 e esta 9.718 ampliou, evidentemente, esta base, tomando então como possibilidade de tributação a receita bruta, a totalidade das receitas auferidas. E, aí, a parte final, que tem gerado e continua gerando problemas, porque inclusive há redação semelhante na legislação atual, que é o tipo de atividade exercida, ou seja, que, melhor dizendo, é irrelevante o tipo de atividade e a classificação contábil adotada. O que – pronto – já deu margem para o Fisco dizer: "Então, se não há qualificação jurídica qualquer, vou fazer equivalência a entradas, ingressos".

Aqui, em termos de fundamento constitucional e competência, todos devem se lembrar que, inclusive, esta é uma discussão que ouvi o professor Geraldo Ataliba aqui, sustentando que, na época, com essa competência, nós teríamos, na verdade, uma autorização para uma única contribuição. E nós sabemos que ela, de uma, virou três e, hoje, muitas, porque até na importação, enfim, a Constituição continua sendo alterada. E, em especial, neste item que nos cabe aqui, a mudança da redação da alínea "b" para autorizar aí a tributação sobre a receita ou faturamento. Essa questão, acredito que todos conhecem, foi submetida ao Supremo Tribunal Federal e o Supremo, no que diz respeito à alteração da 9.718, por ter sido anterior à emenda que ampliou, enfim, alterou a redação de faturamento para faturamento ou receita bruta, declarou inconstitucional. Pronto. Com relação ao PIS-Cofins cumulativo. E ao não cumulativo? Aí, nós tivemos a alteração da legislação e é o que está vigente hoje e o que nos interessa neste momento. Ou seja, temos aqui, no art. 1º, que a incidência se dá sobre o faturamento, entendido como tal o total das receitas auferidas, independentemente da sua denominação ou classificação contábil.

E por mais, esclarece, parágrafo único: total das receitas compreendidas como venda, serviços, operações em conta própria ou alheia e – destaquei – todas as demais receitas auferidas por essa pessoa jurídica. Muito bem. Eu, aqui, então, enfim, chegamos até aqui. Ou seja, isso é o que está literalmente na legislação. Eu vou firmar uma premissa aqui e vou tentar examinar aqueles casos à luz dessa premissa. Primeiro, parece que caminhamos por uma certeza, ou, pelo menos para a grande maioria, de que não podemos fazer uma equivalência entre receitas e ingresso. Isso, com certa tranquilidade. Então, eu poderia dizer o seguinte: o que é que nós podemos considerar como receitas? E aí, temos que são todas as entradas, nessa premissa, resultantes da exploração de atividade econômica. Representam, nesse sentido, elementos novos em um conjunto de bens e direitos de titularidade da empresa.

Nesta linha de raciocínio não se incluem os ingressos de terceiros. Exemplo, eu coloquei entre parênteses, a COSIP, que é a contribuição de iluminação pública. Veja que ela é um tributo. Será que ela pode ser equiparada, por exemplo, nesse caso, como a questão da discussão de se há possibilidade ou não da inclusão do ICMS e ISS na base de cálculo do PIS-Cofins que, hoje, tem repercussão geral? Eu, aqui, me adianto para dizer o seguinte: Penso que não. Por quê? Porque, aqui, neste caso, especificamente, o dispositivo que outorga a competência, já o contempla. E, também, pelo fato de que, aqui, nós estamos diante de uma hipótese que a empresa que arrecada, ou seja, recebe esses valores, ela age como mero agente arrecadador, o que é diferente na hipótese do ICMS e os demais tributos. E ingressos aqui tomados como aqueles que não representam um aumento do patrimônio. E aqui elenquei alguns, como empréstimo, caução, recuperação e gastos em favor de terceiros. E como ingressos, todas as entradas de recursos, independentemente de sua natureza. Pronto.

Então, está tudo resolvido. A legislação clara, essa distinção também clara, todos aceitam essa premissa, não temos problemas. Não. Ao contrário, temos muitos problemas, não é? E a começar por esse, que eu vou colocar agora, então. Com relação à questão dos valores recebidos pelas empresas de telefonia celular, a título de *roaming*. Eu coloquei aqui algumas indagações que me afligem, acredito que para reflexão.

Primeiro, integra ou não integra a base de cálculo do PIS-Cofins? Bem, quais são os elementos que me permitem traçar uma linha divisória entre os custos e despesas? Aqui, não há uma possibilidade muito grande. E, aí, eu pergunto: O fato de vir objetivamente, na mesma fatura ou não, faz diferença? Num negócio diretamente – há que existir, no caso, entre o negócio diretamente celebrado entre a fonte pagadora e a empresa que recebe os valores pagos pelos serviços? Vejam, eu vou repetir. Eu preciso, necessariamente, para considerar como receita e separar as receitas entre a operadora que recebe pelo serviço de *roaming* e a que eu tenho contrato com ela celebrado, ter uma relação direta, ou não? Porque, vejam os senhores, existem inúmeras outras situações do mesmo modo, ou seja, não há uma relação direta, porém esses valores são repassados a terceiros. E, aí, será que nessa linha de raciocínio, eu poderia então dizer: Então, se é desse modo, toda vez que há uma subcontratação, logo aqueles valores não pertencem àquela que originariamente confirmou o contrato e a posterior celebração de contratação de um terceiro para a execução do serviço. Ou não? Posso fazer essa equivalência? Porque, aí, também nós temos um problema. Se nós fizermos essa linha de raciocínio, toda vez que houver uma subcontratação, os valores de subcontratação não integram a base de cálculo PIS-Cofins.

E como é que foi decidida essa questão no CARF? Então, vejam vocês o seguinte: Decidiu a Câmara Superior de Recursos Fiscais que, neste caso do *roaming*, os valores repassados à operadora que efetivamente presta o serviço não integram a base de cálculo do PIS-Cofins. O raciocínio é de que, neste caso, não obstante a fatura ser única, o que eu tenho, na verdade, é que o prestador efetivo é a outra operadora e não a que eu tenho contrato. Muito bem, lembrem-se, anotei aqui embaixo: por maioria. Tá? Então, essa é uma situação. Esse é o entendimento do CARF.

Agora, vejamos uma outra: exploração de transporte ferroviário de cargas. Como é que ele é realizado, no Brasil? As administrações ferroviárias são obrigadas a realizar isso naquilo que chamam, que é denominado de tráfego mútuo. Em outras palavras, ou você compartilha a prestação de serviço ou permite que as empresas possam percorrer todos os trilhos, mesmo não sendo as detentoras da concessão em um determinado trecho. E está até já definido, na própria legislação, na Resolução 44 da Agência Nacional de Transportes Terrestres. Situação fática, senhores – só para que nós possamos, depois, fazer um teste com relação a essa definição e separação entre receita e ingresso. A empresa “x” é contratada para realizar o transporte do ponto “A” até o “C”. O trecho entre “A” e “B” encontra-se no âmbito da concessão da empresa “x”. E o trecho entre “B” e “C”, o direito de exploração da malha ferroviária é pertencente à empresa “y”. A empresa “x” registrou como receita própria os valores recebidos pelo serviço prestado entre o trecho “A” e “B”. E os valores repassados à empresa “y”, pelo uso da malha no trecho entre “B” e “C”, como receita de terceiros. Resultado: foi autuada. Até aí, não é? Realmente, é uma matéria controvertida e o Fisco está realizando o seu trabalho de fiscalização, aplicando seu entendimento. Mas, olhem, o resultado desse mesmo caso, submetido ao CARF. Tráfego de transporte ferroviário de cargas, tráfego mútuo, base de cálculo, valor integral. E eu pergunto: Qual a distinção entre as duas hipóteses? O primeiro aspecto comum, que há uma normatização mais intensa quanto ao modo de realização do negócio, disciplinado em legislação específica. E, aí, me parece o seguinte. O que é que nós temos aqui? A situação é a seguinte. Nesse aspecto, quais são os elementos – então, mais uma vez, o que me parece é que, em decorrência dessa discussão, não está muito claro quais são os critérios efetivos que vão separar e separam, evidentemente, o que nós podemos considerar ingressos ou receitas.

Outro caso, bem rapidinho, para nós evoluirmos. Empresa prestadora de serviço de locação de mão de obra temporária. Todos nós aqui, acredito que vocês conhecem o resultado. STJ, base de cálculo, valor integral. E, aqui, os argumentos. O fundamento, pelo menos, que trilhou o Superior Tribunal de Justiça, foi claro no sentido de que considerou aqueles valores relativos aos salários e encargos dos trabalhadores como sendo receitas. Então, o fundamento não é um problema de discussão do modelo do negócio. Não foi focado na questão do tipo específico como contrato típico de agenciamento.

O Supremo Tribunal Federal, qual o entendimento? Vejam lá. O Supremo Tribunal Federal, entre outras decisões que eu separei, há aqui a negativa de conhecimento de agravo, em que ficou firmado o seguinte: "Consoante foi asseverado na decisão agravada, esta está em harmonia com o entendimento desta Corte". E, aqui, eu pergunto: qual o entendimento da Corte? Então, aqui, em relação à própria tributação do PIS e Cofins, quanto ao conceito de entradas e a questão de receitas. Primeiro, essa indefinição, em relação à amplitude – ou seja, se só as receitas decorrentes de sua atividade, objeto social, ou outras? Ou a natureza dos valores recebidos no contrato de agenciamento? Essa interrogação fica, porque isso não foi apreciado. Então, vejam, o problema aqui, talvez, não é a amplitude mas, sim, a natureza do negócio, em si. E qual é essa natureza? Não foi objeto de discussão.

Agora, uma coisa me parece certa, que o caminho – ou, pelo menos, a sinalização do Supremo em relação a essa demarcação da tributação – está nesta decisão, em que se toma aqui o conceito de receita bruta sujeita à tributação não só o resultado decorrente, à luz da Lei Complementar 70, ou seja, serviço, mercadoria e serviço, mas a soma das receitas oriundas do exercício das atividades empresariais. Isso me parece tranquilo. Mas isso resolve os outros problemas? Não. Nós continuamos com outras indagações e que nos afligem.

Vejam o rateio de despesas. E aqui, o seguinte, me parece que o rateio de despesas pode ser tomado em duas situações diferentes. A primeira, uma empresa controladora contrata uma terceira empresa para prestar serviços a todas as empresas do grupo e repartem, ou seja, esse custo – como, por exemplo, aqui, em relação à contabilidade, informática, segurança e outros. A outra hipótese, a empresa controladora disponibiliza a sua força de trabalho administrativo de uma das empresas para as demais empresas. Como é que eu registro os ingressos decorrentes desses gastos – que, em um primeiro momento, foi realizado apenas por uma das empresas – em relação às demais? Nesse sentido, então, nós temos o seguinte, a análise do entendimento da Receita Federal. Aqui, nós temos o seguinte, em soluções de consulta, há alguns casos em que se dividiu entre o aspecto de uma das empresas do grupo que prestasse, realizasse esse serviço em relação às outras e o grupo contratar uma terceira empresa. Então, nós temos situações onde, em qualquer circunstância, se considerou que, de fato, são reembolsos e, portanto, ingressos e não receitas. Outras soluções de consulta, como esta aqui, dividiu em dois grupos. Apenas considerou como ingressos – portanto, não tributáveis, aqueles serviços contratados de terceiros. Muito bem. Aqui, uma outra solução, onde está: rateio, incidência. Também aqui, uma outra decisão, com relação à empresa líder prestando o serviço, incidente. Em uma outra decisão do CARF, não incidente. E, aqui, o CARF, em uma outra oportunidade, fazendo a mesma distinção entre contratação de terceiros ou prestação de serviços dentro do mesmo grupo. Muito bem.

Judiciário. O que eu pude encontrar, em relação a essa questão, me parece o seguinte, primeiro, nós temos aí uma decisão do TRF da Quinta Região, considerando que, nessas hipóteses, mesmo uma das empresas prestando serviço a outras empresas do grupo, tais valores recebidos não devem ser contados como receita passível de ser tributada pelo PIS-Cofins. Muito bem, então, para fechar tudo isso, o que é que nós podemos perceber, em relação a todas essas decisões? Enfim, não há critérios preestabelecidos e fixos. Então, nós temos uma definição clara do que são receitas, no plano teórico; nós temos essa separação tranquila de ser feita. Porém, aí, nós temos uma série de dificuldades nas situações práticas.

Por que isso? Porque me parece que a grande dificuldade, primeiro, é elencar critérios uniformes, que possam contemplar todas as situações, que possam separar as grandezas. Porque se você elenca, por exemplo, o fato de o ingresso ser definitivo. Se for assim, então, nada. Porque o que é a definitividade? Só o resultado líquida da atividade? Mas penso que quem utiliza essa expressão, há uma crítica equivocada porque, o que se está com isso querendo é, efetivamente, separarmos, aí, a questão de custos, despesas, de receita. E quer se trabalhar com a ideia de definitividade com recursos próprios. Opa! Então, está bom, já encontrei. Então, são todos os ingressos que são próprios. Ou seja, titular é aquele que recebe? Não. Não dá para resolver. E porque é que não dá para resolver? Resolve o problema de terceiros. Ou seja, resolve o problema da mera passagem de recursos pelo caixa da empresa. Mas resolve em parte, também porque, nessas hipóteses em que a exploração de uma determinada atividade, ela é intensamente regulada em termos legais, acho que me permite a flexibilidade, no caso das empresas de telefonia. E no caso das empresas de tráfego mútuo? Vejam que esses critérios também não resolvem, porque, se fizermos uma equivalência ou tomar, no sentido comum, as subcontratações, nós teremos a seguinte situação: Eu tenho a tributação da empresa "A" para "B" no trecho colocado – melhor dizendo, de "A" para "C". E no trecho "A" e "B". E, aí, vem o argumento: "Ah, mas, então, há bitributação". Também parece que não dá para levar para esse lado. Porque, se nós estivermos no PIS-Cofins cumulativo, qual o problema? Está normatizado. É assim. Então, não há violação. O problema está nessa separação. Ah, então, se há subcontratação e o fato de eu saber antecipadamente qual é o valor da operação subcontratada, também é suficiente? Penso que não. Vejam, no *roaming*, as tarifas estão preestabelecidas. Será que, talvez, não seria o caso de trilharmos o caminho, então, da questão da liberdade negocial? Ou seja, nas subcontratações comuns, eu defino o preço. No caso do *roaming*, não. E no caso do tráfego mútuo? Se eu tenho, antecipadamente, o valor que vai ser repassado.

E nós temos uma série de dificuldades porque, quando nós vamos separar essas realidades, e você pensa em uma hipótese onde você separa receitas, você, pensando em negócio jurídico, obtém partes e tem o preço, onde estão as partes? Porque eu não faço contrato, quando eu estou fora da minha área, com a empresa que está me prestando o serviço. Talvez, pensarmos uma delegação, uma outorga de uma possibilidade de contratação em meu nome, para que eu possa ter esse serviço prestado fora.

Certo é, então, que me parece que muitas são, aí, nesse caso, as dificuldades de fixação e que esses critérios se revelam insuficientes. A titularidade, insistimos, também não. Porque, nos reembolsos, eu não tenho. A titularidade é da empresa que está recebendo. Nos empréstimos, do mesmo modo, para pegar um exemplo mais simples.

Agora, no caso, especificamente, das atividades econômicas estritamente reguladas, os dois exemplos.

Ângela Maria da Motta Pacheco – Professor, desculpe, mas o tempo esgotou e nós começamos atrasados.

Clélio Chiesa – Perfeitamente. Irei encerrar. Dois minutos. Então, vejam, nesse caminho, vocês podem dizer: Mas e aí? Então, qual é a solução? Ela não existe, penso eu, mas ela nos permite traçar alguns limites e aqui estão eles – eu coloquei até aí. Parece que são assim. Portanto, não são todos os ingressos de recursos que estão sujeitos à tributação de PIS-Cofins, mas somente aqueles auferidos pelo resultado da exploração da atividade econômica que, também, em muitos casos, não é suficiente, mas ela separa uma série de outros ingressos que não estão diretamente realizados, a sua exploração da atividade econômica e que, portanto, não estão aí relacionados e submetidos à tributação e que me permite, nesse sentido, separar dos demais, que são meros ingressos. E, infelizmente, essa é uma construção da legislação, ou seja, que nós temos aí que resolver.

E, como eu disse, o problema ainda vai piorar – só para encerrar –, que ainda tem o PIS-Cofins não cumulativo para as prestações de serviços. E nós sabemos que, nessa mudança, nós aumentamos as alíquotas e, consequentemente, aumentamos a arrecadação. E, se essa proposta passar da forma – e fazendo uma equivalência com o que nós temos aí, hoje – provavelmente, nós vamos ter, na prática, um aumento de tributação. E eu agradeço porque, senão, a presidente vai mandar desligar o meu microfone.

Obrigado, senhores.

Ângela Maria da Motta Pacheco – Obrigada ao professor Clélio. E, agora, passamos a palavra – que estamos um pouco atrasados – ao Bulcão. Que eu só gostaria de esclarecer que, além de ele ter mestrado em Direito Tributário, ele é um especialista de Direito de Mineração. Obrigada.

Taxa de Fiscalização de Recursos Minerais

Octávio Bulcão – Bom dia a todos. Inicialmente, cumprimentar meus colegas componentes de mesa, na pessoa da professora Ângela Pacheco, os colegas congressistas e agradecer a oportunidade de conversar com os senhores sobre um tema que me parece atual e polêmico, a taxa de fiscalização de recursos minerais. Bom, inicialmente, cumpre destacar um pouco o contexto em que essas taxas foram criadas. Foram criadas, na verdade, pelos estados de Minas, Amapá e Pará. Vem em um contexto de uma discussão de mais de quatro anos, em que se discute o novo marco regulatório da mineração. Essa discussão longa vem causando uma série de ansiedades, inquietações e as taxas vieram também para cobrir, em certo sentido, essa falta de definição sobre a nova base de cálculo da SEFEM. A SEFEM é um dos instrumentos que se procura compensar os estados, municípios e a própria União pela exploração de recursos minerais. A SEFEM, hoje, está disciplinada em um formato sobre receitas líquidas e no novo marco se propõe uma nova definição, alterando base de cálculo e alíquota. Então, os estados, hoje, editaram essas taxas e elas vieram com uma dose grande de insegurança. Insegurança, porque há possíveis interpretações que foram levadas para o Supremo por intermédio de ações diretas de inconstitucionalidade proposta pela CNI. O que eu pretendo fazer aqui, hoje, é trazer um breve relato sobre os principais aspectos que foram levantados e estão sendo discutidos no âmbito do Supremo Tribunal Federal.

Cumpre recapitular um pouco qual o conteúdo e as características dessas taxas. Seriam taxas de controle, monitoramento e fiscalização das atividades de pesquisa, lavra, exploração e aproveitamento de recursos minerais. Os sujeitos ativos são os estados e o contribuinte toda pessoa física ou jurídica autorizada a realizar pesquisa, lavra, exploração ou aproveitamento de recursos minerais no estado. Há uma periodicidade e prazo de pagamento e as alíquotas, conforme o estado, variam, são valores fixos por tonelada. A vigência dessas taxas, elas começaram a viger a partir deste ano, em 2012 e as ADINs vieram na sequência natural, para discutir pontos que seriam controversos.

O ponto que eu gostaria de destacar é o ponto de partida e que se circunscreve toda a discussão, a questão da competência. A competência conferida pela Constituição para os estados e municípios para a criação dessa taxa. Esse é o ponto de partida sobre o qual há uma divergência e, aí, conclusões, obviamente, que vão trazer reflexos desse litígio judicial. Eu gostaria de trazer, primeiro, argumentos dos estados e, depois, os contrapontos trazidos pelos contribuintes, para que os senhores possam formar aí um convencimento e uma reflexão própria. O ponto que traz o estado, mais relevante, é a ideia de que há, no setor mineral, um grande impacto, um impacto de ordem ambiental, um impacto de ordem de saúde pública, de investimentos em infraestrutura e que essas taxas visam o acompanhamento, o monitoramento, a avaliação desses impactos. Essa avaliação seria fundamental para que as políticas públicas fossem criadas, visando evitar descompassos sociais. Então, essa fiscalização, esses cadastros, esses acompanhamentos teriam fundamento no sentido de fazer políticas públicas, o interesse público estaria alcançado à medida desse acompanhamento.

Muito bem. O contraponto do estado sempre com relação à competência, é dizer que a taxa nasce de uma competência de fiscalização. A Constituição dá aos estados uma competência comum de fiscalizar essas atividades minerais. Se eu tenho a competência de fiscalizar e eu tenho aí então, nesse conceito, um exercício de poder de polícia, esse poder de polícia poderia ser remunerado via taxa. O custeio do exercício desse poder de polícia poderia ser remunerado via taxa. Então, a premissa dos estados é poder de polícia remunerado por taxa. E a fiscalização implicaria justamente nesse poder de polícia.

O que trazem os contribuintes? Essa generalização é perigosa. Nem toda fiscalização implica exercício de poder de polícia. Listam alguns dispositivos da Constituição e trazem um exemplo concreto da própria fiscalização feita pelas autoridades tributárias, a fiscalização do cumprimento do pagamento dos tributos. Essa fiscalização seria uma atividade pública vinculada, entretanto, não autorizaria a criação de uma taxa. Então, a ideia de você generalizar de que toda fiscalização implica uma taxa seria uma generalização muito perigosa. E, aí, parte da própria definição de poder de polícia. O poder de polícia, segundo esse grupo, pressuporia a competência outorgada pela Constituição para um ente, estado ou município, regular condutas, restringindo ou limitando direitos. Portanto, cumpre identificar se há competência para regular condutas em uma determinada matéria. Muito bem. Em havendo essa competência, surge a aplicação da lei, um ato administrativo, fruto da aplicação da lei, que seria chamado exercício do poder de polícia. Esse exercício do poder de polícia, por sua vez, geraria custos e essa dinâmica poderia ser apropriada por uma lei – aí, já uma lei tributária, que se criasse uma taxa para remunerar esse poder de polícia. Portanto, havendo a necessidade de uma lei que disciplinasse a competência para restringir, condicionar condutas. Esse é o ponto. E, aí, a pergunta que vai é: Há competência para os estados e municípios condicionarem, restringirem, regularem as atividades minerarias?

Muito bem, nessa linha, a interpretação é de que a competência é privativa da União. A União tem competência privativa para regular todas as atividades minerarias, inclusive as suas concessões. Portanto, se não há competência para regular, condicionar os valores, as questões e as liberdades nessa área, não haveria o exercício de poder de polícia. Por sua vez, não havendo o poder de polícia, não haveria a capacidade, a competência, a aptidão dos estados para criar uma taxa que a remunerasse. Esse é o principal argumento trazido pelos contribuintes.

Além deles, vem uma discussão clara sobre base de cálculo, que a base de cálculo de uma taxa, obviamente tem que mensurar o custo dessas atividades e não a atividade propriamente desempenhada pelo particular. A ADIN levanta a ideia de que quando você utiliza tonelada e um valor fixo pela tonelada, você está mensurando a atividade econômica e não exatamente a atividade desempenhada pelo poder público.

E, por fim, o próprio critério temporal é um ponto levantado. O critério temporal da taxa é a venda ou transferência do produto mineral e ali se coloca a questão. O critério temporal está medindo um momento, uma atividade do particular ou uma atividade do próprio Fisco? Então, esses são os pontos que foram levantados e para essa discussão foram contratados diversos pareceres. Renomados juristas foram convidados para falar sobre o tema. E, aí, vieram conclusões diversas. Há conclusões nos dois sentidos.

Eu acho que o ponto aqui comum a todos é que há um grande custo na gestão dessa insegurança jurídica. Nós estamos aqui falando de um assunto que certamente demorará bastante para ser resolvido pelo Judiciário, que gera um contencioso que implica em problemas orçamentários, tanto das empresas quanto para os próprios estados. E isso tudo em um cenário em que a gente percebe que a dificuldade de gestão desses riscos desse contencioso acabam criando necessidade de aumento de arrecadação para cumprir e cobrir esses problemas. O que me parece ser importante neste momento é que haja, neste momento, uma mobilização, uma preocupação da sociedade, no sentido dos contribuintes, procurarem um canal de comunicação, criar aí uma fórmula em que se traga subsídios, elementos para que o governo tenha acesso às características, os impactos desses novos tributos, principalmente os impactos econômicos e que, com isso, a gente também possa trazer os gargalos e o produto dessa legislação ser um produto que traga um pouco mais de clareza e simplicidade. Então, eu acho que nós estamos vivendo aqui um momento muito oportuno, importante para se discutir temas fundamentais. Nós estamos discutindo, hoje, a revisão do RTT, a questão da nova legislação de lucros no Exterior, preços de transferência, o próprio marco regulatório. E a gente percebe que, se não houver uma mobilização coordenada, em que nós produzamos artigos ou mesmo materiais econômicos e subsídios dos próprios gargalos que nós vamos ter com uma regulamentação não suficientemente clara, nós vamos estar sempre trabalhando em uma atitude reativa, em vez de uma atitude proativa, que eu acho que é um caminho da simplificação e da segurança jurídica.

Eu acabo trazendo um pouco de pressão do tempo, mas gostaria de trazer essa mensagem e agradecer, mais uma vez, a oportunidade de estar conversando e o tempo e a paciência de vocês. Obrigado.

Ângela Maria da Motta Pacheco – Agradecemos ao professor Octávio Bulcão, advogado, principalmente, de um tema que vem de encontro à tese deste congresso, que é Federação, competência dos entes federativos e a necessidade de sempre se fazer uma interpretação sistemática, principalmente quando os efeitos tributários indicam uma proliferação de tributos. Isso é o efeito que nos faz pensar e voltar de marcha à ré aos inícios, para analisar a questão com profundidade.

Muito obrigada e muito obrigada a todos.

PROCESSO ADMINISTRATIVO – PARTE 1

Karen Jureidini – *[Truncado na gravação]* cumprimento os senhores, cumprimento a presidente do Instituto, doutora Maria Leonor Leite Vieira e os ilustres palestrantes da mesa. Esta mesa tratará de temas tão controvertidos quanto interessantes. Vamos ter exposições aqui sobre ISS, a questão da competência, da guerra fiscal, da retenção na fonte. Teremos também apresentações sobre o processo administrativo fiscal, súmula vinculante, a jurisprudência dominante na área constitucional e a competência dos tribunais administrativos e, por fim, as questões controvertidas de compensação tributária. Os nossos palestrantes dispensam apresentação, mas é minha função fazer aqui uma breve apresentação, sem tomar muito o precioso tempo deles. O professor Eduardo Domingos Bottallo, mestre pela PUC, doutoramento pela USP, professor da mesma instituição; o desembargador do Tribunal de Justiça do Estado de São Paulo na área do Direito Público, doutor Eutálio Porto, mestre em Teoria Geral do Estado pela PUC, doutoramento pela Universidade de Lisboa, professor de Direito Constitucional, Teoria Geral do Estado e Filosofia; professor Heleno Torres, especialista pela Universidade de Roma, mestre pela Universidade Federal de Pernambuco, doutor pela PUC e livre-docente pela USP, professor da mesma instituição, autor de diversas obras na área de Direito Internacional, especialmente. E a professora Mary Elbe Queiroz, ex-auditora da Receita Federal, ex-conselheira também, atualmente advogada, mestre pela PUC, doutora – mestre pela Universidade Federal de Pernambuco, doutora pela PUC e pós-doutoramento recente, aliás, parabéns à doutora Mary Elbe, pós-doutoramento recente pela Universidade de Lisboa. Professora de diversos cursos de pós-graduação e presidente do IPET e do SEADE. Então, com isso, eu já passo a palavra ao primeiro palestrante, professor Eduardo Domingos Bottallo, que vai tratar da nova feição do processo administrativo fiscal.

Nova Feição do Processo Administrativo Fiscal

Eduardo Domingos Bottallo – Primeiramente, eu gostaria de agradecer à organização deste congresso pela honra que me deu de, uma vez mais, poder participar dos seus trabalhos e trazer a minha contribuição para a compreensão das importantes questões que estão sendo aqui discutidas. A mim coube a missão de falar alguma coisa sobre a feição atual do processo administrativo tributário. E, para me desincumbir deste encargo, eu começo por reportar-me ao período anterior à vigência da atual Constituição, quando a Constituição então vigente, a Constituição de 67/69, não dava praticamente importância ao processo administrativo em matéria tributária. Para dizer a verdade, ela não dava importância ao processo administrativo em uma medida talvez um pouco maior, que também não dava importância ao processo judicial. E já que aquela Constituição, como todos nós sabemos, não era voltada à proteção dos direitos e garantias individuais, mas sim aos interesses do Estado. Era uma Constituição que dava uma grande importância para a segurança do Estado e tudo o que dissesse respeito a essa consideração, deixando de lado, portanto, os caminhos de compreensão entre Estado e sociedade. Daí porque, naquele período anterior à Constituição atual, não havia, no texto vigente, suficientes indicações para que nós pudéssemos falar de um processo administrativo tributário. Na verdade, falava-se apenas em um procedimento administrativo tributário e esse procedimento administrativo tributário totalmente submetido às normas do legislador ordinário, era considerada quase que uma concessão que o Estado fazia em matéria tributária e, por ser uma concessão, ele se sentia à vontade para estabelecer o que conceder e o que não conceder.

No plano infraconstitucional, com efeito, o nosso tema estava consolidado em um decreto de 1972 – e basta a indicação desse ano para que todos nos lembremos das condições do País naquela época – o Decreto 70.232, que protegia a Fazenda. Olhava apenas para um lado dessa relação de natureza tributária, prestigiando e valorizando, às vezes de uma maneira até um tanto quanto absurda os direitos do Fisco em relação à situação dos contribuintes.

Tudo isso mudou com o advento da Constituição de 1988. Conforme vocês sabem, o Direito Constitucional é como se fosse, do ponto de vista do seu conteúdo, um pêndulo em que os fundamentos de um determinado texto constitucional, via de regra, são absolutamente radicalmente diferentes daqueles que vigoram na Constituição que o sucedeu. No Brasil, foi exatamente isso que aconteceu. De uma Constituição fortemente voltada para a defesa dos interesses do Estado, para a defesa de um conceito mal resolvido de segurança nacional, ela passou a ser a Constituição-cidadã, uma Constituição extremamente preocupada com os interesses da sociedade, não só expressando essa preocupação, por dar ao Estado uma série de encargos bastante significativos em termos de ações e de serviços que deveria colocar à disposição da sociedade, como também estabelecer garantias de que a sociedade seria tratada com a importância que ela merece nas suas relações com o Estado. Daí porque esse binômio Estado/sociedade, nos seus canais de comunicação, constituem uma grande parte daquelas que são chamadas as cláusulas pétreas, o núcleo duro da Constituição, que não pode ser modificado nem mesmo por emendas constitucionais. E, especificamente no que diz respeito à matéria tributária, daquela situação de indefinição que vigorava na Constituição anterior, o que aconteceu com a Constituição de 88 foi fazer um desenho praticamente definitivo dessa instituição, deixando muito pouco a cargo da legislação ordinária.

Apenas para que a gente possa rapidamente compreender em que termos a Constituição de 88 tratou desse assunto e em que termos ela cumpriu essa missão que chamou para si, eu gostaria de citar quatro grandes preocupações da Constituição de 88, no que tange à matéria tributária. A primeira delas foi legitimar os contribuintes, fazer com que os contribuintes tivessem o direito de propor a instauração do processo administrativo. Portanto, afastar aquela ideia de que o processo administrativo era uma mera concessão do Estado – e, como concessão do Estado, ele poderia ser tratado nos termos que o Estado bem entendesse – para ser um dever, uma obrigação que a Constituição impôs ao Estado, por meio da sua organização. E, nesse ponto da legitimação dos contribuintes, um instrumento colocado à disposição deles foi o direito de petição, o velho direito de petição que existe desde a Carta de 1215, quando ele foi composto exatamente como meio de cercear, de limitar a ação do Estado, no que diz respeito a direitos dos administrados.

Pois bem, no Brasil, a Constituição disse, o contribuinte, através do direito de petição, é que está legitimado a instaurar e a fazer com que se desenvolva o processo administrativo em matéria tributária. E vejam que coisa interessante, o Brasil é um país que tem uma composição federativa muito peculiar, em que os estados e os municípios, juntamente com a União e o Distrito Federal, constituem os quatro integrantes dessa modalidade de federação que nós temos aqui. Pois bem, são mais de 1.550 municípios que o Brasil possui. E, evidentemente, uma quantidade significativa deles estão perfeitamente preparadas para dar conta de todos os encargos que lhes são impostos pelo fato de serem um dos órgãos da Federação e, portanto, de autonomia. O Município de São Paulo, por exemplo, tem uma composição, nesse particular, superior a muitos estados da União.

Mas é de se supor – eu não tenho números a respeito disso, mas é fácil de compreender – que uma grande quantidade de municípios brasileiros, de pequenos municípios brasileiros, não tenha uma estrutura administrativa especificamente voltada para a matéria tributária. Dizendo em outras palavras, um pequeno município é muito provável que não tenha órgãos administrativos para tratar das questões tributárias. Isso significaria que os contribuintes daquele município – já que não ter uma estrutura processual não significa não exercer a função tributária – eles estão impedidos de discutir administrativamente assuntos dessa natureza? Evidentemente que não. Se não tiver uma estrutura montada como os grandes municípios brasileiros, tudo o que é necessário para que se instaure o processo administrativo em qualquer circunstância, está implícito na ideia resultante do direito de petição. O direito de petição que, obviamente, aqui não estou dizendo novidade nenhuma para os presentes, não é apenas o direito de se dirigir ao poder público na defesa de direitos, mas é muito mais do que isso. É o direito de exigir que provas sejam efetuadas, é o princípio de assegurar-se que, uma vez resolvido o processo em primeira instância, ele pode ser conduzido até o patamar mais alto da entidade administrativa – nos casos do município, por exemplo, o prefeito municipal. E, também, o processo administrativo obriga o poder público a uma solução do processo, a uma solução daquela questão que lhe está sendo imposta, ainda que não seja para atender o que foi solicitado, mas, sim, para que responda fundamentadamente aquilo que lhe foi dito, ainda quando seja para negar provimento. Então, a primeira grande vertente que a Constituição de 88 deu ao processo administrativo foi esse direito de legitimação do contribuinte, absoluto, de poder instaurar o processo administrativo, independentemente de existir ou não uma estrutura específica própria para esse fim.

A segunda vertente é o objeto. Qual é o objeto do processo administrativo. E, aí, também a resposta está na Constituição. O objeto do processo administrativo é verificar a juridicidade da exigência fiscal. Verificar se essa exigência fiscal está de acordo com o contexto jurídico vigente no País. E, aí então, se coloca uma das grandes discussões que existem nesse tema e que, a meu ver, até hoje não encontraram uma solução satisfatória. É possível, no processo administrativo, discutirem-se questões de natureza constitucional? É claro, se o processo administrativo existe para suprir eventuais discussões em torno de exigências de natureza tributária, é natural que o campo dessas discussões não encontre nenhuma limitação. Tanto vale discutir se o lançamento baseado, por exemplo, em um decreto está de acordo com a lei, como se discutir se a lei que está baseando esse lançamento está de acordo com a Constituição. Isso encontra até hoje uma profunda resistência por parte da Fazenda Pública.

[Truncado na gravação] administrativo, ele deve tratar ambas as partes com a mesma equidistância que se encontra no âmbito do Judiciário. E essa equidistância exige, necessariamente, que as questões sejam discutidas e apreciadas de acordo com suas efetivas peculiaridades, que nem sempre correspondem a uma norma jurídica expressa. Isso acontece, já com a Constituição deu uma dignidade de processo e dignidade

de processo *judice* e processo constitucional ao administrativo em matéria tributária. Isso encontra correspondência na legislação ordinária? Infelizmente, a resposta há de ser negativa. Há um ano atrás, exatamente, depois de 40 anos de vigência daquele decreto de 1972, foi publicado um outro decreto de consolidação do Direito Administrativo Tributário. Esperava-se que esse decreto fizesse jus aos fundamentos constitucionais que hoje existem. Mas isso ainda não aconteceu. Ainda se proíbe, nesse decreto, o tratamento de questões constitucionais, ainda se constata uma segunda instância administrativa que não responde, em muitos aspectos, às exigências do procedimento adjudicante com base no contraditório e na ampla defesa e ainda prevalece, no geral, a superioridade dos interesses da Fazenda sobre os interesses dos contribuintes. Sem dúvida alguma, alguns passos na direção de um processo mais constitucionalmente fundado foram dados, mas ainda há um grande caminho a ser percorrido. E cabe a nós, tanto os representantes da Fazenda como os representantes dos contribuintes, fazerem esse trabalho, fazer com que o processo administrativo seja julgado pelos seus méritos constitucionais, não seja colocado como uma solução de segunda linha. Porque só assim ele poderá cumprir os desígnios importantes e significativos que lhe foram atribuídos pela Constituição de 1988.

São essas as considerações gerais que eu me permitiria transmitir aos presentes e tenho a certeza que os colegas que me seguirão poderão examinar especificadamente essas questões que foram apenas mencionadas na minha exposição e, com isso, mostrar a importância do tema, quando se fala em tributação e federalismo. Muito obrigado pela atenção de todos. Eu vou me dar a liberdade de pedir escusas aos meus colegas de mesa e à presidente. Eu já conversei com eles anteriormente, infelizmente eu tenho uma consulta médica marcada para logo mais. Então, eu vou precisar me retirar.

Karen Jureidini – Muito obrigada pela brilhante palestra. Eu até fiz anotações aqui e achei extremamente interessante a questão do acesso ao processo administrativo fiscal nos pequenos municípios onde não existe uma regulamentação específica. É algo que o senhor disse que não seria novo e, para mim, é bastante novo e profundo e importante.

Eduardo Domingos Bottallo – Normalmente, se chama de Município de Xiririca da Serra.

Karen Jureidini – Muito obrigada pela apresentação e homenageando mais uma vez o congresso e o senhor, como presidente de honra do IDEPE. Muito obrigada, doutor Bottallo. Passo então a palavra agora ao professor desembargador doutor Eutálio Porto, que vai tratar do tema ISS, guerra fiscal, invasão de competência.

ISS – Retenção na Fonte – Invasão de Competência e Guerra Fiscal

Eutálio Porto – A retenção na fonte é uma forma de arrecadação tributária aplicada a diversos tipos de impostos, dentre os quais o ISS. Caracteriza-se pelo de fato de obrigar um terceiro a recolher um imposto sem que esteja na posição de contribuinte, ou seja, sem ostentar a condição de sujeito passivo da relação tributária, mas que, de alguma forma, esteja vinculado ao fato gerador. O comando advindo do art. 128 do CTN, é estreme de dúvida ao dispor que: "A lei pode atribuir de modo expresso a responsabilidade pelo crédito tributário a terceira pessoa, vinculada ao fato gerador da respectiva obrigação, excluindo a responsabilidade do contribuinte ou atribuindo-a a este em caráter supletivo do cumprimento total ou parcial da referida obrigação".

Com isso, no caso do ISS, a relação jurídica contratual existente entre tomador de serviço e o prestador é o amálgama perfeito para que esta situação se consolide, obrigando o tomador do serviço a reter na fonte o imposto que seria pago pelo prestador, transferindo para ele a obrigação pelo pagamento do tributo, ou seja, o tomador retém parte do valor que deveria pagar ao prestador referente ao ISS e repassa aos cofres públicos.

A Lei Complementar 116/03, que regulamenta o ISS, basicamente repete o que já consta no art. 128, do CTN, permitindo incluir na retenção a multa e os acréscimos legais. Mas, para que isto seja efetivado, não basta que o Município avoque o suporte da LC 116/03, pois, em razão da distribuição de competência interna, imanente ao sistema federativo, o Município deverá editar lei própria autorizando a imposição de responsabilidade tributária ao tomador. E, nas palavras do prof. Aires F. Barreto, "não podem os Municípios, sem lei complementar anterior autorizando a criação de responsabilidade por retenção do ISS na fonte, criá-las".[1]

Fundado nestas premissas, torna-se necessário examinar algumas questões para que se concretize a retenção na fonte, decorrente da atribuição de responsabilidade tributária, posto que, tratando-se de ISS a retenção somente pode ocorrer no local em que o imposto é devido e a regra somente incidirá desde que o tomador do serviço esteja localizado dentro dos limites territoriais do Município, porque, por óbvio, não pode a norma municipal impor obrigações para o tomador do serviço que esteja localizado em outro Município. Por isso, um dos primeiros pontos a ser examinado é o local do pagamento do ISS.

I – Retenção na fonte e local da prestação do serviço

À luz do Decreto-lei 406/68, era pacífica a interpretação jurisprudencial no sentido de que o local do pagamento do ISS era o mesmo da prestação do serviço, orientação esta advinda inclusive do Superior Tribunal de Justiça.

Não obstante, com a Lei Complementar 116/03 houve a necessidade de se reexaminar este entendimento, não que tenha mudado essencialmente, mas, constou no art. 3º o seguinte: "O serviço considera-se prestado e o imposto devido no local do estabelecimento prestador ou, na falta do estabelecimento, no local do domicílio do prestador, exceto nas hipóteses previstas nos incisos I a XXII, quando o imposto será devido no local." Estas exceções, em especial, a partir do inciso II, referem-se a serviços vinculados em geral a construção civil, dentre outros como jardinagem, montagem de andaimes, limpeza e drenagem, reflorestamento etc.

Com isso, para estes itens a lei definiu claramente o local em que o tributo deve ser recolhido. Para o demais constantes na Lista Anexa a LC, em princípio prevalece o *caput* do art. 3º, que define ser o local do estabelecimento prestador e não o local da realização do serviço, como vinha entendendo a jurisprudência. Não obstante, é importante interpretar este dispositivo em sintonia com art. 4º, da mesma lei, pois, houve a ampliação do que se entende por estabelecimento prestador que não é apenas a sede da empresa, porque considerando-se "estabelecimento prestador o local onde o contribuinte desenvolva a atividade de prestar serviços, de modo permanente ou temporário, e que configure unidade econômica ou profissional, sendo irrelevantes para caracterizá-lo as denominações de sede, filial, agência, posto de atendimento, sucursal, escritório de representação ou contato ou quaisquer outras que venham a ser utilizadas."

Com isso, se a empresa presta serviço em um determinado município na qual não é a sede da empresa, mas, ela mantém neste local qualquer unidade econômica, deve, neste caso, o imposto ser recolhido neste

1. *Curso de Direito Tributário Municipal*, p. 148, editora Saraiva, 2009.

município, mesmo que a empresa tenha sede em outro, pois, ali se instalou para exercer a atividade.

Neste sentido, o STJ já se pronunciou por intermédio do voto do Ministro Cesar Asfor Rocha, nos seguintes termos: "A jurisprudência do Superior Tribunal de Justiça, interpretando o art. 12, "a", do Decreto-lei n. 406/68, entendia que a competência tributária para cobrança do ISS era da municipalidade onde o serviço era prestado. 3. Com o advento da Lei Complementar n. 116/2003, a competência passou a ser o local do estabelecimento prestador do serviço, considerando-se como tal a localidade em que há uma unidade econômica ou profissional, isto é, onde a atividade é desenvolvida, independentemente de ser formalmente considerada como sede ou filial da pessoa jurídica (arts. 3º e 4º).[2]

Também neste acórdão há citação de outras decisões no mesmo sentido: "1. De acordo com os arts. 3º e 4º da Lei Complementar n. 116/03, conclui-se que a estabelecimento prestador dos serviços, considerando-se como tal a localidade em que há uma unidade econômica ou profissional, isto é, onde a atividade é desenvolvida, independentemente de sua denominação".[3]

Estas definições são importantes porque compete ao Município ficar atento às atividades que são desenvolvidas dentro do seu território, pois, pode ocorrer que a empresa prestadora de serviço recolha o imposto na sua sede por falta de registro no Município do tomador e, neste caso o processo de fiscalização e apuração se tornará difícil, pois, não poderá exercer a fiscalização para fora de seus domínios territoriais, porque isto caracterizaria uma invasão de competência.

2. AgRg nos EAg 1.272.811/MG, 1ª Seção, Rel. Min. Cesar Asfor Rocha, *DJe* de 1.2.2012.

3. Processo Ag 1371550, Relator Ministro Felix Fischer, data da publicação *DJe* 15.10.2012/ (REsp 1.195.844-DF, 2ª Turma, Rel. Min. Mauro Campbell Marques, *DJe* 15.3.2011).

Para evitar que haja a evasão fiscal, o que pode então fazer o Município? Neste caso, exigir que o ISS seja retido na fonte pelo tomador de serviço, pois, para isso há fundamentação legal, na medida em que, a despeito de o art. 5º da Lei Complementar 116/03 dizer que o contribuinte é o prestador do serviço, não obstante, o art. 6º autoriza a retenção na fonte, para direcionar, mediante lei, a transferência da "responsabilidade pelo crédito tributário a terceira pessoa, vinculada ao fato gerador da respectiva obrigação, excluindo a responsabilidade do contribuinte ou atribuindo-a a este em caráter supletivo do cumprimento total ou parcial da referida obrigação, inclusive no que se refere à multa e aos acréscimos legais".

Com isso, aquele que contratar serviço de outra empresa e estando obrigada pela Lei municipal a reter o valor do imposto e repassar ao Município, assume a condição de devedor. De forma que, antes de efetuar o pagamento da fatura deve verificar a lei local para fazer a devida retenção do imposto sob pena de ter que arcar com as responsabilidades pelo recolhimento, pois, neste caso, a fiscalização será transferida da pessoa do contribuinte para o tomador do serviço. De forma que, sendo a empresa prestadora de serviços sediada em outro Município restará ao fisco local fiscalizar a empresa que tomou o serviço, sediada dentro de seu território. Pois, para isso, a regra do § 1º do art. 6º, como acima exposto, deixou claro que: "Os responsáveis a que se refere este artigo estão obrigados ao recolhimento integral do imposto devido, multa e acréscimos legais, independentemente de ter sido efetuada sua retenção na fonte."

Acrescente-se ainda que mesmo a pessoa jurídica imune ou isenta, quando tratar-se de serviços previstos no itens 3.05, 7.02, 7.04, 7.05, 7.09, 7.10, 7.12, 7.14, 7.15, 7.16, 7.17, 7.19, 11.02, 17.05 e 17.10 da Lista, encontram-se obrigadas a fazer a retenção na fonte, tornando-se responsáveis pelo pagamento.

II – Da retenção na fonte das microempresas e empresas de pequeno porte

As microempresas e empresas de pequeno porte têm tratamento diferenciado no que tange a retenção na fonte, posto que não encontram-se adstritas às alíquotas definidas nas normas municipais, pois, seguem a Lei Complementar n. 123/06, a qual determina o limite em tabela anexa a esta lei a alíquota a que estão obrigadas. Assim, mesmo que alíquota definida pelo Município seja superior àquela prevista na Lei Complementar 123/06, a limite de retenção não poderá ultrapassar o que se encontra definido nesta Lei. Caso a alíquota do Município seja de 5%, e a Lei Complementar n. 123/06, defina como limite para retenção 2%, este será o limite a ser praticado.

Isto é o que consta no § 4º do art. 18 lei das microempresas e empresas de pequeno porte, ou seja: "A retenção na fonte de ISS das microempresas ou das empresas de pequeno porte optantes pelo Simples Nacional somente será permitida se observado o disposto no art. 3º da Lei Complementar n. 116, de 31 de julho de 2003, e deverá observar as seguintes normas: I – a alíquota aplicável na retenção na fonte deverá ser informada no documento fiscal e corresponderá ao percentual de ISS previsto nos Anexos III, IV ou V desta Lei Complementar para a faixa de receita bruta a que a microempresa ou a empresa de pequeno porte estiver sujeita no mês anterior ao da prestação; (...) VI – não será eximida a responsabilidade do prestador de serviços quando a alíquota do ISS informada no documento fiscal for inferior à devida, hipótese em que o recolhimento dessa diferença será realizado em guia própria do Município; (...)".

III – Da guerra fiscal

A questão das disputas entre os Municípios pelas empresas prestadoras de serviços, com a exigência de uma alíquota baixa, ficou minimizada com a definição da alíquota máxima em 5% (cinco por cento). Mas isto não quer dizer que esteja totalmente fora de contexto a possibilidade de um Município fazer concessões para que isto aconteça, em especial concedendo isenções e reduzindo a alíquota abaixo deste patamar. No entanto, o fato de uma empresa estar sediada em um Município e prestar serviço em outro, também não faz muito sentido, pois, a alíquota será a do local da prestação de serviço. Assim, não adianta a empresa ter sede em um local apenas para se beneficiar do pagamento do ISS, quando, na verdade, ela terá que recolher o imposto no local da prestação serviço, pois, qualquer unidade econômica que ela mantenha no local, atrairá a obrigação pelo pagamento do imposto.

Por outro lado é mister destacar que não será necessário que esta unidade econômica esteja regulamentada no âmbito municipal, melhor que esteja, mas, se isto não ocorrer, o mero fato de manter no Município, mesmo do ponto de vista fático, qualquer atividade que caracterize uma unidade econômica, seja filial, agência, posto de atendimento, escritório de representação ou contato ou quaisquer outras que sirva de suporte para a prestação do serviço, viabilizará o pagamento do tributo no local.

Porém, não é de somenos importância destacar que a questão referente ao local da prestação de serviço, com as exceções já revistas na LC 116/03, ou seja, art. 3º, incisos de I a XXII, pode gerar algumas controvérsias, pois, pode ocorrer a contratação do serviço no Município sede da empresa tomadora, mas realizado na sede da empresa prestadora, neste caso, haverá necessidade de prova que justifique que o local em que o serviço foi realizado é o da sede da empresa prestadora e que esta não tem e não teve qualquer unidade econômica no local do prestador, evitando desta forma controvérsia quanto ao local do pagamento. E neste sentido o Tribunal de Justiça de São Paulo, assim decidiu quando do julgamento da Apelação Civil n. 0000778-03.2011.8.26.0319.

O Município de São Paulo editou norma própria na qual instituiu como responsável tributário, cujo recolhimento do imposto deve ser feito na fonte, por todas as pessoas por ela mencionadas nos termos da Lei 13.701/2003, com a redação dada pelas Leis 14.042/2005, 14.125/2005, 14.256/2006 e 14.865/2008, sendo estes responsáveis pelo pagamento do Imposto sobre Serviços (ISS), desde que estabelecidos no Município de São Paulo, devendo reter na fonte o seu valor.

Também para as empresas de outros locais que venham a prestar serviços no Município de São Paulo, determinou a lei que fizessem um cadastro, possibilitando, com isso, a fiscalização e controle dos serviços realizados em seu território ou para empresas nele localizadas.

Com isso ficam obrigados a se inscreverem no cadastro municipal, quem atender, concomitantemente, às seguintes condições: a) ser prestador de serviços; b) estar constituído na forma de pessoa jurídica; c) estar estabelecido fora do Município de São Paulo; d) prestar, para contratante estabelecido no Município de São Paulo, qualquer serviço descrito no art. 68 do Decreto 50.896/2009; e) emitir nota fiscal ou outro documento fiscal equivalente autorizado por outro Município.

Sendo certo que, este critério já foi por mais de uma vez questionado no Tribunal de Justiça de São Paulo, o qual entendeu pela legalidade do ato, e da mesma forma o STJ também assim o fez por entender que o fato de se exigir que as empresas de outros Municípios realizem o cadastramento: "consiste em mera obrigação acessória exigida pelo Município de São Paulo e que encontra amparo no CTN, conforme arts. 111, III, e 113, entre outros. O fato de a LCF 116/2003 não ter previsto essa obrigação acessória não impede que o Município a regule por lei, conforme foi feito e com amparo no art. 30, I CF, pois se cuida de questão de interesse local".[4]

Mas isto não impede que haja conflito entre dois municípios, ou seja, um que entende que o pagamento deva ser realizado na sede da empresa prestadora, enquanto o outro sustente que deva ser realizado no local em que está situada a sede da tomadora. Neste caso, o Código Tributário e a lei processual devem ser acionados para á luz do devido processo legal, ser dirimida a questão da competência, podendo, para isso, a importância discutida ser depositada judicialmente, eximindo as empresas da vulnerabilidade da legislação municipal oriunda da guerra fiscal.

Karen Jureidini – Doutor Eutálio, nós agradecemos a exposição clara sobre um tema tão difícil que tem sido o ISS. E aí, posso complementar, só para dar uma "apimentadinha", pedir para o tribunal pensar a respeito. Eu vi algumas decisões recentemente, impedindo a restituição do ISS, dizendo que o contribuinte tem razão, que foi recolhido indevidamente, que ele teria direito à restituição mas que, contudo, se aplicaria o art. 166 do Código Tributário Nacional na questão do repasse. O que era muito comum de ser argumentado, inclusive pelo FISCO, para o IPI e ICMS, pelo destaque na nota. E a preocupação surge porque, cada vez mais, a gente tem as previsões de retenção na fonte. Até é uma forma de substituição tributária. E isso, me parece, não daria respaldo à aplicação do art. 166 do CTN. Ao final, tudo vai para o preço. O Imposto sobre a Renda também compõe o preço do produto. Isso, ninguém tem dúvida. Mas a composição do preço e o repasse que faz sentido para mim, muito mais quando se tem débitos e créditos, não me parece ser a mesma coisa. Eu só queria dar essa "apimentadinha".

4. MC 017156-SP, *DJe* 26.8.2010 (2010/0129183-0).

Eutálio Porto – Posso falar?

Karen Jureidini – Pode.

Eutálio Porto – Tá. Então, na verdade, essa questão do art. 166, de fato, a aplicação, hoje, no ISS, é pacífica, a não ser o tributo direto, aquele que é pago – que, aliás, está ficando cada vez mais difícil, o pagamento do tributo direto do ISS, em função – com a mudança das sociedades, pelo Código Civil, aquele art. 9º, § 3º, da Lei 406, que ainda está em vigor, que permite o pagamento sobre o valor fixo e não sobre o faturamento, é mais fácil porque, aí, não tem, realmente, a implicação do art. 166, porque o valor é fixo. Mas, no que diz respeito ao ISS, lamentavelmente, eu até – tem certas coisas que eu posso até discordar, enquanto cidadão, enquanto contribuinte, mas enfim, o que acontece é que o próprio STJ já pacificou que, de fato, tem que provar ou que ele está legitimado para receber ou que ele pagou diretamente. E isso, às vezes – você tem razão – o contribuinte vai lá e prova que pagou etc. Mas não provou que ele está legitimado para reaver ou que ele assim o fez de moto próprio, na previsão contratual. Então, isso, lamentavelmente, o art. 166 está sendo aplicado de forma pacífica, também no ISS.

Karen Jureidini – Obrigada. Passo a palavra então, agora, ao professor Heleno Torres, que vai tratar de súmula vinculante, jurisprudência dominante, matéria constitucional e os limites à atuação dos tribunais administrativos.

Súmula Vinculante, Jurisprudência Dominante, Matéria Constitucional e os Limites à Atuação dos Tribunais Administrativos

Heleno Taveira Torres – Bom dia a todos, quase iniciando a tarde, mas bom dia, ainda. Quero, antes de mais nada, agradecer o honroso convite que este magnífico instituto, o IDEPE, o Instituto Geraldo Ataliba, nos faz, para estar aqui presente e tratar de temas tão relevantes. E o faço aqui, ao lado da nossa presidente, querida amiga, doutora Karen e, também, o doutor Eutálio e a professora Mary Elbe, caríssima amiga. Tantos amigos estão presentes, eu os cumprimento na pessoa do casal querido aqui, o professor Roque Carrazza e a professora Beth Carrazza, e digo que realmente este é um grande congresso, sem dúvida nenhuma é uma honra para todos nós perfilarmos ao lado dos integrantes deste magnífico instituto, anualmente, para tratar dos temas versados. E este, que é o dominante, tributação e federalismo, nos coloca realmente em uma inquietude permanente sobre a repercussão dos vários temas aqui versados e o federalismo.

Eu tomo aqui a última fala do nosso caríssimo desembargador, sobre jurisprudência pacífica. Eu, hoje – antigamente, quando eu ouvia esse termo, jurisprudência pacífica, eu me sentia confortável, não é? Bom, o tribunal está chegando à jurisprudência pacífica. Mas o que se tem hoje é que, mesmo as mais pacíficas, muitas vezes começam a mostrar dificuldades na aplicação. E tanto mais quando essa jurisprudência pacífica assume foros de Jurisprudência pacífica que se possa modificar para ajustar a diversas situações é uma coisa. Jurisprudência pacífica ou dominante que não se pode alterar é algo mais severo. Tanto mais quando essa jurisprudência dominante começa a impedir que decisões de primeiro grau e também dos tribunais administrativos possam ser modificadas em relação àqueles entendimentos que se apresentam por dominantes. Eu, como se usa no jargão jurídico, *data venia* ou *data maxima venia*, essa questão do ISS, por exemplo, eu acho que merece uma revisão ou uma nova visita da doutrina e do próprio tribunal sobre a aplicação do art. 166, por exemplo, ao Imposto sobre Serviços.

Mas eu não diria tanto. Se nós formos olhar todos aqueles grandes temas que estão em repercussão geral no Supremo Tribunal Federal, ou em recurso repetitivo no Superior Tribunal de Justiça, nós nos surpreenderemos com matérias que, supostamente, estariam pacificadas – a favor ou contra os interesses dos contribuintes, não importa – e, hoje, revelam já uma nova perspectiva do tribunal para rediscuti-la ou redefini-la com uma força vinculante, quer pela repercussão geral – que, realmente, é a força vinculante principal –, por súmula vinculante, no caso de uma absoluta vinculação do tribunal ou mesmo naquilo que concerne aos recursos repetitivos. Outro exemplo, a aplicação, que eu sempre defendi, desde que a Constituição de 88 foi elaborada, a aplicação contundente das imunidades tributárias aos tributos indiretos. Nunca entendi por que parcela da doutrina e a jurisprudência nunca aceitaram a aplicação das imunidades tributárias, especialmente nos incisos da alínea "a", da alínea "b", da alínea "c", ao ICMS, ao PIS, à Cofins, na aquisição, por exemplo, de bens que irão compor o ativo permanente, o patrimônio das empresas, empresa de saúde. É um absurdo, hoje, desembargador, que a empresa de saúde tenha que comprar equipamentos importados porque, se comprar importado, não se aplica aquela esdrúxula jurisprudência de contribuinte de fato e de direito, porque "o adquirente é um contribuinte de direito, ah, então, pode". E, aí, distorce sem piedade a indústria nacional, porque qualquer empresa brasileira que produza equipamentos médicos não pode vender para um hospital sem incidência de ICMS, PIS e Cofins, tudo cumulativamente. Quer dizer, o Supremo Tribunal Federal vai dar uma resposta. Espero que dê uma resposta coerente com a realidade, que não existe, nunca ouvi falar em uma vinculação tão ridícula quanto essa, de contribuinte de fato e de direito, subordinar a jurisprudência integral do Supremo Tribunal Federal e do Superior Tribunal de Justiça. Não encontro, na Constituição de 88 ou no Código Tributário Nacional, nada que justifique essa vinculação a uma figura tão mesquinha quanto essa diferença entre contribuinte de fato e contribuinte de direito. Mormente quando se tem SPED, quando se tem diversos outros mecanismos de controle de onde sai a mercadoria e para onde ela se destina. Quer dizer, se esses mecanismos que estão constituídos a custos altíssimos para os contribuintes, a algo eles devem servir.

É nesse ponto – e tomo aqui, não entenda como crítica, senhor desembargador, não é essa a nossa pretensão, de dizer que, de fato, a jurisprudência, quando falamos de jurisprudência dominante ou pacífica, ultimamente isso nos impõe a preocupações muito graves sobre como acomodar um instituto que era típico do *common law* em um estado de direito baseado na Constituição e em uma estrutura típica de *civil law*. Essa temática da atuação dos tribunais administrativos sob essa vinculação ou qual é o papel dessa jurisprudência dominante nos tribunais superiores sobre a jurisprudência nos tribunais administrativos, os convoco à meditação teórica também sobre o que significa divergência de jurisprudência. A divergência de jurisprudência do CARF ou do TIT ou dos demais tribunais administrativos sejam eles municipais, estaduais, em relação justamente a essa jurisprudência que se consolida. É sabido que a Constituição de 88 obviamente traz e define claramente como direitos fundamentais dos cidadãos o direito ao contraditório, o direito à ampla defesa, sem qualquer limitação. Mas obviamente nós temos que nos acomodar ao que é uma litigância em massa. Hoje, nós estamos diante de tribunais de estruturas restritas, obviamente, e que têm que atender a uma demanda crescente da sociedade por respostas aos seus jurisdicionados, de tal sorte que não é algo fácil. Nós temos que evitar também um outro grave problema na sociedade, que é o excesso de divergências nos entendimentos, o que é uma quebra de isonomia e, obviamente, isso também requer uma preocupação quanto à segurança jurídica em face das decisões do Poder Judiciário.

A jurisprudência vem ao longo de toda – eu não vou tão longe, não quero chegar à Roma Antiga, mas pensar que o positivismo legalista teve como papel fundamental a centralidade da lei, porque a lei seria o exercício da liberdade. A tanto que, logo após a Revolução Francesa, alguns revolucionários entenderam que os juízes não poderiam, eles, dizer o Direito, porque o Direito era aquele que estava na legalidade, aprovado segundo fundamentos de liberdade, de igualdade. Então, os juízes não poderiam contrariar esses fundamentos. Esse positivismo legalista logo enfrenta, no início do Século XX, uma resistência muito grande, por um realismo moralista. Lon Fuller, que ficou mais conhecido de todos por aquele livrinho sobre os exploradores de caverna mas, na verdade, Lon Fuller teve um papel fundamental, que foi romper ou encontrar, a partir das suas obras – porque, obviamente, essa não é a sua principal obra, mas foi, talvez, a mais conhecida – fazer entender que a lei posta, ela, em si, não é suficiente para dar respostas plenas à sociedade. Então, a jurisprudência, os entendimentos construídos pela moral deveriam ser levados em conta. E o seu extremo chegou aqui no Brasil, por exemplo, a corrente chamada "o Direito achado nas ruas", então isso era uma forma de apelar, também, para a busca da moral, a busca de um papel de construção do Direito fora daquele legalismo. E aí, ultimamente, nos deparamos, nos últimos dez anos, com um realismo principiológico, um realismo onde se busca a aproximação da realidade, por intermédio dos princípios, dos valores que estes veiculam. E, isto, a jurisprudência teve um papel central em uma mudança de perspectiva sobre a própria função do positivismo no Direito, como um todo.

Agora, se estamos a falar de segurança jurídica, a segurança jurídica tem dois grandes modelos. Dentro de uma perspectiva material, ela pode ser uma segurança jurídica por orientação, naquele sentido de que cabe ao Direito Positivo orientar as condutas dos cidadãos na sociedade, de uma forma previsível, de uma forma neutra, orientada segundo os valores da Constituição que a determinar. E aquela segurança jurídica por realização, ou seja, de que o Direito será realmente aplicado na forma como estabelecido. Claro que, em qualquer tribunal, mesmo nos administrativos, o precedente, hoje, participa dessa grande função da segurança jurídica por orientação. As pessoas querem saber qual é o seu direito aplicável. Elas não buscam apenas a Constituição e as leis, elas procuram também a jurisprudência. Querem saber como é que o Supremo Tribunal Federal decidiu aquela questão, o Tribunal de Justiça do Estado de São Paulo decidiu aquela matéria, o Superior Tribunal de Justiça, para que, daí, tenha uma compreensão sobre qual é, realmente, o limite do meu direito e qual é o papel dos meus deveres nessa sociedade. Isso, então, faz com que a estabilidade do ordenamento conte também, com o papel de motivação dessas condutas, a jurisprudência firmada em precedentes. Mas nós não sabemos ainda – essa é a visão que eu tenho, pelo menos quando eu olho para a jurisprudência desses tribunais todos – nós não temos uma estrutura que diga como devem ser regidos os precedentes. A partir de que momento tem-se a constituição de um precedente no tribunal? Não se sabe. A partir de que instante eu posso dizer que existe uma jurisprudência dominante? Um caso é suficiente? 20? 30? Quantos? A partir de quantos casos eu posso definir uma jurisprudência como pacífica, como dominante, como uma jurisprudência, digamos, de algum modo consolidada, em um tribunal – chamada *line of precedents*. E a outra seria a uniformização dessa jurisprudência, que nós conhecemos bem no Brasil, por meio das súmulas, que é um dos exemplos dessas formas típicas de uniformização de jurisprudência.

Agora, em todos os países que adotam a estrutura de precedentes, nós temos também que entender o que faz o precedente. Quer dizer, qual é o conteúdo da decisão que vincula a todos e, obviamente, o que não está dentro desse papel. Então, aquilo que está sob o efeito de estabelecido e o que está em uma simples condição de elemento periférico e que seria algo que não ingressaria no conjunto, no contexto do precedente e poderia ser perfeitamente mudado, modificado. Isso ainda está em construção e se nós olharmos claramente a diferença entre o que justifica o recurso repetitivo, repercussão geral e súmula vinculante, nós perceberemos divergências muito fortes de tratamento para motivar uma ou outra.

Então, diante de tudo isso, surge para todos nós uma grande preocupação, porque essas decisões em recurso repetitivo, no campo do Superior Tribunal de Justiça ou na repercussão geral do Supremo ou na súmula vinculante, ela passa a ter um efeito, eu diria que quase que norma constitucional. Porque sequer o legislador terá condições, vamos dizer, razoáveis, de legislar contra uma matéria sumulada no Supremo Tribunal Federal. Mas só para acompanhar esse debate agora, com relação à súmula que está por vir, da guerra fiscal em matéria de ICMS. Isso coloca uma certa inibição do legislador, de legislar e criar uma lei contra uma súmula vinculante do Supremo Tribunal Federal. Quer dizer, a lei terá que ser coerente com a súmula? Vincularia então o Supremo Tribunal Federal até mesmo o legislador, para alterar aquele entendimento específico? É extremamente complexo, que nós não temos, na legislação e em nenhum lugar, regra específica que defina com muita clareza esses limites materiais desses precedentes. Essas discussões todas, nós poderíamos falar aqui sobre consolidação de jurisprudência, e uniformização de jurisprudência amiúde, mas não é o nosso papel e nosso tempo é muito curto. Eu quero apenas colocar essas questões como sendo questões gerais que nós deveremos nos preocupar.

Muito bem, qual é a grande discussão que a organização nos impõe aqui? É saber qual é a repercussão dessas decisões sobre os tribunais administrativos. Basicamente, é o seguinte, a Lei 11.941, de 27 de maio de 2009, art. 25, altera a Lei 70.235/72, cujo art. 26, "a", passa a ser redigido da seguinte forma: "No âmbito do processo administrativo fiscal, fica vedado aos órgãos de julgamento afastar a aplicação ou deixar de observar tratado, acordo internacional, lei ou decreto, sob fundamento de inconstitucionalidade". Ouvimos, há pouco, as palavras sábias do professor Eduardo Bottallo, ao criticar essa questão do afastamento da aplicação em matéria constitucional em processo administrativo. Eu, de igual modo, percebo que o Tribunal não se inibe tanto com essa regra. Em diversos acórdãos do CARF se verifica claramente referências à Constituição e não se poderia supor algo diverso. Quer dizer, o tribunal constitucional é parte do sistema jurídico – aliás, é o fundamento maior do sistema jurídico, se formos à obra, o Curso de Direito Constitucional do professor Roque Carrazza, saberemos aí abraçar, vamos dizer, essa grande causa, com muita veemência. Porque a Constituição está, obviamente, como uma *lex legum*, sobre todas as demais. Porém, claro, surge uma dúvida. Ora, é coerente com esse fundamento, já que tribunais administrativos não podem tratar sobre fundamento de inconstitucionalidade – eles não podem deixar de aplicar a lei sob o fundamento de inconstitucionalidade. Não quer dizer que o tribunal não aplica a Constituição. É coisa muito diferente. O tribunal aplica a Constituição. O que ele não pode dizer é "declaro inconstitucional o artigo tal e tal e tal da lei 'xyz' ou do decreto 'xyz'". Mas o tribunal administrativo declara claramente, "pode aplicar a Constituição". Pode, não. Tem que aplica a Constituição. Tem que aplicar.

Muito bem, a pergunta é: pode um tribunal administrativo criar o sobrestamento? Por que é uma discussão sobre inconstitucionalidade, no Supremo Tribunal Federal, à guisa de uma repercussão geral? Porque, se a lei o retira dessa competência, como pode ele se impor alguma competência que não tenha? O § 6º do art. 25 é muito claro: "O disposto neste artigo não se aplica aos casos seguintes" – e é taxativa, a lei –, "que já tenha sido declarado inconstitucional por decisão definitiva plenária do plenário do Supremo Tribunal Federal; II – que fundamente crédito tributário objeto de – alínea "a", dispensa legal de constituição ou de ato declaratório do Procurador-Geral da Fazenda Nacional". Súmula da Advocacia-Geral da União; pareceres do Advogado-Geral da União.

Então, que venha o parecer do Advogado Geral da União, que venha uma súmula específica da Advocacia Geral da União, ou que venha uma dispensa legal de constituição do ato declaratório do Procurador-Geral da Fazenda Nacional, para que, aí sim, se justifique a razão de não se aplicando, obviamente, aquele tratamento, também justificar algo que possa repercutir nas decisões do tribunal administrativo. Então, em matéria de inconstitucionalidade, não tem absolutamente, no meu modo de ver e com a devida vênia ao presidente daquele tribunal, que é um amigo queridíssimo, o doutor Otacílio Cartaxo, oportunidade para a Portaria CARF n. 1, de 3 de janeiro de 2012. Nessa matéria – muita cautela, hein? Eu estou falando de repercussões gerais sobre inconstitucionalidade de lei, ou decreto, ou tratado internacional. Pode sobrestar uma matéria? Eu entendo que não. Porque se a lei diz que essa é uma matéria sobre a qual o tribunal administrativo não se pode pronunciar, ela não pode sobrestar também. Julgue e, depois, veremos o que vai acontecer. Ou, então, se revogue o art. 25 da Lei 11.941.

Mas, posteriormente, veio a Portaria 586/2010 ao regimento do CARF e incluiu dois positivos. O primeiro é o art. 62, "a", que diz o seguinte: "As decisões definitivas de mérito proferidas pelo Supremo Tribunal Federal e pelo Superior Tribunal de Justiça em matéria infraconstitucional, na sistemática de" – vamos lá, sintetizando – "repercussão geral e recurso repetitivo, deverão ser reproduzidas pelos conselheiros nos julgamentos de recursos no âmbito do CARF". E serão julgados – 53, § 4º – em sessões não presenciais, os recursos e processos de valor inferior a um milhão de reais e, independente do valor, forem objeto de súmula, resolução do CARF e decisões do Supremo Tribunal Federal ou do Superior Tribunal de Justiça. Estes dispositivos estão corretos, corretíssimos, porque são posteriores às decisões dos tribunais superiores. A portaria, entretanto, ao determinar o sobrestamento – imaginem os senhores, nós temos, hoje, 450 repercussões gerais declaradas pelo Supremo Tribunal Federal – muitas delas, repetitivas, mas são 450 repercussões gerais. Recursos repetitivos, eu não tenho nem ideia de quantos. Mas o Superior Tribunal de Justiça, só em matéria de ISS – desembargador –, sobre *leasing*, eu encontrei meia dúzia agora, recentemente, discutindo repercussão geral sobre *leasing* de diversas formas. Quer dizer, muita cautela porque, também, imaginem se todos os tribunais administrativos do País começassem a sobrestar processos. Nós criaríamos um problema porque se o Superior Tribunal de Justiça não decide – também você, ai, se engessando e criando aquilo que hoje existe no tribunal, que é saber o que faz com esses processos que são sobrestados. Imagine, se isso começa a acontecer também no âmbito administrativo. Então, o sobrestamento, no CARF, tem limites.

Parte disso é o parágrafo único do art. 1º: "O procedimento de sobrestamento de que trata o caput somente será aplicado nos casos a casos em que tiver comprovadamente sido determinado o sobrestamento de processos relativos a matéria recorrida, independente da existência de repercussão geral reconhecida para o caso". Tudo bem, mas desde que seja, efetivamente, uma questão relativa à declaração de inconstitucionalidade e demarcado naquela matéria que corresponda e que não esteja em interferência concreta com aquele art. 25, antes citado. Não cabe fazer reclamação de processo administrativo ao CARF ao Supremo Tribunal Federal em matéria administrativa. Isso não está autorizado em lei nenhuma. Não há uma lei que diga sobre reclamações ao Supremo Tribunal Federal processo administrativo. Existe em súmula vinculante. Em súmula vinculante sim. Mas súmula vinculante que já existe, não que está em processo de gestação. É outra coisa. É outra coisa.

Por isso, sendo na repercussão geral, quando o recorrente deverá demonstrar essa repercussão. O problema é esse. Aqui temos, às vezes, o mesmo contribuinte que está no processo recurso extraordinário vai ter repercussão geral sobre uma certa matéria. Ao mesmo tempo, também tem um processo administrativo. Caso específico hoje, exatamente agora, controladas e coligadas no Exterior, art. 74 da Medida Provisória 158. Os contribuintes que estão com recurso extraordinário, inclusive afetados por repercussão geral, e os mesmos contribuintes, inclusive, com processos em discussão no Conselho Administrativo de Recursos Fiscais. E essas provocações todas podem ser consideradas também no âmbito, vamos dizer, por assim dizer, dos recursos repetitivos, cuja Resolução n. 8, de 7 de agosto de 2008, também deixa muito claro que esse sobrestamento só afeta ou só vincularia os tribunais e juízes, com relação à questão central discutida. Ora, a questão central discutida pode justificar alguma limitação do tribunal administrativo? E a minha resposta, nesse ponto, ela coincide com uma possibilidade, sim, de a portaria tratar desse aspecto. Por quê? Porque é matéria de legalidade e não de constitucionalidade, quando estaria realmente condicionada aquela limitação do art. 25, antes citado. No caso do recurso repetitivo, cabe ao tribunal administrativo decidir esse aspecto. Agora, veio outra questão. Decidir sobre o sobrestamento quando autorizado por uma portaria interna, ou seria necessária a veiculação de uma lei expressa? Ora, se para os tribunais do Judiciário e juízes foi necessário uma lei, não bastaria uma portaria do STJ para fazê-lo, eu digo aos senhores com muita tranquilidade que, numa segurança jurídica do processo, uma portaria interna que coloca uma questão tão complexa em pauta, não poderia ser objeto de lei. A segurança jurídica, o devido processo legal, aqui, se impõe sobre qualquer outro aspecto para exigir da União uma edição de lei expressa que diga sobre o sobrestamento nessas matérias próprias. Não basta porque a Portaria n. 8 do STJ o diz. O diz porque o Código de Processo Civil, alterado por leis extravagantes, o fizeram. Esse é o ponto. Existe lei que diz sobre o sobrestamento, mas não existe lei que diga sobre o sobrestamento dessa matéria no plano administrativo. E, na ausência de lei, no meu modo de ver, o devido processo legal sente a falta da lei. Carece de uma lei que a vincule.

E, aí, no meu modo de ver, o sobrestamento dessas matérias no âmbito constitucional tem toda a procedência. No âmbito de questões de inconstitucionalidade, estrito senso. Para os demais, me parece incabível que uma portaria possa ter semelhante eficácia interna, para sobrestamento de processo, porque ali está uma exigência de uma resposta jurisdicional do tribunal administrativo. Apesar de nós não termos na Constituição a designação de tribunal administrativo, é um direito fundamental do contribuinte que esse tribunal se manifeste e gere respostas, como disse, há pouco, o professor Eduardo Bottallo.

Eu encerro por aqui.

Karen Jureidini – Mas, até para tranquilizá-los, está aguardando justamente um pronunciamento do ministro da Fazenda, para retirar a questão do sobrestamento do nosso regimento. Porque, de fato, o que teve muita controvérsia era saber: O sobrestamento decorre da repercussão geral, ou não. Depois que se verificou que o sobrestamento decorre da repercussão geral e como paralisar o tribunal. Teria que paralisar o tribunal, sobrestando-se quase todas as matérias. Então, obviamente, o sobrestamento tem que *[truncado na gravação]* e, se me cabe aqui, em dois segundos, um pequeno desabafo, eu acho que o nosso grande problema, hoje, a gente não sabe aplicar a teoria do precedente. A gente não sabe e a gente não tem mecanismos para trabalhar com o precedente. Então, é até um apelo para que, realmente, aqui, diante de tantos ilustres professores, isso de fato seja bem desenvolvido doravante. Eu vou dar um pequeno exemplo. Para hoje, para se entrar com *amicus curiae* em um processo do Supremo Tribunal Federal, é necessário que a sua matéria seja idêntica. Mas e se eu tenho uma questão que faz com que aquilo seja decidido diferente, então eu não posso entrar com *amicus curiae*. Os contribuintes agora estão desesperados na questão da compensação de 30%, no caso de extinção da pessoa jurídica A compensação de prejuízo fiscal. O Supremo vai jogar a matéria em repercussão geral. Só que, ali, ele não vai decidir a extinção da pessoa jurídica. Ele vai decidir a trava de um modo geral. Como é que o contribuinte vai dizer para o Supremo: "Tira a questão da extinção da pessoa jurídica do seu julgamento, diga que é uma questão separada." Ele não pode entrar com *amicus curiae* . Então, é só esse cuidado, essa razão de decidir, que muitas vezes você aplica no caso concreto e a gente vai ter enormes problemas, como a gente já está tendo, para aplicar a questão de depósito bancário. Então, é isso. Sem mais delongas, a professora Mary Elbe vai tratar agora das questões controvertidas de compensação tributária.

Questões Controvertidas de Compensação Tributária

Mary Elbe Queiroz – Boa tarde a todos. Caríssima doutora Karen. Quero cumprimentar aos corajosos que estão aí – com a fominha, mas resistentes heroicamente, aqui – pelo carinho de permanecer. Cumprimentar o caro professor Heleno e o desembargador e falar um pouquinho para vocês sobre compensação em matéria tributária. Quando me deram o tema, questões controvertidas, tudo era tão controvertido que eu tive uma certa dificuldade. Então, eu acho que é mais controvertido até de saber quem matou Max, hoje à noite, lá, na novela das oito. Então, vamos tentar sintetizar o que serão essas questões. Porque, hoje, compensação tributária, eu acho que a única certeza que a gente tem é que não compensem, porque é perigoso, além de não levar, vocês ainda terão que pagar pesada multa por conta disso.

Então, quando a gente fala na questão da compensação tributária, a gente tem que distinguir a primeira relação tributária entre a Fazenda credora e o contribuinte devedor, de uma relação de restituição, de ressarcimento ou de direito de crédito legal, onde o contribuinte é credor e a Fazenda, devedora. Na relação de compensação, os dois são credores e devedores, naquela legitimidade de que, se o contribuinte deve e a Fazenda deve também ao contribuinte, não seria legítimo ele ter que pagar e ficar esperando a restituição, que a gente sabe como a Fazenda é eficiente – e tem que ser – na cobrança, mas ela é um pouco demorada, às vezes bastante demorada, exatamente na devolução. Então, é justo que haja esse direito à compensação. Há um fundamento constitucional, todos sabem, o dever de pagar tributo, o dever de devolver, sob pena de quebra da confiança legítima. O contribuinte que paga o tributo, ele paga naquela confiança e boa-fé de que pagará na medida certa e, se não pagar ou pagar a mais, ele vai ter direito a essa devolução.

É claro que houve um abuso do contribuinte na questão das compensações, que levou a todas essas medidas repressoras. O que a gente precisa discutir é se há necessidade de controlar – e, aqui, nós temos os números, que 48% das compensações são indeferidas. No momento em que foram estabelecidas as penalidades, o que nós tínhamos? Um grande volume de contribuintes que não utilizavam, não era com o expediente de um planejamento tributário para postergar. Ele usava, muitas vezes, alguns contribuintes, com má-fé, coisas que ele sabia que não tinha direito. Por exemplo, ele colocava lá, no pedido de compensação no processo administrativo que ele tinha entrado, que sabia que não tinha direito e que aquele crédito não existia. E, a partir daí, ele passava a fazer compensações, porque a Fazenda chegava dois, três, quatro anos depois. Só que, a força desse controle e repressão a esse mau contribuinte está levando ao efeito contrário de punir o contribuinte que faz o seu pedido legítimo. E eu vou mostrar um caso numérico para vocês, de como isso tem consequências altamente prejudiciais.

Hoje, nós temos as formas de compensação tácita, expressa, não homologada e não declarada. E isso é importante porque, *data máxima venia*, está havendo alguma confusão nos tribunais. Porque apenas a não declarada é aquela que a lei veda. A não homologada é o quê? Eu tenho o direito, eu tenho a consciência – e, vejam, hoje, toda interpretação da lei passa para o contribuinte, que tem que interpretar, tem que conhecer e, ao mesmo tempo, tem que aplicar, pagar, cumprir obrigações acessórias, ele, substituindo o Fisco. Ora, se alguém aqui me disser que conhece – até o professor *[truncado na gravação]* brilhante palestra aqui, sobre PIS-Cofins, mas se alguém disser que conhece a legislação de crédito de PIS-Cofins todo, eu vou dizer o seguinte: é doido. Porque ninguém conhece, porque é um emaranhado de leis. É difícil você conseguir acompanhar. São mais de 200 normas que legislam sobre o PIS-Cofins, na não cumulatividade.

E aí, vejam, quando se criou a compensação, o PER/DCOMP, foi estabelecido todo um mecanismo de proteção para exatamente garantir aquele que pedisse. E, se não tivesse direito, o que acontecia? O crédito era escrito sob condição resolutória, a norma admite então a possibilidade de haver homologação ou não. Isso é importante porque, hoje, pelo simples pedido de compensação não homologado, por uma interpretação divergente entre o Fisco e o contribuinte, o contribuinte já é penalizado, independentemente de haver falsidade ou não. Ou seja, o simples direito, exercício do direito legítimo de petição já leva a uma gravosa punição. Então, veja, quando se faz o PER/DCOMP, aquele débito que é compensado – porque a compensação, ele tem um crédito e, aí, faz o débito – aquele débito compensado é uma confissão irretratável de dívida. Ali, se o contribuinte, se a compensação for homologada, automaticamente vai para inscrição e execução. Ou seja, a lei foi inteligente, no sentido de cercar de garantias aquele pedido de compensação. Daí, porque fere totalmente a proporcionalidade e a razoabilidade, essas multas que são aplicadas, que a gente vai ver aqui.

Muito bem, isso vai contra a boa-fé. A base da relação tributária é exatamente a boa-fé do contribuinte. Quando se estabeleceu a legalidade em matéria tributária, era exatamente o consentimento do contribuinte de que pagaria tributo na forma da lei. E, se pagasse a mais, teria direito à devolução. Aqui, eu vou trazer para vocês, dois casos que já foram julgados no STJ. Compensação não declarada. Aqui, ele chama de não homologação, mas é aquela não declarada, ou seja, é aquela compensação que você faz, de crédito de terceiro, que a lei expressamente veda. E, aqui, eu não vou discutir o mérito, se pode ou não, a lei diz que será considerada não declarada. E, aí, ele já definiu e, depois da brilhante palestra do professor Heleno, a gente não sabe se já definiu, se é pacífico ou não, mas tem essa primeira decisão, dizendo que tem que lavrar auto de infração. E isso é importante porque se a declaração de compensação que o sujeito faz é não declarada, não existe. Se não existe, o prazo decadencial para o lançamento é lá, no fato gerador. Então, isso é importante se fixar, porque ele disse: "Não existe". E, nesse caso, é para ser lavrado o auto de infração. Então, a regra do auto de infração é exatamente do fato gerador, para fins do prazo decadencial.

Uma outra decisão que ele tem tomado, inclusive contra tudo o que a maioria dos contribuintes têm feito – essa decisão é recente – é o seguinte, na compensação não declarada, não cabe manifestação de conformidade. Ou seja, a lei é expressa, dizendo que não cabe defesa, não cabe contencioso administrativo e o contribuinte ia e utilizava a Lei 9.784/99, a Lei do Processo Administrativo, que diz que todo contribuinte tem direito de entrar com um recurso administrativo de uma decisão contrária a ele. Nesse caso aqui, o STJ está dizendo que tem a lei especial, a 9.430, que se aplica para ele, dizendo que não cabe manifestação de conformidade, então, nesse caso, não caberia aplicar a lei do processo. Então, teve essa primeira decisão, esperando ver como isso vai se processar.

E, aí, vêm as famosas sanções pelas compensações. E, aí, vamos ver o seguinte, primeira delas, compensação indevida, constatada a falsidade. Ou seja, aqui, tem que haver a prova da falsidade. Multa de 150%. Compensação considerada não declarada, sem falsidade, 75%. Só ali, daquele monte de leis e normas, vocês já tiram como isso está bastante confuso. Vejam, essa não declarada é aquela em que o contribuinte fez uma compensação de créditos que a lei expressamente diz que ele não poderia compensar. A outra, 150%, é a não declarada, constatada a falsidade, também. E, aqui, a gente tem compensação não homologada. Ou seja, o contribuinte fez a compensação, interpretou segundo o seu conhecimento, que teria direito àquele crédito. E, por isso, está compensando um débito. E o Fisco diz que não concorda com aquele crédito – de frete, de insumo. O que é insumo, hoje? É o do IPI, é o do Imposto sobre a Renda? É difícil você identificar. Então, o contribuinte entende que aquele insumo do produto dele gera um crédito. Entra com um pedido de compensação, a Fazenda diz: "Não, isso não é insumo, não gera direito a crédito." Ele vai ter uma multa de 50% sobre o valor do crédito que ele teve. Ressarcimento indeferido ou indevido. Simplesmente você faz o ressarcimento, ele é indeferido ou indevido, 50% que você tem. E, aí, você já tem uma distorção. Ressarcimento indeferido ou indevido com falsidade, multa de 100, enquanto aquele outro é de 150.

E, aí, a gente vai para a lei, diz assim: "Multa de 50% pelo ressarcimento indeferido ou indevido". Não interessa o motivo. Aí, a gente vê. Qual foi a conduta sancionada? O simples pedido de ressarcimento. A Receita Federal, de acordo com a sua interpretação divergente, considera indevido o pleito. O pedido de ressarcimento é a conduta ilícita que deve gerar uma sanção? Não. Ele fez uma conduta lícita de pedir o ressarcimento que ele entendeu que tinha direito. Nesse caso, qual foi a norma que foi violada, afrontada, para caracterizar o ilícito? E, aí, a pergunta que fica: É possível estabelecer uma penalidade porque ele fez uma conduta ilícita, exerceu um direito de petição? Mas isso é o que está expressamente na lei.

Vejam as consequências disso. Caso um, a empresa pede um milhão. A Receita diz: "Você tem direito a 500". Homologa. 500, ele não homologa, porque diz que você não tem direito. O que é que acontece? Incidência de multa de 50% sobre o não homologado. Qual a consequência? Dos 500 que ele tem direito, só vai ter direito, agora, a 250. E isso fica mais grave se o débito que foi considerado não homologado, ele vai ser inscrito na dívida ativa e vai ser executado. Se acontece esse quadro, o que é que nós temos? Ela compensa um milhão, tem direito homologado a 500, a multa vai incidir 50% acrescido de quê? Multa de 20%, de mora, juros SELIC e encargos legais. Qual é o quadro que a gente tem? Do valor dos 500 que ele tinha direito, ele vai ter direito apenas a 50, menos os juros SELIC. Ou seja, ele não pode chegar à consequência de, além de não receber, ter que pagar.

E qual foi a infração do sujeito? Absolutamente nenhuma, ele exerceu o direito de petição de acordo com a interpretação de uma legislação complexa, a excessiva quantidade de normas que nós temos e, aí, ele fez aquele pedido e, por conta disso, foi reconhecido metade do pedido dele, mas ele não vai receber nada e ainda vai ter quc pagar. Então, ou scja, cssa daqui, quc é da lei de 2010, ela diz: "Aplica-se multa de 50% também sobre o valor do crédito objeto da declaração de compensação não homologada". Ou seja, qualquer compensação não homologada, pela simples não homologação, tem essa multa de 50%. E, aqui no caso, qual foi a conduta sancionada? É feita uma declaração de compensação e a Receita não homologar. Aqui, no caso, é vedada a realização de compensação? Não. A lei autoriza que entre. E ela já prevê os mecanismos de proteção a essa declaração de compensação, para evitar exatamente aquele contribuinte de má-fé, que quer se locupletar indevidamente de uma compensação.

E aqui, o que é que nós temos? A Receita Federal diz: "Não, o contribuinte não deve" – a Procuradoria da Fazenda também diz – "o contribuinte não deve entrar logo com o pedido de compensação, para evitar multa". Faz uma consulta. Aí, a gente vai para o Decreto 70.235, que diz: "O sujeito passivo poderá formular consultas sobre dispositivos da legislação, aplicáveis a fato determinado". E, aí, veja, a consulta é instrumento adequado para tema de compensação e ressarcimento? Eu entendo que não. E é interessante que a própria solução de consulta agora, de número 30, ela diz que é ineficaz a consulta sobre compensação. Então, nem o mecanismo de compensação e, ali, a gente tem um outro detalhe, o contribuinte entra com compensação para saber se tem direito àquele crédito que ele quer pedir e a consulta demora, ele deixa de estar utilizando aquele crédito e, ao mesmo tempo, está correndo o prazo que aquele crédito dele poderá ser extinto pelo decurso do prazo decadencial. Então, hoje, nós temos uma arguição de constitucionalidade, já a decisão do TRF, dizendo que aquele dispositivo é inconstitucional, ainda não chegou no STJ. E, aí, a gente tem que refletir o seguinte, é justo que se exerça o controle, que se puna aquele contribuinte que exerce indevidamente, ilegalmente, do direito de compensação, *[truncado na gravação]* de mercado, concorrência desleal e se locupletou indevidamente. Então, tem que haver sanção sim, para esse contribuinte. Mas no nosso Estado democrático de Direito, temos que proteger o direito de petição. Ele só está pedindo o que ele interpretou que teria direito. O devido processo legal, a ampla defesa que o professor Bottallo, de forma brilhante, colocou aqui. E, principalmente, a razoabilidade e a proporcionalidade na interpretação da aplicação dessas penalidades. E isso, porque existe um grande conflito – que, aí, a doutora Karen, de forma brilhante, com bastante garra, defende. Veja a seguinte questão, consulta não pode ser feita. A lei obriga que o auditor fiscal aplique a sanção. Ele exerce a atividade vinculada, então ele é obrigado a aplicar. Então, não homologado, ele aplica a sanção. O CARF, a lei veda que julgue inconstitucionalidade da lei. E qual é a saída? A saída está na lei. Proporcionalidade e razoabilidade, que a lei obriga que o julgador administrativo tributário, ao julgar, ele deverá aplicar o princípio da proporcionalidade.

Então, eu entendo sim, que, caso a caso, vai ter que ser analisado e o tribunal administrativo tem, sim, competência e não vai estar julgando inconstitucionalidade. Mas, no caso concreto, ele vai fazer prevalecer a Constituição. E, aqui, eu gostaria de deixar vocês com essa brilhante frase do nosso mestre Heleno Torres, que diz que a regra que trata de multas para os casos de compensação não homologada joga os contribuintes que agem de absoluta boa-fé na mesma vala comum de sonegadores de todo tipo.

Muito obrigada.

DIREITO CONCORRENCIAL E PENAL TRIBUTÁRIO

Anna Emília Cordelli Alves – Nós vamos dar início, agora, à nossa mesa de direito concorrencial e penal tributário. E gostaria de saudar os professores aqui presentes e, antes de passar a palavra ao doutor Celso Campilongo – que vai ser o primeiro a falar e se manifestar sobre o tema –, eu gostaria de falar um pouquinho do doutor Celso, do seu currículo. O doutor Celso é graduado pela Universidade de São Paulo, mestrado e doutorado também pela Universidade de São Paulo e livre docente pela PUC de São Paulo e pela Faculdade de Direito da USP. Atualmente, o professor Celso Campilongo é professor titular da Faculdade de Direito da Universidade de São Paulo, professor doutor pela PUC de São Paulo, coordenador de cursos de extensão da Sociedade Brasileira de Direito Público e coordenador acadêmico dos grupos de extensão universitária, serviço de assessoria jurídico-universitária e Núcleo de Direito à Cidade, do Departamento Jurídico XI de Agosto. Atua com ensino e pesquisa nas áreas de Teoria do Direito, Filosofia do Direito e Sociologia Jurídica. Orienta trabalhos acadêmicos, principalmente nas áreas de Teoria do Direito, Filosofia do Direito, Sociologia Jurídica e Teorias Sociais do Direito, Teoria dos Sistemas e Teoria do Direito Econômico. É com muito prazer que nós recebemos o professor Celso Campilongo e vamos ouvi-lo com a nossa máxima atenção. Professor?

Direito Concorrencial e Tributação – O Papel do CADE

Celso Campilongo – Muito obrigado, é um prazer enorme participar da reunião do IDEPE, do Instituto Geraldo Ataliba e poder falar sobre um tema tão desafiador, na presença de um auditório tão qualificado, de uma mesa composta por tantos amigos, uma mesa tão especial. Indo diretamente ao ponto, que o tempo que a gente tem é um tempo muito restrito. O tema que me foi proposto, direito concorrencial e tributação, o papel do CADE. Então, é importante a gente rever de onde eu estou partindo e qual é o meu tema. O meu tema não é o papel dos tribunais, o papel da Secretaria da Fazenda, o papel da legislação tributária. O meu tema é o papel do CADE, o que o CADE pode ou não fazer quando, eventualmente, eu tiver um embate entre a legislação de defesa da concorrência e a legislação tributária, ou desdobramentos da legislação tributária, ou na seara judicial ou na seara administrativa. Na verdade, esse é um tema recorrente no Direito da Concorrência brasileira. Vira e mexe, nós nos deparamos com questões concorrenciais que relacionam não apenas o CADE e a ordem tributária, mas o CADE e, por exemplo, as agências reguladoras; o CADE e o mercado de capitais; o CADE e o Direito Societário; o CADE e o Direito das Obrigações; o CADE e o Direito do Trabalho, por incrível que pareça. Muitas vezes, concentrações empresariais são feitas impondo-se à pessoa física uma cláusula de não concorrência que acaba inviabilizando a própria carreira profissional do indivíduo. Então, até com o Direito do Trabalho nós já temos precedentes que relacionam o Direito Antitruste, o direito concorrencial com todos esses setores.

O primeiro ponto importante é saber, afinal de contas, qual é a competência do CADE. Será que o CADE é um superórgão – a imprensa vem chamando, com a nova Lei de Defesa da Concorrência, que entrou em vigor agora, há poucos meses, pouco mais de quatro meses, vem chamando o órgão de Supercade. Será que o Supercade tem competência para falar sobre tudo isso? Tributação, regulação, Direito Privado, propriedade intelectual, Direito do Trabalho, Direito Societário, mercado de capitais? é evidente que não. Isso só bate no CADE de uma maneira muito, mas muito subsidiária, muito secundária. Mal comparando, nós poderíamos dizer o seguinte, a competência do CADE é a competência para manter um ambiente econômico purificado, em relação exclusivamente às relações concorrenciais.

Mas acontece que, às vezes, a poluição do ambiente concorrencial, ela não brota ou não é oriunda das próprias normas de Direito Antitruste. A fumaça vem de outros atos. Eu tenho uma fumaça originária de outra chaminé, por exemplo, eventualmente originária da ordem tributária, que pode, eventualmente, comprometer a ordem econômica. O CADE não pode, sob hipótese alguma, se preocupar com a chaminé dos outros. O CADE não tem competência para falar coisa alguma a respeito da ordem tributária ou a respeito de propriedade intelectual, ou a respeito de regulação. Ao contrário, deveria – e, na verdade, tem observado essa regra – prestar um dever de deferência em relação a esses outros aspectos do ordenamento jurídico. Ele deve tomar a ordem tributária ou o Direito Patentário, por exemplo, como estruturas que são pressupostos da sua atuação e não o contrário. Então, não pode, evidentemente, o CADE sair determinando: "Olha, esta regra tributária ou aquele convênio, ou aquela resposta à consulta gera efeito concorrencial, portanto não vale nada e eu vou desconsiderar isso tudo e vou aplicar aqui o direito à concorrência". Não há nada, absolutamente nada na ordem jurídica brasileira que coloque o Direito Antitruste numa posição diferenciada em relação a outros aspectos da ordem jurídica brasileira, inclusive aspectos relevantes também para a dimensão concorrencial.

Mas o que tem acontecido, apesar dessa característica ou dessa natureza da competência do CADE é que, em alguns casos, o CADE tem dado sinais de que, se o concorrente, se o pleito, se a empresa está às voltas com um processo administrativo junto ao CADE, no caso, concorrencial, tramitando na jurisdição administrativa concorrencial, se a empresa age, se comporta, se prevalecendo de uma vantagem tributária obtida no Judiciário ou obtida administrativamente ou de uma vantagem patentária obtida no órgão próprio – no INPI, por exemplo, e se isso tem um efeito nocivo à concorrência, não é que o CADE vá declarar nula, inconstitucional, ilegal aquela vantagem tributária ou aquela vantagem patentária. Não é da sua competência fazer isso. Mas há indícios de que possivelmente – não há um precedente, há indícios apenas, alguns casos em que o CADE disse algo muito parecido com o que eu vou mencionar – que esta vantagem tributária ou esta vantagem patentária, apesar de escaparem à competência do CADE, provocam um efeito anticoncorrencial, o que o CADE vai examinar não é a ordem tributária e nem a ordem patentária. O que o CADE irá examinar é uma outra questão. É um desdobramento dessa fumaça produzida em outros ares, em outros campos, na seara concorrencial.

Por exemplo – não estou citando precedente, estou trabalhando apenas com uma hipótese para ilustrar quais seriam, eventualmente, as possibilidades do CADE nesse campo. Digamos que, em um mercado qualquer, sempre levando em consideração que o CADE não trata de lides interindividuais, do problema de um concorrente com o seu rival. O CADE trata do tema o mercado, o ambiente competitivo no mercado como um todo e não a relação entre "A" e "B". Ou um caso tem um impacto sobre um determinado mercado como um todo, ou o caso não é da competência do CADE. O CADE trata de direitos difusos e coletivos, não trata de conflitos interindividuais. Evidentemente, se eu estou falando de um mercado no qual exista um monopólio, apenas duas empresas atuam naquele mercado, muda um pouco de figura. O mercado é composto apenas por duas empresas. Mas estas são situações mais raras. No geral, ou a conduta tem impacto no mercado como um todo, ou não é da competência do CADE. Então, mesmo que, eventualmente, seja originária de um problema patentário, de um problema tributário, há que se verificar se a conduta examinada ali pelo CADE tem ou não tem, em primeiro lugar, um efeito sobre o mercado como um todo.

Digamos que, eventualmente, esse efeito seja passível de ser demonstrado, de ser aferido. E digamos que, por exemplo, um competidor com impacto sobre a concorrência em todo o setor tenha obtido uma vantagem tributária qualquer, em decorrência da legislação, em decorrência da resposta a uma consulta à Administração – pouco importa o origem – por conta de uma liminar, ele tenha uma vantagem que lhe permita, em razão de um decréscimo muito acentuado da carga tributária, uma vantagem que lhe permita praticar preços que os seus rivais são absolutamente incapazes de reproduzir, por conta de que só ele possua ou possui essa vantagem. Ora, o que o CADE vai fazer não é revogar a consulta à legislação ou a liminar. Evidentemente, isso escapa à competência dele. Mas o CADE pode eventualmente – estou especulando, dando um exemplo, não há registro de um precedente nesse sentido – o CADE poderia, eventualmente, por exemplo, na aplicação da sua legislação específica, dizer: "Este preço que você está praticando é um preço que tem um efeito anticoncorrencial. É um preço predatório". E, eventualmente, a condenação de uma empresa que atue no mercado com essa vantagem, tutelada, protegida por essa vantagem, não será uma punição por conta de que obteve uma liminar, uma resposta à consulta ou uma lei que a favoreça. Mas poderia, eventualmente, ser uma condenação em relação à prática de um preço predatório, de um preço anticoncorrencial, de um preço que os demais rivais pura e simplesmente não conseguem praticar. E, dependendo da configuração do mercado, cinco, seis meses praticando um preço com essas características é mais do que suficiente para você liquidar com a concorrência, para você perverter completamente o ambiente concorrencial que o CADE deve tutelar.

Claro que isso não ocorre sem problemas, são incontáveis os problemas decorrentes deste quadro hipotético que eu estou descrevendo. Eu vou selecionar um deles, em razão da falta de tempo, para a gente desenvolver esta matéria. Mas eu já tenho alguns precedentes do CADE, de condenações por *sham litigation*. A linguagem do antitruste é uma toda uma linguagem norte-americana e, praticamente, tudo em inglês. O que é a *sham litigation*? Mais ou menos uma litigância de má-fé, ou um abuso de um direito processual, por exemplo, ou de um direito de petição que possa, eventualmente, ter uma repercussão sobre a concorrência. Na minha modesta opinião é um absurdo transportar esse instituto do direito norte-americano para a ordem jurídica brasileira, pela simples razão de que o antitruste, no Estados Unidos, é praticamente um antitruste tudo ele é judicializado. É o Judiciário quem decide a maior parte das questões antitruste no Estados Unidos. Entre nós, não. Entre nós, é um órgão administrativo que desenvolve ou desempenha uma jurisdição meio de fantasia. Não é o Poder Judiciário. Tem, por acaso, alguma lógica, algum cabimento de que um concorrente tenha, eventualmente, obtido uma liminar e o CADE, na prática, acabe por revogar essa liminar, dizendo: "Olha, o seu direito de petição, a liminar que você obteve, é uma liminar que gera um efeito anticoncorrencial e, portanto, o CADE vai te condenar por estar se comportando exatamente da maneira como prescreve a liminar". Na ordem jurídica brasileira, isso não faz o menor sentido. Mas, no Estados Unidos, não. No Estados Unidos, como o antitruste é um antitruste jurisdicional, os juízes costumam fazer isso. Só que, nós estamos importando essa lógica, esses conceitos e há precedente no CADE – o precedente que tem no CADE não é um caso que envolveu tributo, mas poderia, eventualmente, ser – que envolveu uma empresa chamada Seva, de um lado, e outra empresa, que era a Continental fabricante de tacógrafos, que é uma espécie de contador de quilometragem, de caminhões. Uma das empresas envolvidas possuía uma autorização do Inmetro para fabricar tacógrafo e, com o tacógrafo, concorreria com o seu rival, concorreria com a outra empresa. Essa autorização para fabricar tacógrafo, oferecida pelo órgão competente, foi revogada pelo Judiciário. Foi revogada com base em uma liminar. Consequentemente, o rival deixou de competir com a outra empresa, com o outro concorrente, em razão de uma medida judicial.

Muito bem. Pasmem os senhores, mas o CADE chegou à conclusão de que esse exercício de direito teria sido um exercício abusivo, com o objetivo deliberado de prejudicar a concorrência e aplicou uma sanção à empresa que obteve uma liminar em Juízo, dizendo: "Eu não estou aqui revogando a decisão judicial, eu não estou fazendo nada disso. Eu estou examinando os efeitos concorrenciais da sua conduta e esses efeitos são efeitos lesivos ao mercado. Você afastou uma parte substancial do mercado com base nisso". Mas, escuta, a liminar serve para que, senão para isso? Eu tenho – e eu tenho um outro precedente, também em um caso em que o CADE, não é que tenha tomado uma decisão, acabou sendo feito um compromisso de cessação de prática junto ao CADE, em relação a isso, um caso que envolvia um preço de telecomunicações chamado T1-RM. As empresas de telecomunicações envolvidas nesse caso fizeram um acordo com o CADE. Então, não há uma decisão. Mas nos considerandos do acordo, o CADE disse o seguinte: "Olha, a regulação do setor ou a regulação desse preço aí, da T1-RM, é uma regulação que afeta negativamente a concorrência. Não é minha competência, CADE, regular esse setor. Isso é uma competência da ANATEL". Mas como essa regulação é uma regulação anticoncorrencial, possivelmente, se eu tivesse que decidir esse caso – não há uma decisão, o CADE estava dizendo – olha, eu decidiria contra a regulação. Porque essa regulação é uma regulação anticompetitiva e a obrigação do regulador, no caso de telecomunicações, é regular para a concorrência. Bom, por aí, com esses precedentes, chegar, a partir do exemplo hipotético entre os dois precedentes que eu estou mencionando, a uma situação na qual uma vantagem obtida licitamente no campo fiscal pode, eventualmente, sofrer algum tipo de restrição em razão dos seus efeitos anticoncorrenciais, perante a atuação do CADE.

Enfim, haveria muito mais para a gente falar a respeito dessas coisas, mas acho que, enfim, para um enfoque assim, muito inicial e preliminar a respeito do tema, foi o que me ocorreu dizer aos senhores. Agradeço mais uma vez o convite e fico à disposição.

Anna Emília Cordelli Alves – Gostaria de agradecer as sempre precisas e claras lições do professor Campilongo, que nos demonstrou aí o relacionamento do Direito

Concorrencial com o Direito Tributário e os limites delicados entre, na verdade, as duas ordens jurídicas, mas que eu acho que foi muito claro e muito preciso. Muito obrigada, professor. Gostaria de falar agora a respeito do doutor Renato Stanziola Vieira, que está aqui, ao meu lado. Advogado criminalista em São Paulo, mestre em Direito Constitucional pela PUC de São Paulo; mestrando em Direito Processual Penal pela Universidade de São Paulo e membro do Instituto de Defesa do Direito de Defesa. Ele vai nos falar sobre crimes contra a ordem tributária, questões controvertidas. Professor?

Crimes Contra a Ordem Tributária – Questões Controvertidas

Renato Stanziola Vieira – Muito obrigado à presidente da mesa. Eu queria agradecer o convite do IDEPE, na pessoa da professora Maria Leonor.

É a segunda vez que tenho a oportunidade de estar aqui com os senhores, debatendo aspectos que significam uma intersecção entre Direito Penal e Direito Tributário. Agradeço e digo que estou muito envaidecido com o convite que me foi feito e, por estar nesta mesa, ao lado do meu querido amigo Robson Maia, do Fábio Soares de Melo e, sobretudo, do meu querido professor do meu primeiro mestrado, professor Celso Campilongo, com quem muito aprendi e continuo a aprender. Acho que como todos nós, pelo que ele acaba de dizer.

A presidente de mesa estava dizendo da difícil relação entre as áreas do Direito e, como criminalista, conquanto eu possa me sentir quase como um peixe fora d'água em um congresso específico e profundo de Direito Tributário, a título de aproveitar a oportunidade de debater com os senhores: digo que realmente existe uma dificuldade e, digo muito à vontade, não por culpa, mas por limitações teóricas dos penalistas. Assim, questões que envolvam crimes contra a ordem tributária continuam sendo polêmicas.

Há algumas situações práticas que eu gostaria de debater com os senhores, observado efetivamente o limite de tempo. No entanto, meu ponto de partida precisa ser a questão de como a doutrina do Direito Tributário é muito mais sólida que as doutrinas brasileiras do Direito Penal e do Direito Processual Penal, nessa área de contato.

Digo isso muito à vontade como criminalista, mas, ainda assim, constrangido, porque, se é verdade que a antiga Lei de Sonegação Fiscal de 65 tem quase a mesma idade do conhecido Código Tributário Nacional, haveria, desta forma, possibilidade de ter alguma expectativa de que estas áreas pudessem caminhar juntas.

Da década de 90 do século passado para cá, especificamente no âmbito do Direito Penal, houve infinitas, múltiplas mudanças do ponto de vista administrativo, que acarretam um problema que vivemos até hoje, e que espero, no médio prazo, possa ser, em alguma medida, dirimido.

Separei minha exposição em três tópicos, para tratar das questões controvertidas dos crimes contra a ordem tributária. É preciso pensar no passado, no presente e no futuro, a médio prazo.

O cenário do passado era esse: uma Lei de Sonegação Fiscal que, do ponto de vista do Direito Penal, previa, em um artigo só as condutas que gerariam a chamada sonegação fiscal. Ali havia descrição de condutas sem uma distinção topográfica e muito menos uma diferenciação teórica sobre cada uma dessas condutas. A sonegação fiscal poderia ser tida, naquela época, como estelionato praticado contra o Fisco, essa era a essência da lei.

Pois bem, da década de 90 para cá, com o advento da Lei 8.137 e todas as leis que a ela se seguiram, ao meu modo de ver, houve um desvirtuamento da relevância penal no tratamento da matéria, porque o Estado brasileiro, o Estado arrecadador e, essas são palavras do ministro Sepúlveda Pertence – este pontuou em dois *habeas corpus*, o mais famoso, 81.611, que discutiu matéria de crimes contra a ordem tributária –, disse: "Há duas coisas perenes que se pode dizer da política pública no controle dos crimes contra a ordem tributária: não há uma inspiração ética estatal e o Direito Penal não passa de um reforço para a arrecadação. O Direito Penal não passa de um auxílio em execuções fiscais".

Já no passado um pouco mais recente, adotadas e observadas essas premissas e, os senhores sabem muito melhor do que eu quantas leis se seguiram, da extinção da punibilidade pelo pagamento, suspensão da punibilidade pelo parcelamento, antes da denúncia, depois da denúncia; programas especiais de parcelamento fiscal, que têm a sua razão de ser em compelir os contribuintes a pagar os seus tributos.

E, vejam bem, num tempo em que, no cenário de Direito Comparado, inclusive no âmbito dos Direitos Humanos, cada vez menos se é mais rigoroso com a possibilidade de prisão civil por dívidas.

O Estado brasileiro, vez por outra, pelo braço penal, trata exatamente disso: ameaça de prisão para quem deve. Essa é a questão que permeou o braço penal do tratamento da matéria de 90 para cá. E qual foi o problema que isso gerou? Aqui posso começar a tratar de alguns pontos polêmicos.

Há dois anos, quando fui convidado pela primeira vez para um evento do IDEPE, eu, um pouco mais detidamente, pude me debruçar sobre esse *Habeas Corpus* 81.611, e, também, sobre os precedentes que o Supremo Tribunal Federal teve em mente para elaborar o que hoje todos conhecem como a Súmula Vinculante n. 24.

Senhores, uma questão fundamental que, a meu ver – e o professor Campilongo discutiu isso em um livro importantíssimo a respeito das relações do Direito e a Política –, o Supremo Tribunal Federal, quando debatia o *habeas corpus* 81.611, fez um raciocínio por analogia; fez um raciocínio por analogia antes da Emenda Constitucional n. 35, que modificava a hipótese de licença dos congressistas, para suspender o curso da prescrição penal enquanto não houvesse a definitividade da questão tributária subjacente.

Fez desta forma para responder a um problema que o legislador lhe colocou, que foi a dupla tipificação da Lei 8.137, prevendo, em seu art. 1º, crimes de resultado e, em seu art. 2º, crimes que não são de resultado. Disse o Supremo, capitaneado pelo ministro Sepúlveda Pertence, portanto, que se não poderia ter o curso da prescrição penal antes de encerrado o procedimento administrativo.

Para os criminalistas, em um primeiro momento, foi uma maravilha; porque, afinal de contas, a questão estaria, em tese, solucionada com base nesse tampão. E a verdade é essa, era um tampão porque, depois de encerrado o procedimento administrativo, como também se discutiu naquele precedente, a teoria da *actio nata*, que é uma teoria de Direito Civil, aplicada no campo penal, conceitua: "Então, agora, começa a correr o curso da prescrição".

O primeiro problema é teórico, porque o Supremo não teve, e não tem, a legitimidade do Direito Positivo para tratar de matéria que dependa de lei formal, como é o caso da prescrição penal. E esse problema permanece até hoje. E mais, esse problema não foi solucionado com o advento da Súmula Vinculante n. 24, porquanto esta Súmula foi editada mesmo que o Supremo estivesse, à época, realmente dividido na matéria. As discussões calorosas, sobre isso, são públicas, como públicos são também os poucos precedentes em que a tal Súmula se arrimou.

Para os senhores terem uma ideia, a ministra Ellen Gracie entendia que a matéria de prescrição deveria ser tratada na súmula; o ministro Joaquim Barbosa entendia que não havia precedentes suficientes para sumular matéria no âmbito do Supremo; e o ministro Dias Toffoli era favorável à súmula, porque favoreceria o contribuinte.

Quando o resultado disso, o ministro Peluso, que encaminhou a discussão para tornar a definitividade daquela ação tributária como tipicidade penal, reconhecidamente disse: "Isso não favorece o contribuinte, isso favorece o Fisco". Mas vamos além, o Supremo disse que era uma questão de tipicidade o advento da definitividade em âmbito administrativo.

Por problemas que daí podem surgir e se notam até hoje – queria salientar alguns com os senhores, aqui, há outra forma de constrangimento – não é um constrangimento de vergonha, de ser advogado criminalista, que fica devendo, e muito, à teoria do Direito Tributário, mas é um constrangimento de estar diante desse panorama em que o legislador – e o professor Eduardo Garcia de Enterría tem um livro, assim como do professor Campilongo, um pequeno grande livro sobre essa matéria, em que ele chama as leis de leis desbocadas no atual estado constitucional – edita leis penais sem o mínimo cuidado teórico. Neste caso, da interseção entre direito penal e direito tributário, com consequências ainda piores, o que se nota é que o Poder Judiciário assume, em algumas situações, uma postura voluntarista.

Isso gera uma insegurança jurídica. Essa postura voluntarista, que já se manifestou naquele primeiro momento, com o entendimento daquele *habeas corpus* e, depois, se cristalizou na edição dessa súmula vinculante, em algumas situações pontuais, permanece hígida hoje. E, aqui, há realmente pontos de controvérsia.

E, por que voluntarista? Porque se, do começo da década de 90, até 2003, 2004, essa plêiade de leis benéficas, supostamente benéficas ao contribuinte, estabeleciam possibilidade de não persecução penal ou de suspensão de persecução penal por conta da falta de definitividade da relação jurídico-tributária, assumiu novas roupagens pelos tribunais, sobretudo os tribunais superiores.

A ideia não é nova, mas o Brasil, recentemente, descobriu isso, que existe, do ponto agora de intersecção entre o Direito Penal e o Direito Constitucional, uma exigência de criminalização de determinadas condutas, os chamados mandados de criminalização.

Esse é um termo que, como tantos outros hoje adotados, sobretudo pelo Supremo Tribunal Federal, causa alguma preocupação, porque, por conta disso, se enrijece, – e isso é uma questão de voluntariedade dos operadores do Direito no tribunal – se exerce uma rigidez maior com relação ao Juízo de tipicidade penal, e em matéria processual penal também.

Por que é que eu fico constrangido – e, aqui, há algumas questões que, realmente, merecem ser discutidas. O Superior Tribunal de Justiça, em mais de uma decisão, a mais recente delas publicada em 21 de agosto de 2012, adota o entendimento com o qual não se pode concordar, que é o seguinte: o crime contra a ordem tributária sedimentado pelo Supremo Tribunal Federal, que depende da definição do crédito tributário, se uma eventual acusação penal vier de um crime de sonegação fiscal, mais um crime de quadrilha, essa construção jurisprudencial vai por água abaixo.

Qual é o risco desse voluntarismo? É comum hoje em dia, se ver nos tribunais – e em primeiro grau também – denúncias formuladas contra representantes de empresas, não só mais dos crimes contra a ordem tributária, mas crimes contra a ordem tributária e organização criminosa; crimes contra a ordem tributária e quadrilha ou bando.

Passa a ser um rótulo quase que indissociável de crimes, dos chamados crimes empresariais. Por conta desse argumento que, na mesma acusação penal, coloca outras figuras típicas, tem-se admitido, tem-se passado por cima, inclusive, da Súmula Vinculante n. 24 do Supremo Tribunal

Federal, para se admitir, no âmbito da persecução penal, em que a relação jurídico-tributária não esteja definida, medidas de interceptação telefônica, medidas de busca e apreensão e outras medidas ainda mais invasivas, no âmbito do Direito Penal.

E isso realmente causa repulsa àqueles que, atentos à solidificação do entendimento do Supremo, concordam com ela ou não, vêm como uma nova etiquetagem de determinados crimes – quadrilha ou bando é a principal delas – a possibilidade de se passar por cima da garantia de primeiro ter a definitividade que deveria dar a segurança jurídica nessa matéria.

Esse entendimento do STJ, a meu ver, é uma questão controvertida, pois há um alento, por outro lado, em uma recente decisão do Supremo Tribunal Federal – mas a questão está longe de ser pacificada – em que o ministro Marco Aurélio, com muita razão, disse o seguinte: "No âmbito penal – disse –, agora, ante o fato de ser pacífico que, havendo entendimento administrativo fiscal, tem-se o afastamento da pretensão punitiva. Ante esse fato, o que vem fazendo reiteradamente o Ministério Público? Denuncia pelo crime de sonegação fiscal, e denuncia também os cidadãos, considerada a reunião societária. A quadrilha passou a ser uma etiquetagem".

Eu digo isso aos senhores, com alento, mas eu não posso dizer que é um alento muito pacífico, porque o julgamento ainda não acabou. Porém, os senhores devem ter acompanhado a decisão do rumoroso caso que está em tramitação no Supremo – aliás, em prejuízo de todos nós, que temos outras questões a serem debatidas pelos ministros da Suprema Corte.

Na data de ontem, o ministro Ricardo Lewandowski, ao refletir, a partir de uma posição irreprovável, disse que, no âmbito penal, vigora o princípio da estrita legalidade. No Direito Penal, não há "mais ou menos". Ou o comportamento é típico, ou não. Ou se enquadra nos estritos termos da lei, ou não.

E ele disse isso para rechaçar a acusação de quadrilha, porque havia um determinado número de crimes praticados por um determinado núcleo das questões que estão sendo investigadas. O ministro, sabiamente, disse: "Quadrilha supõe que a pessoa faça daquilo o seu modo de viver. Não é uma situação ocasional que gera isso".

Pode parecer pouco importante, mas, na verdade, não é; o Direito Penal brasileiro convive, desde a origem, com o crime de quadrilha e com a figura do concurso de agentes. O concurso de agentes não é uma tipicidade, em si. O crime de quadrilha, sim. E, na medida em que se coloca o crime de quadrilha, a consequência processual, mesmo nos casos em que se investiga apenas e simplesmente um crime contra a ordem tributária, é catastrófica; da qual estou agora expondo para os senhores.

Esse é um primeiro ponto que eu queria debater, que é um ponto que me parece muito controvertido, porque o Brasil, a título de se adequar a tratados internacionais de coibição de crimes contra a ordem econômica dos mais variados, pode estar cometendo esse sério atropelo, com relação à tipicidade penal.

No caso que me referi há pouco, do STJ, que mereceu a minha reprovação, notem, os ministros da Quinta Turma do STJ decidiram um caso em que a suposta quadrilha era organizada para cometer crimes de sonegação fiscal. E se levou às últimas consequências o raciocínio abstrato de que a autonomia da quadrilha perante o crime de sonegação fiscal justificaria que não se observasse o encerramento daquele procedimento administrativo. Quando nem mesmo os ministros discordavam de que a tal quadrilha, a tal organização criminosa teria como finalidade – isso está no voto, no acórdão – a prática de crimes contra a ordem tributária. Parece-me uma distorção muito grave.

Por outro lado, os senhores também atentos à nova Lei de Lavagem de Dinheiro, é um caso que gera preocupação, conquanto os tribunais ainda não tenham se manifestado, por uma razão óbvia, mas é o seguinte: se nós levarmos a sério a ideia de que a Súmula Vinculante 24 trata de tipicidade, portanto, antes do encerramento dessa questão, não há crime.

Mas não podemos entender, como já há doutrina brasileira entendendo, que por conta da autonomia e da independência do crime de lavagem daqueles crimes antecedentes, porque essa nova Lei de Lavagem, de 2012, acabou com o rol taxativo dos crimes antecedentes, mesmo uma investigação em curso sobre um crime contra a ordem tributária pode gerar uma acusação de lavagem.

Há doutrina em dois sentidos: no sentido exposto, com o qual não concordamos, e também em outro, no sentido de que a lavagem dependeria, dada a tipicidade antecedente, da conclusão prévia do procedimento administrativo fiscal atinente ao crime contra a ordem tributária. A meu ver, como não há tipicidade penal ainda, não pode prevalecer o entendimento de que não definida a relação Fisco/contribuinte, pode-se cogitar, inclusive, de lavagem, tratando-se de uma coisa que não está resolvida, como se fosse um crime antecedente.

Realmente, o tempo é curto, mas ainda no panorama atual, a discussão sobre o princípio da insignificância no âmbito do Direito Penal e dos crimes contra a ordem tributária, os tribunais têm sido muito fiéis – e já eram fiéis primeiro ao art. 20 da Lei 10.522/2002, que previa R$ 10.000,00 como limite mínimo para execuções fiscais e, agora, mais recente, uma instrução, a Portaria do Ministério da Fazenda, subiu esse limite para R$ 20.000,00. Há precedentes, mas isso não chega a ser uma questão controvertida.

Tentando chegar ao final, no futuro que eu dizia aos senhores, a médio prazo, há, ainda, uma última questão controvertida e já habitual nos tribunais brasileiros – que merece ser discutida com toda atenção, porque, mais uma vez, os elogios, quem merecem, são os tributaristas; os criminalistas não fazem o raciocínio detido e profundo sobre essa relação.

Tem se admitido – e há um precedente do STJ sobre a matéria que, mesmo no caso de uma execução fiscal em curso, há a posição de alguma garantia – salvo engano, nos termos do art. 9º da Lei de Execuções Fiscais, pode gerar o juízo de atipicidade geral, justamente porque, do ponto de vista penal, como o crime contra a ordem tributária é, de primeiro, um crime de resultado, o Estado está indene, já que, com a penhora ou com a fiança bancária, enfim, com a entrega de alguma garantia, há uma expropriação do bem daquele que está discutindo a questão fiscal em ação anulatória.

Há um precedente do STJ em relação à matéria que, agora, indo para o futuro, a médio prazo, o projeto do novo Código Penal, que eu tenho participado como criminalista, não sei mais se vai passar, diante de tantas críticas que tem sofrido. Inclusive, o professor Miguel Reale Júnior faz questão de dizer, de um jeito muito pejorativo, "o projeto Sarney, o projeto Sarney, o projeto Sarney", sendo que participei dos debates do Código de Processo Penal que está na Câmara e que também tem origem pelo mesmo presidente da Casa Legislativa.

Eu não vejo porquê esse rótulo pejorativo, mas, enfim, essa discussão, que já está nos tribunais, sobre a penhora, com alguma garantia para a extinção da punibilidade do crime, está prevista no projeto do novo Código Penal.

O novo Código Penal trata, mesmo no curso de execução fiscal, de garantia da execução como causa da suspensão da persecução penal.

Mas, mais do que isso – e, aqui, é um mérito que, dentre vários que o legislador do Direito Projetado teve, foi, além de sistematizar as 120 leis esparsas em um corpo orgânico de Direito Penal, tornando realmente o Código o centro das atenções dos operadores de Direito, como deve ser, ele volta ao ponto em que se cuida de sonegação fiscal e, a meu ver, com razão.

Trata dos crimes contra a ordem tributária em um artigo e, ali, ele disciplina as condutas. Ele não separa mais, como é a balbúrdia que causou a divisão entre dois artigos na Lei 8.137, entre crimes de resultado e crimes formais.

Crime contra a ordem tributária é um estelionato contra o Fisco. É isso. Praticar algum prejuízo patrimonial para o Fisco e, para tanto, se valer de uma fraude. Isso é crime contra a ordem tributária.

As questões de fraude são questões probatórias. Mais ainda, o mérito do legislador do possível novo Código Penal está em avançar na matéria que foi devidamente regulada pelo Supremo Tribunal Federal e disciplinar, legislativamente, sobre o curso da prescrição.

A matéria é repleta de dificuldades, é repleta de armadilhas, porque a relação entre Direito Penal e Direito Tributário é realmente difícil. Mas como me foi proposto tratar das questões mais tormentosas, mais problemáticas e mais polêmicas dos crimes contra a ordem tributária, eu, por uma questão de experiência profissional, também achei que esses pontos mereceriam maior atenção.

Eu agradeço à mesa, renovo os meus agradecimentos à professora Maria Leonor, pelo convite de participar do IDEPE e agradeço, sobretudo, a paciência e a atenção dos senhores. Muito obrigado.

Anna Emília Cordelli Alves – *[Truncado na gravação]* doutor Robson Maia Lins, doutor pela Pontifícia Universidade Católica de São Paulo; mestre em Direito Tributário pela PUC de São Paulo; graduado em Direito pela Universidade Federal do Rio Grande do Norte; advogado e professor conferencista, que sempre marca presença, para a nossa alegria, nos nossos congressos de Direito Tributário.

Sanções Tributárias – Dosimetria – Discricionariedade ou Vinculação

Robson Maia Lins – Boa tarde a todos. Senhora presidente, quero cumprimentar a mesa, em seu nome. Quero registrar a alegria de, mais uma vez, pelo 13º ano, seis anos como assistente aqui e, depois, nos anos seguintes, participando das oficinas e, depois, aqui, nas conferências, nas palestras, participar deste congresso. Eu queria registrar, professora Maria Leonor, meu agradecimento, enviar-lhe os parabéns pelo evento, que já chega ao fim. Quero cumprimentar professores, amigos, que vejo aqui presentes, professora Beth, professor Tácio, professor José Eduardo Soares de Melo, Betina, professora Leonor, professora Fabiana, Estevão, Paulo Ayres. É uma alegria especial falar neste evento, ainda mais quando a minha tarefa, inicialmente, era sanções tributárias, dosimetria, discricionariedade ou vinculação. E se transformou na defesa, na verdade, eu mudei a palestra, ouvindo a palestra do professor Renato, na defesa dos criminalistas, já que os tributaristas foram defendidos por um criminalista. Porque, professor Renato, diferentemente do que eventualmente os tributaristas possam merecer elogios em relação à matéria tratada por Vossa Excelência, os criminalistas, em relação à dosimetria da pena, que é da sanção, que é o meu tema, o meu eixo temático, merecem os elogios muito mais do que os administrativistas, os tributaristas ou qualquer outro ramo do Direito que aplique sanções, tributárias ou não. Foram os penalistas, os criminalistas, que, com inspiração hoje do art. 59 do Código Penal, deram e dão ao País um show de fixação de pena. É o capítulo que acompanharemos na chamada Ação Penal 470, na próxima semana, onde a gente vai ver exatamente quem conhece dosimetria e quem não conhece. Por acaso, é meu tema aqui, em matéria de sanções tributárias, dosimetria da pena, da sanção.

Eu poderia resolver em cinco minutos, essa questão. Eu poderia, hoje, olhando para o cenário atual, observar o art. 44 da Lei 9.430 e dizer o seguinte: o art. 44, no § 1º, prevê três causas de dosimetria de pena, sanção tributária. Lá, as chamadas qualificativas, qualificadoras das sanções tributárias, usa-se a expressão a "sanção aplicada será duplicada" – não se usa a expressão qualificação, nem agravamento, a expressão é "será duplicada". A expressão qualificativas ou agravamentos é utilizada pela Lei 4.502/64, não é utilizada pela Lei 9.430. E, lá, está dizendo, aplicando, se remetendo à Lei 9.502, falando que será causa de duplicação da sanção – se a sanção for 50%, vai para 100, se for 75, para 150 –, a sonegação fiscal – tratada pelo professor Renato –, a fraude, e o conluio, respectivamente registradas nos arts. 71, 72 e 73 da Lei 9.502. E observem que, nessas figuras, sonegação fiscal, fraude e conluio, descritas na Lei 4.502, o dolo específico está registrado lá. Sempre figuras dolosas.

Portanto, nós temos três casos para qualificação da sanção e exasperação da infração e exasperação da sanção tributária: sonegação, fraude e conluio. Eu poderia, para completar, dizer: Mas há outras causas de agravamento. Essas são as previstas no § 2º do art. 44 da Lei 9.430, quando o sujeito passivo deixa de atender, por alguma razão – e há algumas, exemplificativamente ditas, no § 2º – deixa de atender a uma intimação ou a uma convocação do órgão fazendário. E, lá, a expressão utilizada é: "Será aumentada de metade". Portanto, se a sanção era 50, passa a 75; se era 75, passa para 112,5; se era 150%, aí você pega, soma 75% em cima desse valor de 150%. Então, vejam que o tema poderia se esgotar por aí.

Mas eu fiquei abismado quando fui estudar o art. 44 da Lei 9.430 e observar que o legislador da ditadura, o legislador de 64, que fez a Lei 4.502, ele foi muito mais cuidadoso do que o legislador atual. Não na parte de qualificação da sonegação, fraude e conluio. Não. É a mesma tipificação, tanto é que a Lei 9.430 faz remissão à Lei 4.502. Mas, na parte dos agravamentos, das sanções tributárias, o legislador fez a previsão contrariando aquilo que – contrariando, não, mas infirmando aqueles que afirmam que o art. 136 do CTN prevê a responsabilidade objetiva – mas há a ressalva lá, "salvo disposição em contrário". O legislador da 4.502 previa, já, dano ao erário, previa reiteração de condutas, como causa de agravamento. E ia dando os parâmetros de fixação, de dosimetria da sanção tributária. Coisa que a Lei 9.430 não faz. E, olhem que nós estamos em pleno regime de estado democrático de Direito. Lá, por incrível que pareça, cada passo que o fiscal eventualmente desse em matéria de agravamento de sanção tributária, pelo menos no nível geral abstrato, está previsto na lei. Não sei se, no caso concreto, é possível. Não vivenciei. Mas estão previstas causas que orientavam o fiscal na lavratura do auto de infração, na parte sancionatória. Essa lei, essas partes desses dispositivos, eles se aplicam, hoje, ao IPI. A Lei 4.502 tratava do antigo imposto do Ainda permanece aplicadas algumas disposições para o IPI. Mas a norma geral de sanção, multas tributárias, é a Lei 9.430, de 44. Solto, solto, solto, solto. A não ser as causas de agravamento, de qualificação de sanções tributárias: sonegação, fraude e conluio. A parte de agravamento de sanções tributárias – e, aqui, é uma afirmação forte –, não há parametrização legal que satisfaça, tanto a Fazenda, que fica solta, quanto o contribuinte, que fica à mercê da fiscalização. O que nós precisávamos, professor Renato, era que os penalistas, que propuseram o anteprojeto do Código Penal, lá atrás, em 40, que nós tomássemos emprestadas as lições do art. 59 do Código Penal, na parte de dosimetria da pena, e introduzíssemos, no Direito Tributário, na parte sancionatória, um dispositivo que fixasse parâmetros, para que, de conduta em conduta – e, aí, vocês tem a fundamentação, a beleza da fundamentação, da exigência da fundamentação do fiscal, para subir a alíquota da sanção, de 10 para 20, de 20 para 30, de 30 para 40 e assim por diante – e você pudesse, contribuinte, infirmar, pela teoria das provas, aquilo que foi imputado.

O professor Estevão tratou, no ano passado, neste evento, das sanções tributárias, da proporcionalidade, no ponto específico. Eu estava lendo, ali, a revista que chegou aqui, exatamente para saber o que foi dito. Mas faltam critérios objetivos – e isso não é difícil, porque os penalistas já o fizeram – para a fixação das sanções tributárias. E nós ficamos – aqui, um parênteses na exposição – preocupados – não estou dizendo que seja ilegítima a preocupação – com as limitações constitucionais ao poder de tributar, preocupados com aumento de 2, 3, 5% da regra matriz de incidência tributária, lá, nos critérios qualitativos. E deixamos as sanções correrem soltas, por fora, ao lado das garantias constitucionais do poder de tributar.

Recentemente, em 2011, quando tivemos um processo com repercussão geral para tratar das sanções tributárias e o problema da proporcionalidade e do não confisco, o Supremo foi escolher um processo onde a multa aplicada era multa de 20%. Veja que critério interessante para se escolher, para se pincelar, do cenário jurídico – porque tem a multa pelo não cumprimento das obrigações, na parte federal começa em 75%, a multa básica, independente de dolo, fraude, simulação ou qualquer outra conduta.

Então, o processo que teve repercussão geral julgada, analisada a multa do Estado de Goiás, do percentual de 20% que corresponde, hoje, à nossa multa de mora, no âmbito federal. 0,33% ao dia, limitado ao patamar de 20%. Onde é que esse processo representa a expressiva massa das sanções tributárias aplicadas aos contribuintes? Nunca. Nunca. E o Supremo Tribunal Federal escolheu este processo para ser julgado com representante e controvérsia. Portanto, com força vinculante e eficácia *erga omnes*. Olhem o problema da jurisdição constitucional concentrada em uma matéria que os tributaristas deixaram correr, os administrativistas também, mas os penalistas têm cuidado com isso. Todos estão atentos à dosimetria da pena. Aliás, eu estava fazendo um levantamento do Tribunal de Justiça do Estado de São Paulo, é incrível o índice de revisão, não de condenações, de absolvição, mas de revisão da pena por erro na dosimetria, em matéria penal. Agora, nós, na área tributária – e, aqui, eu me coloco na posição de julgador se segunda instância e me coloco na posição do Poder Judiciário, quando ele examina uma sanção específica aplicada, há falta de critérios até para diminuir a sanção. Porque ele não pode ser legislador positivo, ele não pode começar a inventar critérios que a legislação não prevê. Ou ele fixa em 75 ou vai para 150. Não tem meio termo. E já começa em 75% a multa, simplesmente pela não constituição do crédito tributário e pelo não pagamento.

Aqui, vai outro registro da causa dessa balbúrdia toda. Quando o CTN foi feito – e vocês todos sabem aqui, mesmo classificando a constituição do crédito tributário pelo procedimento, nós tínhamos três espécies de lançamento: o lançamento de ofício, 149 do CTN; o 147, lançamento por declaração e o 150, o dito lançamento por homologação. Ora, a maioria dos tributos, cabia à Fazenda Pública, pelo procedimento administrativo, finalizando com ato administrativo, notificar o contribuinte dos elementos da obrigação tributária. Era o lançamento de ofício. No máximo, lançamento por declaração. E o lançamento por homologação, ainda inexpressivo.

Qual era a infração que o contribuinte poderia cometer, à época? Simplesmente não pagar. Não havia esse rol de deveres instrumentais, não havia essas obrigações, hoje expressivas, do contribuinte se antecipar. E aqui está a válvula de escape do art. 150 do CTN, onde, por meio de leis ordinárias, a União, estados e municípios delegaram aos contribuintes a função de cumprir todas as obrigações acessórias, penalizado de forma separada, sem fazer a distinção entre crime meio e crime fim, entre a infração meio e a infração fim. E os penalistas bem o fazem. Penalizar cada ato, cada ato, cada vez que você enriquece o campo de possibilidades do contribuinte, atribui aos contribuintes a função "x", "y", "z", você cria, diretamente, a possibilidade de descumprimento dessas condutas e, portanto, a aplicação de sanções. Então, o mecanismo de sanções tributárias, com essa soltura e com esse enlarguecimento do lançamento de homologação e com essa delegação expressiva de atribuições aos contribuintes, fez gerar, por outro lado, um campo de sanções tributárias expressivas, em relação aos contribuintes, ao ponto de, as seguradoras, hoje, no SPED, você fazendo um SPED, lembro aqui o professor José Eduardo Soares de Melo, que foi dar aula sobre o SPED lá em Pernambuco, no congresso, e ele estava tentando compor o que ele ia dizer e eu participei dessa angústia dele no caminho e fui ver, professor José Eduardo, que as seguradoras começaram a desenvolver um produto específico para segurar aquele diretor da empresa, aquele contador, aquele advogado, aquele diretor que vai apertar o botão, que vai compor todas as informações do cenário. Ali, ele pode, naquele aperto de botão, naquele envio de informações, ele está jogando todo o futuro daquela empresa, mesmo que por erro. Mesmo que por erro, ele está. E as seguradoras começam a desenvolver seguros específicos para aqueles profissionais das empresas que recebem atribuições específicas de cumprimento de obrigações acessórias e que são responsáveis pelos pagamentos dos tributos. Vejam a que ponto chegamos.

E hoje, a Fazenda Nacional diz: "Olha, há um estoque de crédito expressivo, de crédito tributário, de difícil realização". E cita as cifras que eu já dei, de 80 bilhões a 800 bilhões. Então, eu não vou entrar nesses dados. Mas há um consenso, mais de 50% representa exatamente de aplicação de sanções tributárias e não tributo específico. Mas a Fazenda percebe isso, ela sabe dessas falhas. E aí vêm – que os penalistas nos deram uma lição nesse ponto e nós não aprendemos – vêm os parcelamentos especiais, de dois em dois anos. Eu não sou contra os parcelamentos normais. O que desequilibra, professor Campilongo, muitas vezes, a ordem econômica. Esses parcelamentos estão sendo pagos, é tributo, você vai lidando um planejamento. Você não paga, vai, aplica a sanção, você vai se defendendo, vem um parcelamento. Aquele que pagou, com a multa no mínimo de 75%, ele quase paga o dobro do tributo. Se pagou depois do lançamento tributário. Tem as reduções, eu sei. Mas é um custo. E aquele que não pagou e, depois, vem o parcelamento, anistia-se todas as multas, reduz um pouco de juros e ele está – ele permanece no mercado. Muitas vezes, esse problema do parcelamento interfere diretamente. E, hoje, quando os clientes chegam no escritório: "Quando é que vem o próximo parcelamento?" – "E eu sei? Não depende de mim, não sou eu. A Receita – vem do Legislativo." Então, veja só, mais um mecanismo. O parcelamento, eu não estou falando do parcelamento em si. Eu estou criticando o mecanismo da anistia, da remissão, de forma indiscriminada.

Então, com esse cenário, o que é que nós pensamos, em um congresso como este? Não só descrever a realidade, mas também propor. Acho que chegou a hora de atribuirmos – já que a função é vinculada, do auditor fiscal – responsabilidade, competência para constituir o crédito tributário, mais competência para aplicar a sanção tributária, mais competência para fundamentar, passo a passo. De dez em dez, de cinco em cinco, o aumento da alíquota. E não começar com 75%, que já começa em uma situação problemática. Está mais do que na hora de jogar – já que nós, agora, estamos com as funções agora de constituir o crédito tributário, agora é a vez de a Administração Pública nos ajudar.

Colocar competência para aplicar as sanções, dever de fundamentar passo a passo, escalonar, aí, dez, quinze vezes, fazer uma progressividade nas sanções tributárias. Mas, com isso, penso que a fiscalização fica mais responsável, o contribuinte fica mais – satisfeito, não, mas pelo menos sabe do que está sendo apenado, por que está sendo apenado. O Judiciário fica com parâmetros para, se houver um conflito posto no Judiciário, decidir e reduzir e dizer por que está reduzindo e não simplesmente a multa é confiscatória ou não é confiscatória. Então, está mais do que na hora – eu, o meu tema de preocupação é o tema de sanções tributárias, pouco me importo, hoje, efetivamente, com o tributo. Me preocupo com as sanções tributárias em função dessas distorções todas geradas. Eu agradeço, cumpri o meu tempo de 20 minutos e, depois, me coloco à disposição para eventuais esclarecimentos.

Muito obrigado.

Anna Emília Cordelli Alves – E agora, passo a palavra ao professor Fábio Soares de Melo, que é conselheiro da Terceira Câmara do Conselho Municipal de Tributos de São Paulo; diretor adjunto do Departamento Jurídico da FIESP; mestrando em Direito Tributário pela PUC São Paulo, especialista em Direito Tributário pela PUC São Paulo; ex-juiz do Tribunal de Impostos e Taxas da Secretaria da Fazenda do Estado de São Paulo e professor dos cursos de especialização da GV-Law, PUC, IBET e da ITD; e é advogado em São Paulo. Professor?

Responsabilidade do Estado e de Seus Agentes por Danos Causados ao Contribuinte – Crime de Excesso de Exação

Fábio Soares de Melo – Boa tarde a todos. Cumprimento a ilustre presidência deste congresso, a nossa querida professora doutora Maria Leonor; os demais membros da diretoria do Instituto; nosso vice-presidente, professor Estevão; os diretores Paulo Ayres, Fabiana Tomé, professora Maria Rita, os demais funcionários. Professora Anna Emília, presidente desta mesa, professor Celso, professor Renato, professor Robson. Aos patrocinadores, que nos deram um apoio fundamental para a realização deste congresso, tanto a Votorantim quanto o Santander. E a todos os congressistas, sem os quais a realização deste congresso e seu respectivo sucesso não seriam possíveis.

A minha responsabilidade aqui é enorme, por vários motivos. Primeiro, porque sou o último a falar, antes da conferência final. Depois, acredito ser o mais jovem e o menos experiente, sem dúvida nenhuma. E principalmente, pelo tema que me foi proposto, o tema da responsabilidade do Estado e de seus agentes por danos causados ao contribuinte, crime de excesso de exação. E há mais um fator que me preocupa, em relação a essa responsabilidade – a minha, não a do Estado, não a do agente – pela presença de uma série de amigos, representantes das administrações públicas federal, estadual, municipal e distrital. Vou procurar fazer a abordagem do tema da maneira mais prática possível, sem deixar a teoria do lado e sem trazer, aqui, grandes excessos, não tendo eu que cometer o crime de excesso nas minhas colocações.

É um tema árduo, um tema intrincado, absolutamente tormentoso, mas que requer um exame e debates, pois, em virtude do lançamento da pesquisa que promovi, identifiquei a existência de raros estudos sobre esse tema. Mencionaria o brilhante estudo do professor Hugo de Brito Machado e, também, uma obra específica do professor Gabriel Lacerda Troianeli, estudos clássicos que devem, obrigatoriamente, ser observados por aqueles que querem examinar essa questão. E a jurisprudência, além de escassa, é antiquada. Mas nós vamos entender o porquê de não haver jurisprudência ou de haver jurisprudência em matéria de responsabilização por danos do Estado ou agente público em matéria tributária.

Não se pode negar a existência de práticas de sonegação fiscal por parte dos contribuintes, quer pessoas físicas, quer pessoas jurídicas. Nós identificamos, no dia a dia dos escritórios de Advocacia, das empresas, no âmbito do poder administrativo, do Poder Judiciário, uma série de práticas, pelo contribuinte, de evasão fiscal, de dolo, de fraude, dissimulação, de negócio jurídico indireto, tema que foi brilhantemente examinado pelo professor Ricardo Mariz de Oliveira, na tarde de ontem.

Mas também não podemos negar – e sequer aceitar – as práticas autoritárias e arbitrárias adotadas pelas fiscalizações. Se, por um lado, eu identifico uma realidade de simulação, de fraude, de sonegação, por outro lado, não posso aceitar que o Fisco, infelizmente, adote práticas frequentes com uma certa arbitrariedade. A arbitrariedade acaba decorrendo basicamente, para a configuração de um crime de excesso de exação, de duas condições. A primeira, a cobrança de um tributo indevido, a qual muito se questiona, porque determinadas situações a autoridade administrativa responsável pelo lançamento também tem dúvidas acerca da legitimidade daquela exigência. E a segunda situação, que é a mais preocupante, a da utilização de meios de constrangimento público do contribuinte, com o emprego de meios vexatórios e gravosos, que causam, na maioria das vezes, a vergonha e a humilhação das pessoas físicas ou das pessoas jurídicas. É o que eu chamo aqui do *bullying* tributário ao contribuinte. Expressão tão em voga no âmbito educacional, mas que poderíamos nos utilizar por empréstimo. O contribuinte que se vê diante de uma operação fiscal carnavalesca, onde são empregados meios de certa pirotecnia, fiscalizações de impacto, estão diante do *bullying* tributário ao contribuinte, que deve, necessariamente, ser afastado e jamais aceito. São inúmeras as situações e operações de impacto e, a cada dia, lemos no jornal os nomes que são criados. Eu, até, fazendo uma pesquisa na Internet, descobri que existe um agente fiscal de rendas federal que se gaba em apelidar o nome das operações. Há uma foto dele, na frente do computador, sorrindo e me parece que a única utilidade dele seja realmente identificar esses nomes, esses apelidos. Operação Narciso, que pegou o caso Daslu – que já vamos abordar aqui, de maneira muito superficial. A Operação de Olho na Bomba, da Secretaria da Fazenda do Estado de São Paulo, que procurou identificar fraudes e excessos desde a produção do álcool até os postos de gasolina. Operação– agora famosa, na esfera criminal – Pouso Forçado. Contribuintes que adquiriram aeronaves por intermédio de pessoas jurídicas, de *offshores* e que, ao invés de promover uma nacionalização e adimplir as obrigações relativas ao Imposto de Importação, ao ISS, ao IPI na importação, adotam, não o caso do *leasing*, mas a aquisição, no Exterior, dessas aeronaves e que, com base em uma série de presunções adotadas pelas autoridades fazendárias, se encontram sujeitas a meios de cobrança de exposição vexatória e abusiva. Operação João de Barro, uma operação que foi muito utilizada na Região Norte e Nordeste, de construtoras que compravam mercadorias, que compravam bens de empresas, de lojas de material de construção e que sequer na condição de contribuintes de ICMS, sofriam lavraturas de auto de infração na modalidade da responsabilidade. O Fisco Estadual exigia o recolhimento do imposto das construtoras e, aí, houve esse nome, Operação João de Barro, com envolvimento, em todos esses casos, de força policial, Exército, em algumas situações; armamento pesado; cães, cavalaria. Agora, no Rio Grande do Sul, há uma operação em que o Fisco Federal, identificando uma eventual omissão de receitas e falta de declaração da propriedade de imóveis de pessoas físicas, expede ofícios às imobiliárias – não aos cartórios – para verificar quem é que comprou determinadas casas. E, depois, para instruir o processo, utiliza o helicóptero da Receita Federal do Brasil para filmar as propriedades, para filmar os condomínios e acostar aos autos esse documento, essa filmagem, como prova.

O papel das presunções e das provas, na matéria do processo administrativo tributário, em especial, requer – como conversado com o professor Robson, antes da exposição – um refinamento, um aprimoramento. Hoje em dia, a presunção não é mais presunção, é verdade. E não podemos esquecer as lições do professor Roque Carrazza, de que as presunções, os indícios, as suposições nos levam até as portas da verdade, mas não necessariamente confirmam aquela situação como absolutamente verdadeira.

A atividade de fiscalização, a atividade do Estado, do agente público, ela deve ter prudência, cautela e, principalmente, proporcionalidade entre o meio e o fim. Até para que, a cidadania – até para que, a sociedade possa entender que essa atuação da Administração Pública tenha respeito, confiança e admiração. É fundamental que haja proporcionalidade na atividade de fiscalização. Sem o emprego desses meios exorbitantes e vexatórios. Me parece que a Administração Pública, em matéria tributária, se encontra determinada a observação de uma série de princípios. Primeiro, da própria Constituição Federal de 88; depois, dos princípios que encontram-se esculpidos no art. 5º, que trazem os direitos e garantias individuais do contribuinte. E a própria legislação infraconstitucional. Legalidade, impessoalidade, moralidade, contraditório, devido processo legal, ampla defesa, segurança jurídica devem, obrigatoriamente, serem observados. Se aquele contribuinte praticou dolo, fraude, simulação, negócio jurídico indireto e está comprovada ali uma sonegação fiscal, o processo administrativo, o processo judicial, a esfera criminal, existem justamente para apurar essas situações e aplicar as devidas penalidades, observando obviamente a teoria da dosimetria, como bem colocado pelo professor Robson. Agora, ir ao Jornal Nacional, ir ao Jornal do SBT, ir ao Jornal da Rede Bandeirantes, ir à rádio, mostrar fotos, documentos do contribuinte, que têm sigilo, eles são quebrados. O problema, hoje, não é nem a quebra do sigilo do contribuinte, porque nós sabemos que, no dia a dia, ou ele é quebrado automaticamente ou vai ser no Judiciário e consegue a quebra. O problema, hoje, é o que o professor Quiroga chama da quebra ad quebra do sigilo bancário ou do sigilo das informações. Porque uma coisa é a autoridade administrativa quebrar o sigilo. A outra é, após a autoridade administrativa quebrar o sigilo, um meio de comunicação quebrar a quebra do sigilo e mostrar aqueles documentos, aqueles elementos, na mídia, nos jornais, televisivos ou impressos. Isso é muito preocupante.

A inobservância ou desrespeito desses princípios e dos limites estabelecidos pela Constituição acabam gerando atos ilícitos na atividade do administrador público ou do próprio Estado, que podem culminar, ou em vícios processuais, na constituição do crédito tributário, ou no tempo, de excesso de exação, que acaba implicando na responsabilidade pecuniária. Responsabilidade, tanto do Estado, como da pessoa física do agente.

Nós temos conhecimento de que existem os Códigos de Ética e de Conduta dos Servidores Públicos. Aqui, no Estado de São Paulo, e em algumas outras unidades, o Conselho de Defesa do Contribuinte – que, diga-se de passagem, há três meses não realiza uma sessão para apreciação de crimes de excesso, julgados, apresentados pelo contribuinte, no âmbito da Secretaria da Fazenda do Estado de São Paulo. Temos as ouvidorias e, em última análise, o Poder Judiciário.

E, aí, vem a primeira grande resposta. Por que é que não temos tanta jurisprudência sobre o tema? Parece-me, pela pesquisa que fiz, que essa justificativa se dá em razão do receio de retaliação do contribuinte, pessoa física ou jurídica. Da mesma forma que, em um caso de erro médico, é muito complicado encontrar um outro médico, um outro profissional da área da Saúde para apresentar um laudo, confirmando um erro do seu colega, ou um advogado, para, numa carta de auditoria, ou em um exame no trabalho de um outro colega, vá apresentar uma crítica, há sempre um receio do contribuinte em formular, quer na esfera do Conselho de Defesa do Contribuinte ou das ouvidorias, quer no Poder Judiciário, uma conduta abusiva ou gravosa ou vexatória que tenha sido praticada pelo Estado ou pelo seu representante, na figura do agente fiscal de rendas, federal, estadual ou municipal.

A responsabilidade esse agente, sob o ponto de vista funcional, já encontra, dependendo do órgão, do ente tributante, as suas sanções. As sanções básicas de advertência, suspensão e, até, exoneração. Eu até acho curioso – e gostaria de trazer aqui uma colocação, como disse o professor Robson, a questão não é só apontar o problema, mas temos que trazer aqui, no congresso, algumas soluções. A primeira é a seguinte, a gente sabe que uma série de entes tributantes, relativos à atividade de fiscalização e que promovem o lançamento de ofício, recebem uma certa pontuação pelos trabalhos fiscais que são realizados. E que a manutenção dessas exigências é um índice de bônus de participação. Em vários entes tributantes, isso ocorre. Que tal, no caso de cancelamento ou de julgamento da insubsistência desse lançamento de ofício, essa pontuação entrar como valor redutor do bônus da participação do agente administrativo? Esse é um aspecto para pensarmos. Não pode ser o lançamento de ofício para fins de cômputo de uma remuneração, uma via de mão única. Eu acho que, aí, já se estabeleceria, de plano, um limite à atividade do agente público.

Quando se fala em responsabilidade do Estado ou da autoridade administrativa, é fundamental ter cautela e ter prudência, identificando o ato efetivamente praticado pelo agente, acrescido do dano causado e o nexo causal entre este ato e este dano. Somente diante dessa comprovação, de forma clara, precisa e segura, é que poder-se-ia falar em uma medida judicial de reparação de dano causado ao contribuinte.

Nesse sentido, o art. 37, § 6º, do texto constitucional de 88 diz o seguinte: "As pessoas de direito público e as de direito privado prestadoras de serviços públicos responderão pelos danos que seus agentes, nessa qualidade, causarem a terceiros, assegurando o direito de regresso contra o responsável nos casos de dolo ou de culpa". Por sua vez, o Código Penal – e me arrisco a falar um pouco – porque tenho a certeza de que é muito difícil encontrar um advogado tributarista que fale com muita propriedade sobre o Direito Criminal, ou Direito Penal, da mesma forma, com a exceção que vimos hoje, de um advogado criminalista penalista que transita com liberdade, com propriedade, com excelência, na área tributária – mas vou falar aqui do art. 316, § 1º, do Código Penal, que traz a tipificação precisa do crime de excesso de exação. Quando diz: "Se o funcionário exige tributo ou contribuição social que saiba ou devia saber indevido ou, quando devido, emprega, na cobrança, meio vexatório ou gravoso, que a lei não autoriza. Pena: reclusão de três a oito anos e multa". Então, além do art. 37, § 6º, há, no Código Penal, essa tipificação específica do crime de excesso de exação.

Curiosamente, fui revisitar a Lei 8.137/90, que traz os crimes contra a ordem tributária. Acho curioso porque a lei traz uma série de condutas que são recriminadas ao contribuinte e fui verificar se existiam alguns crimes praticados pelos funcionários públicos. E encontrei a previsão só de três situações. Extraviar livros e documentos fiscais, exigir, solicitar ou receber, para si ou para outro, indireta ou diretamente, ainda que fora de função ou antes de iniciar seu exercício, mas em razão dela, vantagem indevida. Ou aceitar promessa de tal vantagem para deixar de lançar, cobrar tributo. E patrocinar, direta ou indiretamente, interesse privado perante a Administração Fazendária, valendo-se da qualidade de funcionário público. Parece-me, na medida em que temos uma lei específica sobre o crime contra a ordem tributária e econômica, as demais hipóteses de exação, enfim, e do exercício da atividade administrativa dos funcionários, da Administração Pública, eles deveriam estar previstos, também, nessa Lei 8.137/90.

E são as mais diversas e repugnantes sanções políticas aplicadas aos contribuintes. Eu trouxe aqui alguns exemplos. Os abusos, em um procedimento de fiscalização relativos ao arrombamento dos estabelecimentos, o emprego de força policial, apreensão de mercadorias, interdição do estabelecimento por intermédio da cessação das inscrições cadastrais, que inviabilizam a liberdade do exercício da sua atividade operacional; a recusa da autorização de impressão de documentos fiscais; regimes especiais de acompanhamento; inserção no cadastro de inadimplentes e de grandes devedores. E, o que é pior, agora, esse cadastro positivo. Que ele não vai dar legitimidade a quem está de acordo com a lei, de quem é adimplente. Mas ele vai mostrar o seguinte, quem não estiver no cadastro positivo, obrigatoriamente está no negativo. Só não está por uma questão de inserção do seu nome. Mas se não estiver no positivo, será considerado inadimplente. Inscrição do contribuinte no cadastro de inadimplentes e de grandes devedores, nos órgãos de proteção de crédito, como SPC e Serasa; perecimento de mercadorias retidas; impossibilidade de participação em licitações e concorrências públicas. Na medida em que eu não tenho a CND, não posso participar, desde que auferi receita e tenho um dano. Embora existam algumas súmulas que vedem essas sanções políticas. A 70.323 e a 547, ambas do Supremo Tribunal Federal.

A indenização contra o Estado ou contra o seu agente, obviamente estando comprovado o dano causado, o ato praticado e o nexo causal, pode se dar de uma natureza patrimonial, moral ou material do contribuinte. Danos morais decorrentes da imagem e da atividade operacional, e lucros cessantes. Mas existem problemas, vários problemas, além da comprovação efetiva do ato, do dano e do nexo causal. O primeiro, a quantificação dessa indenização. E, ainda que a gente encontre uma solução para a quantificação desse dano moral ou dos lucros cessantes, há um outro problema. No caso de condenação da Administração Pública ou do administrador público, o contribuinte receberá essa indenização por intermédio de precatórios. E, aí estamos, novamente, em uma situação também vexatória. Ou seja, eu me submeto a uma situação vexatória no âmbito do excesso de exação da fiscalização e, depois, percorrendo o processo judicial, ganhando, vou receber, tenho uma nova situação vexatória, que é receber em precatório. Não sei quanto, com que correção e em que momento e de que forma. O que ensejaria um novo crime de excesso de exação.

A cobrança de tributo indevido, tipificada no art. 316, é caso que se fala da culpa, pois o agente administrativo deveria ter o conhecimento da lei. Já no caso da cobrança vexatória ou com usos abusivos, estaríamos falando do dolo. Estou me arriscando, aqui, a entrar na seara do Direito Penal. Porque o agente agiu com vontade livre e consciente.

Para finalizar, em virtude do tempo, que é muito curto e o assunto demanda grande discussão, eu trago aqui dois exemplos – três. O primeiro, de um processo que foi julgado quando da existência dos Conselhos de Contribuintes, extintos pela criação do Conselho Administrativo de Recursos Fiscais, onde um determinado ou uma determinada conselheira, relator ou relatora, identificou, no caso dos autos, a prática, no seu entender, dentro da sua liberdade de convencimento, de dolo, fraude, simulação e conluio e formação de quadrilha etc. Submeteu o processo à apreciação e votação pelos demais conselheiros do Conselho de Contribuintes, mantendo as exigências fazendárias contidas no lançamento de ofício. Os demais conselheiros, de forma unânime, acompanharam o voto do relator. Encerrou-se a esfera de discussão do débito fiscal administrativo, o processo foi objeto de inscrição em dívida ativa, ajuizamento de execução fiscal e, depois de alguns anos, o contribuinte saiu vencedor do processo judicial. Restou claro que não havia possibilidade de manutenção, ausência de liquidez e certeza na constituição daquele crédito tributário. Esse contribuinte, o que fez? Foi ao Judiciário e ingressou com uma medida judicial de responsabilidade de todos os conselheiros do Conselho de Contribuintes que votaram naquele processo. Então, há que se ter uma cautela. Muito cuidado no exercício do julgamento administrativo, em dizer, com todas as letras, que o contribuinte praticou dolo, fraude, simulação. Me parece que, por mais que exista uma liberdade na atividade do julgamento administrativo, tem que haver cuidado em se determinar e se afirmar essas figuras que, na minha opinião, são de competência da esfera criminal e da esfera penal. É lógico que eu vou ter problemas, porque como é que eu vou deslocar o prazo decadencial nos tributos sujeitos a lançamento por homologação, 150, 4, 173, 1, se eu não identificar se houve dolo, fraude e simulação? Então, eu vou adotar uma presunção que, como eu disse de início, deve ser afastada e merece uma nova reflexão.

O segundo caso, conversando ontem com um grande colega nosso, professor Marcos Vinícius Neder, comentando sobre o tema que eu iria abordar na tarde de hoje, ele me confidenciou – e eu estou aqui fazendo a quebra da quebra do sigilo, da confidência dele – que, à época, meados de 1990, ele, no exercício da atividade de fiscalização, promoveu a lavratura de uma série de autos de infração, à época das ilegalidades e das inconstitucionalidades dos decretos do PIS, da Cofins etc. Mas ele tinha que lavrar, porque havia um dever de ofício e uma orientação da própria Administração Pública, para que ele promovesse os lançamentos tributários, ainda que entendendo pela ilegalidade e inconstitucionalidade. O mesmo de se dizer hoje de desrespeito à moralidade administrativa, quando a autoridade fazendária lavra um auto de infração contra a súmula dos tribunais superiores, favoráveis ao entendimento do contribuinte.

Mas, voltando ao exemplo, em virtude desses lançamentos de ofício, o professor Neder sofreu, na condição de polo passivo, uma medida judicial de indenização. E, o pior, àquela época, a Receita Federal do Brasil, até então, Secretaria da Receita Federal, não disponibilizava um advogado para defendê-lo. Ele foi defendido por um advogado do sindicato. Perdeu semanas e meses de sono até que, então, o contribuinte um dia, acordou e falou: "Não. Eu vou peticionar a desistência dessa ação. Isso não vai me levar a nada, ainda que eu venha a ganhar, eu vou ganhar isso em precatório. Deixa para lá". O que foi a sorte do nosso querido Neder.

E, por fim – eu tenho aqui alguns recursos extraordinários que eu gostaria de comentar, mas não vai dar tempo –, mas para finalizar, há um recurso extraordinário 131.741-8 de São Paulo, onde a Administração Pública do Estado de São Paulo foi condenada pelo crime de excesso de exação pois o contribuinte havia formulado uma consulta fiscal, à Consultoria Tributária da Secretaria da Fazenda do Estado de São Paulo, perguntando qual era o momento específico do nascimento da obrigação tributária, qual era o aspecto temporal do ICMS naquela determinada operação. E obteve uma resposta dizendo que o momento era um momento "x", no caso, o momento da emissão da nota, que se dava anterior ao momento da efetiva saída da mercadoria. Passou um tempo, ele obteve a resposta de que era nesse sentido, a forma de apuração do tributo. Ele obteve a notícia de que vários outros contribuintes que realizavam a mesma espécie de operação tinham respostas da consultoria em modo de que o momento do nascimento da obrigação tributária não era o da emissão do documento fiscal mas, sim, o da data efetiva da saída da mercadoria, que poderia ocorrer três, quatro, cinco, vinte dias depois. A uma época em que havia inflação, isso havia uma repercussão muito grande no valor do preço, no valor do negócio. Com base no conhecimento dessas novas respostas da consultoria, o contribuinte formulou uma nova consulta e, aí sim, a consultoria se ajustou àquela manifestação ou àquelas manifestações anteriores aos demais contribuintes. Com base nessa resposta da consulta, o contribuinte foi ao Judiciário e requereu a indenização, não pelo dano moral, mas pelos lucros cessantes, em virtude do fenômeno da inflação e da realidade do desenvolvimento da sua atividade operacional, que teve reflexos econômicos. Essas eram as breves considerações que eu gostaria de fazer, procurando muito mais trazer o tema de forma descritiva para o nosso pensamento e reflexão e esperando, no final das contas, o que todos nós, quer na postura de contribuintes, quer na postura de representantes de contribuintes ou quer na postura de administradores públicos, almejamos um equilíbrio nas relações entre o Fisco e o contribuinte, um maior panorama de Justiça fiscal, de forma a prestigiar o princípio da segurança jurídica em matéria tributária.

Agradeço a todos pela oportunidade.

Anna Emília Cordelli Alves – Professor Fábio, obrigada pela ótima colocação do tema, lembrando a todos nós, operadores do Direito, que devemos defender intransigentemente o Direito contra o arbítrio. Na verdade, essa talvez seja uma das mais nobres funções dos operadores do Direito. Nós encerramos, com uma brilhante participação de todos os professores na mesa, e temos um tempinho, ainda. Podemos abrir, para eventuais questões, para a plateia, ou mesmo aqui, para os professores na mesa. Lembrando que o professor Campilongo tem um horário de voo, mas pode responder, ainda, a algumas questões que forem feitas aqui, para a mesa. Então, estão abertas as questões.

Fábio Soares de Melo – *[Truncado na gravação]* os colegas do Tribunal de Impostos e Taxas, Secretaria da Fazenda, dirigente, administrador público e julgador tributário, agradeço pela pergunta. O dano causado e o nexo causal. E devo observar os limites. Os limites, me parece que se encontram na Constituição, no art. 5º e na legislação infraconstitucional. Vários dos exemplos citados encontram previsão legal. Mas o fato de encontrar previsão legal não quer dizer que devam, obrigatoriamente, ser aceitos pelos contribuintes, que vão buscar, por intermédio da sua discussão no Poder Judiciário, o reconhecimento do excesso ou dessa ilegalidade. Gostaria só de reiterar, quando, no começo da minha exposição, embora tenha sido aqui muito mais combativo, repreendendo a essas exações vexatórias e abusivas, de que, realmente, a gente não pode negar a prática de sonegação fiscal por parte de uma série enorme de contribuintes. Tanto é que, ao examinarmos o percentual de autos de infração que são mantidos na esfera administrativa, olhando especificamente para CARF, TIT e Conselho Municipal, temos um percentual de aproximadamente 75, 80% de autos que são mantidos, onde, efetivamente, está claro, em alguns deles, indiscutivelmente. Mas, em metade, sem dúvida nenhuma, há falta de recolhimento ou recolhimento de tributo a menor.

Eu *[truncado na gravação]* tanto a exação por meios vexatórios e gravosos, que causam a vergonha e a humilhação, o *bullying* jurídico do contribuinte e, também, algumas medidas. Eu acho que determinadas medidas podem ser utilizadas. Se eu preciso da força policial e a legislação prevê o emprego da força policial, tudo bem. Agora, determinadas medidas que acabam, principalmente, interferindo na liberdade do exercício da minha atividade, da minha fonte produtora de receita, como apreensão de mercadorias, vedar a autorização de impressos e documentos fiscais, para que eu possa realizar as operações de circulação, as vendas, as prestações de serviço, essas, me parece que realmente a sua forma e a sua previsão seriam ou deveriam ser recriminadas. Talvez não como crime de exação ou vexatório. O fato de eu apreender uma mercadoria pode não se caracterizar como uma situação vexatória, como uma situação de humilhação. Mas, certamente, vão causar um dano ao contribuinte no exercício de sua atividade profissional, da sua liberdade operacional. Pois não?

Participante – Muitas vezes, a apreensão de uma mercadoria em situação irregular, ela não traz danos, na verdade, à sociedade que trabalha em situação regular. Porque se ela está em situação irregular, ela não vai causar um desequilíbrio, porque não houve o pagamento de imposto. Então, quer dizer, nesse sentido, talvez não tenha que discutir essa questão da apreensão. É exatamente esse ponto aqui.

Fábio Soares de Melo – Vamos poder entrar em uma discussão muito maior aqui também, até onde isso poderia configurar uma questão concorrencial, vão ter vários desdobramentos. Eu estou olhando sob uma ótica estrita, específica e pontual, de natureza eminentemente tributária, sem olhar para as questões efetivamente econômicas e de concorrência. Mas se o Fisco tem a ideia de que aquela situação, de que naquele caso específico há uma falta de recolhimento do tributo, ou recolhimento a maior, o objeto do lançamento, a apreensão, perfeito, o contribuinte vai se insurgir no Poder Judiciário. Vai depender dos argumentos, que argumentos vão existir para os dois lados. O que eu também queria apontar aqui é dizer o seguinte, os aspectos que eu trouxe são muito mais para suscitar o debate e para trazer, de forma descritiva, até porque ninguém é dono da verdade e a ciência não se faz com a vaidade, mas com a simplicidade, com a humildade e com a troca de conhecimento.

[Truncado na gravação] poderia proteger a sociedade como um todo, mas eu olho especificamente, de forma objetiva, primeiro, o dano que é causado imediatamente àquele contribuinte, ainda que possa produzir outros efeitos, implicando até no que diz respeito a isonomia etc.

Anna Emília Cordelli Alves – Muito obrigada, professor. Professor Robson, por favor.

Robson Maia Lins – Eu estou vendo aqui que algumas dúvidas foram suscitadas pela exposição. Uma delas, embora o Poder Judiciário não possa legislar positivamente – arts. 108 e 112 do CTN, graduação, quando silente a lei, eu não diria que é dosimetria, eu diria que são parâmetros para aferir a legalidade ou não da infração. Agora, reduzir, no pressuposto de equilibrar – primeiro, porque o Poder Judiciário não está obrigado a saber que equilíbrio é esse. É equilíbrio em relação aos outros que foram sancionados? Você cai no risco, no caso, muito grande, de utilizar esse dispositivo para fazer dosimetria da sanção. Eu não entendo que seria para fazer dosimetria, mas para declarar mesmo a ilegalidade, ou a falta de fundamentação dessa ação. Mas sempre a legalidade, não para fazer dosimetria, para fixar o que a lei possa não ter eventualmente fixado. Porque, aí, você cai no casuísmo, o denunciado vai ficar caso a caso fixando a alíquota de sanção tributária, se a lei não prevê. Então, me parece mais um mecanismo – são instrumentos de declarar a própria sanção ilegal, e não dosimetria. A meu ver, no meu modo de ver.

A segunda questão, além de um dispositivo que insira em nosso ordenamento uma regra técnica procedimental para dosimetria da sanção tributária, me parece que falta, ainda, na Lei 9.430, um dispositivo sobre a conduta reiterada. Seria o caso de buscar disposições do Código Penal sobre o assunto, para orientar a entidade fiscalizatória a respeito? Olha, é uma forma. No ordenamento jurídico está positivado, o Direito Penal. Mas seria conveniente que se fizesse isso no âmbito tributário. É incrível como a Lei 4.502, apesar de vir ao mundo em um período conturbado, na ditadura militar, ela falava, de uma forma precisa, da reincidência, e está em vigor, ainda, para o IPI. Considera-se reincidência – não é reiteração, é reincidência, aqui. Mas reiteração tem sido utilizada, no CARF, como um critério, mesmo sem ter a previsão legislativa. Eu vou dar mais dados. Reiteração, o valor do auto de infração, periodicidade das operações que geraram a infração; o sujeito, o comerciante – se for o mesmo comerciante que praticou as mesmas operações, porque dá indício de conluio, lá, do 73. Então, são critérios que vão sendo pincelados, porque a lei não fixa. E a jurisprudência está correndo solta. No CARF, por exemplo, vai correndo solta em relação a essa matéria. E, quando chega ao Poder Judiciário – e como a legislação não disciplina a contento, acaba prevalecendo ou entrando no debate do Poder Judiciário aquilo que foi decidido na esfera administrativa. E nós ficamos a reboque, inclusive, o próprio Poder Judiciário. Há uma outra questão. Não sei se tem tempo, ainda.

[Truncado na gravação]

Anna Emília Cordelli Alves – *[Truncado na gravação]* do nosso intervalo, às 4h15. Eu gostaria de agradecer a todos os presentes, gostaria de agradecer à professora Maria Leonor, pelo convite que me foi formulado para presidir esta prestigiosa mesa. E lembrar que, após o intervalo, nós vamos ouvir, então, a conferência de encerramento que será proferida pelo nosso querido professor José Eduardo Soares de Melo. Então, depois do intervalo, nos encontramos todos, aqui. Muito obrigada.

SESSÃO DE ENCERRAMENTO

Estevão Horvath – *[Truncado na gravação]* iniciando o último trâmite do nosso congresso, nós vamos ter o prazer e a honra de ouvir a palestra do professor José Eduardo Soares de Melo, não sem antes passarmos a agradecer a presença de todos os congressistas e os componentes desta mesa, começando pela minha direita, o professor Renato Becho, o professor Roque Carrazza, o professor José Eduardo Soares de Melo, o professor Fábio Soares de Melo, a nossa querida presidente, a professora Maria Leonor Leite Vieira, o professor Paulo Ayres, o professor Octávio Bulcão, a professora Fabiana Tomé. E, agradecemos também – o IDEPE agradece, e o Instituto Geraldo Ataliba – aos nossos patrocinadores, à Votorantim, ao Santander, à Vale e aos nossos apoiadores. E, sem maiores delongas, vou passar a palavra para a professora Fabiana Tomé, que fará uma saudação ao professor José Eduardo Soares de Melo.

APRESENTAÇÃO DO PROF. JOSÉ EDUARDO SOARES DE MELO

Fabiana Del Padre Tomé – Boa tarde. Excelentíssimos professores componentes da mesa, prezados congressistas, é uma grande honra participar do encerramento deste XXVI Congresso, acontecimento acadêmico que reúne pessoas de todo o País, interessadas em discutir e refletir sobre Direito Tributário. Maior ainda é a honra de efetuar, em nome da presidência e da diretoria do IDEPE, a apresentação – ou melhor, saudação do nosso conferencista, professor José Eduardo Soares de Melo. Digo "saudação", porque é um professor que dispensa apresentações. Por isso, eu vou tecer algumas breves palavras, não com intuito de dizer tudo – que seria impossível.

Como bem pontuou Tomás de Aquino, nós não podemos expressar em uma única palavra tudo o que há em nossa alma e acabamos nos valendo de muitas palavras imperfeitas. Por isso, exprimimos fragmentária e setorialmente tudo o que conhecemos.

Só com essa advertência inicial poderei atrever-me a tecer alguns comentários sobre o Prof. José Eduardo Soares de Melo. Jamais pretenderia, aqui, traçar um retrato fiel e completo de sua trajetória profissional. Todo retrato é parcial. Com isso em mente, procurei selecionar alguns dos inúmeros aspectos que caracterizam o nosso conferencista desta tarde.

Como já diziam os antigos, "não há conquistas fáceis. São as estradas sinuosas que levam ao caminho certo". O profissional, em qualquer ofício, alcançará o triunfo a partir de um espírito tenaz, forte, obstinado. Assim é José Eduardo Soares de Melo.

Esse espírito tenaz é evidenciado, desde logo, no volume das obras de sua autoria. Só para os Senhores terem uma ideia da sua vasta produção bibliográfica, são 14 livros, 125 textos em obras coletivas e 252 artigos publicados em periódicos.

Não há um só tema sobre que ele não fale. Por isso mesmo, publicou livros sobre *Contribuições Sociais*, *ICMS*, *ISS*, *IPI*, *Imposto sobre Serviço de Comunicação* (que foi objeto de sua palestra na quarta-feira), *Importação no Direito Tributário*, *Processo Tributário Administrativo e Judicial*, *Direito Tributário Empresarial*, *Não Cumulatividade Tributária*, *Comentários às Súmulas do STF e do STJ* (em coautoria com o Prof. Eduardo Bottallo), *Impostos Federais, Estaduais e Municipais* (em coautoria com o Prof. Leandro Paulsen) e, ainda, faço questão de destacar, o *Dicionário de Direito Tributário Material e Processual*, assim como o *Curso de Direito Tributário*, duas obras que considero primordiais e que consolidam seus ensinamentos.

Por falar em livros, quero aproveitar para fazer um depoimento. É que, há cerca de 15 anos, quando, recém-chegada de Mato Grosso, ingressei no Curso de Mestrado da PUC/SP, tive contato mais próximo com a obra do Prof. José Eduardo Soares de Melo e me encantei com sua clareza. Foi exatamente o livro Contribuições Sociais no Sistema Tributário que inspirou a escolha do tema de minha dissertação, e foi nela que pautei meus primeiros estudos sobre o assunto, adotando sua classificação quinquipartida das espécies tributárias, natureza jurídica e preceitos aplicáveis às contribuições.

Feito esse aparte, não posso deixar de mencionar que, dentre tantas outras atribuições, o nosso Conferencista é advogado, formado pela Universidade de São Paulo; Mestre, Doutor e Livre-Docente em Direito Tributário pela Pontifícia Universidade Católica de São Paulo; é professor nessa instituição e coordenador do Curso de Especialização em Direito Processual Tributário da PUC/COGEAE.

Foi na PUC/SP que desenvolveu sua carreira acadêmica, alcançando, mediante concurso, a prestigiada posição de Professor Titular de Direito Tributário.

Esse feito, confesso, foi emocionante. Perante Banca composta por Paulo de Barros Carvalho, Roque Antônio Carrazza, Wagner Balera, Alcides Jorge Costa e Luís Eduardo Schoueri, ministrou brilhante aula e respondeu, com magnitude, às indagações que lhe foram feitas.

Posso dizer que não assisti a uma aula, mas a um *show*. O que pude presenciar não se resumiu a um simples concurso, mas teve o revestimento de um verdadeiro espetáculo no âmbito das Ciências Jurídicas.

Naquela oportunidade, demonstrou o que todos já sabíamos: que a amplitude de seu conhecimento ultrapassa qualquer horizonte. Os membros da Banca Examinadora não hesitaram em registrar que José Eduardo Soares de Melo, por seu conhecimento e atuação acadêmica, já era um tido por professor titular, de modo que o concurso serviu para fazer-lhe justiça, reconhecendo formalmente aquilo que já era reconhecido por todos os professores e pelo público em geral. À evidência, não poderia ser outro o resultado: nota dez, com louvor.

Como anotou Fernando Pessoa, "tudo que chega, chega sempre por uma razão". Eis, aí, o resultado de uma vida voltada ao trabalho, à pesquisa e à reflexão.

Professor José Eduardo Soares de Melo, somos gratos por sua por sua dedicação e pelos sempre perspicazes ensinamentos. Então, passando-lhe a palavra, eu quero que receba, em nome da Presidência e da Diretoria do IDEPE, dos professores e dos alunos do Brasil, as nossas homenagens e os nossos agradecimentos pelas valiosas contribuições às Ciências Jurídicas.

CONFERÊNCIA DE ENCERRAMENTO

José Eduardo Soares de Melo – Boa tarde a todos. Em primeiro lugar, evidentemente, eu quero agradecer as gentis palavras da Fabiana. Ela é que, realmente, é um novo talento jurídico, não é? É a nova guarda jurídica. Ela falou que, há quinze anos, ela começou com nove e está com 24 agora. E, realmente eu fico muito feliz, porque são todos amigos. Eu também, se fosse falar o que cada um deles representou e representa para mim na vida pessoal, na vida acadêmica, nós ficaríamos aqui, todo mundo olhando e falando. Ninguém vai falar mais nada. E eu quero, aqui, homenagear a nossa presidente, a Maria Leonor Leite Vieira, que nos conhecemos há muito tempo, fomos colegas na época do mestrado, tivemos atividades profissionais também no Tribunal de Impostos e Taxas, na Secretaria da Fazenda. E o muito bom de tudo isso é estarmos aqui, entre os amigos e colegas. Todos somos amigos há mais de 30 anos. É um prazer, uma felicidade.

Quero dizer também que eu só não vim ao primeiro Congresso Brasileiro de Direito Tributário, porque eu ainda usava calça curta, mas já admirava muito o trabalho do Estevão. O Estevão já era um autor consagrado, com estudo de doutorado pela Espanha. E, depois, viemos a nos encontrar aqui. E posso também, antes de começar a falar, que nós estamos diante – não só o pessoal sentado aqui, mas as primeiras filas, diante de um autêntico PIB tributário, não é? Então é claro que temos outros amigos, outros colegas de expressão, de outras universidades. Mas, nós sempre falamos aqui do Geraldo Ataliba. E muitos, que são jovens, não conheceram, não sabem a dimensão e a importância. E o Geraldo inspirou, em cada um de nós, em cada momento, esse gosto, a paixão pelo Direito. E até se disse que o Direito Tributário passou a ter uma dignidade profissional, uma dignidade jurídica como Ciência. Não era – muita gente fala: “Ah, Tributário é muito chato, é questão de fazer conta”. E não é nada disso. Porque examinou e se aprofundou no estudo do Direito Tributário, sob a ótica constitucional e os ensinamentos do Direito Privado. Então. é uma honra, uma satisfação.

E o que é que eu pretendo passar aqui, para vocês? Quando nós chegamos ao final de um congresso, evidentemente já estão todos cansados. Cada um tem o seu compromisso e eu peço que fiquem até o fim – primeiro, porque a minha mulher está sentada ali, pedindo encarecidamente. Senão, vai dar problema. Segundo, que o Paulo me revelou que vão passar aqui, quem matou o Maxwell. Então, é importante. E terceiro, que o Estevão também, que é um exímio pianista, daqui a pouco vai dar uma canja. Então, sem mais delongas, como todos falam, nós vamos começar.

Muitos temas foram tratados aqui, no âmbito do Direito Tributário. E eu tenho sempre uma dúvida, o que é mais de interesse da plateia. É claro que vários estão aqui pela primeira vez, outros já têm boas noções de Direito Tributário e outros tantos, também, conhecem com profundidade e vem verificar a postura de cada palestrante. Eu procurei, no tempo que for necessário, com a cautela devida, revisitar alguns temas que não foram tratados neste congresso. Não porque não devessem ser tratados. É porque já foram examinados em congressos anteriores, mas são temas atuais. Também, na medida do possível, eu vou examinar com vocês alguns temas que, pelo apertado da hora – sempre, o congressista sentado ali, fala: “O tempo é curto. O tempo é curto”. E, aí, vocês todos sentados devem indagar o seguinte: mas por que não aumentam esse tempo? É que, realmente, são tantos professores de expressão – e cada um tem que ter sua oportunidade.

Então, o que eu procurei selecionar aqui para vocês? Algumas questões que me parecem fundamentais no Direito Tributário e que, evidentemente, eu não vou tornar a minha fala enfadonha, procurando citar artigo de lei, ou ficar enunciando grandes doutrinas. Mas, principalmente, no enfoque operacional. Embora eu seja professor há muito tempo, eu sempre fui – e acredito que sempre serei – um advogado. É claro que, foi Pontes de Miranda que falou inicialmente, que não existe conhecimento teórico e nem o conhecimento prático mas, sim, o conhecimento do objeto. É muito importante conhecer a estrutura do tributo, os grandes princípios constitucionais, as grandes diretrizes do Direito Público, do Direito Privado. Mas é importante, também, embora eu tenha uma certa ressalva, conhecer o SPED fiscal e o SPED contábil. Eu preciso saber o que tem numa nota fiscal. Eu preciso realmente conhecer a medida da parte prática. Eu acho que qualquer operador do Direito – seja um advogado, um procurador, um membro do Ministério Público, um agente fiscal de rendas –, para que haja a distribuição da Justiça, de forma equitativa, para que se possa arrecadar o tributo efetivamente devido, que haja, não vou dizer apenas uma ponderação, uma coerência, mas o conhecimento de toda essa matéria tributária. Eu coloquei aqui num primeiro momento – a Betina teve que se ausentar e ela já tinha me falado que havia examinado esse tema, de uma forma rápida. Preocupa-me muito – e eu tenho uma dúvida, também, se, numa conferência, seria oportuno uma projeção de alguns dados. Mas depois da gente falar 15 ou 20 minutos, há um certo cansaço e eu acho que o texto facilita o conhecimento e, também, o acompanhamento do nosso raciocínio.

O tema que me preocupa muito, é o que diz respeito a esta superposição de cargas tributárias, essas bases de cálculo controvertidas, que aparecem na legislação, quando nós estamos tratando da matéria importação. É claro que todos esses tributos que eu relacionei ali – e vamos para um aspecto prático – quando um contribuinte, um empresário, vai realizar uma importação, como também poderia fazê-lo uma pessoa física, ele tem que estar preocupado com a carga tributária. Então, vamos examinar o texto constitucional, a legislação infraconstitucional e verificamos a incidência do Imposto de Importação, do IPI, por ora, ou por vezes, o Imposto sobre Operações de Câmbio, as contribuições sociais, o Adicional de Frete da Renovação da Marinha Mercante, contribuição ao PIS, Cofins e despesas aduaneiras.

E se fica pensando o seguinte: em primeiro lugar, essa parafernália de tributos – e nessa profusão de tributos que são exigidos na importação –, eles têm amparo constitucional? Eles têm um fundamento de validade no texto constitucional? No meu ponto de vista, sim. Por quê? E depois, eu vou fazer apenas uma ressalva, na segunda parte da minha exposição. Em primeiro lugar, na medida em que a Constituição Federal estabelece a pauta de competências das pessoas de Direito Público – da União, dos estados, do Distrito Federal e dos municípios –, nós vamos verificar que esses tributos aqui, ou eles estão expressamente mencionados na Constituição Federal, ou eles defluem do texto constitucional. Há, hoje em dia, uma grande preocupação, até do administrador fazendário, em decorrência de decisões judiciais, de fazer com que, no texto constitucional, para que haja segurança e certeza, eu encontre essas figuras tributárias. Então, o 153, I, o 153, IV, ou seja, basta a simples leitura do texto constitucional para verificar a colocação precisa de cada um dos tributos. Até mesmo as contribuições ao PIS e à Cofins, nós estamos acostumados a examinar que PIS e Cofins, eles incidem, têm como fato gerador, o faturamento ou a receita bruta. Mas há o PIS-Cofins Importação, uma carga tributária mais elevada. O grande problema – e, aqui não haveria nenhuma, em princípio, inconstitucionalidade – é saber se a técnica utilizada pelo legislador no montante, na quantificação tributária, ela tem fundamento constitucional. Eu vou tentar ser mais claro.

Alguém realiza uma importação e sabe que vai ter que pagar todos esses tributos num determinado momento, ou seja, quando aquele bem, ou aquela mercadoria, ingressem no nosso país, no território, no território aduaneiro. Existem duas situações consagradas pela legislação e até por súmula do Supremo Tribunal Federal, de que a obrigação tributária nasce, não é o momento que chega um avião no aeroporto de Cumbica, ou um navio em Santos. Nasce no momento em que o contribuinte, ele tem condição – e eu diria até obrigação – de promover o desembaraço aduaneiro, de registrar os seus documentos. E, basicamente, todos esses tributos, eles passam a ter o seu nascimento, o seu fato gerador, no momento em que o contribuinte apresenta sua documentação – em termos práticos, aciona lá, o sistema SISCOMEX. Então, o fato gerador ocorre em um determinado momento. Isso não há dúvida. Se assim é, o cálculo de cada tributo deveria, no meu ponto de vista, levar apenas em consideração o valor daquela mercadoria. Então, se eu estou fazendo uma importação por 100 mil dólares, eu vou aplicar uma alíquota do Imposto de Importação de 50%, vou pagar 50 mil dólares. E assim, relativamente a cada tributo. Me parece que esse é o correto.

O professor Roque Carrazza sempre bateu muito por isso, principalmente no âmbito do ICMS. E, ontem, o professor Alcides – aliás, anteontem – sempre muito gozador, dizia o seguinte: É o cálculo por dentro, por fora, por cima, por baixo, à direita, à esquerda. Em termos práticos, o que é que ocorre? O legislador federal, a exigência do Imposto de Importação e do IPI, ele considera essa pauta aduaneira, o valor de 100 mil dólares e vai aplicar o Imposto de Importação. No momento em que vai fazer o cálculo para apurar o montante do IPI, ele considera os 100 mil dólares, que é o valor aduaneiro, mais 50 mil do Imposto de Importação – são 150 mil. E, aí, vai calcular o IPI. E assim sucessivamente, até que chegamos no ICMS. Aquele valor de importação de 100 mil dólares, iria implicar numa aplicação de uma alíquota de ICMS, vamos supor 18%, ele devia ser efetuado diretamente dos 100 mil dólares. E, no entanto, não é isso o que ocorre. Depois de nós somarmos todos esses valores tributários, partindo do valor inicial de 100 mil dólares, nós chegamos a 200, 250 mil dólares. Aí, o ICMS é calculado por dentro e, depois, calculado por fora. E, dessa forma, a primeira questão que surge é a seguinte: parece-me manifestamente inconstitucional. Porque os tributos, os impostos, eles devem incidir sobre aquele negócio jurídico e sobre o valor do negócio jurídico – no caso, 100 mil dólares. E não sobre um valor que não tem nada a ver, ou seja, valores estranhos ao negócio jurídico. E, dessa forma, nós temos um aumento de carga tributária significativa.

O meu ponto de vista é o seguinte, que, tirando o ICMS, existe uma previsão constitucional expressa, que decorreu da Emenda Constitucional 33, de 2001, dizendo que ele pode integrar a sua base de cálculo, todos os outros tributos não poderiam ser considerados. E também chegamos a um ponto da questão de despesas aduaneiras. Há sempre uma dificuldade muito grande para saber o que é que é despesa aduaneira, o que é que é despesa portuária. A despesa portuária é aquela que é realizada pelo trabalhador marítimo, o estivador, o conferente, o consertador, o arrumador, e o que sobraria para despesa aduaneira é aquela do rechego da mercadoria, é a armazenagem. E pouco se verifica a discussão no âmbito judicial. O que se discute, muitas vezes – que nós vamos ver aqui, na segunda projeção, é com relação a alguns tributos em que a materialidade tributária não ocorre em território nacional. Então eu faço essa primeira colocação muito mais como uma reflexão para que nós – eu acho que, sempre, o Congresso deve ter um objetivo. É muito importante nós ouvirmos todos aqui, falarmos. Nós vamos aprimorando o conhecimento, tendo a noção de novidades. Mas, também, sairmos daqui imbuídos com o propósito da justa exigência tributária, para que o Judiciário possa realmente proferir a melhor decisão.

Há outro ponto também, que me chama atenção – e eu sei que em uma das mesas houve um tratamento mais apurado, mas eu vou voltar a debater com vocês. Sempre me incomodou, ainda nesse âmbito aduaneiro, a exigibilidade do IPI. Se eu faço a simples verificação do texto constitucional, eu encontro o 153, II – o 153, I ,a competência da União para instituir Imposto sobre a Importação de produtos estrangeiros. E, no inciso IV, eu encontro a competência para a instituição do Imposto sobre Produtos Industrializados. É evidente que a legislação infraconstitucional, tanto o art. 46 do Código Tributário Nacional, como o próprio regulamento aduaneiro, de uma forma tradicional, repetem: "O fato gerador é o desembaraço aduaneiro". Mas essa é uma legislação infraconstitucional. Nós temos, evidentemente, sempre que ter em mente a regra constitucional, a partilha das competências tributárias. Mas vamos aqui ao ponto operacional.

Qual é a razão pela qual eu penso que se devesse combater essa cobrança do IPI, não no plano financeiro-econômico, mas no âmbito eminentemente jurídico? Em primeiro lugar, a União já é dotada de competência para instituir um imposto relativamente ao comércio Exterior. Se está realizando a importação e a Constituição é categórica ao estabelecer essa previsão do Imposto de Importação, um imposto federal, para que um outro imposto federal? Evidentemente surgem argumentos que a meu ver, *data venia* – e eu acho que ninguém é dono da verdade, cada um tem os seus argumentos – existem os argumentos de que essa incidência do IPI na importação, ela deve ser considerada em termos econômicos, a proteção do mercado nacional. E, sempre que nós estamos diante de argumentos de fiscalidade, de extrafiscalidade, de atender à economia nacional e até certos problemas concorrenciais, são argumentos um tanto quanto fluídos. Porque eu não tenho segurança jurídica. Eu já ouvi até um argumento, uma vez, dizendo o seguinte: "Como o Brasil integra o MERCOSUL e, normalmente, as importações originárias dos países que integram o MERCOSUL, tipo a Argentina, elas são desoneradas em Imposto de Importação." Então, o IPI, ele seria um encargo, um tributo que iria atender à economia nacional. E dá a impressão de que há uma grande malandragem nisso. Eu faço um acordo para não pagar Imposto de Importação. Mas eu tenho um outro aqui escondido e eu vou exigir quando a mercadoria vem lá de fora.

O segundo ponto é a ofensa ao princípio da territorialidade. Nós sabemos que as incidências tributárias ocorrem em fatos que se verificam no território nacional, dos estados e Distrito Federal e dos municípios. Então, eu só posso tributar o petróleo que circula dentro do meu território. Eu não posso pretender a Arábia Saudita – vou lá em Abu Dhabi, tributar aquele petróleo. Ou seja, eu só tenho soberania, competência, independência, para tributar fatos ocorridos no território nacional. A própria Constituição, ela vai estabelecer as situações em que essa territorialidade acontece. São cinco ou seis. Primeiro, o próprio Imposto de Importação, pela sua essência. Nós podemos pensar que o Imposto de Importação decorre de um negócio jurídico celebrado entre alguém que vende uma máquina do Japão e o comprador aqui, no País. Mas veja, é da essência do Imposto de Importação. O outro tributo é o próprio ICMS. O 155, IX, "a", da Constituição, ele é muito claro e ele vai diferenciar o ICMS das operações do mercado interno do ICMS da importação. Então, quando esse artigo, ele preceitua que vai incidir sobre a entrada, a aquisição de bens ou mercadorias, independente da sua destinação, ele está dizendo que a operação de importação é fato gerador de ICMS. Está no texto constitucional. Aliás, esse preceito, ele é até muito curioso, porque ele também trata de serviços prestados exclusivamente no Exterior. Restaria uma dúvida, se é um serviço – prestação de serviço de comunicação ou prestação de transporte de alguém no Exterior, aqui para o território nacional. Então, temos, como exceção, o Imposto de Importação, o ICMS e o Imposto de Renda. O Imposto de Renda, um dos preceitos da Constituição, ele é muito claro, ele estabelece que o Imposto de Renda, de competência da União, ele é regrado por diversos princípios. A generalidade, a progressividade e a universalidade. Que é o que os tributaristas internacionais e os nossos juristas, no Imposto de Renda, denominam a tributação da renda mundial. Então um fato que ocorre fora do território nacional, que alguém tem aplicações lá, no Exterior, ele tem que oferecer a tributação no País, porque o Imposto de Renda, ele vai alcançar os seus nacionais, independente do local onde ocorra, onde se afira a renda, os proventos de qualquer natureza.

Veja o seguinte, o próprio PIS-Cofins de importação. Nós temos no § 149, por força da Emenda 33, uma regra muito clara, que vai haver a incidência de contribuições sociais sobre a importação. E, no caso, rotularam – o que seria uma dúvida, porque o PIS, ele aparece no 237, ao passo que a Cofins está no 195. Mas, enfim, a legislação regrou e eu sei que existe validade constitucional para a exigência desses tributos. Há outros, também, que não interessam aqui ao momento, como por exemplo até imposto *causa mortis*. Alguém falece no Exterior, deixa um bem no Exterior, tem que oferecer à tributação. Então, a regra geral da territorialidade e a exceção da extraterritorialidade, evidentemente não alcança o IPI. Eu não vejo aonde o IPI possa ser colocado. E, também, a questão da não cumulatividade, evidentemente com um certo tempero. O IPI, no art. 153, em um de seus parágrafos, ele estabelece que ele é regrado pelo princípio da não cumulatividade. E quase todos nós sabemos como é que funciona. Vamos supor, um empresário típico, que fabrica uma determinada máquina. Ele adquire insumos, que vêm acompanhados por uma nota fiscal, com uma incidência tributária. E, naquele mesmo período de apuração, em determinado mês, ele realiza a sua fabricação, tem o débito do IPI. Então, ele vai abater, compensar aquele débito, faz aquele credito. No que é que isso se aplica no âmbito internacional, na importação e porque é que eu estou colocando esse ponto? É que somente pode ser praticado o princípio da não cumulatividade – que é a grande essência do IPI –, na medida em que aquela importação se faça onerada pelo IPI e aquele bem seja objeto de uma venda no mercado interno. Quando um supermercado compra um vinho, uma bebida estrangeira, enfim, um alimento de origem estrangeira, que vem com a carga de IPI, ele vai realizar o princípio da cumulatividade no momento em que ele efetuar a venda daquele produto, por equiparação – pode até ser discutido isso, mas por equiparação. Então, nem sempre, o IPI de importação vai atender ao princípio da não cumulatividade. Que são as operações, as importações para uso de consumo, de um particular ou de um estabelecimento, ou para a imobilização do ativo.

Também com relação ao ISS, eu faço uma ressalva – não vou repetir para vocês, porque o ISS, ele também tem sido exigido, não por força da Constituição, porque a Constituição, no art. 156, ele não trata de ISS-Importação. É apenas a lei infraconstitucional, a Lei Complementar 116, de 31 de julho de 2003, que estabelece essa incidência. E, curiosamente, como o prestador de serviço – eu já vou dar um exemplo para vocês –, ele está situado fora o território nacional, talvez seja o único tributo que não tem contribuinte. Eu só tenho o responsável, que é o tomador de serviço. Então vamos tomar aqui um exemplo que me ocorre. Uma empresa nacional, ela deseja realizar a fabricação de determinados produtos. Mas ela não detém a tecnologia. Então, celebra um contrato de assistência técnica com uma empresa alemã. Além do Imposto de Renda na Fonte, fica obrigado também a pagar ISS pelo serviço – serviço, muitas vezes, prestado exclusivamente no Exterior ou, outras vezes, integrado à economia nacional. Há uma parte da doutrina – quando a gente não concorda, é melhor não dizer quem falou, mas não é nem um desses aqui sentados, são outros, são os estrangeiros. Há uma parte da doutrina que entende que há legitimidade perfeita na incidência do ISS, que o que se tributa é o serviço. Ora, nós estamos tratando de um negócio jurídico. Prestação de serviço onde há um prestador e um tomador. Não se tributa o serviço. Pode ser que, pelo fato da redação da Constituição não ter sido suficientemente clara e falar em Imposto sobre Serviços, que possa defluir um entendimento pedestre, que eu estarei tratando de tributação de consumo. Não. Estamos cogitando de uma oneração da prestação de serviços. Esse tema, se não me falha a memória, ele é objeto de apreciação pelo Superior Tribunal de Justiça em questão repetitiva. Mas veja, eu acho que nosso objetivo, do Congresso, seria até mesmo questionar certas sessões que aparentemente já estariam dirimidas pelo Judiciário. Aqui, há uma outra situação, também muito curiosa, que diz respeito às presunções. Todos nós aprendemos que, para que possa ocorrer a exigência da obrigação tributária, é necessário que todos os elementos da hipótese de incidência – ou seja, que a figura do contribuinte do responsável, a materialidade, o próprio fato gerador, alíquota, base de cálculo. Isso nós todos sabemos. Se esses fatos ocorrem no mundo real e esses fatos estão previstos numa norma jurídica, pela figura da *[truncado na gravação]* da adequação, vai correr a obrigação tributária. Isso significa dizer que não há obrigação tributária enquanto não houver segurança e certeza.

Mas também, aqui, ninguém é ingênuo. Nós sabemos que existem os sonegadores, existem fatos ilícitos que devem ser apurados. Mas nem sempre existe segurança e certeza na apuração. E é evidente que o Judiciário é que vai decidir essas questões. E eu arrolei, aqui, umas seis ou sete questões ou elementos de presunções – que a nossa *expert* é a professora Maria Rita Ferragut, que tem uma obra primorosa, que todos devem comprar esse livro, que é muito bom, *Presunções do Direito Tributário*. E, aqui, eu vou mostrar a vocês algumas figuras. Algumas que têm uma natureza contábil, outras têm um fundamento fático e vamos verificar, aqui, os pontos de confronto. Em primeiro lugar, a figura do passivo fictício. É claro que os afeitos à contabilidade sabem exatamente o que significa o passivo fictício. Um contribuinte, ele tem obrigações a pagar, representadas por duplicatas. E, no final do ano, 31/12/2002, essas duplicatas constam do balanço e, no ano seguinte, 2003, elas permanecem naquele balanço, como se fosse uma exigibilidade. E haveria uma presunção de que elas já deveriam ter sido quitadas. E, muitas vezes – e o Imposto de Renda qualifica essa presunção como a presunção de direito. Decreto-lei *[truncado na gravação]*. E, no âmbito estadual, muitas vezes foi exigido. Não estou dizendo que tem essa figura de passivo fictício não tenha cometido infração. Existem todas as situações. Muitas vezes, o contribuinte é autuado, é cobrado, no caso do ICMS, e ele vem a demonstrar, depois, através de declaração daqueles fornecedores, que, evidentemente, aquelas duplicatas não foram quitadas. E eu não vou discutir a questão do ônus da prova, mas há uma presunção. E nós sabemos que a presunção é um processo mental, um raciocínio que parte de dados concretos, parte de dados que não são muito concretos, para chegar a uma determinada verdade.

Outra figura também, o saldo credor de caixa, nós podemos ter algum contribuinte, de diminuta expressão, que não seja no Simples ou que não esteja enquadrada numa dessas sistemáticas. E, apura-se que, depois de um determinado período, muitas vezes mensal, ele pagou despesas num total de 100 mil reais e só registrou como entrada 50 mil. Então vai se perguntava de onde ele recebeu esses outros 50 mil? Presume-se que foram vendas sonegadas. Evidentemente, as defesas nem sempre são muito primorosas. Aí, ele vai dizer que ganhou na loteria, que ele tem um suprimento pessoal, mas são presunções. Aí, nós continuamos – vou só comentar mais umas três ou quatro –, o ativo oculto, aquele contribuinte, ele sofre uma fiscalização e verifica-se que ele tem máquinas, equipamentos, veículos e computadores que não estão registrados e não há nenhuma escrituração relativa a ingresso ou do valor necessário para fazer o pagamento. Como se trata de diferença de estoque de mercadoria, há que ter um cuidado. Muitas vezes, o registro contábil fiscal expressa uma quantidade de movimento, durante um exercício e a realidade é outra, se constata que ele tem um estoque muito superior. Ou comprou sem nota ou está vendendo sem nota fiscal. Mas a mercadoria pode ser isenta. Então, há que se pautar pelo princípio da proporcionalidade. A questão de depósitos bancários, há uma discussão muito significativa. O antigo Tribunal Federal de Recursos tinha uma súmula dizendo que o simples registro de valores depositados no banco não significava, por si só, omissão de receita. Houve uma evolução legal e, posteriormente, ou até mais recentemente, o CARF entendeu que sim, que seria uma presunção. Mas isso pode acontecer com nós, advogados, não é? Vamos supor que eu recebo os honorários, emito o recibo, pago os impostos direitinho. Mas, muitas vezes, eu recebo um valor de um cliente, que é para fazer face a um depósito judicial ou é para remunerar um perito. E, ao invés de fazer aquele depósito diretamente na Caixa Econômica, eu deposito na minha conta. É claro que, no dia seguinte, eu vou procurar a Justiça e levar aquele dinheiro. Então, é aquilo que se chama, na ciência das finanças, de mero ingresso. Não é nenhuma receita. Ou, muitas vezes, quando o advogado vai levantar o dinheiro, o contribuinte, o cliente ganhou a questão e ele vai fazer um levantamento e o alvará sai no nome dele. E ele levanta aquele dinheiro, passa pela sua conta corrente – às vezes, um valor significativo. Então, esse mero trânsito de valores, esses meros ingressos, que os contadores dizem que são apenas trânsito pelo caixa, que não integram o patrimônio, eles também constituiriam mera presunção. A utilização de cartão de crédito – devem ter comentado aqui, em uma das palestras – já é um caso mais curioso. Muitas vezes, alguém faz compras significativas, durante o mês, no cartão de crédito. Mas o seu Imposto de Renda não tem uma expressão significativa e a mera comparação vai verificar e presume-se uma sonegação, na medida em que ele tinha dinheiro para fazer as compras, mas se esqueceu de colocar na declaração.

A figura da distribuição disfarçada de lucros, a tal da DDL, muito a gosto do Imposto de Renda, ela pode ser consubstanciada no seguinte exemplo: Alguém é sócio de uma empresa e ele tem um imóvel, ele vai alocar aquele imóvel para a sociedade. O valor de mercado do aluguel é R$ 3.000,00 e ele faz uma locação de R$ 2.000,00. Evidentemente, essa diferença, presume-se que uma parte ele está recebendo, evidentemente, a título de locação, aluguel. E a outra seria a título de distribuição de resultado. Sinais exteriores de riqueza – que também continua previsto no Imposto de Renda, para aquelas situações de pessoas que viajam muito, que têm, enfim, barcos, iates, aviões e a declaração não é significativa.

Então, essa figura da presunção, é claro que nem deve constar do texto legal. Ela vai ser aferida pelo julgador tributário, seja do tribunal administrativo ou até o Judiciário, para examinar, em cada caso, se realmente as provas oferecidas pelas partes são importantes.

Este tema da não cumulatividade do ICMS foi tratado aqui no curso, mais naquilo que diz respeito à guerra fiscal. E é um tema muito amplo, mas eu vou dar, aqui, algumas pinceladas, com uns exemplos e com uma posição doutrinária. Na verdade, é o seguinte, nós temos, na Constituição, três grandes regras, como o professor Roque, no primeiro dia, mostrou. *[Truncado na gravação]* o direito ao abatimento. Eu compro com uma carga de ICMS, faço uma revenda com ICMS, os valores são diferentes, evidentemente, e aquele valor do débito do ICMS, eu vou abater no crédito do ICMS. Essa é a regra básica. A segunda regra é aquela que diz respeito a uma restrição constitucional. Se eu faço uma aquisição com isenção ou não incidência, ou faço uma aquisição tributada e a subsequente saída é de desoneração tributária, de isenção ou não incidência, eu não posso manter o crédito *[truncado na gravação]* aquele crédito. E a terceira regra é a do 155, XII, que confere competência à lei complementar para disciplinar o regime de não cumulatividade.

Quando foi editada a Lei Complementar 102, que modificou a Lei Complementar 87, grande estatuto nacional do ICMS, eu estive em uma palestra do professor Ives Gandra que, de uma forma muito simples, mas muito inteligente, ele demonstrou o seguinte, que disciplinar o regime de não cumulatividade não pode jamais significar ampliar direitos, efetuar restrições, conceder vantagens. Disciplinar significa apenas uma norma – no caso, a lei complementar – que venha *[truncado na gravação]* porque eu preciso saber qual é o tempo de apuração; se é relativamente a cada estabelecimento, ou não. Então, a lei complementar, não queremos ser ingênuos, mas deveria tratar desses aspectos. E, aqui, eu arrolei algumas questões que são enfrentadas pelo Judiciário e que têm tido um viés diferente em cada caso. O grande problema seria o seguinte, essa sistemática da não cumulatividade vai ter um grande objetivo. É fazer com que a mercadoria, os bens e os serviços tenham um valor menor. Se aquele contribuinte industrial, comerciante ou prestador de serviços puder sempre abater a carga tributária na operação anterior, é provável que aquele preço daquele bem, daquela mercadoria, seja menor ao final de um período. Se esse é o entendimento que se pode extrair da Constituição, então nós teríamos apenas que considerar o universo de toda a carga tributária. Todo o ICMS incidente na entrada faz-se o *versus*, todo o ICMS decorrente dos fatos geradores, que seriam os créditos financeiros. Mas a tônica da Lei Complementar 87 e o entendimento até, do Supremo Tribunal Federal, acórdão do ministro Joaquim Barbosa, dizendo que não, que está certa a legislação estadual e vamos continuar com os créditos físicos. E, aí, nós começamos o nosso problema.

Eu não vou aqui perder muito tempo. Quando eu compro uma mercadoria, eu somente posso escriturar aquele valor de ICMS como crédito se houve o pagamento anterior. Evidentemente que não, porque alguém pode deixar de pagar, ou paga no tempo, ou o Fisco não ter lançado. Desde que haja uma incidência, um ICMS, vamos dizer, destacado na nota fiscal, eu passo a ter aquele direito.

Os problemas surgem com outras previsões legais. Inidoneidade documental. Um grande número de autos de infração lavrados pela Secretaria da Fazenda dizem respeito à apropriação de créditos – o contribuinte compra uma mercadoria, aquela mercadoria vem com uma nota, com o imposto destacado e ele faz o crédito. Anos depois, a Secretaria da Fazenda verifica que aquele emitente da nota, há uma diligência e se apura que, naquele local, nunca teve o estabelecimento, ou ele operou por pouco tempo. Toma o depoimento dos vizinhos, ali está, agora, uma igreja evangélica, um borracheiro, um campo de futebol. Então, aplicando o instituto de solidariedade – que seria discutível –, ele, não encontrando aquele emitente da nota, ele glosa, ele impugna o crédito do destinatário. E é claro que, aí, pelos argumentos da Fazenda, os argumentos *[truncado na gravação]* a Fazenda diz que a inscrição não é um cheque em branco e que a regularidade e a legitimidade do crédito, ele decorre de uma operação legítima. Ao lado do contribuinte, ele alega que ele fez essa operação legítima, que não é dado a ele o poder de polícia, no sentido de fiscalizar e verificar, a cada operação, se o vendedor está regularmente inscrito. E, ademais, uma figura da Teoria do Direito, a teoria da aparência.

É claro que vai depender da apreciação de cada caso, de cada prova. O Superior Tribunal de Justiça, por suas duas turmas, já tem uma determinada postura que agrada aos dois, eu acho, o contribuinte e o Fisco. O STJ entende que o fato de haver uma nota fiscal inidônea não inibe o crédito por parte do adquirente. Isso é bom para o contribuinte. Aí, coloca lá uma vírgula: "desde que ele faça prova". Então, como se dissesse, "não é pelo fato de o contribuinte ter adquirido de alguém que, depois, se mostrou irregular, que ele vai ter impugnado o crédito". Não vou entrar em detalhes, que o meu tempo é curto, da questão de termos contribuintes de má-fé e de boa-fé. Aqueles de boa-fé, eles vão verificar, através da Internet, a inscrição no Sintegra, enfim, é uma discussão também, que ainda não chegou ao seu fim. Qualquer empresário, ele, quando faz a aquisição de bens, de serviços, de transporte, de comunicação, muitas vezes ele trata de operações tributadas. Mas a legislação, a Lei Complementar 87, com suas diversas alterações, tem cerceado e limitado e, até onde se pesquisa, o Judiciário tem dado acolhida nesse entendimento. Bens de uso e consumo. Não há uma definição na legislação – e nem poderia haver – no sentido do que é um bem de uso e consumo. É claro que o bem de uso e consumo é um material de limpeza, pode ser uma água, são os bens que se consome. Eles não se desgastam no processo industrial. E esse direito a crédito vem sendo postergado desde 1996 e, agora, até 2020. E, quando chegar em 2019, certamente será 2080. Não temos esse direito. O que é que muitos contribuintes fazem – desde que tenham condição de fazer? Eles são autuados por apropriação de crédito relativamente a bens que a Fazenda entende, muitas vezes, que são bens de uso e consumo. E, muitas vezes, eles obtém um laudo pericial de uma entidade idônea, demonstrando que eles têm mais uma natureza de um produto intermediário, que é um insumo que participa do processo de industrialização. E, na medida em que ocorra essa prova, ele terá o seu direito a crédito, desde que ele faça essa prova.

A energia elétrica também tem um outro tormento. Todo empresário, todo contribuinte de ICMS, ele tem um consumo de energia elétrica, seja o comerciante, o industrial, o produtor. Mas a lei estabelece uma restrição. Apenas o industrial – o complexo industrial consome energia elétrica, naquela conta de energia elétrica nós temos um destaque de ICMS e ele pode escriturar aquele valor como um crédito. Ou quem efetua exportação.

O STJ, há uns anos atrás, apreciou uma decisão, do Supermercado Paes Mendonça, entendendo que esse supermercado, quando ele procede à conservação de seus produtos, através do *freezer*, das câmaras frigoríficas, ele tem lá um reloginho medidor da energia elétrica, ele tem direito a crédito. Embora o supermercado seja um comerciante e, em essência, não pudesse apropriar o crédito, nessa situação ele seria industrial. Mas essa decisão já foi alterada. Há também – aqui eu vou correr um pouco – a questão do diferimento. O diferimento não é uma figura jurídica, sei lá, um instituto, que é muito tratado na doutrina. Nós sabemos que o diferimento significa a postergação ou adiamento. Eu vou dar um exemplo típico: Um produtor rural, alguém que venda café ou venda um gênero alimentício, muitas vezes, ele pratica um fato gerador, ele vende a mercadoria. Mas o legislador desloca essa obrigação para uma outra etapa. Ou quando alguém vende um ferro-velho, uma sucata – do pequeno sucateiro, não vai se exigir do sucateiro, por uma razão de comodidade e praticidade, que ele emita nota fiscal, que tenha o SPED contábil, o SPED fiscal. Ou seja, se desloca essa obrigação para a indústria siderúrgica que adquire aquele ferro-velho. A questão que surge é de natureza dupla. Em primeiro lugar, muitas vezes, quando esse empresário pode diferir o imposto, ele fez apropriações, aquisições do ICMS. Ele pode manter o crédito, embora a saída não tenha cobrança. Porque diferimento não é igual a isenção ou não incidência. Mas aquele empresário que adquire, em razão de uma vetusta jurisprudência do STF, ele não tem esse direito a crédito.

Nas sanções tributárias – eu assisti ao último painel, que foi maravilhoso, como todos –, não vou ficar repetindo aqui, mas vou destacar um ponto que talvez não tenha sido examinado. O que é que acontece? Temos uma preocupação muito grande com os tributos. Também ficamos muito preocupados com as sanções tributárias, que são de elevada carga. Mas os acréscimos financeiros, os juros incidentes – e o que está ocorrendo, na prática, em termos atuais, ao momento em que a legislação estabelece juros Selic, que tem uma determinada forma de cálculo que não é muito a gosto de advogado, isso. A gente lê e acredita que seja daquela forma.

E o problema que acontece no momento é se a legislação – como é o caso da legislação de São Paulo – que estabelece outros critérios para a atualização daquele índice. E esses critérios se demonstram mais elevados do que o juros de Selic. É constitucional ou não constitucional essa postura? Então, nós temos que nos socorrer da Constituição Federal – claro, no meu ponto de vista, pode ser que outros discordem – para verificar essa regra dos juros de mora, qual é a sua natureza jurídica, que *[truncado na gravação]* todos nós. Há o professor Quiroga, que escreveu um trabalho maravilhoso, *O Direito Monetário e a Moeda*, que foi sua tese de doutorado. Ele diz ali que o Direito Monetário, no âmbito constitucional, no art. 23, ele trata da moeda e, ao se tratar da moeda, disciplinar o regime da moeda, significaria tratar de juros de mora. E existe um acórdão do Supremo, do ano de 2000, o ministro Ilmar Galvão, que a corrente vencedora se pautou nesse item: "É direito monetário, depois vamos ver os efeitos". Há outra corrente, também do Supremo, que pugna pelo enquadramento como Direito Financeiro. E qual é a importância desse enquadramento? É porque, no âmbito do art. 24 da Constituição Federal, nós temos quatro regras. Em matéria de finanças públicas, a competência é concorrente. Ou seja, União, estados, Distrito Federal e municípios podem estabelecer as suas regras com relação a juros de mora. Mas a concorrência é privatiza, exclusiva, no que se trata de normas gerais. E mais duas regras, mesmo se tratando de normas gerais, o Estado pode repetir ou deve repetir aquela regra. Então, essa é uma questão que, no momento, tem afligido a todos nós. Eu tenho um ponto de vista, entendendo que é uma norma geral, seja de Direito Monetário, ou no âmbito do Direito Financeiro, e que se deveria disciplinar – vejam, a lei estadual, a lei municipal, ela deve conter um preceito tratando da cobrança dos juros de mora. O problema é o coeficiente, se esse critério de atualização pode ficar ao interesse ou à discricionariedade da entidade tributante.

Falou-se aqui de multa penal. Mas um ponto que eu não ouvi e que me pareceu curioso. Numa das perguntas formuladas, eu acho que ao Robson, se disse que o Judiciário não pode autuar como legislador positivo. Ou seja, não pode o contribuinte ir ao Judiciário e pleitear que aquela multa de 200% tenha um parâmetro de 28%. Que isso, realmente, é desarrazoado. Mas eu vou fazer, aqui, duas colocações. Há uma decisão do Supremo Tribunal Federal, em

1996, uma coisa assim, que apreciou uma arguição direta, uma ação direta de inconstitucionalidade movida pela Confederação Nacional do Comércio, em decorrência de uma lei federal que estabeleceu uma multa de 300% para quem não emitisse recibo ou fatura. Então, a Confederação Nacional do Comércio ingressou com essa ADIN e o Supremo, em votos brilhantes, disse que decidiu que essa regra violava o princípio que veda o confisco. Um trabalho monumental do professor Estevão, sobre a vedação do confisco tributário. Posteriormente, novas decisões se seguiram para, também, coibir uma multa lá, do Rio de Janeiro.

Essa é uma questão que pode ser – claro, o Judiciário decide em cada caso, da forma como melhor entender. Mas essas multas significativas, a professora Ângela escreveu um trabalho primoroso sobre sanções tributárias que demonstra que a tributação exagerada destrói a propriedade. Qual é o percentual, nós não sabemos. Agora, em termos práticos, muitas vezes, o advogado, quando elabora uma defesa, às vezes, ele não tem um argumento, ele faz uma tentativa, ele alega que a multa é confiscatória. As multas que nós temos, no âmbito federal, como foi demonstrado ou, aqui, as multas do ICMS de São Paulo – a que estou mais afeito – são multas muito específicas e não são multas baixas. Então, é 100% do valor da operação, duas vezes o valor do crédito e vai por aí adiante.

Acontece que os argumentos levam em consideração outros horizontes jurídicos. Ah, mas a defesa do consumidor, a multa com relação ao consumidor é 2%, a do condomínio é 2%. E o julgador tributário, eu sei que, muitas vezes, ele tem todo o interesse em diminuir aquela multa. Ele só poderia, de acordo com algumas legislações estaduais, reduzir ou elevar quando estamos apenas diante de uma multa sem exigência do imposto.

Eu vou me deter aqui, também, sobre a questão da pena de perdimento, no Imposto de Importação. Quem examinar o Regulamento Aduaneiro, vai verificar que existem diversos preceitos que estabelecem a pena de perdimento de bens, mercadorias e moeda, em razão de determinadas situações consideradas infracionais. Claro que seriam inúmeras. Quando há uma descoincidência do valor da fatura, ou quando o conhecimento de transporte não está batendo exatamente com o que está sendo transportado. E o rol continua. E, na moeda, é curioso. Porque quem for para o Exterior com mais de R$ 10.000,00, ele poderá ter apreendida a diferença. Está lá, no Regulamento Aduaneiro. E vamos à situação básica jurídica. Essa legislação é fruto, essa norma, decorre do Decreto-lei 1.455/76. E ali se dizia – e se continua dizendo – que essas situações tidas como infracionais, elas configuram dano ao erário. Acontece que houve mudança com a Constituição de 88 e, pela leitura, do meu ponto de vista, do art. 5º, dos Direitos e Garantias Individuais, nós verificamos que são poucos os casos em que pode haver o perdimento da mercadoria, ou por uma ordem judicial, quando há um ilícito criminal, porque isso poderia ter a natureza de um confisco. Veja, ou a mercadoria é proibida de entrar no território nacional, a hipótese de decretar a sua perda ou até a destruição, em certos casos. Ou a mercadoria entra e há uma sonegação de tributos e se exige o tributo. Então, o dano ao erário que é, vamos dizer, a força motora desse Decreto-lei 1.455, esse dano ao erário precisa ser, evidentemente, justificado e comprovado. Podemos ter, até, um momento em que a autoridade aduaneira, além da pena de perdimento, poderia tratar da exigência dos tributos que ficaram suspensos. É aquele contribuinte que faz uma importação, como foi falado aqui, pelo Fábio, a questão do Pouso Forçado. Ele tem um regime especial, ou seja, aquele bem estrangeiro pode entrar no País, permanecer aqui durante algum tempo, desde que retorne ao território nacional, na medida em que ele firma um termo de responsabilidade, ele está tratando da suspensão dos tributos.

E pode, às vezes, até ocorrer a implicação dessa exigência, ante o perdimento. E há uma situação também – eu vou ser sincero, eu conheço de ler o Código Civil, eu nunca tive um caso na prática. O Código Civil tem uma regra muito curiosa, que eu vou ter que ler, porque o texto é grande. A falta de cumprimento de ônus fiscais, de imóvel urbano de proprietário que abandonou o imóvel, que não quer conservar o seu patrimônio, que não está na posse de ninguém, passando a propriedade do município, presume a intenção do abandono a perda da propriedade. Então, em um primeiro momento, a falta de pagamento de um tributo, que é um dos requisitos, ela pode acarretar essa situação. Isto é uma questão de uma pena que, no fim, é uma situação irregular, tributária, que talvez devesse o Poder Público ir atrás para a defesa do tributo. E pode haver nenhuma proporcionalidade entre o valor, no caso do IPTU que não foi pago e o valor *[truncado na gravação]* vai inscrever a dívida. Aí então é que poderia ser promovida a ação penal e inquérito policial. Então, dá a impressão de que isso é intocável. Mas há uma outra súmula, que é a Súmula 609, que diz que é pública e incondicionada a ação penal por crime de sonegação fiscal. E nós sabemos que, mais ou menos no momento em que essa súmula foi editada, havia, vamos dizer, uma força muito grande por parte do Ministério Público Federal, no sentido de que ele, o *[truncado na gravação]* poderia promover a ação penal independente de representação criminal. Então, eu coloco essa questão – eu não tenho a resposta, evidentemente, posso ter uma ideia –, a questão de saber se realmente a súmula que é vinculante, que obriga a todos, ela teria o condão de, entre aspas, paralisar a eficácia da Súmula 609.

E, aqui já terminando, que não vou discorrer sobre toda a questão das responsabilidades tributárias, que já foi muito falado em redirecionamento, mas apenas realmente fechando a minha fala, com a seguinte preocupação que, até, já coloquei ao Becho, em outras oportunidades. O auto de infração – há uma empresa, a empresa deixa de pagar o tributo. Não é a declaração de uma DCTF ou de uma GIA. Que, aí, não precisa nem lançamento e inscreve direto. Mas é uma apuração do ilícito tributário, um auto de infração. Normalmente, aquele auto de infração é lavrado face à pessoa jurídica, termina o processo, a pessoa jurídica perdeu a discussão, há a manutenção do auto, inscreve a dívida, não se encontra a pessoa jurídica, se redireciona contra as pessoas que estão no CNPJ ou na DECA – enfim, é o problema de cobrar dos sócios. As duas questões que estão em pauta são as seguintes: Até que ponto existe fundamento para se lavrar o auto de infração face, não só à pessoa jurídica, empresa, mas também contar os sócios da empresa? E, aí, sem defender vício de contribuinte, no outro plano, nós poderemos pensar o seguinte: Se lavra, face ao contribuinte, ao sócio, à pessoa física, ele pode ter um ponto positivo, porque ele terá a condição de se defender durante a esfera administrativa inteira e demonstrar que, à época da infração, ele estava no Exterior, ele estava em uma UTI, que ele era um engenheiro químico, que ele não estava afeto à questão operacional, ele não tinha nada a ver com a contabilidade. E pode ser até que o tribunal administrativo o exclua da lide administrativa. Então, ele tem a chance. O ponto positivo é que ele passa, desde já, a ter uma cobrança de um débito terrível e ele pode nem ter a segurança de que ele vai ter sucesso.

Com relação à inscrição da dívida – e, aqui, eu já estou terminando – há uma portaria do Ministério da Fazenda, parece que é a 180, que ela possibilita a inclusão, na certidão da dívida ativa, do nome daquelas pessoas. Ou seja, estando inscrito na dívida, não se cogita mais de redirecionamento. A execução será promovida face à pessoa jurídica, acredito eu – não sou procurador da Fazenda Nacional – e face à pessoa física. Só que, eu penso que essa inscrição na dívida deveria ensejar a oportunidade para que esse devedor, pessoa física, ele pudesse também apresentar sua defesa. E, fechando realmente a questão, nós, muitas vezes, eliminamos certas ilações, no caso, até a legislação de São Paulo, que é muito ampla, estabelece – e é uma lei posta, só se a lei for julgada inconstitucional. A legislação paulista tem um elenco significativo de responsabilidade de pessoas físicas por solidariedade. Desde o início, ele é colocado no polo passivo do processo tributário. E, muitas vezes – aí, eu fico meio perplexo, por ter aqui advogados, contadores e auditores e pode ser que alguém, até muito bem intencionado, promova uma orientação à empresa, sobre um determinado procedimento, com base em doutrina e jurisprudência e ele acaba sofrendo um auto de infração e, às vezes, vai o processo, aquele parecer, aquela opinião, seja do auditor, do contador ou do advogado e vamos dizer que ele concorreu para a sonegação tributária.

Eu acho que vocês já estão muito cansados. Eu agradeço a atenção.

Estevão Horvath – Muito obrigado ao professor José Eduardo. Depois desta rica e substanciosa palestra, só nos resta encerrar os trabalhos deste congresso, com a certeza de que todos sairemos daqui mais enriquecidos, não só de conhecimento, mas de bastantes dúvidas, que vamos guardar para o próximo, o XXVII Congresso, provavelmente em outubro do ano que vem – se o mundo não acabar em dezembro deste ano – e já estão todos convidados.

E agradeço a presença e a colaboração de todos. Obrigado.